中国自主知识体系研究文库

经济法理论的新视域

张守文 著

中国人民大学出版社
·北京·

总　序

张东刚

2022 年 4 月 25 日，习近平总书记在中国人民大学考察调研时指出，"加快构建中国特色哲学社会科学，归根结底是建构中国自主的知识体系"。2024 年全国教育大会对以党的创新理论引领哲学社会科学知识创新、理论创新、方法创新提出明确要求。《教育强国建设规划纲要（2024—2035 年）》将"构建中国哲学社会科学自主知识体系"作为增强高等教育综合实力的战略引领力量，要求"聚焦中国式现代化建设重大理论和实践问题，以党的创新理论引领哲学社会科学知识创新、理论创新、方法创新，构建以各学科标识性概念、原创性理论为主干的自主知识体系"。这是以习近平同志为核心的党中央站在统筹中华民族伟大复兴战略全局和世界百年未有之大变局的高度，对推动我国哲学社会科学高质量发展、使中国特色哲学社会科学真正屹立于世界学术之林作出的科学判断和战略部署，为建构中国自主的知识体系指明了前进方向、明确了科学路径。

建构中国自主的知识体系，是习近平总书记关于加快构建中国特色哲学社会科学重要论述的核心内容；是中国特色社会主义进入新时代，更好回答中国之问、世界之问、人民之问、时代之问，服务以中国式现代化全面推进中华民族伟大复兴的应有之义；是深入贯彻落实习近平文化思想，推动中华文明创造性转化、创新性发展，坚定不移走中国特色社会主义道路，续写马克思主义中国化时代化新篇章的必由之路；是为解决人类面临的共同问题提供更多更好的中国智慧、中国方案、中国力量，为人类和平与发展崇高事业作出新的更大贡献的应尽之责。

一、文库的缘起

作为中国共产党创办的第一所新型正规大学，中国人民大学始终秉持着强烈的使命感和历史主动精神，深入践行习近平总书记来校考察调研时重要讲话精神和关于哲学社会科学的重要论述精神，深刻把握中国自主知识体系的科学内涵与民族性、原创性、学理性，持续强化思想引领、文化滋养、现实支撑和传播推广，努力当好构建中国特色哲学社会科学的引领者、排头兵、先锋队。

我们充分发挥在人文社会科学领域"独树一帜"的特色优势，围绕建构中国自主的知识体系进行系统性谋划、首创性改革、引领性探索，将"习近平新时代中国特色社会主义思想研究工程"作为"一号工程"，整体实施"哲学社会科学自主知识体系创新工程"；启动"文明史研究工程"，率先建设文明学一级学科，发起成立哲学、法学、经济学、新闻传播学等11个自主知识体系学科联盟，编写"中国系列"教材、学科手册、学科史丛书；建设中国特色哲学社会科学自主知识体系数字创新平台"学术世界"；联合60家成员单位组建"建构中国自主的知识体系大学联盟"，确立成果发布机制，定期组织成果发布会，发布了一大批重大成果和精品力作，展现了中国哲学社会科学自主知识体系的前沿探索，彰显着广大哲学社会科学工作者的信念追求和主动作为。

为进一步引领学界对建构中国自主的知识体系展开更深入的原创性研究，中国人民大学策划出版"中国自主知识体系研究文库"，矢志打造一套能够全方位展现中国自主知识体系建设成就的扛鼎之作，为我国哲学社会科学发展贡献标志性成果，助力中国特色哲学社会科学在世界学术之林傲然屹立。我们广泛动员校内各学科研究力量，同时积极与校外科研机构、高校及行业专家紧密协作，开展大规模的选题征集与研究激励活动，力求全面涵盖经济、政治、文化、社会、生态文明等各个关键领域，深度挖掘中国特色社会主义建设生动实践中的宝贵经验与理论创新成果。为了保证文库的质量，我们邀请来自全国哲学社会科学"五路大军"的知名专家学者组成编委会，负责选题征集、推荐和评审等工作。我们组织了专项工作团队，精心策划、深入研讨，从宏观架构到微观细节，全方位规划文库的建设蓝图。

二、文库的定位与特色

中国自主的知识体系，特色在"中国"、核心在"自主"、基础在"知识"、关键在"体系"。"中国"意味着以中国为观照，以时代为观照，把中国文化、中国实践、中国问题作为出发点和落脚点。"自主"意味着以我为主、独立自主，坚持认知上的独立性、自觉性，观点上的主体性、创新性，以独立的研究路径和自主的学术精神适应时代要求。"知识"意味着创造"新知"，形成概念性、原创性的理论成果、思想成果、方法成果。"体系"意味着明确总问题、知识核心范畴、基础方法范式和基本逻辑框架，架构涵盖各学科各领域、包含全要素的理论体系。

文库旨在汇聚一流学者的智慧和力量，全面、深入、系统地研究相关理论与实践问题，为建构和发展中国自主的知识体系提供坚实的理论支撑，为政策制定者提供科学的决策依据，为广大读者提供权威的知识读本，推动中国自主的知识体系在社会各界的广泛传播与应用。我们秉持严谨、创新、务实的学术态度，系统梳理中国自主知识体系探索发展过程中已出版和建设中的代表性、标志性成果，其中既有学科发展不可或缺的奠基之作，又有建构自主知识体系探索过程中的优秀成果，也有发展创新阶段的最新成果，力求全面展示中国自主的知识体系的建设之路和累累硕果。文库具有以下几个鲜明特点。

一是知识性与体系性的统一。文库打破学科界限，整合了哲学、法学、历史学、经济学、社会学、新闻传播学、管理学等多学科领域知识，构建层次分明、逻辑严密的立体化知识架构，以学科体系、学术体系、话语体系建设为目标，以建构中国自主的知识体系为价值追求，实现中国自主的知识体系与"三大体系"有机统一、协同发展。

二是理论性与实践性的统一。文库立足中国式现代化的生动实践和中华民族伟大复兴之梦想，把马克思主义基本原理同中国具体实际相结合，提供中国方案、创新中国理论。在学术研究上独树一帜，既注重深耕理论研究，全力构建坚实稳固、逻辑严谨的知识体系大厦，又紧密围绕建构中国自主知识体系实践中的热点、难点与痛点问题精准发力，为解决中国现实问题和人类共同问题提供有力的思维工具与行动方案，彰显知识体系的实践生命力与应用价值。

三是继承性与发展性的统一。继承性是建构中国自主的知识体系的源头活水，发展性是建构中国自主的知识体系的不竭动力。建构中国自主的知识体系是一个不断创新发展的过程。文库坚持植根于中华优秀传统文化以及学科发展的历史传承，系统梳理中国自主知识体系探索发展过程中不可绕过的代表性成果；同时始终秉持与时俱进的创新精神，保持对学术前沿的精准洞察与引领态势，密切关注国内外中国自主知识体系领域的最新研究动向与实践前沿进展，呈现最前沿、最具时效性的研究成果。

我们希望，通过整合资源、整体规划、持续出版，打破学科壁垒，汇聚多领域、多学科的研究成果，构建一个全面且富有层次的学科体系，不断更新和丰富知识体系的内容，把文库建成中国自主知识体系研究优质成果集大成的重要出版工程。

三、文库的责任与使命

立时代之潮头、通古今之变化、发思想之先声。建构中国自主的知识体系的过程，其本质是以党的创新理论为引领，对中国现代性精髓的揭示，对中国式现代化发展道路的阐释，对人类文明新形态的表征，这必然是对西方现代性的批判继承和超越，也是对西方知识体系的批判继承和超越。

文库建设以党的创新理论为指导，牢牢把握习近平新时代中国特色社会主义思想在建构自主知识体系中的核心地位；持续推动马克思主义基本原理同中国具体实际、同中华优秀传统文化相结合，牢牢把握中华优秀传统文化在建构自主知识体系中的源头地位；以中国为观照、以时代为观照，立足中国实际解决中国问题，牢牢把握中国式现代化理论和实践在建构自主知识体系中的支撑地位；胸怀中华民族伟大复兴的战略全局和世界百年未有之大变局，牢牢把握传播能力建设在建构自主知识体系中的关键地位。将中国文化、中国实践、中国问题作为出发点和落脚点，提炼出具有中国特色、世界影响的标识性学术概念，系统梳理各学科知识脉络与逻辑关联，探究中国式现代化的生成逻辑、科学内涵和现实路径，广泛开展更具学理性、包容性的和平叙事、发展叙事、文化叙事，不断完善中国自主知识体系的整体理论架构，将制度优势、发展优势、文化优势转化为理论优势、学术优势和话语优势，不断开辟新时代中国特色哲学社会科学新境界。

中国自主知识体系的建构之路，宛如波澜壮阔、永无止境的学术长征，需要汇聚各界各方的智慧与力量，持之以恒、砥砺奋进。我们衷心期待，未来有更多优质院校、研究机构、出版单位和优秀学者积极参与，加入到文库建设中来。让我们共同努力，不断推出更多具有创新性、引领性的高水平研究成果，把文库建设成为中国自主知识体系研究的标志性工程，推动中国特色哲学社会科学高质量发展，为全面建设社会主义现代化国家贡献知识成果，为全人类文明进步贡献中国理论和中国智慧。

是为序。

目　录

第一章 导 论

一、背景与问题

自改革开放以来，随着国家经济、社会等诸多领域的发展，以及经济法治的不断完善，经过学界的共同努力，中国经济法理论从无到有，日臻完善；对于其不同时期的学术推进，已有多种理论梳理。[①] 这些学术总结在勾勒经济法理论发展脉络的同时，亦力求揭示其国别差异与部门差别，从而明晰其未来走向，因而对于"理论发展研究"的持续展开甚有裨益。

从国别差异看，经济法自产生以来，始终与各国的经济政策直接相

---

① 对于中国经济法理论的梳理和总结，有多种类型。例如，在经济法理论发展的每个十年左右的节点上，都有一些"回顾与展望"的研究，如王艳林等：《中国经济法学：面向二十一世纪的回顾与展望》，载《法学评论》，1999（1）；岳彩申：《中国经济法学 30 年发展的理论创新及贡献》，载《重庆大学学报》（社会科学版），2008（5）；等等。此外，还有学者专门从学术史的角度展开系统研究，如肖江平：《中国经济法学史研究》，北京，人民法院出版社，2002；等等。

关，因此其不仅具有国际共通性，更具有突出的国别性。而基于中国土壤生成的经济法，更具有异于他国经济法的诸多特殊性。因此，在全球视野下研究中国经济法理论，着力解决中国问题，始终是中国经济法学者的研究路径和目标，由此也形成了"中国经济法理论"的一些独特内容。[①]

从部门差异看，环顾全球，若以进入垄断阶段后市场规制法的独立兴起为起点，则现代经济法的历史并不长。由于经济法作为新兴的法律部门，既与传统部门法共存于现代社会，又要对传统部门法有诸多超越或突破，因而在人们的固有认识或传统观念不易转变的情况下，经济法理论的提炼和认同难度更大。这既是经济法研究在各国都历经曲折的重要原因，也几乎是各种新理论发展的必由之路。唯有真正转变传统法学观念，对经济法乃至整个法律体系的认识才会更深刻，才能理解经济法学对整体法学发展的重要贡献。[②]

中国经济法理论的发展，在很大程度上得益于中国持续推进的改革。考古察今，真正符合规律的改革，都有助于形成合理的制度架构，并促进思想观念的转变。正是在法律制度日臻完善、传统观念持续转变的过程中[③]，中国经济法理论才日益成熟和发展起来。在当前全面深化改革和推进法治的背景下，改革、法治与发展的"三者关系"，可谓至为重要，而"三者关系"的有效协调，则离不开经济法的适度调整。其中，政府与市场的关系、改革与经济法的关系、宪法与经济法的关系，更是需要在理论

---

① 例如，对于宏观调控法的地位和功能，对于国有企业的相关问题，对于从计划经济到市场经济的体制改革、行政垄断等问题，中国经济法理论均有独特研究，并以此有别于传统市场经济国家或其他转型国家的经济法理论。

② 中国经济法理论对于整体法学发展的贡献，是许多经济法学者尤为关注的。例如，李昌麒教授认为，中国经济法研究的一个最大贡献就在于它的理论创新性，正是这种创新丰富和拓展了法学的基本理论。参见李昌麒：《直面中国经济法学的贡献、不足与未来》，载《法学家》，2009（5）。

③ 诚如凯恩斯所说，"观念足以改变历史的轨迹"。观念的转变对于中国的改革开放、对于中国经济法理论的发展，可谓作用甚巨。同样，推进中国法学的整体发展，尤其要改变观念。

上作出回答的重要问题，这些关系直接涉及经济法上的诸多体制问题，是经济法领域相关问题研究的基础。

与此同时，作为"经济宪法"的具体化，经济法已被提升到影响国家整体治理的高度，不仅直接影响各个领域的改革和发展，也关乎法治的整体进步。随着人们对经济法的定位、功能、目标等认识的日渐清晰，以及经济法在新时期现实作用的日益凸显，经济法理论在发展阶段和理论类型等方面都已不同于既往，因而需要关注和研究中国经济法理论的"新发展"，才能形成相关的"新视域"。

中国经济法理论的"新发展"（体现为某些理论领域的新发掘、新拓展），对于经济法学、整体法学乃至社会科学的发展，都有重要价值。本书将基于经济法理论的既有研究，结合经济法制度的近期发展，先探讨经济法领域重要的"三大关系"，在此基础上，再探究经济法上的发展理论、分配理论、风险理论与危机理论等新型理论，分析如何加强经济法治来推动有效发展，促进公平分配，防范和化解危机，从而更好地实现经济法的调整目标。上述方面都直接影响经济法学自主知识体系的建构。

二、理论"新发展"的历史基础

在新的历史时期，之所以需要或可以探讨理论的"新发展"，是因为在既往的研究中，整个学界已取得了诸多重要研究成果，这些成果构成了理论"新发展"的历史基础。为此，有必要对经济法理论的发展历程作如下简要回顾：

在 20 世纪 80 年代初，一度被中断的中国法学研究又恢复了生机。学界当时的一个重要研究热点，就是探讨如何围绕经济建设这个中心来加强经济法制建设和经济法研究。为此，许多其他部门法的学者也都参加了经济法理论的大讨论。① 到 1986 年，以《民法通则》的颁布为标志，国家立法机关大体明确了民法与经济法、行政法在调整对象上的差别。这通常被视为影响经济法理论转型的一个重要拐点。

但是，1986 年的立法事件只是一个制度性标志，真正对经济法和民法发展有较大影响的，是 1984 年的"改革决定"②。"改革决定"融入或体现了经济法与民法的许多重要原理，为后来的经济体制改革和经济法制建设奠定了重要基础。而当时困扰经济法理论研究的许多问题，也随经济体制改革的深化和经济法制度的持续完善而得以不断解决。尤其在 1986 年民事立法以后，经济法学者展开了更为深入的研究，形成了多种有重要影响的经济法理论。③

从 1992 年秋到 1993 年春，国家先后从政治层面到法律层面，明确实施市场经济体制，使经济法研究有了较为确定的对象和基础，理论共识度由此大为提升。为了适应和推动新的市场经济体制的发展，国家用三年时间集中完成了重要的"经济法立法"，包括市场规制立法（1993 年）、财税立法（1994 年）和金融立法（1995 年）。到 1996 年，经济法基本的立法体系已相对完备，这为经济法理论的整体更新奠定了重要基础。与此相关，1996 年前后，与市场经济相适应的经济法理论体系日趋完善，许多"代表性理论"纷纷出炉。④

---

① 例如，许多著名的民法学者都参与了讨论，可参见谢怀栻：《从经济法的形成看我国的经济法》，载《法学研究》，1984（2）；佟柔：《关于经济法的几个理论问题》，载《中国法学》，1984（2）；王家福：《经济法理论与实践的若干问题》，载《中国法学》，1984（3）；等等。

② 此次"改革决定"的全称是《中共中央关于经济体制改革的决定》，它为后来的历次"改革决定"奠定了重要基础。相关探讨可参见张守文：《"改革决定"与经济法共识》，载《法学评论》，2014（2）。

③ 相关总结可参见张守文：《中国经济法学的回顾与前瞻》，载杨紫烜主编：《经济法研究》第一卷，北京，北京大学出版社，2000。

④ 关于这些"代表性理论"所形成的各类学说，学界的概括已逐渐达成共识。可参见肖江平：《中国经济法学史研究》，288～296 页，北京，人民法院出版社，2002。

其实，在 1996 年这个时点之前，经济法学者已在整体上表现出相当强的学术敏锐性，体现为与市场经济体制相适应的一批"代表性理论"相继涌现，形成了影响更大的几种经济法理论①，即后来不断被总结提炼的 90 年代中国经济法"新诸论"②。与 80 年代的"旧诸论"不同，"新诸论"是经济法学科内部"和而不同"的各种理论，它们都肯定经济法的独立地位和重要功能，且理论基础日渐趋同。事实上，对于与市场经济相适应的经济法理论的探索，甚至早在 1992 年、1993 年即已开始。③ 经过一批重要学者的努力，到 1996 年这个时点时，经济法理论不仅实现了从无到有，而且完成了从相对幼稚到开始走向成熟的重要转变。

基于 20 世纪 90 年代经济法制度的不断完善，以及 21 世纪初我国的成功"入世"所带来的相关制度变革，经济法理论发展又开启了一个新阶段——学界不仅关注本体论、价值论、发生论等问题，而且已将研究拓展到规范论、运行论、范畴论、方法论等诸多领域；不仅涉及对主体理论、行为理论、权利理论、责任理论的研究，也涉及对法律实施、经济审判④、基本范畴、研究方法等的多维度探讨，从而形成了众多"理论板块"，使经济法理论体系大为完善。到 2006 年前后，体现上述各领域经济

---

① 几种"代表性理论"大都在这个阶段确立，可参见杨紫烜：《论新经济法体系——关于适应社会主义市场经济需要的经济法体系的若干问题》，载《中外法学》，1995（1）；以及李昌麒：《经济法调整对象新探》，载《现代法学》，1988（3）；李昌麒：《经济法——国家干预经济的基本法律形式》，成都，四川人民出版社，1995；漆多俊：《经济法基础理论》，2 版，武汉，武汉大学出版社，1996；刘文华主编：《新编经济法学》，2 版，北京，高等教育出版社，1995；等等。

② 相关研究如张传兵等：《评我国经济法学新诸论》，载《法学评论》，1995（4）；等等。

③ 如王保树：《市场经济与经济法学的发展机遇》，载《法学研究》，1993（2）；中国社科院法学所课题组：《建立社会主义市场经济法律体系的理论思考和对策建议》，载《法学研究》，1993（6）；张守文：《经济法学的法律经济学分析》，载《法学研究》，1992（5），以及《中国"新经济法理论"要略》，载《中外法学》，1993（1）；等等。

④ 虽然《人民法院组织法》在 2006 年曾经修改，但当时仍保留了设置经济审判庭的规定，因此，经济审判庭应如何发挥作用，是否应专门审理经济法案件，以更好地解决经济法的可诉性问题，仍是当时值得研究的重要课题。《人民法院组织法》在 2018 年修订时取消了经济审判厅的设置，代之以可设必要的专业审判庭。

法理论新发展的成果不断涌现，从而使理论的体系化水平和共识度再度提升。[①]

上述呈现为诸多"板块"的各类理论[②]，对应于经济法理论和制度需要解决的各类重要问题，因此，这一时期是构建经济法理论大厦的关键阶段。随着理论大厦主体工程的完成，学界展开了更为精细、具体的研究，经济法理论在整体上进入到了平稳发展的阶段。

从总体上看，在上述的 1986 年、1996 年和 2006 年三个时点前后，经济法理论整体上都有较大的变化，并且相对于前一时段，经济法理论都有"新发展"，因此，上述时点可以被视为理论发展较为重要的关键点。

任何理论的发展都离不开特定的背景，都要受到特定的时空约束。经济法理论的发展更是如此。在全球经济危机及其导致的经济持续低迷的背景下，为了应对经济危机，推动各个领域的全面进步，我国从 2013 年到 2015 年，基于改革、法治、发展三个维度，分别作出了影响深远的"三大决定"，以整体推进全面深化改革、依法治国和小康社会建设，系统解决经济、社会、政治、法律、文化等领域的问题。而要解决上述重大问题，经济法尤其要担负重任。这就需要对经济法理论作出新发掘、新拓展，从而使理论发展进入"新阶段"或"新时期"。

三、理论类型的新变化

从 2016 年开始，随着上述"三大决定"相继作出，改革、法治与发

---

① 相关总结和探讨可参见邱本：《在变革中发展深化的中国经济法学》，载《政法论坛》，2005 (6)；张守文：《经济法研究的"合"与"同"》，载《政法论坛》，2006 (3)；等等。

② 这些"理论板块"的形成，恰好有助于构建经济法的理论体系，并通过其内容的及时更新，来实现经济法理论的重构。这一阶段的相关探讨可参见张守文：《经济法理论的重构》，代序，北京，人民出版社，2004；等等。

展之间的重大、综合性关联，已上升到影响全局和未来的重要高度，针对"改革难点"、"法治重点"和"发展要点"的关联与交叠，经济法学界需要作出系统性回应。为此，学界必须超越既往认识，综合提炼新理论。这不仅开启了理论发展的新阶段，也带来了理论类型的新变化。

如前所述，自改革开放以来，学界已经论证了经济法的调整范围与内部结构、价值追求与核心理念、目标定位与基本原则、产生基础与时代特征等本体论、价值论、发生论方面的诸多问题；并在此基础上，进一步探讨了经济法的主体理论、行为理论、权义理论、责任理论，以及立法理论、实施理论、程序理论等诸多理论，从而形成了较为系统的规范论、运行论、范畴论等理论；同时，经济法各部门法理论和方法论的研究也有较大推进。上述各个"理论板块"构成了较为系统的经济法理论体系，从而为理论的新发展奠定了重要基础。[①]

所谓"新发展"，历来都是相对的：相对于前一阶段，每个阶段都会有新发展，再过一个阶段，又会有更新的发展。正是基于上述认识，通过前述的时点考察不难发现，到 2016 年左右，经济法理论又开启了一个新阶段，表现为在经济法理论体系已基本确立的前提下，在理论共识大幅增进的基础上，在前一阶段的基本问题仍被关注的同时，某些研究论题已悄然发生变化。因为在这个阶段，学界迫切需要回应的，已不再是本体论、价值论等基本问题，也不再是整体上的规范论、运行论等如何构建的问题，而是要在既有研究的基础上，结合国内外"改革、法治与发展"领域的重大、复杂问题，来综合提炼经济法领域的相关理论。

新阶段的经济法理论所需要研究的中心论题，内嵌于特定的时代背

---

① 中国经济法理论的创新性主要表现为从现代法的视角对经济法的本体论、价值论、规范论、运行论和方法论等作了非传统性的理论探析。参见李昌麒：《直面中国经济法学的贡献、不足与未来》，载《法学家》，2009（5）。

景。在全球化、信息化、工业化、城市化迅速发展的当代，有许多问题迫切需要经济法解决。例如，分配问题、发展问题、信息问题、风险问题等，它们都与市场失灵相关，学界以往对其已有诸多探讨，只是尚未形成系统的理论。在全球性金融危机发生后，各国经济持续低迷，国内经济下行压力大，解决上述分配与发展、信息与风险等问题变得更为迫切，亟待经济法制度作出综合回应，进而提炼出相应的系统性的经济法理论。尽管从社会科学的角度看，以往的宏观调控理论和市场规制理论对上述问题已有诸多研究，但如何从"法学"的视角提炼出经济法领域的分配理论、发展理论、信息理论、风险理论等，仍是重要的新课题。如果这些理论都能得到系统提炼，则会构成与前述本体论、价值论、规范论、运行论等诸论"不同路向的另一类理论体系"，从而使整体的经济法理论体系更为丰富、更加系统。

上述在新时期需要系统提炼的各类理论，以分配问题、发展问题、信息问题、风险问题为研究对象，与经济法各类具体制度的调整直接相关，涉及对经济法的功能和目标、价值和精神的再凝练。这些新型理论的系统提炼不仅尤为迫切和必要，而且已经取得了一定的进展，它们是中国经济法理论新发展的重要体现。

可见，经济法理论发展至今，已形成两大理论类型：第一类是经济法的本体论、价值论、发生论、规范论、运行论等；第二类是经济法领域的分配理论、发展理论、信息理论、风险理论等。第一类理论经由20世纪90年代的集中发展，以及21世纪前15年的积累，已日趋完善，可统称为"既有理论"；第二类理论是在金融危机、经济下行的背景下，因分配差别、发展失衡、信息偏在、风险凸显等问题受到集中关注而正在形成的，可统称为"新型理论"。如果说第一类理论主要体现为理论"板块"，第二类理论则更多关注的是需由多种制度综合解决的重大现实问题，它们既是横贯各类制度的"线索"或"经脉"①，又可以同时融入和贯穿上述各类理论"板块"，就像一座大厦中隐而不露的各类水电管线。可见，这两大类理论各有不同的定位和方向，都有其重要价值。

四、本书关注的重点问题和基本框架

中国经济法理论在时间维度上，已经开启了理论分期的"新阶段"；在研究对象的维度上，正在生成理论的"新类型"，因而存在着不同于既往的"新发展"。中国经济法理论的既有理论已初步完成了"板块"构造，形成了本体论、价值论、规范论、运行论、发生论、范畴论、方法论等诸论构成的基本理论架构。在新的历史阶段，在继续完善上述"理论板块"的同时，还要从贯通经济法的理论和制度的重要"线索"或"经脉"的维度，构建包括分配理论、发展理论、风险理论、信息理论等诸多新型理论的体系。而上述各类新型理论的提炼、完善，不仅对于宏观调控法和市场规制法的理论发展是不可或缺的，同时也使整体经济法理论通过各类重要"线索"和"经脉"的连接而更加浑然一体，从而有助于形成总论与分论、理论与制度的紧密联系，这对于中国经济法理论的长远发展亦甚为重要。

基于上述判断，结合上述对理论类型变化的分析，本书将在学界既有研究的基础上，重点关注发展理论、分配理论和风险理论②，以及与其密切相关的危机理论。强调有效发展、公平分配，以及防范和化解相关风险、危机，是经济法非常重要的功能和调整目标，而为了实现这些目标，首先要解决好相关体制问题，处理好政府与市场、改革与法治、宪法与经

---

① 例如，分配就是贯穿经济法理论和制度发展的重要经脉，相关探讨可参见张守文：《贯通中国经济法学发展的经脉——以分配为视角》，载《政法论坛》，2009（6）。

② 对于相关的信息理论，因涉及数字经济时代的经济法规制等复杂问题，将另行出版专著单独探讨。

济法的关系；其次要大力推进经济法的法治建设，解决好经济法的立法统合、立法试点等问题。因此，提炼经济法的体制理论和法治理论亦甚为重要。上述各类理论的提炼，都会直接影响经济法学自主知识体系的形成。

据此，本书的基本框架如下：

第一章"导论"，着重提出中国经济法理论不同于既往的"新发展"，以及这种"新发展"的历史基础、理论类型的变化，还有本书的重点关注，并由此明晰可能形成的有关中国经济法理论的"新视域"，从而为全书的理论探讨奠定基础。

第二章"'三大关系'与体制理论"，着重从政府与市场关系的法律调整、"改革决定"与经济法共识，以及宪法与经济法关系的"经济性"的维度，探讨政府与市场、改革与法治经济法、宪法与经济法这"三大关系"。其中既涉及政府体制与市场体制、经济体制改革、宪法上的分权体制与经济法领域的体制安排等诸多体制问题，也蕴含着重要的体制理论。这些探讨是后续各章理论展开的重要基础。

第三章"发展理念与发展理论"，着重从协调发展的理念和思想出发，探讨经济法领域的协调思想，这种协调思想对于推进经济和社会的协调发展是非常重要的；此外，还将探讨宪法与经济法的协调发展，这种协调发展对于有效发挥整个法律体系的功能，更好地促进经济和社会的全面发展非常重要；另外，考虑到经济结构调整是影响发展的重要问题，而经济政策与经济法的协调又非常重要，因此，在经济法的发展理论中还应关注经济政策与经济法的协调问题。

第四章"分配主线与分配理论"，着重强调我国的经济改革与经济法制建设始终贯穿着分配主线，由此形成的分配理论也是经济法领域的重要理论。分配问题与前述的发展理论直接相关，分配问题解决不好，就会影响有效发展。为此，本章重点研讨贯穿中国经济法理论和制度的分配主线，分析在影响国计民生的分配领域存在的"双重压力"，探讨如何通过分配结构的法律调整来有效解决分配问题，强调对差异性分配带来的问题更需要通过经济法的调控和规制来加以解决。

第五章"风险理论与危机应对"，着重基于风险社会的现实，探讨在前述的分配问题、发展问题不能有效解决的情况下可能产生的各种危机，以及如何在经济法治的框架下应对这些危机，并促进经济法自身的发展。为此，本章将提出经济法上的风险理论，并从经济法理论的维度分析金融危机的成因和应对等问题，讨论在应对危机方面应如何运用经济法的制度，避免经济法自身的危机；同时，也强调要通过理论拓展，完善经济法上的危机理论。

第六章"经济立法与法治理论"，着重强调前述各个领域，无论是三大关系的调整还是相关体制问题的解决，无论是协调发展理念的落实还是经济结构的调整，无论是分配问题的解决还是分配制度的完善，无论是风险的防范还是危机的应对，都要在经济立法上加以体现，都需要经济法治的保障。因此，应不断提升经济立法的统合层次和立法质量，解决在立法试点过程中存在的问题；不断强化影响纳税人等相关主体的权利保障，并在此过程中经由经济法的路径不断提升国家的治理能力。

第七章"自主知识体系的建构"，着重基于前述各章的理论提炼，探讨经济法学自主知识体系的建构问题；强调前述各章提及的基本概念、基本命题和基本理论，是构成经济法学自主知识体系的三类基本要素，应基于各类要素之间的逻辑关联，对其进行"三维整合"，这是建构经济法学自主知识体系的基本路径。经济改革是影响我国经济法学自主知识体系的重要因素，我国经济法学的自主知识体系在知识性、体系性、自主性等方面取得了重要成果，在其未来发展中还应与国家的现代化紧密结合，这将更有助于深化经济法学研究，推进经济法治的现代化。

上述各章除导论部分外，每章都分为三节或四节，每节都有相应的小结。同时，每节的小结都在回应导论中所提出的应当关注的理论发展，并在此过程中不断推进当代中国经济法理论视域的延伸。

上述基本框架的内在逻辑是：中国经济法理论的新发展，与中国经济、社会、法律等诸多领域的发展不平衡、不协调直接相关。基于经济法上非常基本的差异性原理，要正视经济法领域存在的诸多差异，处理好各类政府与市场、改革与法治、宪法与经济法这"三大关系"，从而为经济法的调整奠定体制基础，这有助于丰富经济法的体制理论；上述"三大关系"的有效处理，需要贯彻协调发展的理念，在经济法的理论和制度中体现协调思想，并据此在宪法与经济法的关系上，以及经济结构的调整方面，体现这些协调的理念和思想，这有助于丰富经济法的发展理论；与发展问题紧密相关，在分配领域，尤其要解决由于差异而产生的分配问题，并对各种利益进行协调，考虑到中国自改革开放以来，在经济法的理论和制度中一直贯穿着分配主线，并进行着分配结构的法律调整，因此，对差异性分配进行持续规制，并由此提炼分配理论，同样是经济法理论研究的重要任务；如果分配问题处理不好，不能实现协调发展，就会产生各类风险和危机，而应对危机本来就是经济法产生的重要基础和动因，因此，对经济危机进行经济法理论的解析，探讨在危机应对过程中如何促进经济法的有效发展，有助于提炼经济法领域的风险理论和危机理论，并进一步丰富经济法理论；而上述各个方面，最终都要落实在制度上，需要通过相关的立法，不断发现在立法和法律实施中存在的问题，不断提升经济法治的水平，进而提升整个国家的治理能力和治理水平。

通过上述各章节的探讨还可以发现，中国经济法的各类理论是互联互通的。无论是既有理论的各类"板块"之间，还是新型理论之间，以及既有理论与新型理论之间，都是密切相关、互通互证的。基于既有理论及其内在关联，融通各个领域的理论，并不断从制度实践中提炼新型理论，有助于全面推进中国经济法理论的新发展，有效建构经济法学的自主知识体系。

　　总之，本书所讨论的各个方面的理论和问题是紧密关联的，这些理论和问题是经济法在新的发展阶段需要特别关注的。基于中国本土生发的当代中国经济法理论或建构的经济法学知识体系，具有突出的"中国特色"。中国一直在改革，经济法一直在发展，需要相应的理论不断进步。在研究经济法理论问题时，如能内外兼修，既立足本土又借鉴国外，从而有效解释、指导和推进中国问题的解决，这本身就是中国法学对世界法学的重要贡献。

第二章 "三大关系"与体制理论

　　经济法领域涉及大量体制问题，而各类体制与一些重大的关系相关联。例如，宏观调控和市场规制的体制，与政府的分权相关，而政府如何分权，又需要考虑市场经济体制的要求，涉及政府与市场的关系。此外，中国在持续推进改革的过程中，始终面临改革如何在法治的框架下展开的问题，涉及改革与法治或者改革与经济法的调整之间的关系。另外，上述各类体制都要在宪法以及具体的经济法中加以规定，因而又涉及宪法与经济法的关系问题。

　　可见，要解决好上述体制问题，需要处理好"三大关系"：首先，是作为经济法调整基础的政府与市场的关系，这也是整个经济体制改革要处理好的基础关系；其次，由于经济发展与改革密切相关，在法治的框架下促进改革与经济发展，需要发挥经济法的重要作用，为此，要处理好改革与经济法的关系；最后，在法律体系内部，处理好宪法与经济法的关系非常重要，它会影响经济法与其他部门法的关系，影响经济法对分配、发展以及风险防控等问题的解决。

上述"三大关系"是整个经济法理论中需要研究的基础性关系，经济法领域的许多理论问题和制度问题都与这"三大关系"相关，并且对"三大关系"的探讨会涉及经济法领域需要解决的基础性的体制问题，包括政府与市场主体的分权问题、各类体制改革的问题，以及相应的国家宪法与法律的层级和分工问题。

讨论上述"三大关系"有助于更好地理解经济法的体制理论，其中会涉及整体的经济体制以及具体的政府体制、市场体制等，也涉及宪法上的分权体制、立法体制以及体制改革与经济法的保障等，因此，有助于提炼体制方面的理论。由于体制本身就是一种"关系"，因而研究"三大关系"也就是在研究体制问题，同时也是在讨论影响全局的经济法领域的基础性问题。

有鉴于此，本书先从经济法的视角，集中讨论政府与市场的关系的法律调整、"改革决定"与经济法共识的关系，并从"经济性"的角度分析宪法与经济法的关系。上述"三大关系"涉及经济法领域的许多基本理论，它们是后面各类理论探讨的重要基础。

第一节　政府与市场关系的法律调整

一、背景与问题

中国经济高歌猛进的快速增长时代已经过去，实现强国富民、建设法治国家的任务依然艰巨。① 如何构建良好的国家治理体系，提升国家治理

---

① 全球性金融危机过后，各国经济普遍低迷，我国受诸多因素的影响，也开始了经济中高速增长的"新常态"。在这一重要时期，如何有效促进结构调整、公平分配和法治建设，如何跨越"中等收入陷阱"，保障民生，实现国泰民安，都面临着重大挑战。

能力，有效处理政府与市场的关系，确保经济与社会发展的质量和效益，已成为中国法学研究需要关注的重大现实课题。

随着国家全面深化改革的展开，特别是经济领域的简政放权与市场化的推进，"充分发挥市场在资源配置方面的决定性作用"已成为人们耳熟能详的重要命题，亦有学者认为其已构成重大理论创新。[①] 对此尽管认同者甚众，但也存在诸多歧见。其实，对市场和政府的功能或作用的认识，数百年来一直是重要的基本理论问题，与之相关的大量见仁见智的研究成果可谓汗牛充栋，极大地丰富了社会科学各领域的理论，构成了现时研究的重要基础。[②]

从既往成果来看，市场和政府在作用的方向、领域、范围、力度等方面既密切相关又有诸多不同，因而往往被合并研究，并形成了所谓"政府与市场的关系"这一社会科学普遍关注的重要基本问题。在当前全面深化政治、经济、社会等各领域改革，摒弃传统的国家管制，强调建立现代国家治理体系，从而更加重视法治的时代背景下，深入探讨市场和政府的功用及其法治保障问题甚为必要。

基于全面深化改革的高度复杂性和系统性，现代国家治理体系建设必然是巨大的系统工程，而具体的经济治理体系或相关经济制度只是其子系统，其中所蕴含的"政府与市场的关系"还同时体现于政治、经济、社会等诸多系统的关联互动之中，因而需要从多个系统的视角审视。此外，国家的经济治理离不开经济立法和经济法治的推进，而由此形成的法律系统或法治系统的结构与功能，直接影响市场和政府的功用，因而需要从结构

---

① 参见张卓元：《使市场在资源配置中起决定性作用是重大理论创新和亮点》，载《深圳特区报》，2013-11-13，A03 版。

② 政府与市场的关系是社会科学诸多领域研究的重要前提，由此可以形成贯穿社会科学领域的重要"公私二元结构假设"，这对于法学领域有关公法和私法问题的研究也大有裨益。相关探讨可参见张守文：《经济法理论的重构》，34～36 页，北京，人民出版社，2004。

功能主义的视角展开系统分析。

有鉴于此,在构建现代国家治理体系的框架下,从多层次系统分析以及相应的多学科的视角,来思考中国新时期"政府与市场关系的法律调整"是必要的,其中涉及经济改革和法治建设方面亟待回答的一系列重要问题。例如,如何明确市场与政府功用的适当定位?如何在政府错位、越位或市场缺位的情况下进行法律的调整,从而构建两者的良好关系?如何通过加强经济立法、推进经济法治,来保障市场和政府各自功用的有效发挥?等等。

本节试图强调:针对现实经济生活中存在的市场化以及反向的政府弥补市场失灵的"双向运动",必须结合现实问题辨证施治。市场和政府作为整体资源配置系统的两个子系统,在私人物品和公共物品提供方面各有其重要功用,由此会形成"二元配置"的格局,保障两个配置系统各尽所能是当代法治的重要使命[①];基于市场配置资源的重要作用,应依法界定政府职能,切实简政放权,在不涉及公共物品、公共利益的领域,应保障市场的充分自由;针对"双向运动"和"二元配置"方面的突出问题,需要加强法律规制,既要通过立法转变有效界定相关主体的权利和权力,又要提升治理能力,切实保障相关主体的利益。

为此,下面将从三个相互关联的维度展开分析:首先是引入卡尔·波兰尼(Karl Polanyi)的"双向运动"理论,并由此强调辨证施治的必要性;其次是结合"二元配置"的格局,强调必须简政放权,尤其应将限权与放权相结合,充分保护市场主体的经济自由权;最后是结合上述两个维度,强调推进立法转变,并由此提升治理能力。在对上述问题的探讨过程

---

① 由于市场和政府是两个最基本的资源配置系统,法律则要对资源配置所涉及的权利和权力加以规定,因而法律的大量内容,都是有关市场与政府的功能或职能、权利或职权、义务或职责等方面的规定,从而使资源配置也成为法律上的一个核心问题。而保障资源的有效配置,正是当代法治的重要使命。

中，针对经济治理体系或资源配置系统的整体性问题，本节将侧重于系统分析以及更为具体的结构和功能分析，同时，也会涉及相关社会科学理论，因为这对于本书主题的研讨很有必要。

二、"双向运动"与辨证施治

在社会的资源配置系统中，市场配置和政府配置是两种最重要的子系统，对两种配置的定位、范围、冲突和协调的讨论形成了有关"政府与市场的关系"的历久弥新的话题。经久不息的讨论、不计其数的研究成果，形成了不尽相同甚至大相径庭的认识。但无论讨论者多极端，都会在不同程度上承认市场和政府各自所具有的积极作用。[1]

近些年来，波兰尼早年提出的著名的"双向运动"理论，受到了越来越多的关注。他强调：在一切都商品化的市场经济里，经济活动在社会关系中居于决定性地位，形成了经济自由主义的运动；而与此相对应，为了防止市场机制给社会带来的侵害，还存在反向的社会自我保护运动，并因而需要政府对市场经济进行干预。[2]

其实，在市场化和反市场化的"双向运动"中，许多人更关注市场在资源配置方面的效率，而波兰尼等人更多地看到了市场的不足，强调适度的国家干预的必要。如果同时兼顾上述两个方面，就会达成"双手并用"的共识，即在现实的市场经济条件下，市场的"无形之手"和政府的"有形之手"都各有其功用，尽管其作用的领域、范围、方向不同，但它们都会对资源配置产生影响。因此，世界各国实际上实行的都是混合经济体

---

① 例如，主张自由放任的学者，如斯密、哈耶克等，都不否认政府的作用；同样，主张国家干预的学者，如凯恩斯、斯蒂格利茨等，也并不否认市场的重要作用。

② 参见［英］波兰尼：《大转型：我们时代的政治与经济起源》，冯钢、刘阳译，114、136、164页，杭州，浙江人民出版社，2007。

制,而并非绝对纯粹的市场经济体制。当然,基于效率的考虑,凡是市场配置更有效的,就应实行市场化;只有存在市场失灵,且政府配置更具有合理性时,才需要政府配置。相对于政府配置,市场配置的范围更广、规模更大,在总体上也更有效。因此,就资源配置而言,资源通常都应交由市场配置,市场的"无形之手"具有优先性、决定性。

市场配置具有优先性,也意味着它的有限性。市场在资源配置方面虽然规模大、范围广,但其范围、领域并非无边无际,在其内在不足所导致的市场失灵领域,特别是公共物品和外部效应、公平竞争和公平分配等方面,更需要政府配置,因为其中不仅涉及效率,更涉及公平和正义的价值实现。各国政府实施的宏观调控、市场监管以及对公平分配的促进等,正是对市场有限性的重要补缺。从历史上看,只要能够有效解决市场失灵和政府失灵,整体的资源配置系统就能更好地兼顾效率与公平。

因此,尽管中国正在积极力推市场化,建立现代市场体系,发展统一市场,但仍要实事求是地辩证看待市场和政府各自的功能与作用,不能矫枉过正,对"市场的决定性作用"尤其不能作绝对理解。只有在"双向运动"和整体资源配置系统中全面审视,才能辩证地理解市场和政府的关系。

既然在现实的经济和社会生活中存在"双向运动",就需要在资源配置方面"双手并用",因而市场和政府应各尽所能,以确保国家在经济治理中"辩证施治",既充分发挥市场机制的重要作用,又要弥补市场失灵,并基于市场和政府的"两个失灵",实施有效的治理和动态的调整。在此过程中,既要像中医那样先辨其"证",找到市场配置和政府配置各自的不足,又要"辩证"审视和有效施治,明晰两种配置各自的优势,扬长避短,各尽其用。

其实,对于市场和政府配置资源的功用,经济自由主义和国家干预主义的重要代表人物早有论述。例如，斯密认为，市场规模影响专业分工，进而影响生产率和"经济增长"，因此，推进市场化和扩大市场规模，有助于充分发挥市场在资源配置方面的作用，促进经济增长和经济发展。上述观点也被概括为"斯密定理"①。而凯恩斯则认为，仅靠市场机制的自发调节无法保障"经济的稳定增长"，在市场的有效需求不足时，必须加强国家干预，运用"政府之手"来提供有效需求。②上述观点被其追随者奉为"凯恩斯定律"。斯密和凯恩斯的理论，分别揭示了市场和政府的重要功用。如果把两个方面结合起来，就更有助于在经济领域辨证施治。

对于如何在经济治理方面辨证施治，司马迁早有系统概括，即"善者因之，其次利道（导）之，其次教诲之，其次整齐之，最下者与之争"③。其中，"善者因之"强调国家最好的经济治理是顺其自然、不加干预，在今天看来就是强调市场的作用，市场能解决的都交给市场。而"其次利导之"则强调在尊重经济自由的前提下，国家可因势利导，进行一定的鼓励、引导、调控。而"其次整齐之"则是指国家对私人经济活动应依法加以限制和强制，使其整齐有序。

可见，在辨证施治的治理体系中，司马迁根据不同的情况，首先考虑

---

① 斯密特别强调："分工的程度，要受市场广狭的限制"。[英] 斯密：《国民财富的性质和原因的研究》（上卷），郭大力、王亚南译，16 页，北京，商务印书馆，2003。对于斯密定理，近些年还有许多深入的拓展研究，可参见王瑶：《斯密定理和规模经济：试论马歇尔冲突是一伪命题》，载《经济学动态》，2011（5）；杨永华：《卓炯与舒尔茨、杨小凯：斯密定理研究比较》，载《学术研究》，2008（1）。

② 在 2008 年全球性金融危机发生后，我国也面临着有效需求不足的问题，为了扩大内需，中央政府启动了 4 万亿元的投资计划，这通常被认为是凯恩斯理论的当代实践。参见王曦、陆荣：《危机下四万亿投资计划的短期作用和长期影响》，载《中山大学学报》（社会科学版），2009（4）。

③ 司马迁在《史记·货殖列传》中提出的这一思想，也被称为"善因论"。依据该理论，在今天需要政府善于因应，放开不必要的管制，这样才能实现市场在资源配置方面的良好效应，可谓"善因有善果"。

的是"因之",即顺应私人经济的自由发展,减少对私人经济的干预①;在确需干预时,才需要政府"利导之"和"整齐之",在今天就是实施宏观调控和市场监管,这正是现代国家的两项重要经济职能。此外,"教诲之"是强调政府要加强公认的商业道德的教育和劝告②;而"最下者与之争"则是指国家与民争利是最不可取的,因此,政府应当退出竞争性领域,专心提供公共物品。

司马迁有关辨证施治的上述思想及其所确定的基本原理,可以概括为"司马迁定理"。它不仅综合了斯密和凯恩斯的理论,而且提出得更早、更全面。在其有关经济治理方式和价值取舍的系统思考中,司马迁对经济自由与国家干预以及国家干预的强弱程度等都作出了排序,这些对于今天的辨证施治具有难得的借鉴意义。③ 在我国构建经济治理体系的过程中,要充分发挥市场的作用,就应强调"善者因之";要充分发挥政府的作用,就应重视"利导之"和"整齐之"。

司马迁之所以倡导"善者因之",把市场的作用放在首位,是因为市场是一个众多主体从事纷繁博弈的复杂性系统。尽管政府系统也很复杂,并且从经济的角度看,政府也是一个经济组织,在财政、金融等领域从事着经济活动,但这两个系统在资源配置方面的功用、目标毕竟不同。如果说市场是基于对私人利益的主观追求来实现有利于公益的客观结果,那么,政府至少在名义上是基于对公共利益的保障来力图促进有利于公益的结果,但未必有效率。

---

① 有的学者认为,司马迁对孔子、孟子思想中主张"因"或自由放任的部分也有继承。参见石世奇:《司马迁的善因论和对治生之学的贡献》,载《北京大学学报》(哲学社会科学版),1989(6)。

② 由于市场经济不仅是法治经济,也是信用经济,因而道德因素对市场经济的良性发展非常重要,这在许多经济立法中已有所体现。例如,我国民商法、经济法领域的许多法律对于诚实信用、公序良俗或公认的商业道德都有具体规定。

③ 司马迁把它们作为一个整体或系统来看待,这与今天的理解一致。目前国家实施的简政放权、微刺激等措施,就是"因之"和"利导之"协调并用的体现。

总之，在"双向运动"中界定和区分经济政府与市场主体、政府配置与市场配置，就是强调两类主体、两类配置要各司其职、各尽所能、各得其所，并在经济治理上辨证施治，解决资源配置方面存在的突出问题。为此，需要针对我国目前最为突出的政府干预过多、市场化程度不足的问题，全面实施简政放权，推进市场化。

三、"二元配置"与简政放权

基于上述的市场化与政府弥补市场失灵的"双向运动"，形成了市场与政府在资源配置领域的"二元配置"。对此，必须依据辨证施治的思想，针对不同层面、不同向度的配置，在法律上界定相关主体的职权与权利，明确政府与市场的边界，从而有效定分止争；同时，要通过简政放权，减少过多的政府禁锢，并在法律上予以确认和保障。

（一）双层配置：重在限权与放权相结合

市场和政府对资源的"二元配置"分别位于不同层面，从而体现为"双层配置"。无论政府抑或市场，都是由存在不同意志、目标的众多主体及其行为所构成的复杂系统。对此，斯密曾说过，"在人类社会这个大棋盘上，每个棋子都有其行动原则"①。同理，在市场这个大棋盘上，各类从事博弈的主体通过其营利活动，提高了资源配置效率，增加了社会总体福利，客观上增进了社会公益。而政府作为受托提供公共物品的主体，必须将公共利益放在首位，无论是其与市场主体的博弈还是其系统内部的博

_____

① 斯密由此强调，当每个社会成员与立法机关所选用的指导其行动的原则一致时，人类社会这盘棋就可以顺利、和谐地走下去，否则，这盘棋就会下得很艰苦，且人类社会必然时刻处于高度的混乱之中。参见［英］斯密：《道德情操论》，蒋自强等译，302页，北京，商务印书馆，2003。

弈，如果背离了公共利益，其合法性就会受到质疑。由于政府亦由普通人构成，在行使公权力时可能假公共利益之名，侵害私人主体权益，因而在法律上才普遍强调"限制公权力"，并将政府职能限定于公共物品的提供或公共利益的保护上。

事实上，政府的资源配置能力很强，如不依法限制则可能扭曲市场配置。例如，国家大规模的财政收支，尤其是其征税权、发债权、政府采购权、转移支付权的行使，对资源配置的影响非常巨大；又如，国家金融调控权的行使，无论是利率调控权还是其他金融工具的调整权，都影响市场的资源配置。至于政府具体的财政补贴、税收优惠、贴息贷款等，对市场主体更是有直接影响。尽管政府的资源配置行为是基于弥补市场失灵、保障公共利益的名义或目标而实施的，有时会产生积极的额外收益，但也可能会扭曲市场的资源配置，因此，对此类行为必须严格限定，使其依法实施，以保障市场的资源配置。

政府配置资源的范围取决于其职能。如果政府职能不清或不当膨胀，就会使其配置范围和领域大为扩张，从而挤压市场配置，因此，在法律上限定政府职能和限制政府权力非常必要。我国曾明确政府的经济职能是经济调节（即宏观调控）和市场监管[①]，即在经济领域为市场提供公共物品。这样的定位是正确的。但在实践中，间接的宏观调控和特定的市场监管，往往被等同于直接的行政干预。这是极大的误解。此外，对市场运行的调控和对特定市场的监管，都应严格依法定职权进行，那些不应有的行政审批必须被废除。[②] 在简政放权过程中，应该减掉的是扭曲市场配置又

---

① 早在二十余年前我国就将政府的职能确定为经济调节、市场监管、社会管理、公共服务。其中，前两项是现代国家的重要经济职能，将其称为宏观调控和市场规制更为合适。

② 近些年国务院已多次作出取消、下放和调整行政审批项目等事项的"决定"。此外，2014年4月22日公布的《国务院关于清理国务院部门非行政许可审批事项的通知》（国发〔2014〕16号），要求各部门要对非行政许可审批事项进行清理。

无助于公共利益的行政行为，而并非必要的、合法的宏观调控和市场监管。

因此，在双层配置的法律规制方面，重点是转变政府职能，摒弃其不应有的职能，把市场能够解决的问题都交给市场，从而将对公权力的限制与对私权利的保障有机结合起来，真正实现"简政放权"。要明确和坚持"剩余原则"，即除依据法定原则应由政府配置资源的领域外，其他的或剩余的领域都应交由市场配置。法律要着重通过限制政府职能，来明晰和保障市场配置资源的功能。

双层配置体现了市场系统和政府系统的"异面性"，这两个配置系统不是同一层面的对立关系。按照司马迁的"最下者与之争"，政府不应与市场主体在同一层面竞争，应回归政府的非营利性或公益性。这是政府职能转变的基础。同时，上述的"异面性"也表明，凡是市场能够解决的问题，就不应由政府解决，进而言之，如果传统上由政府办理的事项交由市场解决更有效率，则无需政府直接办理。① 这尤其有助于提高政府绩效以及整体资源配置系统的效率。与此相关，对于政府采购的规模，对于国有企业的性质、层级、规模和数量②，对于推进混合所有制，以及政府影响经济的广度和深度等问题，我们都应认真思考并在法律上作出调整。

提出政府配置和市场配置存在"异面性"，强调两者并非同一平面上的非此即彼的关系，还因为市场是基于私益、效率而配置资源的系统，政

---

① 政府目标的实现并不需要都由其直接承担具体事务，而是完全可以按照专业化分工，交给市场解决。因此，政府应更多地重视购买服务，甚至在原本要特别体现国家政策的专项转移支付领域，亦可适度市场化。

② 国有企业究竟应当强调竞争性、营利性还是公益性，究竟应等同于一般企业还是作为政府提供公共物品的载体，对其规模、数量以及定位究竟应如何认识，等等，这些问题都需要在国企改革中解决。

府是基于公益、公正而配置资源的系统（至少出发点应该如此）。基于上述的分层分类来界定政府的边界，就应强调打造"有限政府"，政府应固守职分，而不应越层跨界、不当地干扰市场系统，以保障市场系统的独立性和完整性，保护宪法赋予市场主体的经济自由权。[①]

打造"有限政府"必然强调"简政"，并要求对政府"限权"、对市场主体"放权"，从而通过减少对市场主体的约束，促进自由交易和自由竞争，并由此提高经济效率。在政府简政放权的过程中，行政审批问题必须解决。因行政审批过多过滥而形成的政府的"审批经济"[②]，对市场主体和全社会实则很"不经济"。无论是其对市场主体经济自由权的负面影响，还是滋生的寻租腐败、效率低下等问题，都使其备受诟病。市场化更强调市场主体自担风险、自承其责，而无需政府事无巨细、大包大揽，事事监督在前。政企不分或政商不清，都难以建立真正的市场经济，也难以形成有效的双层配置。

（二）双向配置：重在经济自由权的保障

上述有关双层配置和"双向运动"的探讨，解释了两类配置所处层面的不同。从配置方向上看，市场主体是向着私益最大化的方向配置资源，而政府主体则试图向着公益最大化的方向配置资源，由此形成了"双向配置"。由于资源配置所处层面和方向不同，两个系统中需要法律保障的权利和权力也不同。

---

① 经济自由权是宪法赋予市场主体的一切基本权利，它是经济宪法的重要范畴。此外，经济自由权还要体现在各个部门法中。例如，经济法领域的经济自由权，就是市场主体的经济博弈权或称市场对策权，可以体现为企业的经营自由权、公平竞争权、正当竞争权等。相关分析可参见张守文：《经济法理论的重构》，406～408页，北京，人民出版社，2004。

② 政府经由大量的行政审批而获取经济收益，实际上易将政府变为借助行政权力谋取部门利益或单位利益的经济主体，由此形成的"审批经济"贻害无穷，必须根治。

从制度经济学的角度看，市场不只是经济意义上的商品交换场所或商品交换关系的总和，它本身就是一种配置资源的"制度"①。良好的市场安排有助于保护产权、保障交易安全，并在资源配置方面起积极作用，其中涉及的核心问题是权利分配以及由此决定的资源归属。这也与科斯定理的要求一致。

在市场化的运动中，重点是保障市场主体的经济自由权，明确市场主体的各类产权，保障其交易和竞争的自由；同时，还需要尊重经济规律，特别是价值规律和竞争规律，建立现代市场体系，构建统一市场。在此过程中，必须真正"简政放权"。只有简化行政手续，简并政府职能，减少行政干预，把相关权利真正还给市场主体，解放市场主体，才能真正推进市场化。

依据前述斯密定理，推进市场化，建设统一市场，有助于扩大市场规模，提高资源配置效率，促进经济增长。为了实现上述目标，必须对市场主体的权利进行界定，无论是物权、债权、知识产权抑或是其他权利，都应依法界定和保护，因此物权法、合同法、知识产权法、侵权法、反不正当竞争法等不可或缺。此外，市场规模的扩大，市场的不断统一，都不应允许限制、分割市场的行为，因此，保障公平竞争的反垄断法等非常重要。

与此同时，还要减少对市场主体的各类限制，特别是限制交易的各类措施，如限购、限贷、限价等，都要慎用，因为尽管其短期内可能有利于经济稳定等政策目标的实现，但长期看却不利于资源配置。同时，斯密强

---

① 与此相关联，有的学者认为："竞争市场被当成一种无需任何相互关照就能实现福利最大化的制度"。[美] 斯密德：《财产、权力和公共选择——对法和经济学的进一步思考》，黄祖辉等译，35页，上海，上海三联书店、上海人民出版社，1999。

调的专业分工，也要求尽量放开市场准入的限制，降低市场进入壁垒和门槛①，以更好地促进经济增长。②

与上述市场化方向相对，政府以弥补市场失灵为直接目标的资源配置，涉及权力的界定与分配，这是对政府经济领域的公权力或称经济职权的重要界分。

依据前述凯恩斯理论，市场配置虽可促进经济的"增长"，但不能保障经济的"稳定增长"③，因而国家的干预和政府的配置是必要的。④ 宏观调控和市场规制都是解决市场失灵问题的重要手段，同时也是政府的重要经济职能和重要经济职权，这些职权必须法定。

从制度经济学的角度看，政府职权如何确定以及是否明晰，是直接影响经济体制架构的核心问题，关系到长期的资源配置效率。改革开放之初，我国宪法仍规定国家"实行计划经济"，与之相对应，政府配置系统亦占主要地位。⑤ 直至1993年宪法修正案确定"国家实行社会主义市场经济"，并规定"国家加强经济立法，完善宏观调控"，相应的市场配置和政府配置这两个系统才在宪法上初步确立，相关的宏观调控权和市场规制权作为政府重要的经济职权，才在各类立法中逐渐明晰。

如前所述，法律的重要功能是定分止争。在政府与市场的关系方面，

---

① 可参见2024年8月1日发布的《中共中央办公厅 国务院办公厅关于完善市场准入制度的意见》。

② 在促进专业分工方面，还可运用其他措施，如国家可以通过税收优惠或者减少重复征税的手段，来鼓励专业化和分工的细化。

③ 经济的稳定增长，是各国宏观经济的核心目标。为此，相关国家的立法中亦高度重视，甚至体现于专门立法中。其中，最为著名的是德国1967年的《经济稳定与增长促进法》。

④ 对于凯恩斯理论，学界一直有不同的认识。有的学者认为，凯恩斯理论更适用于今天的中国。可参见龚刚：《回归凯恩斯——写于〈通论〉发表70周年》，载《经济学（季刊）》，2008（1）。

⑤ 我国当时的《宪法》第15条规定："国家在社会主义公有制基础上实行计划经济。"这是宪法所确定的经济体制。该条同时还规定："国家通过经济计划的综合平衡和市场调节的辅助作用，保证国民经济按比例地协调发展。"这一规定表明，国家的经济计划是配置资源的主要形式，因此，当时主要以政府配置系统为主导。

首先要依法"定分"，即分清两者各自的边界，明晰各自的职能和作用以及相关主体的权利。在政府职能之外的，都可以交给市场，交给社会。据此，在国家经济职权的法律界定中，政府除享有和行使宏观调控权与市场规制权以外，其他的都应"保留为市场主体的权利"。上述政府职能和职权的界分以往一直较为模糊，但其对于保障市场作用的发挥至为重要，对此应特别予以明确。唯有如此，才能"止争"，包括止住政府与市场关系的争论，防止政府与民争利，防止政府垄断和滥用行政权，等等。

在界定政府职权方面，明确政府的权力清单，是防止政府权力膨胀的重要手段，对政府的行政权更要严格限制。但对于政府的经济职权，应考虑留有一定的空间。例如，为了保障经济的均衡、协调、可持续发展，促进经济的长期稳定增长，必须构建宏观调控的制度体系，而该体系中的宏观调控权就不同于一般的行政权力，其行使需要政府审时度势，在一定的调控区间内相机抉择，以实现经济的良性运行和协调发展为直接目标。由于宏观调控是宏观层面的、间接的调控①，不直接针对某类市场主体，因而不能将其等同于直接的政府干预，也不能等同于较为微观层面的市场监管。市场监管权虽然更接近于行政权，可以大体适用规范行政权的原理，但亦有其独立性和特殊性。

宏观调控权和市场监管权作为政府重要的经济职权，其行使直接影响着市场主体经济自由权的保障以及市场作用的有效发挥，因此，要防止由此可能带来的负面影响。此外，由于调控权和监管权关乎多个层面的体制或分权，也会影响政府作用的发挥和公共物品的供给，因而政府在行使上述经济职权时，应强调社会资源配置系统的整体性，兼顾市场配置和政府配置两个子系统，并不断推进其协调互补，综合发挥各自的积极功用。

---

① 我国 2013 年的"改革决定"对宏观调控有准确的描述，这对于澄清相关误解甚有助益。

　　总之，上述的"二元配置"体现了市场与政府两类配置系统的不同层面和不同向度。无论是推进市场化，还是强调对政府的调控权和监管权的约束，都离不开相应的法律规制。通过"简政放权"，减少政府对市场的禁锢，释放市场的活力，更好地保障市场主体的经济自由权，从而实现资源配置的高效率，是"双向配置"的重中之重。与此同时，在立法上明晰政府的经济职能，并将其经济职权限定为宏观调控权和市场规制权（或市场监管权），更有助于保障市场的健康有序运行，提升其配置资源的效率。

　　在"二元配置"的格局中，简政放权之所以成为我国改革的方向，并要在多种法律中加以体现，是因为政府总是存在行政干预的冲动。尽管历次改革大都以简政放权为重要路径和目标，但总是存在行政干预"先减后增"的循环，这也可以称为"黄宗羲定律"①。如果不在法律上对此加以界定并严格遵行，市场配置就会受到政府配置的诸多侵扰。因此，需要进一步改进和完善相关立法，提升经济治理能力。

四、立法转变与能力提升

　　上述的"双向运动"和"二元配置"都需要加强法律规制，只有将其纳入法治的框架，才能更好地发挥两个配置系统的重要功用。在我国构建现代经济治理体系的过程中，要保障市场和政府功用的有效发挥，非常迫切的任务，就是结合现实的突出问题，推进立法转变，并通过加强法律规

---

　　① 黄宗羲在《明夷待访录》中曾指出历史上的税收制度"有积累莫返之害"，即税费改革之初，税负会减轻，但后来政府会不断增加"杂派"，从而加重人民负担。对此，有学者将其概括为"黄宗羲定律"。秦晖：《并税式改革与"黄宗羲定律"》，载《农村合作经济经营管理》，2002（3）。其实，"国家的简政"放权同样存在着"先简后繁，先减后增"的问题，与税收问题具有内在一致性，也可称为简政放权方面的"黄宗羲定律"。

制来提升法治水平和经济治理能力。

(一) 立法转变

前面有关"二元配置"的探讨，已分析了通过简政放权，将限权与放权相结合，从而更好地保障市场主体经济自由权的重要性和必要性。据此，我国必须加快立法转变，对各类重要权利和政府权力予以法定。为此，尤其应强调以下几个方面：

首先，要转变立法思路，即在立法上应更多体现简政放权、保护市场主体经济自由权的精神。过去的许多立法更多地体现了管理甚至管制的思想，对政府权力强调过多，而对市场主体的权利关注不够。由此不仅形成了一大批名为"管理法""管理条例"之类的法律、法规，而且在其立法宗旨和具体制度设计中，也大量贯穿着上述思想，从而形成了"管理型"立法。如何从"管理型"立法向"治理型"立法转变，是推进法治建设的重要课题。①

建设现代国家的经济治理体系，需要政府和市场各司其职、各尽其能，同时，亦须充分考虑各类主体尤其是市场主体的权利，以及主体之间的相关博弈，在此基础上形成的法律制度才可能取得更好的实效，从而实现良好的"治理"。因此，以往偏重于政府的"管理"或"管制"的立法思想必须改变，并应在相关的立法宗旨、基本原则和具体规则等各个方面加以体现。

其次，要转变立法结构和立法内容。上述立法思路或立法精神的转变，会影响立法体系的调整，从而影响立法的结构和内容。由于改革就是

① 与此相关，我国大力简政放权，减少行政审批，解决事前管理过多的问题。例如，根据2014年1月28日的《国务院关于取消和下放一批行政审批项目的决定》，国务院对取消和下放的行政审批项目涉及的行政法规进行了清理，并于2014年7月29日公布了《国务院关于修改部分行政法规的决定》，决定对21部行政法规的部分条款予以修改。

改弦易辙、革旧鼎新，其核心是"变法"，并且，所有的重要改革最终都要体现或落实在法律上，因此，我国全面深化改革的"改革决定"作为重要的政治决策，对相关立法亦具有重要影响，立法的结构和内容需要结合整体改革的方向加以转变。

与此相应，在国家经济治理体系中，应建立现代的经济立法体系。该体系要符合现代法治精神，体现现代国家对政府与市场的关系的普遍共识和正确定位，并按照前述"司马迁定理"，将顺应市场发展、充分保护市场主体的经济自由权或经济发展权放在首位①，因为私人经济的发展是整体经济发展的基础，直接关系到富国裕民目标的实现。

为了体现上述立法思想或立法目标，现代的经济立法体系在立法结构上可以跨越民商法、经济法、行政法等多个部门法，这有助于对政府与市场的关系进行协调规制，充分发挥市场和政府各自的功用。尽管立法机关已宣告我国的法律体系已经形成②，但从立法的质量、内容、数量、协调性等方面看，与现代治理体系的要求还有很大差距。尤其在经济法、行政法领域，尚需依循简政放权的思路，进一步调整相关的立法结构，转变和简化政府职能，推进体制改革。其中，在政府与市场的经济分权方面，应更多向市场倾斜；在中央与地方的经济分权方面，应更多向地方倾斜。因为按照经济学的共识，在私人物品的提供方面，市场更有效率；而在地方性公共物品提供方面，地方政府更有效率。如果将上述方面体现于相关立法中，则会带来立法结构和立法内容的重要转变，并最终体现为整体立法的转变。

---

① 经济发展权对于市场主体尤其具有特别重要的意义，相关分析可参见张守文：《经济发展权的经济法思考》，载《现代法学》，2012（2）。

② 2011年年初，国家立法机关宣布："以宪法为统帅，以宪法相关法、民法商法等多个法律部门的法律为主干，由法律、行政法规、地方性法规等多个层次的法律规范构成的中国特色社会主义法律体系已经形成。"但从国家法治和市场经济发展的需要看，我国的法律体系还有很大的完善空间。

最后，要强调在具体的制度建设中实现立法转变。所有的立法转变都要体现在每个具体制度上，要在改革的理念和目标下完善现代的经济立法体系，就必须建立和完善多种新型的具体制度。例如，在简政放权的思路下，国家取消了大量行政审批，因而引发了许多法律的修改。此外，为了充分发挥市场功用，必须保障公平竞争、正当竞争，保护消费者权益，在市场规制法领域，国家加大了反垄断执法的力度，并不断完善《反垄断法》的具体配套制度，同时还完成了《消费者权益保护法》和《反不正当竞争法》的修改。

在加强具体制度建设的过程中，应关注一些具有基础性地位的重要立法。例如，我国还缺少重要的宏观调控的基本立法，经济稳定增长法、财政基本法等尚付阙如，不仅影响对政府经济权力的限制，也与"改革决定"的要求以及学界和实务界的期待存在差距。此外，在更为具体的领域，相关制度建设的任务仍十分繁重，且问题突出。例如，税收法定原则至今尚未落实，即使未来普遍偏低的税收立法级次得到提升，若不能有效限定政府的税权，也难以保障市场主体的财产权。因此，在各类具体制度的建设中，真正体现上述立法思路的转变非常重要。

（二）能力提升

上述的立法转变有助于提升与国家经济治理能力相关的多种能力，如国家的法治能力、市场主体的博弈能力、企业的竞争能力等。这些能力的提升有助于进一步提升整体的治理能力，推进市场化改革乃至全面深化改革，促进经济、社会和法治的发展。

国家的经济治理体系是经济治理能力的基础，与此相应，通过立法转变来推进经济法律体系建设，对于经济治理能力的提升非常重要。在普遍强调法治思维和法治方式的前提下，必须重视经济领域的法治能力。法治能力作为重要的治理能力,作为依法治国的能力,直接影响着国家的法治水平。

市场经济是法治经济,市场的运行离不开良好的法治环境。为此,要依法治理经济,首先要提升立法能力,从而促进执法能力和司法能力的提升。由于在经济治理领域,保障市场主体的经济自由权或经济发展权最为重要,因而应严格贯彻法定原则,有效限定政府的权力,保障市场主体的基本权利。但由于诸多原因,目前国家的立法能力还不够强,一些基本法律尚迟迟不能出台或者不够完善,与现代治理体系的要求尚有差距。只有转变立法的思路、结构、内容,建立和完善具体法律制度,才能针对我国在经济治理方面立法和司法影响相对较弱而行政干预过多的问题,进行相关的立法调整。为此,必须大力减少行政干预,加大立法和司法的影响力。这也是辨证施治、加强法律规制的重要体现。

除了上述的法治能力以外,立法的转变还有助于提升市场主体的博弈能力,以及更为具体的竞争能力、纳税能力等。例如,上述体现简政放权精神的立法转变,能够使政府的经济治理权受到更多约束,使市场主体的经济自由权得到更多释放,从而有助于提升市场主体的博弈能力。据此,市场主体在其与国家的纵向博弈中,可以依据其法定权利,对抗政府的行政干预以及不当的宏观调控和市场监管,从而更好地保护自己的权益;同时,在市场主体之间的横向博弈过程中,市场主体可以依其法定权利自由交易、自由竞争,并由此提升市场自由度和经济效率。

上述的市场自由度可以有多种衡量尺度①,其中,市场进出的自由度

---

① 市场自由度受多种因素影响,因而可能有多种衡量尺度,其中,较为重要的是财政、金融、贸易、投资、工资和价格等方面的自由度,以及政府管制、产权保护方面的影响。国际上依据上述指标对经济自由度的综合判断,其实就是对市场自由度的测度。在这个方面,我国香港曾连续十几年排名第一,内地多年排在100名以外。这至少在一定程度上说明目前简政放权、推进市场化的空间还很大。

或市场竞争是否受到限制，是市场化程度或市场自由度的重要测度指标，与市场主体的竞争能力密切相关。通常，市场主体的经济自由权保障得越充分，市场自由度就越高，竞争才会更充分，资源配置才更有效率，企业的竞争能力才会更强，企业才会得到更好的成长。我国的一些著名民营企业就是在政府干预较少、市场自由度较高的情况下，不断提升自己的竞争能力进而成长为世界著名公司的。[①] 因此，经济立法要充分保障市场主体的竞争能力，这对于其经济发展权的实现非常重要。

此外，上述的立法转变不仅有助于提升市场主体的博弈能力或竞争能力，从而有利于推进市场配置的效率，同时也有助于最终提升市场主体的纳税能力，从而夯实政府配置的物质基础。基于对市场主体税负的考量，我国自 2004 年起就在实质上启动了"结构性减税"[②]，试图通过增值税转型、"营改增"等多重改革来减轻纳税负担，增强市场活力。但由于企业的负担至今偏重，因而要求减税的呼声不绝于耳、此伏彼起。目前，直接税收入的占比仍相对较低，这既有经济发展水平和税制本身的原因，也存在税收逃避过多或纳税能力相对较弱的因素。只有推进立法转变，融入改革之初即已形成的"简政放权""放权让利"的理念，真正减轻市场主体税负，从而涵养税源，提升其竞争力，才能进一步提升其纳税能力。

不仅如此，通过立法转变，赋予市场主体更多的经济自由权，还有助于提升其参与共治或自治的能力。市场主体参与市场治理规则的创制，有

---

① 例如，著名的互联网企业 BAT（百度、阿里巴巴和腾讯），以及华为、中兴等，都是在政府干预较少的情况下成长为世界著名企业的。但民营经济发展仍存在诸多问题，因此，我国在加快推进《民营经济促进法》的立法。

② "结构性减税"在 2008 年金融危机后受到了国家层面的广泛重视，但实际上从 2004 年增值税转型试点开始，以及后续的多个税种的废止或合并，都是"结构性减税"的具体安排。相关探讨可参见张守文：《"结构性减税"中的减税权问题》，载《中国法学》，2013（5）。

助于提高规则的遵从度，解决"治理失灵"的问题。[①] 此外，某些企业或行业内部的自律规则也能为国家立法提供借鉴。因此，参与共治或自治能力的提升，对于国家治理体系的建设亦有积极意义。

为了提升市场主体的博弈能力以及其他具体能力，国家出台了诸多"促进型"制度，以推进市场化，提升市场自由度，激发市场活力。其中，"抓大放小"是一种重要的法律规制途径：一方面，要通过打击大企业的垄断行为，规范大型国企的各类行为等来实现"抓大"；另一方面，又要通过出台涉及经济、金融、产业、竞争等诸多领域的制度，减轻中小企业或小微企业的负担，促进其有效发展来实现"放小"。把"抓大"与"放小"结合起来，才能更好地营造公平竞争的环境，促进市场经济的健康发展。

上述的"促进型"制度安排，与国家的调控能力、监管能力密切相关。其中，国家的财政调控能力、金融调控能力等直接影响市场运行和市场功能的发挥，如能为市场运行营造良好的外部环境，为市场主体减负减压，则会形成一种良性循环。[②] 与此同时，市场监管能力的提升，则有助于规制不公平、不正当的竞争行为，建立良好的市场秩序，推进有效竞争。而通过立法的转变，形成较为完整、协调、规范、有效的调控体系和监管体系，则是提高上述调控能力和监管能力的重要途径。

针对关系国计民生的特殊市场，国家的调控和监管非常必要，但应重申的是，在可以市场化的领域，尽量不要采取扭曲资源配置的行政措施。

---

① 诺贝尔经济学奖得主埃莉诺·奥斯特罗姆（Elinor Ostrom）曾提出"多中心治理"理论，强调在治理方面并非政府一个中心，其他主体，包括私人机构、非政府组织、公民个人等，都可以参与治理，从而实现"共治"。但从总体上说，她更关注的是"非政府非市场的交往关系"。朱宪辰主编：《自主治理与扩张秩序：对话奥斯特罗姆》，序，6 页，杭州，浙江大学出版社，2012。

② 波兰尼认为，自由市场的引入远远没有消除对控制、规制和干预的需要，反而大大扩张了它们的范围。参见［英］波兰尼：《大转型：我们时代的政治与经济起源》，冯钢、刘阳译，120 页，杭州，浙江人民出版社，2007。

对此，国家已更重视采用市场手段。例如，针对房地产市场调控，国家已注意从增加供给的角度，加大保障房等供应。这不仅有助于在城市化过程中满足不同层次的需求，也有助于使限购、限贷等非市场化手段逐渐淡出；针对证券市场监管，国家强调市场化与法治化相结合，多次出台促进其健康发展的规定①。这些方面体现了国家调控和监管理念的转变，有助于在制度改进的过程中不断提升调控能力和监管能力。

总之，市场与政府的"二元配置"或"双向运动"都需要加强法律规制。立法思路、结构、内容的转变和具体制度的改进，有助于提升国家的法治能力、调控能力和监管能力，以及市场主体的博弈能力和更为具体的竞争能力、纳税能力、参与能力，并在总体上有助于提升国家的治理能力。随着经济立法的推进，现代的财政制度、税收制度、金融制度等将成为经济治理体系的重要组成部分，国家的经济法治水平也将进一步提升。

五、小结

对于"政府与市场的关系"这一社会科学领域的基本问题，以往有无数研究成果，可谓"前人之述备矣"，尤其在经济学、政治学、社会学等领域，见仁见智的观点不可胜数。尽管如此，在中国进一步全面深化改革之际，在推进中国式现代化的背景下，如何针对中国的特殊问题，摆正政府与市场的位置，并从法律的维度加以审视和保障，从而实现有效的法律调整，仍有许多问题值得思考。

基于各国资源配置的现实情况，本节强调政府和市场都是整体资源配

---

① 参见 2014 年 5 月 9 日发布的《国务院关于进一步促进资本市场健康发展的若干意见》（国发〔2014〕17 号），以及 2024 年 4 月 12 日发布的《国务院关于加强监管防范风险推动资本市场高质量发展的若干意见》（国发〔2024〕10 号）。

置系统的子系统，两个系统各自所处层面和运行方向不同，在配置资源过程中会存在紧密的关联、互动甚至冲突，因此，非常有必要对其功能进行定位和有效界分，并在法律上进行有效确认和保障。

为此，本节从三个相互关联的维度展开探讨。首先，基于"双向运动"理论，强调要辩证看待市场和政府各自的功用，针对"两个失灵"辨证施治，尤其应基于"司马迁定理"，明确政府与市场的功用、定位，在法律上限定政府的经济职能和经济职权；其次，探讨了市场与政府"二元配置"格局下的简政放权问题，强调基于政府与市场的"异面性"，应切实转变政府职能，将限权与放权相结合，更充分地保护市场主体的经济自由权，推进市场化；最后，分析了对政府与市场的关系进行法律调整的具体路径，强调应通过立法的思路、结构和内容的改变，推动简政放权，并以此提升整体的经济治理能力，构建良好的政府与市场关系。

当前，我国的全面深化改革仍以经济体制改革为引领，并以处理好政府与市场的关系为关键，而核心问题是政府转变职能、简政放权、放权让利。这些核心问题在历次改革中都会涉及，但至今仍未得到完全解决，说明政府"自我革命"之难。在政府职权方面存在的"先简后繁、先减后增"的所谓"黄宗羲定律"亟待破解。如果没有法律上对政府的"有效限权"和对市场主体的"充分放权"，没有现代的经济法治保障，"黄宗羲定律"之困就永远无法挣脱，现代的市场体系以及经济治理体系也无从谈起。

因此，从法律和法学的维度，探讨对政府与市场关系的法律调整，仍然有重要的现实意义。这些探讨不是为了重复或重申相关的常识或共识，而是强调在今天正确处理两者关系与加强经济法治之必要和重要。针对我国某些领域市场化不够、行政干预过多的现实，全力推进市场化无疑非常重要；但同时也要改进政府的宏观调控和市场监管，以营造良好的市场环境，保障市场秩序，从而实现效率与公平的兼顾。

总之，政府与市场的关系既是法学乃至整体社会科学领域的基本问题，也是一个历久弥新的话题，需要结合时代的发展，从政治、经济、社会、法律等多个维度展开研究。随着中国全面深化改革的推进，与此相关的具体法律问题亦层出不穷，只有运用法治思维和法治方式，不断地推进对政府与市场关系的法律调整，才能更好地促进经济法治建设，现代的国家治理体系才可能建成。

第二节　"改革决定"与经济法共识

一、问题的提出

中国波澜壮阔的全面改革，既有赖于全体国民伟大而具体的实践，也离不开国家层面的规划指引。事实上，历史上的多个重要"改革决定"，作为国家执政主体推进整体或局部改革的重大决策，不仅促进了经济、政治、社会等多个领域的发展，而且促进了我国法律制度的系统构建和法学领域诸多共识的形成。探究"改革决定"与法学和法律领域诸多共识的内在关联，对推进法学研究和制度建设具有特别意义，因而很有深入研究之必要。

"改革决定"作为国家执政主体改制易策的重大抉择，具体体现为一系列具有实质约束力的规范性文件，对许多制度的变革与完善均有重要影响。考虑到我国向以经济改革作为整体改革的重点或牵引，对相关的经济法治建设重视有加，且"改革决定"的大量内容都与经济法的立法、执法、司法等密切相关，下面拟着重从经济法的视角，探讨"改革决定"对经济法共识的影响，探寻两者之间的内在关联，其中也涉及对"改革与经济法的关系"的思考。

经济法共识的提炼，在学术研究领域已深受关注。[①] 通常，经济法共识包括经济法的理论共识与制度共识，主要体现为经济法理论层面基本的、共同的认识[②]，以及经济法制度构建、制度运行等方面的共同认识。这些共识对于推进经济法的制度建设和理论发展至为重要。

经济法共识的形成源于多种途径和因素。本节试图说明，历次重要的"改革决定"对经济法共识的形成均有重要影响，其有效实施所带来的观念、理论、制度的变革，不仅有助于推动法学的整体发展，更会推进经济法共识的积累。毕竟，"改革决定"会影响诸多领域的公共政策的制定以及相关制度的调整，而这些政策和制度不仅是经济法研究的重要素材，亦可成为经济法制度的形成源泉和重要构件。因此，"改革决定"作为理论创新和制度变革的总体指引，尤其对经济法共识的积累有重要作用。这可以从经济法理论和制度的繁荣阶段与跨越式发展中得到证实。[③]

事实上，历次"改革决定"都涉及一些共同的或持续关注的内容。例如，某些重要"关系"，包括政府与市场的关系，或者政府与企业、个人的关系，中央与地方的关系等，历来备受关注；与上述"关系"密切相关的是一系列重要的"体制"，如整体的经济体制，以及具体的经济体制、

---

① 近些年来，学界对经济法共识的提炼日益重视，这非常有助于解决理论积累方面的问题。相关研究可参见肖江平：《中国经济法学史研究》，175～181页，北京，人民法院出版社，2002；邱本：《论经济法的共识》，载《现代法学》，2013（4）；等等。

② 在经济法学发展的一些重要历史阶段，学界都有一些综述性的研究，其中大都涉及经济法共识的提炼。例如，王保树、崔勤之：《经济法学研究综述》（天津教育出版社1989年版）；王艳林、赵雄：《中国经济法学：面向二十一世纪的回顾与展望》，载《法学评论》，1999（1）；曾东红、肖江平：《进路：经济法总论研究反思——以总论中调整对象的地位及其演进为例》，载《学术研究》，2002（8）；等等。

③ 在相关改革决定作出后，在20世纪80年代中期、90年代中期，客观上出现了中国经济法理论和制度的阶段繁荣和跨越式发展，形成了经济法诸论并存的格局。可参见肖江平：《中国经济法学史研究》，162～168页，北京，人民法院出版社，2002；张传兵等：《评我国经济法学新诸论》，载《法学评论》，1995（4）。

金融体制、计划体制等；与上述的"关系""体制"密切相关的，则是一系列重要的"机制"，如价格机制、竞争机制、行权机制等。而无论是上述的"关系"抑或是相应的"体制""机制"，往往需体现为相关的"制度"，因为所有的关系调整或体制机制改革，都要通过制度的建立和完善来落实，特别是体现经济法共识的经济法制度，对于推进改革作用甚巨。由此可见，"改革决定"与经济法共识之间存在内在关联。

上述的主体关系—体制机制—制度建构，既是贯穿"改革决定"的逻辑主线，也是理解经济法共识的重要脉络。如果对其加以简化，将机制并入对体制问题的探讨，则可以形成"关系—体制—制度"的线索。依循这一线索，不仅有助于发现不同阶段"改革决定"之间的内在关联，也有助于揭示"改革决定"与经济法共识之间的内在一致性，以及经济法共识得以形成和发展的重要源泉，同时还有助于进一步理解政策与法律的关系（尤其是执政主体的改革政策与经济法的关系），从而推进对改革与经济法的关系、经济政策与经济法的关系等理论问题和实践问题的研究。[①]

基于上述考虑，本节将通过对具有拐点意义的"改革决定"的分析，来揭示其中与经济法直接相关的主要问题，披露其对经济法产生发展，特别是对经济法共识形成的重要影响[②]；与此同时，还将探讨为什么在晚近的"改革决定"中能够融入某些经济法共识，从而说明两者各自的独立性和内在的一致性，以及经济法共识对于整体法治建设的重要影响。

为此，本节先结合历史上的两个重要"改革决定"，说明其对经济法

---

① 经济法具有政策性，这是经济法学界的重要共识，许多学者都有相关探讨，其中就涉及对经济政策与经济法关系的理解。例如，史际春、邓峰：《经济法总论》，55～66 页，北京，法律出版社，1998；王保树：《经济法原理》，59～69 页，北京，社会科学文献出版社，1999；等等。

② 由于共识是历史形成的，因而从历史的视角来分析经济法共识问题非常必要。事实上，学界有关经济法共识的研究都会关注历史上的理论观点或重要制度。

共识形成的重要影响，在此基础上，将着重结合 2013 年的"改革决定"，依循重要的关系—体制—制度的线索，来说明"改革决定"与经济法共识之间的内在关联。这对于进一步凝聚经济法共识，促进经济法的理论发展和制度建设皆大有裨益。

二、历史样本：重要"改革决定"对经济法共识的影响

我国自 1978 年开启改革战略，到 2013 年全面深化改革，其间生成的多个"改革决定"，或涉及一隅，或关乎全局，但在总体上一脉相承。若从历史的视角加以审视，则本节认为，1984 年、1993 年和 2013 年的三次三中全会作出的"改革决定"，对于经济法共识的形成和发展影响至要；同时，三个"改革决定"后先相继，虽各有侧重，但有诸多持续关注的重要问题；要全面理解 2013 年的"改革决定"，亦需梳理前两个重要决定，以纵向厘清其历史源流，更好地明晰未来的改革方向及其与经济法共识的关联。

（一）对 1984 年"改革决定"的审视

1984 年的"改革决定"[①] 对刚刚起步的中国经济法的制度共识的形成，具有重要影响。在经济法发展的早期，经济法理论方面的共识相对欠缺，此时制度共识的形成更为重要。正是在相关制度共识的基础上，经济法理论才得以进一步发展。

基于经济法的视角，依循关系—体制—制度的线索，不难发现，1984年的"改革决定"在如下密切相关的方面有重要突破：第一，在主体关系

---

① 此次"改革决定"的全称是《中共中央关于经济体制改革的决定》，1984 年 10 月 20 日由党的十二届三中全会通过。

方面，强调增强企业活力是整个改革的中心环节，应该围绕该中心环节，解决好国家与全民所有制企业以及企业与职工的关系。对上述两类关系的关注，既为以后探讨政府与市场的关系奠定了重要基础，也为形成经济法主体的二元架构和提炼经济法领域的"二元结构"假设奠定了重要基础。第二，在体制改进方面，强调传统体制存在的突出问题是"政企职责不分，条块分割，国家对企业统得过多过死，忽视商品生产、价值规律和市场的作用，分配中平均主义严重""企业缺乏应有的自主权"，为此，提出应扩大企业的自主权，使其"成为具有一定权利和义务的法人"，从而不仅推动了民法上的法人制度的建立，也培育了经济法上的调制受体，进而为经济法上的宏观调控和市场规制所需要的市场体系奠定了主体基础。第三，在制度调整方面，强调要"建立自觉运用价值规律的计划体制，发展社会主义商品经济"，进一步完善税收制度，改革财政体制和金融体制，"重视宏观调节"①，从而提出了宏观调控体系和制度的雏形，有力地推动了经济法中的宏观调控法共识的形成。第四，在政府经济管理职能方面，强调政府的主要职能是"制订经济和社会发展的战略、计划、方针和政策……汇集和传布经济信息，掌握和运用经济调节手段，制订并监督执行经济法规……"，从而明晰了作为经济法主体的政府的重要职能。第五，在法制建设方面，重视和强调经济立法、经济司法②，从而有助于增进对经济法制定和实施重要性的认识。

正是基于上述认识，特别是上述第三、四、五方面有关制度构建的认

---

① 该"改革决定"强调"要善于在及时掌握经济动态的基础上综合运用价格、税收、信贷等经济杠杆，以利于调节社会供应总量和需求总量、积累和消费等重大比例关系，调节财力、物力和人力的流向，调节产业结构和生产力的布局，调节市场供求，调节对外经济往来，等等"。这与今天所理解的宏观调控已经较为接近。

② 例如，该"改革决定"强调，"经济体制的改革和国民经济的发展，使越来越多的经济关系和经济活动准则需要用法律形式固定下来。国家立法机关要加快经济立法，法院要加强经济案件的审判工作，检察院要加强对经济犯罪行为的检察工作，司法部门要积极为经济建设提供法律服务"。

识，国家在制度创新、职能转变、法制建设方面不断推进，许多重要的经济法制度在"改革决定"推出前后不断涌现。例如，我国在 1984 年进行了重要的税制改革，推出了多个重要的税法制度①，奠定了后来的经济调控制度的基础；又如，为配合当时的经济体制改革，国家在企业、价格等重要领域，制定了一系列重要的法律制度②，并在"改革决定"推出前专门建立了中央银行制度③，从而构建了后来的金融调控制度的基础框架。上述制度的建立尤其有助于形成经济法的制度共识。重温中国改革初期的"改革决定"和相关的制度建设，不难发现今昔制度建设之间的关联，这亦有助于对当时可能形成的经济法共识作出研判。由于彼时经济法新兴初起，理论歧见较多，因而制度共识更有助于增进经济法的理论共识，并推进经济法的整体发展。

(二) 对 1993 年"改革决定"的解析

1993 年的"改革决定"④ 对处于初步发展阶段的经济法具有非常重要的影响。如果说 1984 年"改革决定"的影响更偏重于经济法制度共识方面，那么，1993 年"改革决定"的影响已不仅体现在制度共识方面，更

---

① 1984 年 9 月 18 日，全国人民代表大会常务委员会通过了《关于授权国务院改革工商税制发布有关税收条例草案试行的决定》，根据该决定，国务院发布了产品税、增值税、盐税、营业税、资源税、国营企业所得税等 6 个税收条例草案试行。1985 年 4 月 10 日，全国人大通过了《关于授权国务院在经济体制改革和对外开放方面可以制定暂行的规定或者条例的决定》，依据该授权决定，国务院的"立法"走上了快车道。

② 在企业方面主要有《中华人民共和国企业破产法（试行）》(1986 年 12 月 2 日由第六届全国人大常委会第十八次会议通过)、《中华人民共和国全民所有制工业企业法》(1988 年 4 月 13 日由第七届全国人大第一次会议通过)；在价格方面主要有《中华人民共和国价格管理条例》(1987 年 9 月 11 日国务院发布)；等等。

③ 参见 1983 年 9 月 17 日颁布的《国务院关于中国人民银行专门行使中央银行职能的决定》。

④ 此次"改革决定"全称为《中共中央关于建立社会主义市场经济体制若干问题的决定》，1993 年 11 月 14 日由党的十四届三中全会通过。虽然文件的标题没有"改革"二字，但建立新的市场经济体制，无疑是非常巨大的变革，因而是"实质意义"上的改革决定。

体现在理论共识方面。① 此次"改革决定"阐述了市场经济的理论和相应制度，提出了国际共通的经济法理论基础和制度基础，这对于经济法共识的凝聚无疑非常重要。

倘若仍然基于经济法的视角，依循前述的关系—体制—制度的线索，亦不难发现，1993 年的"改革决定"在如下方面有重要突破：第一，在主体关系方面，强调建立适应市场经济要求的现代企业制度，构建符合市场经济要求的政企关系，政府不直接干预企业的生产经营活动，从而为后来有效处理政府与市场的关系奠定了基础；同时，强调要实行分税制，建立中央税和地方税体系，处理好中央和地方的关系，从而为调动中央与地方两个积极性，有效提供中央和地方不同层次的公共物品奠定了基础。第二，在体制改进方面，强调实行市场经济体制，确保市场在国家宏观调控下对资源配置起基础性作用，由此既明晰了国家与市场的关系和各自的作用，又揭示了经济法发展赖以依存的经济体制基础，从而使"经济法要以现代市场经济为基础"成为学界的基本共识。第三，在市场规则方面，强调建立全国统一开放的市场体系，规范市场行为，打破地区、部门的分割和封锁，反对不正当竞争，创造平等竞争的环境，形成统一、开放、竞争、有序的大市场，从而确立了经济法调整的市场体系基础。第四，在政府职能方面，强调建立以间接手段为主的完善的宏观调控体系，保证国民经济的健康运行，从而更加明晰了作为经济法主体的政府的宏观调控职能。第五，在法制建设方面，确定必须围绕上述主要环节，建立相应的法律体系，从而使"市场经济就是法治经济""国家加强经济立法"成为各界的普遍共识。

---

① 在此次"改革决定"推出后，中国经济法学界的理论共识大为提高。由于学界开始以共同的市场经济理论为基础来思考经济法问题，因而在经济法理论上形成了前所未有的共识。

上述的第三、四、五方面,以前面的主体关系和体制改进为基础,涉及诸多制度建构,而这些制度的改进恰恰有助于确立经济法的基本体系,形成宏观调控法和市场规制法的"二元结构"共识,并由此推进其他方面共识的形成。尽管上述认识此前提及甚少[①],但在 1993 年以后将宏观调控法和市场规制法作为经济法体系的主要构成部分,已日渐成为许多学者的理论主张,这与"改革决定"的影响直接相关。

例如,在宏观调控法方面,1993 年的"改革决定"强调宏观调控的主要任务是:"保持经济总量的基本平衡,促进经济结构的优化"。为了实现上述任务,需要"建立计划、金融、财政之间相互配合和制约的机制,加强对经济运行的综合协调。计划提出国民经济和社会发展的目标、任务,以及需要配套实施的经济政策;中央银行以稳定币值为首要目标,调节货币供应总量,并保持国际收支平衡;财政运用预算和税收手段,着重调节经济结构和社会分配。运用货币政策与财政政策,调节社会总需求与总供给的基本平衡,并与产业政策相配合,促进国民经济和社会的协调发展"。这些思想和相应的制度建设,体现了宏观调控的基本规律和各国的共通做法,对于宏观调控法共识的形成非常重要。

又如,在市场规制法方面,1993 年的"改革决定"提出"改善和加强对市场的管理和监督。建立正常的市场进入、市场竞争和市场交易秩序,保证公平交易,平等竞争,保护经营者和消费者的合法权益……建立有权威的市场执法和监督机构"。这对于市场规制法的理论和制度发展起到了重要的作用。

从总体上说,在 1993 年"改革决定"推出后,整个经济法学界的理

---

① 可参见张守文:《经济法学的法律经济学分析》,载《法学研究》,1992 (5),以及《中国"新经济法理论"要略》,载《中外法学》,1993 (1)。

论共识和制度共识都大为提高①，特别是明晰了政府与市场、中央与地方等重要关系，以及经济体制、金融体制、竞争体制的改革方向等，从而使有关经济法体系乃至整体理论的共识比过去大为增加。

（三）小结：两个样本及其影响的简要比较

通过上述两个样本的简析，不难发现两个重要"改革决定"对于经济法共识的形成和积累所产生的重要影响。1984年"改革决定"作出之时，正值中国经济法形成之初，法学界对于经济法的理论积累和制度认识还相当欠缺，歧见多于共识。"改革决定"所确立的经济制度、金融制度、企业制度等，尤其有助于发蒙未久的经济法的共识形成。及至1993年"改革决定"面世之时，中国经济法已有一定发展，制度共识日增。但从总体上说，在改革开放的前15年，"改革决定"对于经济法共识的影响更为主要，甚至基本上是单向的。经济法共识因积累不够而很难对"改革决定"有较大的整体影响。

从主体关系的角度看，1984年的"改革决定"更关注国家与企业的关系，特别是企业的自主权，这与后来对国家与市场的关系，以及市场主体经济自由权的关注，都是内在一致、一脉相承的（其实，对经济自由权的关注，在经济法学界也是一种重要共识，这在2013年的"改革决定"中亦有体现②）。而1993年的"改革决定"，不仅关注现代企业制度的建

---

① 在实行市场经济体制后，经济法学界的许多重要学者的基本观点逐渐趋同，从而形成了许多重要的经济法共识。有的学者认为，经济法共识的形成，"应当首先归功于经济体制改革从计划经济向市场经济的转变"。这也说明了1993年的"改革决定"对于经济法共识形成的重要性。参见邱本：《在变革中发展深化的中国经济法学》，载《政法论坛》，2005（6）。

② 如2013年的"改革决定"强调"必须加快形成企业自主经营、公平竞争，消费者自由选择、自主消费，商品和要素自由流动、平等交换的现代市场体系"，其中涉及的企业自主权、消费者权利等，都是市场主体经济自由权的体现。可参见张守文：《经济法理论的重构》，406～408页，北京，人民出版社，2004。

立,以为市场体系的建设培育可靠的市场主体,还关注中央与地方的关系,并由此开启分税制的财政体制,因而比 1984 年的"改革决定"更为全面和深入。

从体制和制度的角度看,1984 年的"改革决定"侧重于建立有计划的商品经济体制,而 1993 年的"改革决定"强调建立市场经济体制。由于两个"改革决定"所要建立的经济体制有质的差异,因而相应的法律制度特别是经济法制度也有质的不同,从而直接影响经济法共识的形成。恰恰是随着市场经济体制的建立,与之相适应的各类经济法制度才得以建立和完善,从而不仅增进了经济法的制度共识,也大大提高了经济法的理论共识,并为 2013 年开启的全面而深入的改革奠定了重要基础。

三、2013 年的"改革决定"与经济法共识的关联

从 1993 年到 2013 年,经过 20 年的探索,旨在全面深化改革的 2013 年的"改革决定"终于推出[①],并以"完善和发展中国特色社会主义制度,推进国家治理体系和治理能力现代化"为总目标。而要改进和完善国家治理体系,就"必须更加注重改革的系统性、整体性、协同性"[②],从而使体现改革精神的制度建设更为"全面""深化"。其实,从经济体制改革的角度看,2013 年的改革重点仍是强调推进市场经济体制,但却比

---

① 此次"改革决定"的全称是《中共中央关于全面深化改革若干重大问题的决定》,2013 年 11 月 12 日由党的十八届三中全会通过。

② 注重这"三性",也体现了经济法的重要共识。事实上,经济法领域一直强调系统思想、整体思想和协调思想,相关的研究已有很多,例如,刘文华、王长河:《经济法的本质:协调主义及其经济学基础》,载徐杰主编:《经济法论丛》,第 2 卷,北京,法律出版社,2001;孔德周:《系统经济法论》,北京,中国法制出版社,2005;刘水林:《经济法基本范畴的整体主义解释》,厦门,厦门大学出版社,2006;张守文:《经济法系统的系统分析》,载杨紫烜主编:《经济法研究》,第 2 卷,北京,北京大学出版社,2001;张守文:《论经济法上的协调思想——"国家协调论"的启示》,载《社会科学》,2011 (1);等等。

1993 年的改革更为深化和广阔，若能实现预期目标，则会有力地促进国家治理体系的整体完善。从法律的角度看，经济领域的法律治理虽与经济法的调整和制度完善直接相关，但也需要民商法、行政法等多个部门法的综合调整，甚至还可能需要采行法律以外的手段。因此，全面理解国家治理能力现代化的总目标，更有助于理解经济法与其他部门法的关系，以及法律规范与其他规范合力调整的价值。

前面所依循的"关系—体制—制度"的线索，对于分析 2013 年的"改革决定"同样是适用的，该线索不仅体现了几个"改革决定"的基本逻辑和相互之间的内在联系，也体现了"改革决定"与经济法共识之间的内在联系；不仅如此，它还体现了经济法制度形成的内在逻辑，即"理清关系—改进体制—完善制度"。

（一）关系：政府与市场

从重商主义到重农学派，从斯密到凯恩斯，从西方到中国，数百年来，人们一直在讨论并试图理清政府与市场的关系。我国自改革开放以来，历次"改革决定"都对其关注良多。例如，无论是 1984 年关注的国家与企业的关系，还是 1993 年明确提出的以现代企业制度为基础的符合市场经济要求的政企关系，实际上都在探讨政府与市场主体的关系，并都将其作为非常重要的、具有基础性地位的关系。由于市场是企业之间、企业与消费者之间，以及企业与其他主体之间进行交易、博弈的领域，是充分体现上述主体的自主权、选择权或自由权的领域，因而国家与市场的关系其实具有宪法的意义，它是宪法上的国家与国民的关系在经济领域的体现。

从宪法的角度看，我国《宪法》第 15 条在第 1 款规定我国实行社会主义市场经济，在第 2 款和第 3 款则分别规定了国家在宏观调控和市场规制方面的职责，明晰了市场经济条件下国家的经济职能，从而为理解政府与市场的关系提供了重要的宪法框架和基础,这也有助于说明为什么宪法、经济法都把政府与市场的关系作为重要的、"概括的"调整对象,为什么宪法与经济法会存在内在一致性①,以及为什么"改革决定"与经济法共识之间会存在密切关联。

政府与市场的关系,或者国家与国民的关系,以及由此所形成的主体"二元结构"②,对于公法或私法都有直接影响,每个法域都要在两者关系的框架内展开法律调整。在经济法领域,对政府与市场边界的理解,对政府职能和市场作用的认识,对政府与市场关系的法治化的思考③,不仅关涉宏观调控和市场规制的领域、范围、力度、方向,也直接牵动相关宏观调控和市场规制的法律规范的范围界定和内容取舍,进而对经济法的制度共识与理论共识产生直接影响。

正因为如此,2013年的"改革决定"强调,"经济体制改革是全面深化改革的重点,核心问题是处理好政府和市场的关系,使市场在资源配置中起决定性作用和更好发挥政府作用"。依据上述认识,要全面深化改革,就必须解决好经济体制改革的问题,其关键在于处理好政府与市场的关系;而要正确处理两者的关系,就必须明确其各自的职能、作用、边界,既要充分发挥市场在资源配置中的决定性作用,又要确保更好地发挥政府的作用,不能因强调市场的决定性作用而矫枉过正,漠视甚至抛弃政府的作用,并因而淡化甚至否定经济法的重要功用。为此,下面有必要分别从市场的作用与政府的职能两个方面,来分析其与经济法共识的关联。

---

① 相关具体讨论可参见张守文:《宪法与经济法的"经济性"分析》,载《法学论坛》,2013(3),以及《论经济法与宪法的协调发展》,载《现代法学》,2013(4)。

② 类似的政商关系、政企关系、政社关系等,也都可以从主体的二元结构的角度展开分析,可参见张守文:《经济法理论的重构》,33~37页,北京,人民出版社,2004。

③ 参见岳彩申、李永成:《中国经济法学三十年发展报告》,载《经济法论坛》,第7卷,16~17页,北京,群众出版社,2010。

1. 基于市场决定性作用的分析

在政府与市场的关系方面，如何看待市场的作用，如何转变政府的职能，体现了对市场经济规律和法制建设规律的认识。这不仅在改革和发展方面不容回避，而且对于经济法的理论和制度建设亦至为重要。

2013 年的"改革决定"强调"市场在资源配置中起决定性作用"。此论甫出，议者甚众，且多将其认定为"重大理论创新"。其实，我国此前强调市场在资源配置方面的"基础性作用"，是与政府的宏观调控作用相对应的。只要承认私人经济与公共经济并存，并以宏观调控为参照，就不会否认市场配置资源作用的基础性或根本性。强调市场的"决定性作用"，只是更看重市场机制资源配置的效率优势，即由于市场更有效率，因而在配置资源方面就应当由市场而不是其他因素来决定。

事实上，狭义的市场经济，是具有独立利益的主体通过交易所构成的经济，因而主要体现为私人经济。只有存在私人利益的市场主体真正自由选择、自主决策、自主决定，并由此影响市场供需、市场配置，才能体现市场的决定性。但在公共经济领域，并不排除国家对资源的配置，特别是国家的宏观调控或再分配。[①] 当然，由于市场通常在资源配置方面更有效率，因而才要"大幅度减少政府的直接配置"和实行"间接的宏观调控"，即使是必要的宏观调控和市场规制，也必须法治化[②]，真正受到法律约束。正是基于上述认识，"经济法是市场经济之法"，是"建立在现代市场经济基础之上的现代法"，才早已成为经济法学界的基本共识。而这一共

---

① 马斯格雷夫等许多学者都曾强调在公共经济领域里国家配置资源的重要性；对于经济法的再分配功能，许多学者也都有研究，可参见漆多俊：《经济法再分配功能与我国收入分配制度改革》，载《中共中央党校学报》，2008 (4)；冯果、李安安：《收入分配改革视域下的金融公平》，载张守文主编：《经济法研究》，第 10 卷，北京，北京大学出版社，2012；等等。

② 关于宏观调控的法治化，学界早已有不少研究，可参见周永坤：《宏观调控法治化论纲》，载《法学》，1995 (10)；王先林：《试论宏观调控与法治》，载《法学杂志》，1995 (3)；等等。

识与强调市场机制在资源配置方面的重要作用是内在一致的。

各国在不同时期对市场经济重要性的认识有所不同。随着我国市场经济的发展，官方和民间对市场作用的认识亦不断深入，但这并不意味着市场的现实作用就真正得到了有效发挥。同理，即使"改革决定"提出"市场的决定性作用"，也不意味着市场就能够"决定一切"，它只是强调在市场经济条件下，资源配置应当符合市场经济的共通原理和原则，应当有市场规则、价格机制、竞争机制，并保障其充分发挥作用，从而使市场交易真正由市场因素决定，而不是由政府意志决定。这样的经济才是"市场化"的经济，否则，就与由政府配置资源的计划经济无异。提出市场的决定性作用，有助于明确政府定位，使政府与市场、公共领域与私人领域皆可依据不同的原则和规则，分别向社会提供公共物品和私人物品，由此形成的理论与制度的"二元结构"，对于经济法共识的形成和发展亦甚为重要。

此外，与上述对市场作用的认识相一致，2013 年"改革决定"还提出"市场决定资源配置是市场经济的一般规律"，尽管已将市场的功用上升到"规律"的高度，但仍须强调"辩证施治"，即市场的决定性作用仅限于市场经济条件下的资源配置，并非普适于其他领域。不能因为强调市场的决定性作用，就放弃国家的宏观调控和市场规制，弱化规范宏观调控和市场规制行为的经济法制度。从各国的通行情况来看，只要实行市场经济，就会存在市场失灵，就离不开宏观调控和市场规制以及对调控与规制的法律约束。这既是各国通例，也是经济法共识。"历史的经验值得注意"——市场经济发展的坎坷历程，特别是 2008 年的经济危机，都与市场失灵、经济失衡以及相关国家调控与规制不足直接相关[1]，可谓殷鉴不

---

① 相关的研究成果可参见吴志攀：《华尔街金融危机中的法律问题》，载《法学》，2008（12）；杨松：《美国金融危机引发的法律思考》，载《辽宁大学学报》（哲学社会科学版），2009（1）；张守文：《金融危机的经济法解析》，载《法学论坛》，2009（3）；顾功耘：《金融危机与经济法的最新发展》，北京，北京大学出版社，2010；等等。

远。如果忽视经济法制度的有效调整，则大量的市场失灵所导致的经济失衡、经济危机就可能频发或加剧。

为了发挥市场的决定性作用，"必须积极稳妥从广度和深度上推进市场化改革，大幅度减少政府对资源的直接配置"。与此相关的具体改革领域主要涉及基本经济制度、现代市场体系、宏观调控体系和开放型经济体系的完善，而这些领域与经济法制度的具体调整都存在直接而密切的关联。例如，现代市场体系和开放经济体系，是经济法调整的重要经济基础；基本经济制度，是经济法的各类制度有效实施的制度基础；而宏观调控体系的制度体现，则是经济法的重要组成部分。

另外，强调市场的决定性作用，在根本上还是为了更好地促进发展，必须"坚持发展仍是解决我国所有问题的关键这个重大战略判断"。其实，"改革决定"所确立的所有改革目标和措施，都是为了更好地发展。与此相关联，经济法不仅是市场经济之法，还是促进发展之法。这也是经济法学界的重要共识。[1] 经济法不同于单纯解决纠纷的传统法，它强调从更大的时空维度，更积极地去促进国家整体的经济和社会发展。在各类体制改革中，经济体制改革的牵引作用非常重要。与之相适应，在法律制度的调整方面，与经济体制改革密切相关的经济法，也必须发挥重要作用。无论在保障宏观调控与市场规制的合理性和合法性方面，抑或在保障市场主体的合法权益、维护市场秩序方面，经济法都应发挥重要作用。可以说，没有经济法作用的充分有效发挥，市场经济发展所需要的宏观调控和市场规制就不能得到有效的法律约束和保障，市场主体的法益、公平竞争的市场秩序等也很难得到有效的维护。因此，无论是相关的制度变革还是经济法的

---

① 有关经济法领域的发展范畴、发展理念、发展权等，已经有很多研究，可参见程信和：《发展、公平、安全三位一体——经济法学的基本范畴问题探析》，载《华东政法学院学报》，1999（1）；单飞跃：《经济法发展理念论》，载《湘潭大学学报》（社会科学版），2000（5）；张守文：《经济发展权的经济法思考》，载《现代法学》，2012（2）。

调整，都应把促进发展作为重要目标，全面推进经济法的完善。

2. 基于政府职能的探讨

有效处理政府与市场的关系，既要发挥市场的决定性作用，又要有效界定和履行政府的职能。从经济法的角度看，在政府的诸多职能中，经济职能非常重要，它不仅影响政府在经济法上的主体地位，也直接关涉经济法的调整方式、调整领域，以及经济法共识的形成。

经过多年探索，经济法学界将政府的经济职能主要概括为宏观调控和市场规制，这已是基本共识。其中，宏观调控的职能主要涉及保持宏观经济的良性运行，促进经济的稳定增长，防范和化解经济周期或经济危机；市场规制的职能，则主要涉及加强市场监管，维护市场秩序，促进公平竞争。对于政府的经济职能，2013 年的"改革决定"特别强调，"政府的职责和作用主要是保持宏观经济稳定，加强和优化公共服务，保障公平竞争，加强市场监管，维护市场秩序，推动可持续发展，促进共同富裕，弥补市场失灵"。这与经济法学界既有的理论共识是一致的，或者说，在相当大的程度上体现了经济法的理论共识。

现代政府的经济职能与解决市场失灵直接相关，而市场失灵问题的存在及其解决的需求，正是经济法产生的重要前提和动因。上述经济法的理论共识，既是对世界各国经济法产生和发展规律的总结，也得益于 1993 年和 2013 年的"改革决定"的影响。一般认为，市场失灵及其导致的经济失衡，是经济法调整所要解决的基本问题。[①] 人们通常关注的妨害竞争、公共物品、外部效应、信息偏在、分配不公等，正是市场失灵的存在领域、产生原因或突出体现，是市场机制和传统部门法不能有效解决或者无力解决的，因而需要政府履行其经济职能。2013 年"改革决定"所涉

---

① 可参见席月民：《中国经济法基础理论的变革与创新》，载李昌麒、岳彩申主编：《经济法论坛》，第 8 卷，北京，群众出版社，2011。

及的政府经济职能，其实都与市场失灵问题的解决有关。例如，针对上述
妨害竞争、信息偏在等问题，需要政府加强市场监管，维护市场秩序，保
障公平竞争；针对宏观经济稳定的问题，政府应提供宏观调控等典型公共
物品；要解决可持续发展问题，则需要政府有效解决外部效应、公共服务
等问题；而要实现共同富裕目标，则需要政府有效解决分配不公问题。可
见，政府经济职能的各个方面，都与市场失灵问题的解决直接相关，而解
决市场失灵问题的重要法律途径，则是经济法的调整。

在政府经济职能的履行方面，2013年的"改革决定"强调，目前最
为突出的问题是"政府干预过多和监管不到位问题"。这也是长期存在的
现实问题。针对政府干预多、影响市场作用发挥的问题，确应减少政府
干预，给市场更大的自由空间，使市场配置资源的功能能够有效实现；同
时，针对市场机制的负面效应，政府又要监管到位，加强市场规制。由于
直接的政府干预不同于间接的宏观调控，不能将政府干预完全等同于国家
干预[1]，因此，在经济法上恰恰要对不当的政府干预加以限禁。

此外，为了有效履行政府的经济职能，还应注意中央政府与地方政府
的分工，这与公共物品的层级性直接相关。为此，2013年的"改革决定"
提出加强中央政府宏观调控职责和能力，加强地方政府公共服务、市场监
管等职责。这也是体现了经济法的共识。例如，经济法学界普遍强调宏观
调控权属于中央[2]，而不属于地方，因此，此处强调中央政府的宏观调控
职责和能力，并与地方政府的职能相区别，与经济法学界的既有共识也是
一致的。

---

[1] 许多学者强调，不能不适当地将宏观调控法等同于政府干预法。参见杨紫烜：《国家协调
论》，270页，北京，北京大学出版社，2009。
[2] 相关的研究成果可参见李昌麒、胡光志：《宏观调控法若干基本范畴的法理分析》，载《中国
法学》，2002（2）；张守文：《宏观调控权的法律解析》，载《北京大学学报》（哲学社会科学版），
2001（3）；等等。

上述对于政府宏观调控职责的理解，是与宏观调控本身的功能或任务相对应的。2013年"改革决定"强调宏观调控的任务主要是"保持经济总量平衡，促进重大经济结构协调和生产力布局优化，减缓经济周期波动影响，防范区域性、系统性风险，稳定市场预期，实现经济持续健康发展"，从而使宏观调控的目标回归到防范风险、减缓周期、优化结构、平衡总量。这尤其有助于避免以往对宏观调控的泛化理解，防止把某些行政干预等同于宏观调控。上述对宏观调控职责和任务的界定，不仅应为政府部门所遵循，亦应成为重要的经济法共识。

宏观调控的手段主要是财政政策、货币政策以及其他相关政策，为此，2013年的"改革决定"强调要"健全以国家发展战略和规划为导向、以财政政策和货币政策为主要手段的宏观调控体系"，而这一调控体系与经济法学界对宏观调控法体系的理解是对应的和一致的。基于"经济法是经济政策的法律化"这一基本命题，在宏观调控法领域，大量的宏观调控政策及其手段的法律化，便构成了包括经济调控法、金融调控法、计划调控法在内的宏观调控法的基本体系。这也是经济法学界的一个重要共识。而这一共识，对于解决将宏观调控泛化、将宏观调控法的调整等同于政府干预等问题，都具有重要意义。

（二）体制：相关机制运行的框架

上述政府与市场的关系的定位，为整体的经济体制改革奠定了重要基础；同时，经济体制的全面改革，既以大量的经济机制的完善为实现手段，又为各类机制的有效运行提供了重要的框架和保障。而无论是经济体制还是相应的经济机制，对经济法的产生和发展都有重要影响。[1] 这也是

---

[1] 对于经济体制、经济机制、经济法之间的关联，可参见张守文等：《市场经济与新经济法》，4~7页，北京，北京大学出版社，1993。

理解"改革决定"与经济法共识之间紧密关联的一个重要维度。

基于前面对政府与市场的关系的理解，国家既要完善相应的宏观调控和市场规制体系，又要建立现代市场体系，从而构建国家与国民之间经济分权的框架。如前所述，一国只要实行市场经济体制，就要有现代的市场体系，但我国目前在某些领域的市场化还不够，政府的不当干预仍然存在，直接影响了市场主体的自主选择和资源的有效配置。为此，应将政府的经济职能限定为宏观调控和市场规制，以保障经济的稳定增长，维护市场秩序，促进公平竞争。可见，加强必要的调控和规制，避免不当的行政干预，才是政府应有的行为，才可能为经济的良性运行和良好的秩序维护创造条件；同时，对于调控和规制行为亦须加强经济法约束，这早已是经济法领域的重要共识。

无论调控抑或规制，都离不开相关的经济体制和具体的机制。各类经济体制需加以法律化，方能为相关的机制运行提供有效的法律框架。而各类经济体制的法律化，不仅可能体现在相关国家的"经济宪法"中①，还会大量存在于经济法领域，并构成经济法的重要内容，从而使"体制法"成为影响经济法制度结构的重要因素，以及具体的调控制度和规制制度的运行基础。

因此，在具体的经济法制度中，存在财政体制、税收体制、金融体制、投资体制、价格体制、竞争体制等多方面的规定，涉及宏观调控权和市场规制权的配置，以及各个政府部门之间的协调机制，这样才能保障相关体制有效发挥作用，为相关机制的良性运行提供法律框架。

事实上，在法定的经济体制框架内，加强相关政策和制度的协调，保障相关机制的良性运行日益重要。为此，2013年的"改革决定"就强调

---

① 如《德意志联邦共和国基本法》第十章对财政体制有较为具体的规定；而《委内瑞拉玻利瓦尔共和国宪法》第六编的第二章则对预算、税收、货币制度和宏观经济调控制度有具体规定。

"推进宏观调控目标制定和政策手段运用机制化，加强财政政策、货币政策与产业、价格等政策手段协调配合……形成参与国际宏观经济政策协调的机制"。与此相对应，在宏观调控法领域，首先应强调财政调控制度与金融调控制度的协调配合，并使之与计划调控制度所确定的调控目标和具体手段相一致；此外，还要强调财政、金融调控制度与产业调控制度、价格调控制度之间的协调配合，这对于经济结构调整、价格总水平调控，对于经济总量的平衡、保持经济的稳定增长都非常重要。另外，在重视上述各类制度协调配合的同时，还应注意其与国际层面的宏观调控制度相一致，并促进执行制度的各类机构的协调机制的建立和完善。

不仅在宏观调控领域，在市场规制领域的协调机制也同样非常重要。为了解决在市场规制方面的权力分割、互不协调等诸多问题，2013 年的"改革决定"强调了多个方面的"统一"，如实行统一的市场准入制度，建立公平开放透明的市场规则，"改革市场监管体系，实行统一的市场监管"，"清理和废除妨碍全国统一市场和公平竞争的各种规定和做法"，从而为市场经济所要求的"统一市场""统一监管"奠定了重要的制度基础；同时，对于破坏统一市场、妨害市场竞争的行为，必须加以禁止，即要"严禁和惩处各类违法实行优惠政策行为，反对地方保护，反对垄断和不正当竞争"，确保市场规制法领域的反垄断法和反不正当竞争法的实施和完善。①

除了总体上的体制及相应机制问题外，还应重视具体领域的体制完善。例如，经济体制的完善在整体经济体制改革中的地位非常重要，为此，2013 年的"改革决定"强调，"科学的财税体制是优化资源配置、维护市场统一、促进社会公平、实现国家长治久安的制度保障"。为了更好

---

① 上述改革的目标，就是形成"统一""有序"的市场。由于"建设统一开放、竞争有序的市场体系，是使市场在资源配置中起决定性作用的基础"，因而推进市场规制法的完善非常重要。

地完善财税体制，同样需建立一系列重要的"机制"，例如，在预算体制方面，要"建立跨年度预算平衡机制"，"建立规范合理的中央和地方政府债务管理及风险预警机制"，还应"完善一般性转移支付增长机制"；与此相关联，还要"建立透明规范的城市建设投融资机制"。可见，在各类体制为相关机制提供有效运行框架的同时，各类机制对于相关体制的完善也非常重要。

（三）制度：基于经济法视角的观察

无论是上述的政府与市场的关系，还是基于两者关系所确立的各类体制以及具体的运行机制，都要以制度的形式加以体现和落实。其中的许多制度都属于经济法制度，因此，非常有必要从经济法的视角来观察。我们由此不仅可以进一步揭示"关系—体制—制度"之间的内在关联，还可以进一步发现"改革决定"与经济法共识之间的内在关联。

1. 重要"关系"需要经济法制度的调整

在影响经济法制度形成和发展的诸多因素中，前面探讨较多的政府与市场的关系无疑非常重要。[①] 此外，中央与地方的关系、企业之间的竞争关系，以及企业与消费者的关系等，与相关经济体制和经济法制度亦存在密切关联[②]，不仅影响相关经济法制度的生成，而且其自身也需要经济法制度的有效调整。

如前所述，仅从政府与市场的关系来看，要发挥市场的决定性作用，就必须对政府的宏观调控行为和市场规制行为加以规范，确保政府调制的

---

① 正因为政府与市场的关系非常重要，"政府与市场"也被作为经济法总论研究的一组关键词来看待。参见管斌：《中国经济法学总论30年研究：关键词视角》，载《北方法学》，2009（4）。

② 中央与地方的关系涉及财政法等诸多法律的调整；竞争关系涉及反垄断法、反不正当竞争法的调整；而企业与消费者的关系，则涉及消费者保护法的调整。从总体上说，上述各类重要关系都离不开经济法的调整，这也使经济法在法律体系中居于重要地位。

合理性与合法性，保障市场主体的经济自由权，为此，就需要建立有效的经济法制度，而这正是经济法价值的重要体现和存续的重要理由。事实上，经济法作为法，其重要功能同样是规范主体的行为：一方面，要规范政府在经济领域的调制行为（这不同于政府在行政领域的行政行为，或在社会领域的保障行为等）；另一方面，也要规范市场主体的对策行为，包括横向的对策行为（如企业竞争行为）和纵向的对策行为（如调制规避行为），由此确定的经济法制度才能更好地解决市场失灵和政府失灵的问题。

在重视市场决定性作用的同时，还应"更好地"发挥政府的经济职能。即使强调全面深化改革，也不应从一个极端走向另一个极端，而应当既要看到市场的缺陷和不足所带来的诸多历史教训，正视政府宏观调控和市场规制的必要性，又要看到对宏观调控和市场规制行为加以规范的必要性。因此，政府履行其宏观调控职能必须受到经济法的约束，不得违背市场规律，以"调控"为名从事不当的行政干预，侵害市场主体的权益和影响市场的活力。同时，政府履行其市场监管职能，也不应只是单纯的行政管制，而应从遵从经济规律的角度，实施有效的市场规制，这样才能把积极的鼓励促进和消极的限制禁止更好地体现在规范市场行为的过程中，从而更好地保障市场秩序和公平竞争，更好地发挥市场的作用。

从一定意义上说，政府的经济职能决定了经济法的调整领域、调整对象以及经济法的体系。2013年"改革决定"所强调的政府的宏观调控职能及其对应的发展规划、财政、金融方面的调控，构成了宏观调控法制度的基本框架；而对政府市场监管职能的规定，涉及反垄断、反不正当竞争、消费者保护等基本方面，则对应于市场规制法。可见在经济法体系的构成方面，"改革决定"与经济法共识的内在一致性得到了充分体现。

2. 体制机制变革引发的制度调整

国家治理体系的现代化，尤其需要加强经济治理，完善各类经济体制。而经济体制和机制的改进，又会带来经济法制度的相应调整。由体制机制变革引发的制度调整，是经济法制度形成的重要路径。

我国在不同阶段作出的"改革决定"，作为执政主体在一定时期的执政蓝图，其实就是不断完善相关制度的决策或规划。而这些决策或规划经由相关国家机关的转化和落实，就会带来立法、执法、司法等诸多环节的变革，并会直接影响经济法的制度变革。例如，2013 年的"改革决定"提出要"建立现代财政制度""完善税收制度""实施全面规范、公开透明的预算制度""建立事权和支出责任相适应的制度""实行统一的市场准入制度""把注册资本实缴登记制逐步改为认缴登记制""推进股票发行注册制改革""完善国税、地税征管体制"等，① 这些都涉及经济体制和经济机制的变革问题，有许多方面都要靠经济法制度的调整来落实，涉及诸多经济法制度的制定、修改、创新或完善。

上述的诸多制度变革主要是由体制机制的变化而引发的。例如，经济体制改革是我国下一步改革的重要领域，相应的预算制度、税收制度、国债制度、转移支付制度等都要相应调整；又如，随着金融监管体制机制的变化，我国在股票发行制度等方面都要进行相应调整。相对说来，2013年的"改革决定"对经济体制改革关注较多，但对金融体制、投资体制等所涉内容相对较少。② 与此相关，与经济体制机制变革相关的制度调整将成为重点。

相对于其他部门法领域，我国经济法的立法任务还非常繁重。国家推

---

① 上述改革有些已完成，有些改革是长期的系统工程，因而在 2024 年的"改革决定"中仍在重申。

② 在 1993 年的"改革决定"推出后，国家针对财政体制、金融体制、投资体制等出台了专门的具体"改革决定"，它们对经济法共识的形成亦有较大影响。可参见 1993 年 12 月 15 日颁布的《国务院关于实行分税制财政管理体制的决定》（国发〔1993〕85 号）、1993 年 12 月 25 日颁布的《国务院关于金融体制改革的决定》（国发〔1993〕91 号）、2004 年 7 月 16 日颁布的《国务院关于投资体制改革的决定》（国发〔2004〕20 号）等等。

进的许多体制机制变革，都伴随着经济法诸多制度的立改废。但由于现时的某些体制机制尚不够健全，相关经济法共识的凝聚和影响亦较为有限，我国经济法的制度建设仍然任重道远。

3. 经济法共识对制度变革的影响

在前面的探讨中，已涉及经济法的调整范围、基本体系、经济基础、基本问题、基本假设、规范对象等诸多方面的重要共识。经由历次"改革决定"的推动，各类经济法共识被不断加强；同时，有些经济法共识已被吸纳或体现于相关的"改革决定"中。事实上，经济法越发展，经济法理论越完善，经济法共识对"改革决定"的影响就越大，对制度变革的影响力和指导力也会更突出。

虽然经过数十年的发展，与改革开放相伴生的经济法制度日臻完善，经济法的理论共识也大幅度提升[①]，但至今不少人对经济法理论的认识仍停留在 20 世纪 80 年代，这对整体的法治建设和法学发展都是非常不利的。经济法和经济法学历来与改革、发展紧密相连，改革越全面、越深化，就越能体现经济法的精神和应然要求；同时，市场经济与经济法调整密不可分，越是发展市场经济，就越需要加强经济法的保障，越要增进经济法的理论与制度共识。

经济法共识对于制度变革影响巨大。正是基于解决市场失灵和政府失灵问题的共识，国家才构建了一系列解决"两个失灵"的制度。例如，在解决市场失灵方面，无论是反垄断还是反不正当竞争，无论是对经济主体信息权的特别保护还是经济领域的公共物品的提供，无论是经济领域的交易成本的降低还是公平分配问题的解决，等等，都需要革故鼎新，建立新

---

① 在经济法制度发展的过程中，经济法的理论共识也在不断增加，法治化的程度也在不断提升。可参见冯果：《权力经济向法治经济的伟大变革——中国经济法制建设三十年回顾与展望》，载吴志攀主编：《经济法学家》，北京，北京大学出版社，2008。

的经济法制度；又如，解决市场失灵问题虽是政府的重要职能，但由此产生的政府失灵问题亦须高度重视，因此，对政府的调制行为加以规制，历来是经济法的重要任务，这就需要经济法制度必须能够有效规范调制行为。如果说行政法要为行政行为确定规范框架，那么，经济法则要为宏观调控行为和市场规制行为设定法律边界。

经济法共识之所以能够对制度变革产生影响，主要是因为它体现了对经济法理论和制度的规律性的认识。无论是经济法的理论还是原理，都应当反映相关的规律，这样才能形成稳定的共识，才能更好地指导经济法的制度建设，并使经济法制度同样体现相应的规律。而体现基本规律的经济法制度还会具有一定的国际共通性。这也是各国都有类似的实质意义的经济法制度的重要原因。

不仅经济法共识要体现规律，好的"改革决定"也必须体现相关规律，并体现人们的共识。"改革决定"与经济法共识的"一致性"，正体现了人们对市场、法治的相关原理或规律的认识。多年来，"市场经济就是法治经济"，既是公众耳熟能详的口号，又是重要的经济法共识。只要在法治的前提下推进市场经济，就需要兼顾效率与公平。从经济法的角度看，任何好的改革或经济法调整，任何好的"改革决定"与经济法共识，都应当具有多方面的内在的"一致性"，例如：一方面，都应当体现"经济性"，即应有助于降低交易成本，提高经济效率、行政效率或整体的治理效率；另一方面，都应当更有助于实现公平正义，使市场主体能够在公平交易、公平竞争中各得其所，使政府能够通过提供公平竞争的外部环境、公正执法和司法，来推进社会正义。

由于"改革决定"与经济法共识存在内在的"一致性"，因而它们必然会存在交互影响，并共同影响制度变革。如前所述，在我国改革的早期，经济法共识相对还比较欠缺，因而"改革决定"对经济法共识的影响更大。但随着经济法共识的累积，其对"改革决定"的影响也在逐渐加大。例如，2013年的"改革决定"就在政府职能的界定、对税收法定原则的强调等方面，体现了经济法共识。其中，"税收法定原则"就是经济法学界率先提出的，已日渐成为各界的共识。[①] 该原则作为世界各法治国家的通行做法，体现了税收法治的一般规律，因而"改革决定"亦将它融入其中。

改革就是制度变革，基于法治精神和法定原则的要求，制度变革也必须符合法定原则的要求，这也是重要的经济法共识。据此，我们对各类制度变革不仅要注意其合理性，还要更重视其合法性，即必须确保"依法改革"。这不仅直接关涉"改革决定"的落实，也涉及相关制度变革的遵从度，且极易引发各种问题。可以说，能否依据体现法治精神的经济法共识来推进制度变革，保障制度变革的系统性、协调性，直接关系到各类改革的成败。

四、小结

我国在改革历程中推出的多个重要"改革决定"，作为执政主体确定的国家未来一定时期改革和发展的"总体规划"，涉及经济、政治、社会、文化等诸多领域，甚至涉及政党和军队的建设[②]，因此，远比相对单纯的"国民经济与社会发展计划"涉及范围更广。同时，"改革决定"具有极强的指导力，经由相应的立法程序及法律实施活动，会带来

---

① 学界提出并倡导的税收法定原则，已经成为经济法共识。相关研究可参见张守文：《论税收法定主义》，载《法学研究》，1996（6）；王鸿貌：《税收法定原则之再研究》，载《法学评论》，2004（3）；等等。

② 2013年的"改革决定"涉及范围远超以往，其中，生态文明固然非常重要，但应否与前几个方面并列，仍然值得考虑。

大规模的制度变革，直接影响相关的法治建设和制度文明。因此，我们对于"改革决定"不仅应从政策的视角展开研究，还应从法学和法律的视角展开研究。

到目前为止，从改革的影响力看，最为重要的是 1984 年、1993 年、2013 年、2024 年的"改革决定"，它们后先相继、一脉相承，且所涉改革一次比一次更全面、更深入。"改革决定"作为执政主体的执政规划，是国家制定各类规划的基础，其基本精神要转换或体现于国家的立法规划、发展规划当中，因而各类体现改革成果的法律制度均与之密切相关，与改革相伴生的经济法尤其如此。

事实上，历次"改革决定"都涉及大量经济法问题，对其深入探究，尤其有助于深化对经济法各类问题的认识，增进经济法的理论和制度共识。在前面的探讨过程中，已经在多个层面说明了"改革决定"对经济法共识的形成具有非常重要的影响，或者说，强调"改革决定"推进了经济法共识的形成，同时也强调了随着经济法的发展，某些经济法共识也会体现在"改革决定"中，并会对"改革决定"的落实产生一定的影响。[1] 本节试图说明，关注两者之间的关联与互动，对于推进法治和深化改革，以及相关理论的完善均具有重要意义。

从具体情形看，不同时期的"改革决定"与经济法共识之间的关联互动亦不尽相同。本节先是选取了 1984 年和 1993 年的"改革决定"作为样本，分析了它们对于经济法共识形成的影响，从中可以发现，1984 年的"改革决定"对经济法制度共识形成更有影响，而 1993 年的"改革决定"不仅增进了经济法的制度共识，对经济法理论共识的形成影响尤为巨大。

---

[1] 例如，在 2013 年的"改革决定"中强调要"落实税收法定原则"，而这早已成为经济法的理论共识和制度共识，在存在共识的情况下，再推进相关的税收法律的制定，自然会得到很大的支持，因而有助于"改革决定"的落实。

可以说，1993 年的"改革决定"使经济法的共识大为增加，而 2013 年的"改革决定"则使经济法的共识得到进一步巩固和加强，并且形成了"改革决定"与经济法共识之间的紧密关联：一方面，"改革决定"推进了经济法共识的形成；另一方面，经济法共识又会进一步融入"改革决定"，并为"改革决定"的实施提供具体保障。

本节依循"关系—体制—制度"的线索展开分析，这条逻辑主线贯穿三个"改革决定"（同样也贯穿 2024 年的"改革决定"），使它们可以一脉相承。从这一线索出发探讨每个"改革决定"所涉及的主要内容，就可以揭示不同时期"改革决定"之间的内在联系，以及"改革决定"与经济法共识之间的关联，还可以发现经济法制度的生成机制。事实上，诸如政府与市场的关系、中央与地方的关系等，都是经济法要关注的重要关系；这些关系直接影响着相关的体制，如财政体制、金融体制、竞争体制以及具体的机制；而无论关系抑或体制、机制，都需要体现于相关的制度，都需要通过制度来加以确认。在诸多制度中，经济法制度的保障非常重要。正是对相关重要关系的调整，对相关体制机制的变革，推动着经济法制度的发展和理论的创新。

依循上述线索，本节着重结合 2013 年的"改革决定"所涉及的政府与市场的关系、经济体制及其配套机制的改革以及相关的制度变革，从经济法的视角展开探讨。其中涉及经济法学界既存的多方面重要共识，这些共识与"改革决定"存在着一致性，而这种一致性来自对市场经济、政府职能、经济法治的基本原理、基本规律的认识，因而可以更加持久。

本节在梳理历次重要"改革决定"与经济法密切相关的重要内容的同时，也在提炼经济法理论和制度层面的一些重要共识。这些共识尽管只是整体的、概括意义上的，而且远未穷尽学界已经形成的各类共识，但由于其与最重要、最基本的关系、体制、机制等相关，因而对于经济法的理论发展和制度完善非常重要。只要学界在既有共识的基础上继续努力，就一定能够更好地推动经济法的理论研究和制度建设。

第三节　宪法与经济法关系的"经济性"解析

一、问题的提出

市场经济的发展得益于经济体制的优化，而经济体制的优化受制于宪法、经济法有关经济分权的制度安排。一国的宪法和经济法能否有效推进与保障经济体制改革，进而促进经济发展，在很大程度上取决于宪法与经济法的关系是否协调。正因为如此，宪法与经济法的关系不仅是重要的理论问题，也是需要特别关注的重大现实问题，非常值得深入研究。

对于宪法与经济法的关系问题，以往学界的研究侧重于从宪法与经济法的位阶和属性的角度，揭示两者之间的联系和区别，这无疑是一个重要的思路。本节拟在此基础上转换视角，着重从"经济性"的维度分析宪法与经济法的关系。因为尽管学界已分别对宪法的经济性和经济法的经济性有些探讨，但对于这两类经济性的内在关联，以及由此产生的宪法与经济法之间的关联及一致性，还缺少深入研究，所以很有必要探寻宪法与经济法在经济性方面的共性，并以此为基础进一步探究宪法与经济法的关系，推进学科的交叉研究，发挥宪法与经济法的调整合力，更好地推进国家的法治建设。

从既有研究来看，基于对"宪法的经济性"和"经济性宪法"的关注，学界在加强"宪法的经济分析"的同时，又强化了对"经济性宪法规范"的研究①，进而在不同法系国家拓展为"宪法经济学"（或宪政经济学、立宪经济学）②与"经济宪法学"③之类的研究领域。上述领域的研究成果，对于探讨宪法的"经济性"，以及经济法领域的宪法问题，推进宪法与经济法的互动交融及具体的制度建设，均有其积极意义。

但是，无论是"宪法经济学"还是"经济宪法学"，无论它们基于经济学视角抑或法学视角，其研究的对象或领域仍集中于宪法④，且尚未自觉、充分地揭示宪法与经济法的内在关联及其对经济和社会发展的推进，为此，需要找到宪法与经济法的"交集"，并选取适当的切入点来展开分析。

只要对经济法的理论或制度稍加考察，就不难发现其中值得关注的宪法问题非常多。⑤经济法与宪法之间的密切关联体现在诸多方面，尤其是两者在产生和发展过程中的互动与交融，就非常值得关注。如果以这种互动交融的纽带或基础为视角和切入点，则无疑有助于促进对宪法与经济法关系的研究。

---

① 参见邹平学：《应注重对宪法经济属性的研究》，载《法学》，1995（12）。

② 对于"Constitutional Economics"，有宪法经济学、宪政经济学、立宪经济学等多种译法，相关的讨论可参见［澳］布伦南、［美］布坎南：《宪政经济学》，冯克利等译，冯兴元的《宪政经济学》编校序，2 页，北京，中国社会科学出版社，2004。

③ 有的学者认为，宪政经济学关注的重点是不同制度模式对经济增长的影响，经济宪法学则不仅关注经济稳定增长的制度保障，更关注人权和个体的基本自由在经济制度中应有的位置。参见吴越：《经济宪法学导论——转型中国经济权利与权力之博弈》，前言，4 页，北京，法律出版社，2007。

④ 虽然经济宪法的概念被认为最早起源于德国经济法的研究，但德国学者林克（Rinck）等仍然将经济宪法定位为宪法规范或称根本法规范。参见赵世义：《经济宪法学基本问题》，载《法学研究》，2001（4）。

⑤ 参见张守文：《宪法问题：经济法视角的观察与解析》，载《中国法律评论》，2020（2）。

本节认为，宪法与经济法的重要"交集"在于，它们都具有经济性；经济性是两法相容共生的纽带和互动交融的基础；如果从经济性的视角切入，对宪法与经济法的关系进行"经济性"分析，则不仅有助于认识现代宪法的时代特征以及经济法的基本特征，更好地理解为什么宪法与经济法存在如此密切的关联，以及为什么现代国家修宪的重要领域是经济领域；同时还有助于发现宪法与经济法的制度缺失，从而可以更好地协调两法关系，全面实现其调整目标。

此外，由于宪法与经济法的经济性对两法的产生和发展有重要影响，且对两法的紧密关联具有维系价值，因而进行"经济性"分析不仅有助于推进对宪法与经济法的发生论及变迁理论的研究，还有助于探索完善宪法与经济法协调互动的具体路径。

基于上述考虑，后面的研讨将力图说明：宪法与经济法都具有经济性，并且两法所共有的经济性具有内在一致性；经济性是两法存在密切关联的纽带和有效互动的共同基础，只有推动宪法与经济法的制度互动和相互一致，才能全面构建宪法与经济法的良性互动关系，这对于经济、社会与法治的发展均大有裨益。

二、宪法与经济法所共有的经济性

学界有关宪法与经济法关系的探讨并不鲜见，但对于两者之间存在密切关联的基础或原因则关注不够。从经济分析的角度看，宪法与经济法之所以会存在密切关联，是因为它们都具有突出的经济性。宪法与经济法所共有的经济性，是它们能够紧密联系的重要纽带和基础，也是两者共性的体现。正是基于经济性，宪法与经济法才会产生交互影响、交融共生。

在经济法学的研究中，人们大都认为经济法具有突出的经济性特征。

对此已殆无疑义。但对于宪法是否具有经济性、是否存在"经济性宪法",则或存歧见。从学界既有的研究来看,以美国学者詹姆斯·布坎南(James Buchanan)、戈登·塔洛克(Gordon Tullock)为首的公共选择理论,对宪法的经济性已有深入研究。他们更注重从经济学的视角,研究宪法的经济功能、宪法对经济变迁的影响,以及经济对宪法的影响等;并通过对宪法的经济分析,推进了"宪法经济学"或"立宪经济学""宪政经济学"之类的经济学研究。[1] 此外,以德国学者瓦尔特·欧肯(Walter Eucken)、弗兰茨·伯姆(Franz Böhm)等为代表的弗赖堡学派,则较早地关注了"经济宪法"或"经济性宪法",关注与经济领域相关的宪法规范。他们尤其注重从法学的视角,研究国家对经济自由的限制、对国家干预职权的限定等,从而形成了"经济宪法"的研究领域,推动了宪法以及相关的经济法研究。[2] 无论上述研究的侧重点是经济学还是法学,也无论其关注点是理念还是规则,都是以承认宪法具有"经济性"或者存在"经济性宪法"为前提的,因此,宪法的经济性在这些研究中已被普遍承认。

在我国宪法学界,对宪法的"政治性""法律性"或"规范性"等似乎关注更多[3],而对宪法的经济性的研究则相对略少。既然法律具有回应性,不同的时代就会有不同的法,不同时代的宪法在内容上也会有所不同。尤其在现代社会,基于发展经济的需要,必然要大量进行经济立法,有关经济制度的规范也会融入宪法之中,从而会使宪法的经济性更为

---

[1] 在这方面的努力和成果可参见［美］布坎南、塔洛克:《同意的计算——立宪民主的逻辑基础》,陈光金译,北京,中国社会科学出版社,2000,以及前引［澳］布伦南、［美］布坎南:《宪政经济学》,等等。

[2] 一些著名的经济法学家如伯姆、林克等都非常重视宪法与经济法关系的研究,他们与经济学家欧肯等一样,都非常重视经济宪法与"秩序"的紧密关联,并强调经济宪法是对国民经济生活秩序的整体选择。

[3] 有的学者是将政治性与法律性作为宪法的两种属性,有的学者则基于宪法的政治性与规范性,分别拓展了政治宪法学和规范宪法学的研究。参见高全喜、田飞龙:《政治宪法学的问题、定位与方法》,载《苏州大学学报》(哲学社会科学版),2011(3)。

突出。

基于对时代重要需求的回应，以及国家经济职能在宪法领域的重要体现，现代宪法的经济性日益凸显。这不仅对经济法的制度形成产生了重要影响，也使经济法的经济性更为突出。事实上，宪法的经济性与经济法的经济性不仅密切关联，而且存在许多共性。两法所"共有的经济性"具体表现在以下几个方面：

首先，无论是宪法对相关产权的界定，还是宪法对国家权力与公民权利的界分，无论是经济法对宪法相关规定的具体化，还是经济法对各类经济法主体"权义结构"的具体规定，目的都是通过定分止争，使整体经济运行成本更低，摩擦更少，效率更高，从而提升总体经济效益。可见，宪法和经济法都要在总体上保障和促进本国的经济发展更加"经济"。

其次，为了实现上述目标，宪法和经济法都要体现"经济规律"。例如，宪法有关经济体制的规定及其对经济法具体制度的影响，都与立法者对经济规律的认识和把握有直接关系。其实，一国选取何种经济体制不仅是政治选择①，也取决于对经济规律的认识。因此，我国《宪法》第15条第1款规定"国家实行社会主义市场经济"，实际上也体现了对经济规律的把握。同时，只要明确实行市场经济体制，国家就必须进行宏观调控和市场规制，而宏观调控和市场规制又恰恰是经济法发挥作用的重要领域。

我国《宪法》第15条第2款规定"国家加强经济立法，完善宏观调控"，这本身就体现了市场经济条件下的"经济规律"的要求。中国作为一个迅猛发展的大国，作为一个在探索中前行的新兴市场经济国家，不断完善和加强宏观调控尤为重要。与此同时，市场经济需要公平竞争，需要

---

① 伯姆、欧肯等在其主编的《经济的秩序》（1937年）的发刊词中曾强调："应将经济宪法理解为国民经济生活秩序的整体抉择"。这种抉择固然是一种政治抉择，但也与对经济规律的认识直接相关。

规制垄断和不正当竞争行为，维护良好的市场秩序，因此，我国《宪法》第 15 条第 3 款规定"国家依法禁止任何组织或者个人扰乱社会经济秩序"。此外，美国宪法对"州际贸易条款"的规定①、俄罗斯宪法对不正当竞争的规定②等，也都体现了对市场规制方面的经济规律的认识，并体现在相关经济法的具体立法中。

再次，上述宏观调控和市场规制，都需要先在宪法上进行有效分权。无论是宏观调控权还是市场规制权，都已经不同于传统的"政治性权力"，而是各有其新的特色，甚至被称为"第四种权力"③。由于它们是重要的、影响国民基本权利的权力，因而才须先在宪法层面进行分配。为此，许多国家的宪法对于涉及宏观调控的财政、税收、金融、产业调整等方面的权力，以及对反垄断、反不正当竞争等市场规制方面的权力，都力图作出明确规定，从而形成了有关经济体制的宪法规范，这些规范构成了经济法的"体制法"的基础。这是宪法与经济法之间非常重要的内在关联。

最后，宪法和经济法不仅因其对基本的宏观调控权和市场规制权作出规定，而使其相关规范体现出"经济性"，同时还因上述规定也是"经济政策"的法律化（尤其是具体的"经济政策工具"的法律化）而体现出"经济性"。因为无论宏观调控抑或市场规制，都需要运用法律化的调控手段和规制手段，于是，预算手段、税收手段、国债手段、货币手段、垄断规制手段等各类调制手段的法律化，便构成了经济法制度的重要内容；同时，上述法律化经济手段的实施，是为了实现宏观经济运行的整体效益。

---

①　《美国宪法》第 1 条第 8 款规定了"州际贸易条款"，强调国会对州际贸易有进行调控和规制的立法权，据此，美国出台了《州际贸易法》《谢尔曼法》等一系列重要的经济立法。

②　《俄罗斯联邦宪法》第 34 条第 2 项规定："不允许进行旨在垄断和不正当竞争的经济活动"。这是反垄断法和反不正当竞争法立法的宪法基础。

③　也有学者将这些权力称为国家调节权，并认为其属于第四种权力形态。可参见陈云良：《国家调节权：第四种权力形态》，载《现代法学》，2007（6）。

而上述各个方面都使得经济法的"经济性"更为突出，并由此进一步推动宪法的经济性规范的发展。

总之，宪法与经济法一样，都要回应时代的经济要求，都具有突出的经济性，具体表现为：它们都要体现国家的经济职能，规范国家的经济行为；都要遵循经济规律，对宏观调控权和市场规制权等经济职权加以限定；都要体现法律化的经济手段，促进经济的良性运行，追求总体上的经济效益。上述宪法与经济法所共有的经济性，是两法内在的紧密关联的基础和纽带。

此外，基于宪法的经济性的要求，当今世界各国的宪法，都应当有助于促进经济的发展，对于凡是宪法规定的不能促进甚至阻碍经济发展的体制和制度，都应当进行变革。这对于解决各国的发展问题非常重要。从我国和其他国家宪法修改的情况来看，不断完善宪法的经济性规范，无疑是实现"帕累托改进"的重要方向。

三、从经济性看宪法与经济法的交互影响

宪法与经济法的关系，不仅体现为它们都具有突出的经济性，还体现为基于经济性所形成的两法之间的交互影响，包括宪法对经济法的重要影响，以及经济法对宪法的落实与推动。为此，下面将从经济性的视角对上述两个方面分别加以探讨。

（一）宪法对经济法的重要影响

在各国宪法中具有突出经济性的规范，或称宪法的经济性规范，主要包括经济体制、所有制等基本经济制度，以及经济职权分配等方面的规定。上述规范作为典型的"经济宪法"或"经济性宪法"，对经济法具有

直接而重要的影响。现举例说明如下：

首先，从经济分权的角度看，宪法作为一个国家的"总章程"，不仅要体现一个国家的政治存在，还要体现其经济存在；而从经济的角度看，任何组织体的运转都需要财力支撑，国家要履行日益繁多的职能，更需要强大的财力保障。为此，宪法必须大量规定经济内容，明确界分公共经济与私人经济，相应地，需要厘清不同主体的财产权利与经济利益。于是，在宪法层面就会形成"国家财政权"与"国民财产权"的"产权二元结构"。这既是在宪法层面进行国家与国民之间的经济分权的基础框架，也是经济法诸多制度展开的基础，对经济法的制度形成具有重要影响。[①]

其次，和上述国家与国民的产权结构相关联，一国宪法必须直接规定或间接体现其基本的经济制度，尽管各国对此规定的内容不同，立法体例上也不统一，但大都包括基本的所有制、分配制度、经济体制等内容。例如，在所有制方面，一国实行公有制还是私有制？相应地，在重要的土地制度方面，实行土地公有制还是私有制？[②] 在经济体制方面，一国是实行市场经济体制抑或计划经济体制？在分配制度方面，是按劳分配还是按其他要素分配？在财产权保护方面，如何保障私人产权与公共产权？等等。对于上述方面，我国宪法都有较为明确的规定。上述有关经济制度的规定加上保护公民经济自由权的规定，构成了"经济性宪法"基础性的核心内容。而整个经济法制度的形成与发展，也必须以上述宪法规定的经济制度为基础，同时，其制度的实施也必须充分保护公民的经济自由权。

再次，在宪法规范中，还要规定国家机构的"经济职权"，包括财政

---

① 有的学者认为，产权制度是宪法所确认的根本经济制度（如市场经济制度或计划经济制度）的核心。参见桂宇石：《中国宪法经济制度》，20～21页，武汉，武汉大学出版社，2005。

② 例如，《俄罗斯联邦宪法》第8条规定："在俄罗斯联邦，私有财产、国有财产、地方所有财产和其他所有制形式同等地得到承认和保护。"第9条规定："土地和其他资源可以属于私有财产、国有财产、地方所有财产和其他所有制的形式。"

权、预算权、税收权、发债权、发钞权、反垄断权等重要的经济性权力，有的国家还会在宪法中规定各级政府的收入分配。[①] 从实证的角度看，宪法的规定不仅基于政治角度，也基于经济角度；宪法不仅是"政治文献"或"法律文献"，同时也是"经济文献"。例如，英国的《大宪章》所体现的"无代表则无税"的精神，直接影响征税权的划分，实质上关涉经济职能和经济权力的划分。其实，宪法虽为政治斗争或多方博弈的结果，但也是"经济的集中体现"，与各类主体的经济利益直接相关。正是考虑到美国宪法也是相关利益集团所制定的分配利益的法，其背后都是经济问题，著名学者查尔斯·A. 比尔德（Charles A. Beard）才特别强调，"宪法基本上是一项经济文献"[②]。而上述在宪法中规定的财政权等各类经济职权，同时又都是经济法需着重作出具体规定的调控权或规制权。可以说，宪法对上述经济职权的规定，为经济法的制度建设奠定了重要基础。

最后，宪法确立的主体结构及相应的权利结构，对经济法也有非常大的影响。基于宪法所确立的国家与国民的"主体二元结构"，有关国家治理结构和公民权利结构的规定是宪法最核心的内容。从分权的角度看，在国家与国民之间进行的分权，形成了国民或公民的基本权利，它们构成了所谓公民权利法案（或称"权利宪法"）的内容；同时，在国家机构之间进行的分权，无论是横向分权还是纵向分权，对于国家治理都至为重要，其中涉及"经济宪法"的相关内容。

宪法所确立的上述主体结构及相应的权利结构，直接影响经济法的理论和制度构造，不仅有助于理解经济法理论中的国家干预与经济自由、国

---

① 如《巴西联邦共和国宪法》（1988 年 10 月 5 日公布施行）第六编"税收和预算"第 157 条、第 158 条就对各级政府的税收收入分配作出了专门规定。

② 这是美国著名史学家比尔德用经济史观解释美国宪法、用"经济决定论"对美国宪法进行经济分析所得出的结论。参见 [美] 比尔德：《美国宪法的经济观》，何希齐译，243 页，北京，商务印书馆，2010。

家调制行为与市场对策行为等各类"二元结构",也为研究经济法中的各类问题提供了重要的分析框架。

总之,从经济性的视角看宪法对经济法的重要影响,不难发现,宪法对国家财政权与国民财产权的界分,确立了重要的"经济产权"框架,正是基于该框架,一国才需要财政制度和税收制度来影响公共经济与私人经济,才需要通过金融制度来支持经济的有效运转,才需要国债制度、产业政策和产业组织制度等发挥其重要作用,等等。上述框架作为财政制度、税收制度、金融制度、产业制度、竞争制度的宪法基础,同时也是整体的经济法的基础,因为上述各类制度都是经济法体系的重要组成部分。

此外,宪法所确立的经济制度,直接影响一国对公有制与私有制、国有与民营等方面的选择,这些选择作为非常基本的重要约束条件,直接影响经济法调整所力图实现的经济稳定增长等目标。同时,宪法所确立的经济体制对经济法的制度建设至为重要。如果没有宪法确立的市场经济体制,就无需国家的宏观调控和市场规制,也就不需要经济法去规范宏观调控和市场规制的行为了。事实上,我国在 1993 年将市场经济入宪,就强力推动了经济法的整体发展。

另外,在讨论宪法对经济法的重要影响时,还有必要区分"宪法中的经济性规范"和"经济法中与宪法相关的规范"。这不仅有助于揭示宪法和经济法之间的联系与区别,也有助于说明:对经济性宪法的研究,并不能代替对经济法规范的研究,尤其不能简单地通过将经济法规范分成经济宪法和经济行政法,来否定经济法的独立存在。对这个重要的理论和实践问题必须加以厘清,否则,研究经济性宪法可能非但于经济法研究无益,甚至可能造成新的混乱。

(二)经济法对宪法的落实与推动

由于宪法与经济法都具有经济性,因而两者之间的互动不仅体现为宪法对经济法的上述重要影响，也体现为宪法需要经济法的具体落实，以及经济法对宪法发展的推动。

宪法作为具有最高位阶的根本大法，其全面实施有赖于普通法律的实施。如果没有经济法的制定和有效实施，宪法中的经济性规范就可能被束之高阁。正是在这个意义上，经济法的法治建设，直接影响着宪法的生命力。没有经济法的具体落实，经济宪法就可能形同虚设。

与此相关，经济法与宪法还可能在相互影响与推动中相得益彰。经济法在具体落实宪法规范的过程中，同样能够推进宪法的发展。事实上，虽然经济法与宪法同为整个法律系统中的重要组成部分，但相对于宪法而言，经济法与经济生活的联系更为直接而密切，经济和社会发展所提出的某些现实需要，有时会先在经济法中有所体现，并形成重要的经济法制度，而后再直接或间接地传导并再现到宪法之中，从而形成经济法对宪法发展的推动。

经济法对宪法发展的推动，虽然主要体现为当代的经济和经济法发展对宪法变革产生的影响，但早在经济法尚未成体系之时，直接涉及国民基本财产权保护的经济法规范，对宪法的产生和发展已有较大推动。例如，前述的英国《大宪章》及其后续的相关立宪或立法活动，都涉及预算、征税等今天需由经济法作出具体规定的领域。正是解决预算权、征税权分配等问题的现实需要，持续推动了各国宪法的丰富和发展。此外，我国在改革开放过程中，往往也是先有经济法上的一些探索和制度变革，待其相对成熟后才在宪法上作出相应规定，《宪法》的一些修正案更是体现了经济法的制度变迁对宪法变革的影响。随着我国经济法的进一步发展，要求将税收法定原则、货币法定原则等重要法律原则写入宪法的呼声会越来越高。如果这些原则最终能够入宪，则又是经济法推动宪法发展的重要例证。

总之，基于共有的经济性，宪法与经济法之间存在着交互影响：一方面，宪法的根本法地位，使其能够对经济法产生重要影响；另一方面，国家经济职能的强化和经济生活的现实需要，使宪法的经济性规范不断增加，需要经济法加以落实，同时，经济法的发展也有力地推动了宪法的发展。只有宪法与经济法良性互动、交融共生，才能更好地促进经济、社会和法治的发展。而要实现宪法与经济法之间的良性互动，还必须关注两法之间的"一致性"问题。

四、从经济性看宪法与经济法的"一致性"

基于宪法与经济法所共有的经济性，以及由此使两者产生的交互影响，从应然的角度说，宪法与经济法应当具有内在的"一致性"。首先，从共有的经济性来看，宪法与经济法在保障经济的良性运行和协调发展，遵循经济规律，从而实现经济运行"更经济"等方面是一致的；同时，在强调宏观调控和市场规制的合法性、合宪性方面也是一致的。其次，从两者之间的交互影响来看，由于宪法对经济法具有直接而重要的影响，且经济法不能与宪法相冲突，因而经济法需要在合宪的意义上与宪法保持一致；同时，经济法在落实宪法的过程中能够推动宪法变革，并使其更符合现实需要，从而使两法保持一致。

此外，仅从一般法理的角度看，宪法作为根本法、基本法，其规定具有"根基"的意义；而经济法要落实宪法的规定，就必须通过更为具体的制度安排，使宪法的"根基性规范"变得更具有可操作性，从而保障宪法规范的有效执行。由于宪法中的"经济性规范"是制定经济法规范的重要依据，对经济法的制度建设具有基础性意义，因而经济法应当与宪法保持一致。

强调宪法与经济法的一致性，对于加强两法的互动交融和持续发展非常重要。由于宪法的经济性规范需要由经济法来具体落实，而经济法的许多基本制度需要有宪法上的依据，因而两法可能会针对同一问题，分别作出相对原则或更为具体的规定。例如，在诸如反垄断、货币发行、预算、税收、国债发行等领域，许多国家不仅在宪法层面有相关的原则规定，还在经济法中有更为具体的规定，并且两类规定具有高度的一致性。无论是美国、德国还是俄罗斯等，尽管它们分属于不同类型的国家，但在宪法中都会对上述领域作出规定，并在经济立法中加以具体化①，从而使经济法与宪法保持一致。当然，这与宪法的地位及其对经济法的影响有关。

不仅如此，宪法要通过协调或妥协来进行各类分权，而经济法的调整建立在宪法分权的基础上，也要体现协调和妥协、竞争与合作，以及多个层次的博弈。在上述的分权和博弈中，经济法涉及国家层面的调控权和规制权的分割与配置，以及对这些调制权的有效控制，因而同宪法联系更为密切。经济法只有更好地保持与宪法的一致性，才能更符合宪法的规定，才可能更全面地体现法治的精神。

强调宪法与经济法的一致性，不仅是应然的，也是为了解决现实存在的违背"一致性"要求的各类问题。在实践中，宪法与经济法存在的不一致会带来诸多问题，其解决特别需要对宪法和经济法进行及时的"动态协调"，以保持两者的"动态一致性"。

从历史上看，我国经济法直接贴近改革开放的实际，更能及时体现体制改革的成果，而宪法的修改则相对滞后，因此，在经济体制改革的过程中，曾出现过宪法与经济法违反"一致性"要求的问题，导致某类具体的

---

① 例如，《俄罗斯联邦宪法》第71条规定，属于俄罗斯联邦管辖的是"……7. 确定统一市场的法律基础；财政、外汇、信贷、海关调整、货币发行、价格政策基础；联邦经济机构，包括联邦银行。8. 联邦预算；联邦税收和集资；联邦地区发展基金"，所列这些都是经济法上要重点作出规定的领域。

经济立法与宪法的规定不甚相合。如我国为配合市场取向改革而进行的大量经济立法，就曾与当时滞后的宪法规定存在矛盾，引发了学界关于"良性违宪"的讨论和争论。[①] 从法治的要求看，唯有强调宪法与经济法的一致性，并通过宪法的科学设计和及时完善，才可能更好地防止违宪问题的发生。

目前，我国尚处于不断深化改革开放的过程中，一些重要的体制尚未定型，已直接影响相关的体制法的生成。例如，由于我国对"体制法"的规定仍较为薄弱，许多国家机关的职责权限尚无基本的法律规定，因而只好通过变通的办法（如"三定方案"）等加以界定。与此同时，某些重要的经济体制改革仍主要由国务院来推进。例如，有关分税制的财政管理体制、税收分享体制、金融体制、投资体制等，都是由国务院作出"决定"[②]。我国体制立法的严重供给不足，固然有体制改革尚未完全到位的原因，但本位主义、部门利益、集团利益等方面的深层影响也不可小视。

自 82 宪法实施以来，我国日渐强调在法治框架下推进改革开放和市场经济发展，基于法治的要求，上述的各类体制都应相对稳定，并应尽可能以法律的形式加以确立；同时，应当更重视法律的稳定性和可预见性，避免形成宪法与经济法的抵牾。为此，以后更应注重从"一致性"的角度，考察经济法领域是否存在违宪的问题，以及宪法是否存在脱离经济生

---

① 相关的讨论和争论可参见郝铁川：《论良性违宪》，载《法学研究》，1996（4）；童之伟：《"良性违宪"不宜肯定——对郝铁川同志有关主张的不同看法》，载《法学研究》，1996（6）；等等。从总体上说，随着法治的完善，还是应当避免各类"违宪"问题的发生，而无论"违宪"是否"良性"。

② 有关国务院推进相关体制变革的具体制度实例，可参见1993年12月15日颁布的《国务院关于实行分税制财政管理体制的决定》（国发〔1993〕85号）、2001年12月31日发布的《国务院关于印发所得税收入分享改革方案的通知》（国发〔2001〕37号）、1993年12月25日颁布的《国务院关于金融体制改革的决定》（国发〔1993〕91号）、2004年7月16日颁布的《国务院关于投资体制改革的决定》（国发〔2004〕20号），等等。

活实际的问题，通过宪法与经济法的制度互动，使其在法治框架下能够相互一致，从而全面构建宪法与经济法的良性互动关系，更好地推动经济、社会与法治的发展。

五、小结

宪法与经济法的关系是重要的理论和实践问题。基于学界已有的相关研究，本节着重从经济性的视角，探讨了宪法与经济法所"共有的经济性"，以揭示其存在密切关联的基础和纽带；分析了宪法对经济法的重要影响，以及经济法对宪法的落实与推动，以揭示其交互影响；在此基础上，提出了宪法与经济法的"一致性"问题，强调应当基于两法共有的经济性和应有的一致性，解决实践中存在的"非一致"的问题，并在法治的框架下构建宪法与经济法的良性互动关系，这对于经济、社会和法治发展都非常重要。

厘清宪法与经济法的关系，无论对于"经济宪法学"或"宪法经济学"的研究，还是对于"经济法中的宪法问题"的研究，都有重要的理论价值；同时，也有助于解决法治实践中可能存在的经济法领域的违宪问题以及宪法与经济法的脱节问题。本节从经济性的视角展开分析，其实是融入了宪法与经济法调整的基本目标的考量，渗透了当代各国所需要解决的基本矛盾和基本问题，因而对未来的法治发展亦有其积极意义。

随着人类对经济和法治文明的共识的增加，宪法中涉及经济领域的许多问题，将越来越多地需要通过经济法来具体解决；同时，经济法上的许多问题，在根本上也是宪法的问题，需要通过宪法的完善来加以解决。由于经济法同经济生活、同宪法均有直接而密切的联系，因而可以成为宪法与现实经济生活联系的纽带和桥梁。宪法与经济法所共有的经济性，以及由此形成的两法之间的交互影响和交融共生，有助于不断提升宪法与经济法的一致性，并使宪法和经济法不断得到完善，这对于推进国家的全面法治至为重要。

第三章　发展理念与发展理论

　　"经济法是发展促进法"，这是经济法学界的一个重要命题和基本共识。为了促进经济和社会的全面发展，经济法必须充分体现各类发展理念，并形成自己的发展理论。[①] 任何发展理论都要受到一定的发展理念的影响，而在各类发展理念中，协调发展的理念对于经济法的理论发展和制度建设，对于经济法学的发展理论，尤其具有特殊意义。

　　基于经济法上的差异性原理，面对各个方面发展的非均衡，加强有效协调非常重要。因此，在经济法理论中，早已形成了"协调"的理念和思想，并且在经济法与其他部门法关系方面，也非常重视经济法与传统部门法的协调，特别是经济法与宪法的协调。此外，经济法领域所关注的协调，涉及经济与社会的协调、经济结构等各类结构的协调、各类经济手段的协调，以及经济法与经济政策的协调，等等。而上述各个方面的协调，

---

　　① 有关经济法学的发展理论的探讨，可参见张守文：《经济法学的发展理论初探》，载《财经法学》，2016（4）。

都是协调发展理念在不同领域的重要体现，也是经济法学的发展理论应当关注的重要内容。

有鉴于此，本章的基本安排是：首先，探讨与协调发展理念直接相关的协调思想，强调其在经济法理论和制度建设中的重要价值；其次，基于协调思想的探讨，分析法律体系内部各个部门法之间的协调问题，重点关注宪法与经济法的协调发展问题，这对于整体法律体系的发展、法治功能的实现都至为重要；最后，以上述协调思想以及经济法与宪法的协调发展为基础，探讨在具体的经济领域，如何加强经济政策与经济法之间的协调，以共同推进经济结构的"双重调整"，从而更好地促进经济和社会的协调发展。

在上述研讨过程中，涉及不同层面的协调思想、协调关系和协调规范，它们都会影响相关领域的协调发展，因而其相关研究都有助于推动经济法学的发展理论的形成和完善。当然，系统的经济法学的发展理论除关注发展的协调性以外，还关注发展观、发展主体、发展能力、发展权等诸多问题[1]，考虑到全书的容量和结构的均衡，对其他问题在相关著作中集中讨论。[2]

第一节　经济法上的协调思想

中国经济法理论的发展，与浸润其间的学术思想须臾不可分割。其中，协调思想作为贯穿经济法诸论的重要学术思想，对于增进学界的理论

---

① 相关讨论可参见张守文：《"发展法学"与法学的发展——兼论经济法理论中的发展观》，载《法学杂志》，2005（3）；《经济法学的发展理论初探》，载《财经法学》，2016（4）；《经济发展权的经济法思考》，载《现代法学》，2012（2）；等等。

② 可参见张守文：《发展法学：经济法维度的解析》，北京，中国人民大学出版社，2021。

共识作用甚巨。目前，在影响较大的几类经济法理论中[①]，尽管多数理论并未冠以"协调"之名，但协调思想都不同程度地蕴含其间。[②] 当然，在冠以"协调"二字的"国家协调论"中，协调思想更为显明。事实上，协调思想与经济法的特质密切相关，直接关涉经济法的理论和制度建设，很有深入研究之必要。为了使讨论更加集中，本节将着重基于在经济法学界产生过重要影响的"国家协调论"以及其他经济法理论，来研讨经济法上的"协调"思想及其对经济法研究的启示。

一、对协调思想的基本认识

一般意义上的协调思想，自古有之。[③] 只要存在不同的系统、不同的主体及其行为，就可能出现不和谐或冲突，从而就会产生协调的必要性问题。一般说来，协调思想与"体系思想""系统思想"等是紧密相关的，涉及一个体系或一个系统的内部协调或外部协调问题，强调不冲突、不交叉、不重叠，以发挥体系或系统的整体功效。因此，协调涉及整体、整体的功能和效率，涉及整体的系统运行和整体目标实现等诸多问题。与此相关，协调既是一种手段，也是一种目标。为了实现更加和谐、更加合适、更加适当的状态或目标，需要进行协调。

---

① 对于经济法学界的几类影响较大的经济法理论，尽管学者的概括或认识不尽相同，但对于较为重要的几类，学界是有共识的。相关概括可参见肖江平：《中国经济法学史研究》，288～296 页，北京，人民法院出版社，2002；杨紫烜：《国家协调论》，71～80 页，北京，北京大学出版社，2009；等等。

② 例如，刘文华教授认为，经济法的本质是协调主义，经济法应当以协调社会利益和个体整体利益为立足点。参见刘文华、王长河：《经济法的本质：协调主义及其经济学基础》，载《法学杂志》，2000 (3)。又如，李昌麒教授非常关注经济法的协调性与冲突性问题。参见李昌麒、黄茂钦：《论经济法的时空性》，载《现代法学》，2002 (5)。

③ 如儒家思想强调道德对人际关系的协调作用；中国古代的"天人合一"的思想，强调人的行为与自然的协调；等等。

研究协调思想，除了通常哲学的角度外，还可以从语义分析的角度展开。例如，"国家协调论"认为，"协调"一词，主要有两种含义：其一是"配合适宜"，词性为形容词；其二是"使配合适宜"，词性为动词。"国家协调论"中的"协调"，是在动词的意义上使用的①，即国家是主体，"协调"是国家所从事的行为。事实上，从经济法的角度来看，无论是经济和社会的发展，还是权力与权利的配置，抑或是经济法的制度体系构建，等等，都离不开国家的协调。当经济和社会发展出现不同步并引发诸多的问题时，就需要国家来协调；当权力和权利的配置严重失衡影响法益保护时，也需要国家来协调；当经济法的立法在时间、空间、领域上出现失衡或冲突时，还是需要国家来协调。因此，在经济法领域，协调行为和协调思想是广泛存在的，并且广义上的协调，既可以强调追求"配合适宜"的状态，也可以在"配合不适宜"的情况下，"使其配合适宜"，从而包括了目标和手段、状态和行为两个方面。事实上，在"国家协调论"中，当考虑协调的目标时，也考虑了其"配合适宜"的状态。②

上述"一般意义上的协调思想"有助于进一步理解"经济法上的协调思想"。从广义上说，经济法上的协调思想也包括一般意义上的协调思想；从狭义上说，经济法上的协调思想是在经济法理论和制度中所体现出的具有特定经济法意义的协调思想。在经济法研究领域，对于上述两类协调思想都要研究，"国家协调论"就体现了这两个方面的协调思想。

"国家协调论"认为，所谓"国家协调，是指国家运用法律的和非法律的手段，使经济运行符合客观规律的要求，推动国民经济的发展"③。

---

① 协调的基本含义通常被理解为"配合得当，和谐一致，步调同一"，如果达不到协调的状态，则应通过调整"使其配合适当"。这对于全面理解"协调"的两个层面是比较重要的。

② 例如，对于"协调发展"中的"协调"，"国家协调论"就认为应当从"配合适宜"的状态的角度来理解。参见杨紫烜：《国家协调论》，348 页，北京，北京大学出版社，2009。

③ 杨紫烜：《国家协调论》，127 页，北京，北京大学出版社，2009。

据此，在经济法领域，应先从三个最基本的方面来理解"协调"：第一，协调的主体是国家，所以是"国家协调"。目前，经济法的主流观点都主张国家是经济法的重要主体，而且具有主导作用。这是事实，而且在可预见的时期内将长期持续。第二，协调的对象是经济，确切地说，是"经济运行"，因此，协调应当是经济方面的协调，所以是"经济协调"。第三，协调的手段包括法律的和非法律的手段，但主要是法律手段，并且在法律手段中，具有法律形式的经济手段是主要的，即法律化的经济手段（或法律化的经济政策）在国家协调中具有重要地位。

上述"国家协调论"，实际上关注了三类最基本的协调，即国家协调、经济协调和法律协调。这三个方面的协调尽管分别侧重于主体、客体和手段的角度，但相互之间存在着内在联系。明晰上述三个方面的协调，有助于进一步理解、分析和解决一系列重要的经济法理论问题。其对于经济法研究的启示体现在诸多方面，现举例分述如下：

第一，从"国家协调"的角度看相关理论问题。

在"国家协调论"看来，协调的主体是国家。对于"国家"这一协调主体的强调，会直接影响经济法性质问题的研究，以及对经济法法域归属的判定等，而这些都曾是经济法理论研究方面被关注的重要问题。即使在今天，对于经济法究竟是属于公法还是属于公法与私法交融共生的社会法，仍存歧见。如果从主体的角度，特别是从国家的主导地位，以及由此而影响的在经济法规范中对于国家权力的优位配置所产生的权益结构的不均衡来看，经济法应归属于公法，这同公法与私法划分的主体标准是一致的。因此，"国家协调论"认为，经济法的法域归属是较为明确的，即应当将其划入公法之列。① "国家协调论"所强调的国家协调，决定了经济

---

① 参见杨紫烜：《国家协调论》，192～193 页，北京，北京大学出版社，2009。

法的国家主体性、公法性，并由此进一步决定了对经济法理论诸多问题的看法。

事实上，上述的国家主体性、公法性，进一步决定了经济法的强制性。也就是说，"协调"同样可以有强制性，只不过其强制性的强弱程度可以根据对象、领域、时空等进行调整而已。经济法的国家主体性，无论是在财政调控法、金融调控法、计划调控法等宏观调控法领域，还是在反垄断法、反不正当竞争法等市场规制法领域，都有突出的体现；而对于国家利益和社会公共利益的关注和强调，使其公法性更为突出。

经济法的国家主体性、公法性和强制性等，直接影响对经济法的主体结构、行为结构、权义结构和责任结构的认识，以及对经济法的具体制度构造，对经济法与民商法、社会法、行政法等的关系的认识①，等等。

第二，从"经济协调"的角度看相关理论问题。

依据"国家协调论"，国家要协调的是经济运行，因而主要是进行"经济"协调，而不是其他的政治协调、社会协调等。对于经济协调的强调，回答了国家协调的"领域"问题，与此相关，经济法学所要研究的主要是经济领域的协调。在"国家协调论"看来，无论是宏观调控还是市场监管等，都属于经济协调。因此，行政管理或社会管理等领域的问题，都不是经济法要解决的主要问题或基本问题。这就决定了经济法调整领域的特定性。

调整领域的特定性，一直被认为是经济法与其他部门法相区别的一个

---

① 明确经济法的国家主体性和公法性，其实是非常重要的，这有助于在许多方面增进经济法的理论共识。为此，在《国家协调论》一书中作者多次强调经济法的公法属性，并分别在财政法、金融法、计划法等方面，揭示经济法的各个部门法的公法属性。这对于厘清学界存在的一些模糊认识，是非常重要的。

重要方面。① 从经济法理论发展的历程来看，经济法调整领域的界定，会在很大程度上影响经济法体系的建构。随着学界逐渐把宏观调控关系和市场规制关系作为经济法调整的核心关系，经济法调整领域的特定性已逐渐得到广泛认可，这对于推进经济法理论的诸多共识的形成起到了重要的作用。

调整领域的特定性，与市场失灵理论、法律体系发展理论以及经济法的功能理论等都存在密切关联。由于存在着诸多市场失灵问题，因而宏观调控和市场规制变得更为必要，并需要在原有法律体系中生发出新的法律部门，以发挥其调整宏观调控关系和市场规制关系的功能，弥补传统法律调整功能的不足。而上述经济法所要解决的基本问题、经济法所应具有的功能，以及法律体系的回应，则决定了经济法调整领域的特定性。可见，调整领域的特定性同样有助于解释经济法的发生论、价值论等方面的问题。

第三，从"法律协调"的角度看相关理论问题。

依据"国家协调论"，国家进行经济协调的手段主要是法律手段，这就决定了协调的手段不能是简单的政策或行政命令，而应当是具有宏观调控和市场监管内容的法律，从而这也就决定了经济法的法律性，以及经济法调整目标和手段的法定性。

尽管经济法具有突出的"政策性"，但经济法的法律性要求必须将重要的经济政策予以法律化。经济法的法律性，决定了法定原则在经济法中的重要地位，从而形成了经济法各个部门法上的"法定原则"，如预算法定原则、税收法定原则、货币法定原则、计划法定原则等。经济法上的法

---

① 调整领域的特定性，从一定的侧面说，也是调整对象的特定性。调整领域和调整对象存在密切的关联。以往对调整领域问题的忽视或轻视，似应当加以调整。

定原则之所以会得到普遍认同[1]，与上述的国家主体性所带来的公权力行使及其限制，与经济协调领域对国民权益可能产生的重大影响，与经济法自身的法律性要求等，都是内在一致的。随着经济法理论的日益深入发展，人们不仅关注从法律以外的角度来研究经济法的理论问题，而且重视从经济法的法律性角度，包括从实体到程序等各个方面，来研究经济法的相关理论问题。

可见，无论是经济法的国家主体性、法域特定性，还是权义的法定性，都会直接影响经济法理论的发展。因此，掌握"国家协调论"关注的核心问题，有助于分析经济法的多个方面的理论问题，并且有助于使问题的研究更加深入。

二、协调的目标与利益的协调

在上述国家协调的主体、客体、手段三大问题明确的基础上，需要进一步探讨国家协调的目标，因为其中突出地体现着协调的核心思想。依据"国家协调论"，"协调的目的是使经济运行符合客观规律的要求，推动国民经济的发展"[2]。由此可见，遵循规律，推动发展，才是协调的核心目的。规律作为比人类制定的"规则律例"更高级的法，是人们不能创造的，也是不能改变和消灭的。只有充分遵循所能够认识的经济规律，并有效利用以法律形式体现的规律，才能使经济运行更加符合客观规律，从而使经济运行更加协调，进而推动经济发展。

依据上述协调目标和协调思想，国家不能不顾规律，恣意干预经济运

---

[1] 参见杨紫烜：《国家协调论》，362页，北京，北京大学出版社，2009；王保树主编：《经济法原理》，38页，北京，社会科学文献出版社，2004；等等。

[2] 参见杨紫烜：《国家协调论》，127页，北京，北京大学出版社，2009。

行，只能审时度势，"因其势而利导之"，而以规律为圭臬的"因势利导"，本身就是一种有效的协调。国家只有遵循规律，按照体现规律的法律去从事协调行为，才可能更好地实现推动经济发展的目标。

众所周知，发展是当代的主旋律，推动发展是国家协调的核心目标。但对于是否由国家协调以及如何协调，理论界一直存在争论。特别是自由主义和干预主义、演进主义与建构主义等理论流派，对国家的作用以及国家协调的成本、效益等认识不同，因而对于国家协调所持的态度也不同。尽管如此，从现实的角度，特别是从反周期的角度看，加强国家协调是各国普遍的选择。尤其是在2008年国际金融危机爆发以后，人们对于国家作用的重要性的认识已更为清晰。[①]

从制度经济学的角度说，国家协调之所以必要，是因为在交易成本过高的情况下，个体的利益冲突单靠私人个体是很难解决的。因此，国家作为公共物品的提供者，应当担当"协调者"的角色，并且，国家协调本身就是在提供公共物品。由于公共物品的提供者应当是无私的、非营利性的，还应具有超然的地位和强大的实力，因而"协调"的任务只能由符合上述条件的国家来承担。

其实，国家协调不仅要关注私人个体的利益冲突，还要解决国家利益与私人利益、国家利益与社会公益之间的冲突。国家利益、社会公益、私人利益涉及不同主体的不同层面的利益，都是经济法的调整必须关注的。在经济法上强调的国家协调目标，归根结底要通过利益协调来实现。

利益协调直接涉及法益保护的问题。经济法所保护的利益是多种多样的，只要是经济法规定并予以保护的利益，都是经济法上的法益。因此，

---

① 2008年全球性金融危机爆发后，各国纷纷采取多种措施，加强宏观调控和市场监管，体现了各国对国家或政府的重要作用的认识，同时，也使得经济法的重要性更加凸显。参见张守文：《金融危机的经济法解析》，载《法学论坛》，2009（3）。

"国家协调论"特别强调，经济法所保护的利益，并不限于社会公共利益，还应当包括个人利益、集体利益和国家利益。[①] 例如，在国家利益方面，无论是财政利益、税收利益，还是金融利益，等等，都是经济法调整需要有效保护的。只有对各类法益予以均衡保护，经济法的法益保护结构才是更为协调的。如果经济法只保护单一的社会公益，则在基本的私人利益或重要的国家利益得不到保护的情况下，社会公益也就难以实现。因此，协调保护各类主体的利益，"实现经济法主体利益的协调发展"，恰恰是经济法宗旨的重要内容。

利益协调直接涉及利益的"量化"问题。对此，"国家协调论"认为，"利益协调"不同于"利益平衡"，经济法主体之间利益关系的"配合适宜"，并不要求经济法主体之间利益的相等、均等或大致均等[②]，而是强调要"各得其所"，这样才能有效保护各类主体的法益，才能结合不同阶段、不同时期的不同情况，有效进行调控和规制；才能兼顾效率与公平，防止片面强调某类主体利益而影响公平，防止片面强调均分或均等而影响效率，从而有助于有效保障市场经济秩序，推进经济与社会的良性运行和协调发展。

三、与系统思想直接关联的协调思想

以上两个部分着重探讨的是"国家协调论"所关注的经济法意义上的国家协调问题。此外，"国家协调论"也关注一般意义上的协调思想，因为它与系统思想是一脉相承的；同时，依循系统思想和系统方法，有助于更好地进行"协调"。

---

① 参见杨紫烜：《国家协调论》，342～343 页，北京，北京大学出版社，2009。
② 参见杨紫烜：《国家协调论》，361～362 页，北京，北京大学出版社，2009。

事实上，在经济法领域强调和重视协调，本身也是系统思想的体现。基于系统思想所要求的系统内外的协调，经济法体系作为一个系统，也必须做到内外和谐统一。为此，既要处理好经济法内部的各个部分之间的协调关系，又要解决好经济法外部的协调性问题。

在内部协调方面，对于"经济法体系如何构成"这一经济法本体论中非常重要的基本问题，学界一直讨论颇多。近些年来，学界普遍将宏观调控法和市场规制法（或市场监管法）作为经济法的核心部分。对此，"国家协调论"以及其他经济法理论均持肯定态度，因为这更有利于经济法结构的内在协调。

在外部协调方面，过去曾长期备受关注的经济法与民法的协调问题，以及经济法与行政法、商法、社会法的协调等问题，经过多年的研讨，已经日渐明晰。对于经济法和相关部门法的区别与联系，以及经济法的独立地位和价值的认识已经日渐趋同。

与上述的经济法体系的内外协调相关，人们在经济法的立法、执法、司法等各个环节，也都要重视"协调性"问题。按照协调思想的要求，立法、执法、司法等各类系统的协调性，是衡量经济法的法治状况的一个重要标尺；各类相关系统的协调性是经济法研究应当关注的一个重要问题，它与经济法的功能发挥和目标实现直接相关。

此外，根据系统思想和系统方法，尤其应当从整体、级次、结构与功能等几个方面[①]，关注如何协调的问题。这有助于解决经济法的许多理论和实践问题。现分述如下：

第一，整体协调问题。

---

① 关于系统分析方法，杨紫烜教授、刘瑞复教授等多位经济法学者均在其著作中关注并有深入研究，这对于实现经济法领域里各类系统的内外协调统一，推进经济法理论的共识形成是非常重要的。参见杨紫烜：《国家协调论》，12～13页，北京，北京大学出版社，2009；刘瑞复：《经济法学原理》，21、24～25页，北京，北京大学出版社，2000。

强调整体协调，与整体主义的思想是一致的。其实，整个经济法学界都比较注意"整体"的问题，应当说，整体主义思想是对经济法研究很有指导意义的思想。在关注个体的基础上重视整体，重视整体利益、整体发展、整体效益，正是经济法不同于传统法的重要方面。依循经济法中重要的整体主义思想，我们尤其应当关注整体协调。

整体协调之所以重要，是因为个体的利益、行为等必然会存在冲突，并会产生诸多矛盾，只有不断地解决个体营利性和社会公益性的矛盾（这也是经济法领域的基本矛盾），以及由于片面重视个体而忽视整体带来的问题，才能更好地实现整体的利益、效率和效益，才能使经济的整体运行更"经济"、更协调、更有效率、更有效益。

可见，整体的协调同经济法的法益保护目标，同经济法的理念、价值等都直接相关，对此，各类经济法理论也都较为关注。例如，"国家协调论"强调，经济法、经济法制、经济法学都分别是一个系统，运用整体分析方法就是要把上述系统分别作为一个整体展开研究[①]，这些对于经济法、经济法制、经济法学的内外协调，对于各类主体利益的协调等，都是非常重要的。

第二，级次协调问题。

经济法的调整涉及非常广阔的时空范围，因而协调的级次也会不同。例如，中央与地方的利益协调、不同级次政府的利益协调等，都会涉及不同级次的协调。

此外，在经济法研究中，还需要关注国内与国际两个不同的级次，还要研究国内与国际的协调问题。无论是国内经济法领域还是国际经济法领域，都涉及协调的问题。经济法的协调思想，是通用于国内和国际两个层

---

① 参见杨紫烜：《国家协调论》，12～13页，北京，北京大学出版社，2009。

面的。所以，在国际金融危机发生后，国际社会普遍认识到加强政策协调、制度协调的必要性；反之，如果政策和制度不够协调、相互冲突的话，就会给整个世界经济运行造成负面影响。"国家协调论"的协调思想，在国际经济法中是同样适用的。①

上述国内与国际两个不同层面的协调，对于现时法学研究的一个重要启示是：国际经济法层面的国际法律协调虽然体现了各国的一种妥协，但毕竟是以各国的国内法为基础的。因此，国内法理论必然会在很大程度上影响国际法理论。如果能够把经济法的理论应用于国际经济法研究，就会有效促进国际经济法的发展。当然，国际经济法的理论和制度的发展，也会在一定程度上影响经济法的理论和制度的发展。上述相互影响在经济法的各个具体部门法领域也都有其体现。例如，在税法与国际税法、金融法与国际金融法、竞争法与国际竞争法等领域，都存在类似的情况。

第三，结构与功能协调问题。

一般说来，特定的结构会产生特定的功能，系统内部的结构与功能的协调非常重要。为了使经济法具有特定的功能，完成特定的任务，就需要在经济法不能发挥某些功能的时候，调整经济法的结构，使结构与功能实现之间更加协调，从而实现结构与目标的内在一致。

结构调整既涉及经济法的部门法结构的调整，也涉及具体制度的内在结构的调整，包括主体结构、行为结构、权义结构与责任结构的调整。只有使各类结构更加协调，才能更好地实现各类经济法制度的整体功能。这对于经济法的制度建设，尤其具有重要的现实意义。

---

① 早在多年以前，杨紫烜教授就已经把国家协调论中的协调思想运用于国际经济法领域，并提出了"国际协调论"。我认为，在国际经济法领域，强调国际协调更为重要，它对于推动整个国际经济法理论的发展，具有非常重要的意义，而且也符合国际经济法律的实践。相关具体内容可参见杨紫烜主编：《国际经济法新论——国际协调论》，北京，北京大学出版社，2000；杨紫烜：《国家协调论》，175～187页，北京，北京大学出版社，2009。

结构与功能的协调问题，其实是非常基本、非常重要的问题，直接影响经济法的规范论的发展，也直接影响经济法的制度建设，因而还需要进一步深入挖掘。目前，各类经济法理论、学说已有许多共通之处，如能加强对结构与功能协调方面的研究，则会大大增进理论共识。

四、协调思想与范畴提炼

依据上述一般的协调思想，以及经济法上的"国家协调论"的协调思想，经济法领域应关注一系列重要范畴的提炼，如协调主体、协调客体、协调手段、协调目的、协调能力等。上述范畴在前面的有关论述中都已有所提及，但还需要深化。对于这些问题的深入研究，有助于推动整个经济法理论的发展。

下面仅选取若干与协调思想密切相关的重要范畴分述如下：

对于协调主体，"国家协调论"强调协调的主体是国家。此外，在整个经济法的主体体系中，"国家协调论"提出了国家协调主体和国家协调受体的主体架构。上述主体的"二元结构"是对主体范畴进行的系统提炼，对于完善经济法主体体系、推进经济法主体理论研究具有重要意义。

对于协调客体，"国家协调论"强调国家协调的客体或对象是经济运行，而并非直接针对相关的企业或居民个人，因此强调协调不是"直接干预"，而是依循规律和法律所进行的一种利益调整。这是符合现代国家的宪政精神的。此外，强调客体是经济运行，与我国多年前提出的"国家引导市场，市场引导企业"的思想和政策是内在一致的。鉴于所有的企业都是经济运行的参与者，在宏观调控方面尤其应通过调控经济运行来对相关的市场主体施加影响。

对于协调手段，"国家协调论"强调主要应当运用法律手段以及一定的非法律手段。从传统的法治思想来看，目前还是应当着重关注法律手段。尽管对具体的法律渊源会有不同认识，但那些基本的法律渊源应当是经济法研究应予关注的重要协调手段。当然，这并不排除对"软法"等问题的研究。①

对于协调目的，"国家协调论"强调国家协调的目的是"推动经济发展"。应当说，经济发展是国家协调的直接目标，在实现此目标的同时，国家为了推进经济与社会的协调发展，也会关注社会发展等社会目标。因此，经济法的理论研究和制度建设都会体现社会政策的一些要求，以及经济政策和社会政策的协调要求，从而使经济法在某些方面具有一定的"社会性"。正因如此，"国家协调论"将"推动经济发展和社会进步，以实现经济法主体利益的协调发展"作为经济法宗旨的重要内容②，并提出了"协调发展"的范畴。

对于协调能力，尽管"国家协调论"没有过多关注，但从协调主体、协调行为等方面，自然会引出协调能力的问题。协调的目标实现得怎么样，与协调能力直接相关。因此，学界在研究协调主体、协调行为等范畴的同时，还可以进一步关注"协调能力"的范畴，它与经济法的主体理论、行为理论、责任理论等都有密切关联。

此外，协调的重要目标，实际上是提高系统的"协调性"，包括经济发展的协调性、社会发展的协调性或者经济与社会发展的协调性，以及经济法体系的协调性、经济立法的协调性等。由于经济法的各个领域都涉及协调性，因而"协调性"的范畴也值得研究。

与上述范畴密切相关，从法学的角度看，在经济法领域里，人们还要关注协调权力、协调职责、协调责任等问题。"国家协调论"认为，协调

---

① 参见程信和：《硬法、软法与经济法》，载《甘肃社会科学》，2007（4）。
② 参见杨紫烜：《国家协调论》，340 页，北京，北京大学出版社，2009。

权力应当归属于国家，只有享有协调权力的主体才能成为国家协调主体，行业性中介组织不能成为国家协调主体，但在一定条件下可以成为国家协调受体。[①] 此外，有关主体由于享有协调职权，因而也承担着协调职责，而无论是协调职权还是职责，都应该是法定的，同时，在违反法定职责时所应承担的协调责任，也应当是法定责任。明晰协调责任，有助于全面解决经济法的可诉性问题。

另外，"国家协调论"认为，国家协调行为具体包括两大类行为，即宏观调控行为和市场监管行为。这与目前国家强调的政府应具有的"宏观调节、市场监管"等职能是一致的。大量博弈行为的存在，使得国家在从事上述协调行为时，会发生大量的"协调成本"，这些协调成本其实是广义的交易成本的重要组成部分。据此，国家是否应当协调、在什么情况下应当协调，不仅要考虑提供公共物品的必要性问题，还要考虑协调成本的大小。这直接影响到国家的协调能力或财政承受能力，以及国家从事协调行为的具体选择，因而对于具体的经济法制度安排具有重要意义。

以上是基于协调思想，在经济法领域里会形成的一系列重要的范畴，这些范畴都涉及协调的问题，是"国家协调论"特别关注的，同时，也给整体的经济法研究带来了许多启示。例如，对于协调主体、协调能力、协调成本等问题尤其需要注意，因为经济法的重要功用就是要使整体的经济运行更加"经济"，因而要降低交易成本或协调成本。同时，为了实现"有效协调"，需要提高国家的协调能力，也需要充分考虑协调受体的博弈，通过对各类主体的利益的协调，来推动经济和社会的有效运行与协调发展，实现经济法的调整目标。

---

① 这一分析对于澄清学界目前对于社会中间层或者行业性中介组织之类主体的模糊认识，是非常重要的。基于这一认识，是否要把行业性中介组织等同于调控主体或监管主体，或者地位非常重要的主体，都是需要深入研究的。参见杨紫烜：《国家协调论》，325页，北京，北京大学出版社，2009。

五、小结

随着经济法研究的深入发展，学界应当重视对学术思想的研究。协调思想作为一类重要的经济法思想，在诸多经济法学说中都有体现，贯穿经济法理论的各个重要领域，在"国家协调论"中体现得尤其突出。尽管"国家协调论"所蕴含的学术思想非常丰富，但协调思想无疑具有重要地位。全面理解其中的协调思想，有助于解决经济法领域的许多理论问题和实践问题，对整个学界的经济法研究都有重要的启示。

本节所关注的协调思想大抵可分为两类：一类是广义上的一般意义的协调思想，另一类是经济法上的"国家协调论"对于"协调"的具体思考，后者是一般协调思想在经济法理论中的一种具体体现。在整个经济法研究中，两类协调思想都需要受到高度重视，并且"国家协调论"实际上也非常重视一般意义上的协调思想。

强调协调思想有助于更好地理解经济法的"高级性"，发现经济法调整与其他法律调整的"关联性"，进一步揭示经济法的"现代性"。此外，协调思想在诸多经济法理论中的体现，极大地增进了经济法理论的共识，带动了许多重要的经济法理论问题的解决。因此，如果能够全面理解和贯彻协调思想，则对于经济法本体论、价值论等诸多认识的深入，对于规范论、运行论等诸多问题的解决，都具有重要意义。

需要进一步说明的是，协调思想给经济法研究带来的许多启示，不仅有助于解决一系列悬而未决的重要理论问题，也有助于挖掘经济法理论中蕴含的各类重要的学术思想。这对于推进学术进步，促进理论融通，建构经济法学的知识体系，具有重要意义；同时，还有助于推动中国的经济法学派的形成，推进经济法理论向纵深发展。

第二节　经济法与宪法的协调发展

一、问题的提出

不管世界风云如何变幻，发展始终是时代的主旋律。一国的全面发展，无论是经济增长与社会进步，抑或是政治清明与文化繁荣，莫不与法治昌明密切相关。经济法作为促进发展之法，深系国计民生全局；其发展不仅关乎经济与社会的发展，对法律体系各部门法发展及整体法治建设亦影响深远。因此，经济法学研究不仅应关注经济法的"产生"，更要关注其"发展"，并全面展开深入研讨。①

考虑到经济法的发展事关法律体系的结构调整与制度变迁②，从结构功能分析的角度，审视法律体系中各部门法所具有的特定功用，以推进法律体系整体的"协调发展"，无疑甚为必要。事实上，尽管各部门法的调整领域、调整方式等各异，但都各有所能，不可偏废。与此相关，中国的法治建设不仅应有法治思维，更要强调系统思维，唯此才可能促进法律系统各构成部分的协调发展。

研究经济法的发展问题可以有多种不同的维度，其中，通过考察经济法与其他部门法的关系，来推进经济法与其他部门法的协调发展，无疑是

---

①　学界以往对经济法学的发展问题关注相对较多，对经济法自身的纵向发展历程亦有一些研究成果，如程信和：《中国经济法发展30年研究》，载《重庆大学学报》（社会科学版），2008（4），104～109页；朱崇实、李晓辉：《开放性：我国经济法发展的进路与启示》，载《厦门大学学报》（哲学社会科学版），2008（3），65～73页；等等。但从总体上说，学界对于经济法自身的发展尚需深入研究。

②　经济法的产生和发展，改变了各国法律体系的基本结构，同时，在财政、税收、金融、竞争等领域的制度变迁，对产权保护亦有实质性影响，并由此促进经济的发展。这其实与诺斯的制度变迁理论也是一致的。诺斯强调："国家提供的基本服务是博弈的基本规则"，其目的是界定产权和增加税收，而宪法与经济法对于实现上述目的是非常重要的。参见［美］诺斯：《经济史中的结构与变迁》，24页，上海，上海三联书店、上海人民出版社，1994。

一个重要门径。以往学界研究经济法与其他部门法的"相邻关系"或"外部关系"时，大抵更专注于解析经济法与其他某个部门法的"两者关系"。这固然非常重要，但若基于政治、经济、社会、文化等诸多要素而为综合考量，则尚需在扩展的系统中考辨"三者关系"。例如，基于经济法领域非常基础且重要的政府与市场的关系，有必要探究经济法与民商法、行政法的"三者关系"；如果进一步延伸，还应思考经济法与宪法、社会法的"三者关系"；等等。

无论研究对象是"两者关系"抑或是"三者关系"，都要考虑如何更好地推进经济法与相关部门法的协调发展。毕竟每个部门法产生的"历史背景"和"多重基础"不尽相同，其任务、使命和职能各异，但又都需要在"当代背景"下继续发展；同时，各个部门法又往往需面对诸多共同的或密切关联的问题，这些都使其关系变得更为复杂。只有深入研究，认真梳理，才可能更好地推进其协调发展。

在当代各国的经济和社会发展，以及相关的政治与法律发展进程中，经济法和宪法担当着十分重要的角色。从经济分析的角度看，现代国家的经济法与宪法都具有突出的"经济性"。经济和社会发展方面的重大需求，都要在经济法乃至宪法中加以体现，并通过经济法的具体落实来再现宪法的精神。因此，经济法与宪法的"协调发展"至为重要。

考虑到每个法律部门都要适度发展，并应与其他法律部门"协调发展"，同时，宪法与经济法的发展均事关重大，两者之间关系的协调非常重要，因而本节拟着重讨论"经济法与宪法的协调发展"问题，主要是基于经济法与宪法的关系的视角，重点分析经济法发展的宪法基础，以及经济法的发展对宪法发展的推动问题，从而说明经济法发展的必要性，解释各国为什么会大力发展经济法；在此基础上，进一步探讨经济法与宪法在发展中的一致性问题，从而说明应如何实现两者的协调发展。

二、经济法发展的宪法基础

经济法的发展具有坚实的宪法基础。当代各国大力发展经济法，推进实质意义的经济法的制定和实施，绝非缘于在立法重点上存在共同的"经济偏好"，而是基于经济法在促进经济与社会发展方面的举足轻重的地位，是为了更好地体现宪法规范的要求，全面实现法律系统的整体功能。

大力发展经济法体现了宪法规范的要求。在各国宪法大量增加经济性规范，从而形成"经济宪法"的情况下[①]，如果不大力推进经济法的制定和实施，就会使大量的宪法规定无法落实，从而导致"宪法落空"。这不仅不符合宪法的规定和精神，也会严重影响法律系统的整体实效，还可能带来其他诸多方面的问题。

依据法律位阶理论，宪法具有根本法、基本法的位阶，是其他法律的基础，经济法的发展应符合宪法的要求。[②] 从宪法条文的要求来看，各国宪法涉及经济的条文多数都与经济法直接相关。这些经济性的宪法规范涉及经济体制、所有制、分配制度等多种基本的经济制度，构成了各国的"经济宪法"，奠定了经济法发展的重要宪法基础。

例如，我国《宪法》的第 15 条，就是对经济法发展有重大影响的条文。[③] 该条在 1993 年修宪前曾对计划经济体制作过重要规定，现行的 3 款都与经济法直接相关，不仅确定了经济法的经济体制基础，揭示了经济法

---

① 经济宪法是经济法的重要基础，德国著名经济法学家伯姆等较早地关注了"经济宪法"，并同欧肯等共同推进了"经济宪法"的研究；而布坎南在其开创的宪政经济学研究中，也涉及大量经济法制度的问题。因此，研究经济法的发展问题应当注意上述相关制度和理论之间的紧密关联。

② 位阶理论更强调宪法与其他法律之间的层级关系，据此，经济法要服从位阶更高的宪法的要求。参见［德］格林：《现代宪法的诞生、运作和前景》，刘刚译，14 页，北京，法律出版社，2010。

③ 该条文对于经济法的制度发展和学术研究都非常重要，在宪法解释方面应特别重视，它尤其能够为经济法的制度建设和法学研讨提供重要的宪法支撑。

产生和发展的必要性，同时也确立了经济法的调整范围、基本架构或体系，因而具有重要意义。现分述如下：

第 1 款规定"国家实行社会主义市场经济"①。这是我国首次在宪法上确定实行市场经济体制，对于经济法的发展意义重大，因为现代市场经济正是经济法产生和发展的重要前提和基础。其实，只要实行市场经济体制，就应加强宏观调控和市场规制，就要有经济法中的宏观调控法和市场规制法；如果不实行市场经济体制，当然也就不涉及对市场经济的调控和规制，因而现代意义的经济法也就没有存在的必要了。可见，上述有关市场经济体制的规定与经济法的产生和发展，以及经济法的存在基础或必要性等都直接相关。尽管各国未必都将市场经济体制明确规定于宪法中②，但只要实行市场经济体制，就必须大力发展经济法。

第 2 款规定"国家加强经济立法，完善宏观调控"③。这与第 1 款直接相关。只要实行市场经济体制，国家就必须加强经济立法，尤其应加强经济法的立法；同时，只有加强经济立法，才能更好地完善宏观调控。在我国经济法的立法中，宏观调控的立法占比甚大，这既与我国的"大国"特点有关，也与市场经济体制实行未久有关。随着国家法治化水平的提升，要通过"加强经济立法"来"完善宏观调控"，就需要加强宏观调控法的制定和实施。对于宏观调控问题，尽管有的国家未必在宪法中直接作出规定，但在宪法的解释上仍会大量涉及。例如，美国宪法中的贸易条款

---

① 原来与此相对应的宪法条文是"国家在社会主义公有制基础上实行计划经济"。这种经济体制的巨变，涉及宪法和经济法的许多重要理论和制度问题，直接影响经济法的发展。

② 例如，德国就没有直接对经济体制作出规定，但由此也引发了理论上和法律适用上的争论，产生了对"经济宪法"的不同范围的认识。可参见黄卉：《宪法经济制度条款的法律适用——从德国经济宪法之争谈起》，载《中外法学》，2009 (4)，559～573 页。

③ 原来与此相对应的宪法条文是"国家通过经济计划的综合平衡和市场调节的辅助作用，保证国民经济按比例地协调发展"，原来条文对综合平衡和协调发展问题，与新条文强调的宏观调控有一定的相通之处。

（Commerce Clause）就被认为涉及联邦的宏观调控权问题。从马歇尔时代至今，美国最高法院曾多次作出重要判决，联邦的贸易调控权不仅由此得到承认，而且在变易的解释中日益扩大。

第 3 款规定"国家依法禁止任何组织或者个人扰乱社会经济秩序"。这是宪法对市场经济健康发展的重要保障。在市场经济体制下，依法有效规制市场经济秩序，对于保障整体的社会经济秩序非常重要。为此，必须加强市场规制法的制定与实施。德国学者伯姆将经济宪法理解为对国民经济生活秩序的公共选择或整体抉择，就体现了宪法对经济秩序或市场秩序的普遍重视。其实，正是为了保障宪法强调的社会经济秩序，才需要加强市场规制或市场监管，才需要有专门的市场规制权和市场规制法。

可见，我国《宪法》第 15 条的上述 3 款规定，强调了经济法的经济体制基础以及经济法的调整范围（即宏观调控和市场规制两大重要领域），明确了经济法的二元体系、作用领域等，揭示了一国推进经济法发展的宪法依据，从而为经济法的制度建设和经济法学的发展奠定了重要的宪法基础。

以上着重以我国宪法规定为例，来说明经济法发展的宪法基础，以及宪法条文对发展经济法的要求。事实上，随着各国宪法的发展，经济性规范日益增加，尤其在财政、税收、金融、竞争等领域的诸多规定，确立了国家与国民、政府与市场、中央与地方等多重二元结构的框架，从而为经济法的发展提供了非常重要的宪法基础。[①]

当然，经济法的宪法基础不仅体现为宪法条文的直接规定，也体现为

[①]　在一些国家宪法中有关经济或经济法方面的规定非常多。如《德意志联邦共和国基本法》第十章对财政制度有非常具体的规定；而《委内瑞拉玻利瓦尔共和国宪法》（1999 年 12 月 30 日生效）第六编专门规定社会经济制度，该编的第二章中规定了预算、税收、货币制度和宏观经济调控制度，其中，第 311 条规定了预算平衡原则、财政平衡原则，第 316 条专门规定了税收法定原则。

宪法所蕴含的平等、自由、公平、效率、正义、安全等理念和价值。[①] 因此，即使某些国家的宪法在相关条文中未作直接规定或规定较为简约，但其宪法的理念、价值和整体设计，同样可以为经济法的发展奠定重要基础。

经济法要取得较大发展，就必须充分重视其宪法基础，从中汲取营养并获得支撑。同时，推进宪法的全面实施，也必须重视经济法的发展，因为宪法的许多原则规定，都需经济法来加以落实；如果经济法的发展不充分，就会影响宪法目标的实现。事实上，经济法的发展，既是宪法规定的要求，也是宪法发展的要求。它对宪法的发展同样具有推动作用。

三、经济法的发展对宪法发展的推动

经济法的发展有助于丰富和完善宪法的内容，进而推进宪法的发展。例如，经济法中的大量"体制法"都涉及宪法问题，在解决涉宪体制问题的过程中，自然会推动宪法的发展。经济法中有关财政、税收、金融、产业、竞争、外贸等领域的体制安排和法治建设，对宪法发展的影响更大。

从经济法的早期发展史看，为了加强市场规制，美国国会曾于1887年和1890年先后通过了《州际贸易法》和《谢尔曼法》，并陆续成立了州际贸易委员会和联邦贸易委员会等独立的规制机构，形成了一套特殊的规制体制和制度。[②] 这些对于经济法的后续发展具有重要的里程碑意义。上

---

① 如《德意志共和国宪法》（魏玛宪法）第151条曾规定，"经济生活秩序必须符合正义之基本原则，并以保障人人得以有尊严地生存为目的。在此范围内保障个人经济自由。"又如，《多米尼加共和国宪法》（2010年1月26日通过）第217条规定："在自由竞争、机会均等、社会责任、参与团结的框架下，基于经济增长、财富再分配、社会公平正义、社会和领土凝聚力及环境的可持续性，制定经济制度。"这些规定都体现了宪法的价值和精神。

② 对于规制机构问题，行政法学领域的许多研究对理解经济法领域的市场规制问题亦有启发。可参见宋华琳：《美国行政法上的独立规制机构》，载《清华法学》，2010（6），53～71页。

述经济法制度的产生和发展，不仅推动了相关调控和规制体制的变化，也推动了宪法的发展。

例如，依据前述美国宪法的贸易条款，制定上述《州际贸易法》是国会贸易调控权的体现①，但在该法实施后，随着贸易的发展和诸多纠纷的出现，对于联邦层面的贸易调控权的范围及其行使等问题，美国最高法院曾长期进行着复杂的解释②，正是在这些解释的过程中，不仅使对贸易的调控和规制权力得到扩展，从而推动了经济法的发展，而且在经济法发展的过程中，宪法本身也得到了丰富和完善。③

中国当代的经济法是在从计划经济体制向市场经济体制转变过程中产生和发展起来的。我国的改革开放在推动经济法产生、发展的同时，也带来了商品经济的发展和繁荣，使实行市场经济体制和加强宏观调控渐成共识。事实上，我国在改革开放之初，就已认识到政府直接管理微观经济存在诸多弊端，并开始强调"宏观调节"，其实质内容就是"宏观调控"④。

---

① 依据《美国宪法》第1条第8款的规定，国会享有一系列重要权力，包括征税权、信贷权、造币权，以及国际贸易、州际贸易的调控权等。这些权力与经济法上的宏观调控权和市场规制权都直接相关。

② 在不同时期的不同判例中，形成了多种不同的理论和原则，如"生产—贸易"区分理论、"贸易流"理论、"直接相关"原则、库利原则等，在宪法解释不断变易的过程中，联邦的调控权力亦不断增强，国家干预的范围日益扩大。而上述的宪法解释过程，正是通过融入经济调控和规制的实践来不断发展宪法的过程，由此可见，宪法解释的确非常重要，"它是当代宪法和司法审查理论的核心问题"。[美]惠廷顿：《宪法解释：文本含义，原初意图与司法审查》，杜强强等译，2页，北京，中国人民大学出版社，2006。

③ 美国联邦法院首席大法官马歇尔认为，宪法条款仅能勾勒宏伟纲要，指明重要目标，宪法的完好解释应该允许国家立法机构具有选择手段的裁量权，从而以最有利于人民的方式，履行其最高职责。只要所有合适的手段与宪法的文字与精神相一致，就是合宪的。马歇尔的思想有助于理解经济法与宪法的关系，以及经济法的合宪性问题。

④ 1984年10月20日在党的十二届三中全会上通过的《中共中央关于经济体制改革的决定》中提出"宏观调节"，强调"在及时掌握经济动态的基础上综合运用价格、税收、信贷等经济杠杆，以利于调节社会供应总量和需求总量、积累和消费等重大比例关系，调节财力、物力和人力的流向，调节产业结构和生产力的布局，调节市场供求，调节对外经济往来，等等"，这与后来对"宏观调控"的理解大体一致。到1988年9月26日，在党的十三届三中全会的报告中已开始使用"宏观调控"的概念。

我国 20 世纪 80 年代在财政、税收、金融、价格等领域进行的体制改革和经济法制度实践，特别是国家的"放权让利"和"放松管制"，使市场取向改革的制度建设不断深化①，实际就是国家重视运用法律化的经济手段不断完善宏观调控的过程。上述的诸多体制改革，极大地促进了经济法的产生和发展，而经济法的发展和相关的经济体制改革，对于市场经济体制和宏观调控在宪法上的最终确立，对于《宪法》第 15 条的整体修改，起到了重要的推动作用。

"宏观调控"入宪并成为一个重要的法律概念，对于经济法中的宏观调控法的发展尤为重要。随着经济体制改革的深入、完善和稳定，我国 1993 年修宪后所进行的各类体制改革和制度变迁的重要成果，不仅会在经济法中加以确立，也可能在未来的宪法修改中加以体现，这也是经济法对宪法发展的重要推动。

我国在改革开放的过程中，由于全国人大在经济法领域的授权立法甚多，"试点立法模式"通行，因而许多制度变革往往在经济法领域"先行先试"，有时甚至可能存在"良性违宪"的问题（这涉及经济法与宪法的一致性问题，对此后面还将探讨）。同时，正因违宪是"良性"的，存在经济上的合理性，所以也会推动宪法的修改和完善。这同样是经济法发展对宪法发展的推动。

经济法发展对宪法发展的推动，在不同国家的不同时期会有不同的显现。由于我国宪法规定较为简约、原则，因而在形式上受部门法发展影响而产生的变动相对较小。如果是在宪法文本内容更为细致繁复的国家，则经济法等部门法发展对宪法发展的推动会体现得更为突出。

以上笔者分别以美国的市场规制法和中国的宏观调控法为例，来说明

---

① 这方面的具体探讨可参见张守文：《贯通中国经济法学发展的经脉——以分配为视角》，载《政法论坛》，2009（6），122～135 页。

经济法的发展对宪法发展的推动，从中亦可窥见经济法与宪法的发展在不同国家的不同时期所呈现的不同特点。但无论各国的制度建设如何特殊，都应重视和强调经济法与宪法在发展过程中的协调一致。

四、经济法与宪法在发展中的协调

依据前述认识，经济法与宪法在发展中的互动值得关注：一方面，经济法的发展需要以宪法为基础，大力发展经济法既是宪法条文的要求，又是实施宪法的需要；另一方面，经济法的发展有助于宪法的丰富、完善，从而推动宪法的发展。因此，研究宪法与经济法的发展问题，探讨两者的关系，必须考虑宪法与经济法在发展中的双向互动，尤其应关注两者的经济性和规范性，以增进两者的一致性和协调性，从而实现两者的"协调发展"。

宪法与经济法所共有的"经济性"[①]，是两者能够协调发展的重要前提。随着宪法中经济性规范的与日俱增，宪法的"经济性"日益凸显。经济宪法的不断丰富，体现了时代需要和发展要求；而且从发展趋势上看，经济宪法可能会与日俱增。而要落实和体现这些经济宪法，就必须大力推进经济法的发展；反之，如果一国的经济法不能得到实质的发展，则不仅其宪法的规定不能落实，还可能在实质上损害其经济发展。事实上，各主要国家都曾经或正在努力构建较为完备、发达的经济法制度，这对于推进其经济和社会发展非常重要。

宪法与经济法所共有的"规范性"，为两者的协调发展提供了规则基础。作为法律体系的重要组成部分，宪法和经济法都具有规制职能，在规

---

① 有关宪法与经济法的经济性的具体论述，可参见张守文：《经济法总论》，48、59 页，北京，中国人民大学出版社，2009。

范性上有相通之处。① 此外，如前所述，宪法规范和经济法规范对应于两类不同的秩序，两类规范具有不同的层级或位阶，因此，经济法规范不仅不能与高位阶的宪法规范相抵触或冲突，还要以宪法中的经济性规范为基础，并与经济宪法保持一致。应当说，明晰各类规范的层级，对于两者的协调发展甚为重要。

基于上述的经济性和规范性，必须注意宪法与经济法之间的一致性。一方面，从法律效力的角度看，经济法规范应当与宪法规范保持一致，否则可能会存在违宪的危险；另一方面，从法律发展的角度看，宪法在发展中亦应吸纳经济法的发展成果，并适时作出适度的调适，从而保持两者的一致。只有在经济性和规范性的基础上实现一致性，才能实现两者的协调发展。

为了增进经济法与宪法的一致性或协调性，需要通过司法判断或非司法判断，来认定经济法与宪法是否存在不一致或不协调。其中，法院通过司法审查所作出的"司法判断"具有法律效力，因而非常重要。司法机关基于宪法所进行的违宪审查是单向度的，在一定时期，涉及经济法规范的立法可能会被宣布为"违宪"②，但随着法院对国家的调控和规制职能认识的深化，对宪法的解释也在发生转变。例如，在美国曾被认为与宪法存在不一致的个别经济法制度（如所得税制度），就早已不再被认为"违宪"，有些国家甚至还将所得税制度直接规定于宪法中。③ 上述司法判断

---

① 对于经济法的规制性和规制职能，学界已有较多探讨，而宪法的规制职能可能被理解为规范或约束的职能，与经济法的规制职能不尽相同。可参见［荷］马尔塞文等：《成文宪法——通过计算机进行的比较研究》，陈云生译，315 页，北京，北京大学出版社，2007。

② 如美国 1895 年曾宣布《所得税法》违宪（直至 1913 年才恢复开征所得税），1935 年宣布《全国产业复兴法》（又译为《国家工业复兴法》）违宪，等等。

③ 如美国就不再认为所得税制度违宪，在德国的基本法或巴西等国的宪法中，不仅对所得税制度有较为具体的规定，而且对涉及财税、金融等重要的宏观调控制度和市场规制制度亦可能有较多规定。

或宪法解释的变化，以及相关具体制度的发展，体现了宪法与经济法在发展中的相互影响与调适。

此外，学者和社会公众及相关组织等非司法主体基于自己的观察，可以对经济法与宪法的一致性或协调性作出"非司法判断"。随着人们的法律意识特别是宪法意识的提升，人们对于合法性、合宪性的关注也越来越多，这会促进宪法与经济法在发展中的协调。一方面，基于宏观调控、市场规制行为对国民财产权、经济自由权等诸多基本权利的重要影响，经济法制度的制定与实施的合宪性日显重要，因而经济法必须与宪法规定相一致、相协调；另一方面，基于经济宪法的要求，必须大力加强宏观调控法和市场规制法的制定和实施，依法限定国家的权力，保障市场主体的经济发展权[①]，而不应使权力被利益集团俘获，人为阻碍经济法的发展。当前，阻滞中国发展的坚冰亟待通过改革击破，经济体制、金融体制等诸多体制瓶颈亟待突破，妨害公平竞争的壁垒亟待打破。上述问题的层层破解，尤其需要经济、政治、社会等诸多体制的协调变革，需要经济法与宪法的协调发展和共同保障。

宪法在发展，经济法也在发展。无论在规范层面抑或在价值层面，都要保持两者在动态调整中的协调；否则，就会产生许多负面效应。无论是宪法的发展滞后还是经济法的发展滞后，都会给整体的法治建设带来不良影响。

五、小结

经济法是促进发展之法，但其自身的发展问题也至为重要，学界应当

---

① 有关市场主体的经济发展权的具体探讨，可参见张守文《经济发展权的经济法思考》，载《现代法学》，2012（2），3～9页。

加强研究。经济法与各个部门法能否协调发展，既涉及经济法在法律体系中的"相邻关系"，又涉及经济法的发展质量和效益。尤其是经济法与宪法的协调发展牵涉甚广，关系到经济法和宪法的长远发展，非常有深入探究之必要。

本节着重探讨了经济法发展的宪法基础，以及经济法发展对宪法发展的推动问题。我们从中不难发现，经济法的发展离不开宪法基础的支撑和保障，促进经济法发展既是宪法规范的要求，也是实施宪法的需要；同时，经济法自身的发展，也会在一定程度上丰富和完善宪法，进而推动宪法的发展。上述探讨有助于说明各国为什么要推进经济法的发展，以及为什么要促进经济法与宪法的协调发展。在此基础上，本节强调：关注经济法与宪法在发展中的互动与协调，尤其应基于经济法与宪法所共有的经济性和规范性，借助于司法判断和非司法判断，来发现和解决两者的不一致问题，从而增进其一致性和协调性，以全面实现两者的协调发展。

保持经济法与宪法的动态协调发展，有助于实现良法之治，解决经济法的违宪（或"良性违宪"）问题；同时，结合经济与社会的动态发展，关注动态的制度变迁和制度调适，在实质意义上加强司法审查，对于经济法的良性发展亦甚为重要。

对于经济法领域涉及的大量宪法问题，以及经济宪法领域涉及的大量经济法问题，都需要深入研究。关注经济法与宪法的关系，促进两者的协调发展，已日显重要。与此相关联，未来的经济法学研究不仅应关注"宪法经济学"等交叉研究成果，也要重视经济法学与宪法学以及其他法学学科的交叉研究。这对于推进整体的法学繁荣和法治发展，均甚为重要且大有裨益。

第三节 "双重调整"的经济法思考

一、问题的提出

经济增长与结构调整密切关联，直接影响经济发展的质与量。片面强调经济增长，必然导致弊端丛生，无法逾越"增长的极限"，使经济发展难以为继。[①] 为此，在关注经济增长的同时，尚需适度调整改变国民经济系统的构造，使经济结构更加优化。由于经济系统的结构决定其功能，经济结构调整是一国需要不断解决的基本问题[②]，具有长期性和永续性，而并非临时性的应急措施，因而无论是否发生金融危机，无论是否倡行"低碳"经济，都要适时调整经济结构。

经济结构调整离不开有效的经济手段和法律手段。其中，对于经济政策及其政策工具等经济手段，学界已有诸多探讨，而对于法律制度及其调整手段的研究则明显不足。[③] 事实上，经济结构调整直接影响到相关主体的权利和利益，故法律手段亦不可或缺；对于各类主体所从事的经济行为，尤其需要经济法加以规范。

可见，在现实的经济生活中，在诸多行业和领域，要实现经济的有效发展，既需要在经济层面不断进行经济结构的调整，也需要在法律层面加

---

① 20世纪70年代，罗马俱乐部的经济学家曾提出"增长的极限"问题，当时并未受到广泛重视，但今天存在的大量问题，使人们深感这种理论预见之重要。可参见［美］梅多斯等：《增长的极限》，李涛等译，北京，机械工业出版社，2006。

② 对于经济结构调整的基本问题，许多经济学家都做过深入研究。其中，费歇尔、克拉克、里昂惕夫、库兹涅茨、罗斯托、钱纳里、刘易斯、丁伯根等，都曾贡献甚巨，其研究为探讨经济结构调整的法律问题提供了重要的经济学基础。

③ 目前，学界从法律角度探讨结构调整问题的论著微乎其微，且主要集中于区域、产业等某类经济结构的研究；同时，在法律制度的建构上，对于经济结构调整之类的相对宏观的问题关注不够。

强经济法的调整，从而形成"经济结构调整与经济法调整共存""政策性调整与法律性调整同在"的格局，由此便提出了值得关注的"双重调整"问题。[①]

上述的"双重调整"，与经济、社会、政治、法律领域的诸多复杂问题直接相关，是一个跨越宏观、中观与微观各个层面，涉及发展经济学、发展社会学、发展政治学和发展法学方面的问题[②]，贯穿一国经济发展的始终，直接决定一国的经济能否稳定增长和健康发展。但由于诸多方面的原因，对于"双重调整"问题的系统、综合探究尚亟待深入，尤其需要从经济法的视角展开思考和探讨。

本节认为，推进经济结构调整，构建现代化经济体系，有赖于经济法的有效调整，必须处理好政策性调整与法律性调整的关系，解决在"双重调整"过程中普遍存在的"重政策而轻法律"的问题。为此，需要加强经济法的规范结构和立法结构的调整，解决"双重调整"的重要经济法问题，从而提高经济结构调整的法治化水平。

依循上述思路，本节试图说明：提高经济结构调整的法治化水平，是经济法学乃至整个法学领域的新的重要命题。国家层面的经济结构调整行为作为一种宏观调控行为，涉及调控主体和调控受体的诸多权责问题；只有引入和强调经济法的调整，才能确保结构调整行为的规范性，更好地保护相关主体的合法权益，在促进经济稳定发展的同时，保障社会公益和基本人权，实现经济法的调整目标。

---

① 经济学家谢国忠等提出我国的经济结构调整已进入周期性调整和结构性调整相结合的"双重调整"阶段，但这仍然只是关注经济层面的调整，而没有考虑法律性调整。本章更为关注的是经济层面与法律层面的"双重调整"，以及相应手段方面的政策性调整和法律性调整。

② 参见张守文：《"发展法学"与法学的发展——兼论经济法理论中的发展观》，载《法学杂志》，2005（3）。

二、经济结构调整有赖于经济法的有效调整

经济结构调整与经济法调整，分属于不同的类型和层面。从总体上说，经济结构的调整有赖于经济法的有效调整，并且，后者对于确保前者的合法性和有效性具有重要价值。透过调整经济结构过程中所采取的诸多措施，我们可以更加清晰地发现两者之间的内在关联。

一般说来，经济结构包括产业结构、投资结构、消费结构、分配结构、地区结构等，这些多层次、多类别的结构之间存在着复杂的关联，涉及社会、政治、法律等诸多领域，直接影响经济、社会的稳定发展和国家的长治久安。自2008年国际金融危机爆发之后，我国十分重视上述结构的调整，力图解决各类结构失衡或发展不协调的问题，例如，在产业结构方面，我国提出了"十大产业"的调整和振兴规划①；在消费结构方面，强调要提高国民的消费能力，不断扩大内需，并采取了"家电下乡"等诸多措施②；在分配结构方面，基于国家、企业和个人在分配比例上的失衡问题，以及在个人分配领域的分配不公问题，也采取了调整经济政策等多种措施③；在区域结构方面，为了解决区域发展的不平衡以及城乡二元结构等问题，也发布了一些促进区域发展的规定④；等等。

---

① 国家密集出台汽车、钢铁、纺织、装备制造、船舶、电子信息、石化、轻工业、有色金属和物流业等十大产业调整和振兴规划，涵盖了我国所有重要工业行业。与上述"十大规划"配套的众多实施细则和相关政策，核心就是调整结构、转变发展方式。

② 例如，家电、农机、汽车摩托车下乡政策，以及小排量乘用车购置税减半、家电汽车以旧换新等政策，都是引起广泛关注的一些重要措施。

③ 可参见国家税务总局《关于进一步加强高收入者个人所得税征收管理的通知》（国税发〔2010〕54号），财政部、国家税务总局《关于调整个人住房转让营业税政策的通知》（财税〔2009〕157号）。

④ 可参见《国务院关于进一步实施东北地区等老工业基地振兴战略的若干意见》（国发〔2009〕33号）等。

上述调整经济结构的诸多措施，已大量体现为政策和法律措施的并用，直接对应于法律上的权义结构和权益结构。因此，对于经济结构调整不能仅从经济角度来理解，还需要从法律层面来认识。要确保经济结构的调整能够遵循法定的实体和程序规则，实现对相关主体合法权益的保护，就离不开经济法的有效调整。

经济结构调整之所以有赖于经济法的有效调整，是因为经济法调整对经济结构调整会产生重要的影响或反作用，能够为经济结构的调整提供重要的法律保障，有助于促进经济结构调整目标的实现。从现实情况看，经济结构调整具有突出的政策性，而经济法调整具有突出的法律性。由于经济结构调整涉及各类主体的权益，需要解决好政策与法律的关系，因而经济结构调整离不开经济法的全面规制和有效调整。

经济法的有效"调整"，包括两个方面：一方面，经济法要对相关的经济关系作出调整；另一方面，经济法制度也需要在经济结构调整过程中相应地作出改变，并为经济结构调整提供法律前提和制度基础，这也是各国注重加强经济结构调整立法的重要原因。与此同时，还要强调经济法调整的"有效性"。由于调整经济结构的目的是提高经济运行的效率和效益，因而经济法的调整也必须符合"绩效原则"，即通过促进经济结构的优化，确保结构调整目标的实现，从而促进经济的良性运行和协调发展。[①]

此外，经济法的有效调整还具有突出的"规制性"，即具有把积极的鼓励促进与消极的限制禁止相结合的属性。这与经济结构调整所体现出的政策性是内在一致的。例如，产业结构的调整，就涉及强制性与任意性、约束性与引导性等。全面把握经济法调整所具有的规制性，有助于更好地理解和解决经济结构调整的法治化问题。

---

① 参见张守文：《经济法总论》，21页，北京，中国人民大学出版社，2009。

三、"双重调整"显现的突出问题

虽然经济结构的调整有赖于经济法的调整，但从我国目前的情况来看，在经济结构与经济法的"双重调整"过程中，却存在着非常突出的"重政策而轻法律"的问题，即调整经济结构的各类经济政策，如财政政策、金融政策、产业政策、外贸政策等受到高度重视，而与之相应的立法和执法较为滞后，导致经济结构调整的法治化水平相对较低。如前所述，经济结构的调整本属经济问题，但由于其涉及相关主体的产权变动和利益调整，因而必须依法明确相关主体的权利、义务和责任，尤其应当对政府的宏观调控权作出法律限定。但目前许多领域的立法或尚付阙如，或级次较低，导致政策的主导作用更为突出。

例如，在产业结构方面，目前的立法主要有国务院的法规、指导目录等[1]，但在如此重要的领域，立法层级确属较低。在投资结构方面，直接立法的最高级次仅为行政法规，有关实体和程序的规定相当欠缺；与此相关，对4万亿元巨额投资的诸多质疑，体现了人们对预算法、国债法以及投资法等领域立法不足或有法不依的担忧。[2] 在分配结构方面，国家尚缺少综合擘画，分配方面的政策和法律规范十分分散，目标不一，导致分配秩序混乱、分配不公问题突出。在消费结构方面，消费能力、消费水平、消费物价指数等，都与消费结构调整直接相关，同时也与微观主体权利和宏观经济运行紧密相连，但整体的消费立法缺失，也直接影响到内需的不足。

---

① 如国务院2005年发布的《促进产业结构调整暂行规定》，以及经国务院批准发布的多个年度版本的《产业调整指导目录》等。

② 巨额预算支出涉及预算调整，对此《预算法》本已有明确规定，但国务院并未按预算调整程序执行，全国人大也未对此行使预算监督权，这是人们对有法不依问题的最大质疑。

此外，在区域结构方面，也存在类似的突出问题。例如，为了解决区域发展失衡的问题，基于东部、西部、中部、东北等不同区域的差异，基于长三角、珠三角、环渤海等不同经济区的特殊性，结合经济地理和法律地理，我国出台了系列意见和相关制度①，但对全国经济版图影响深远的区域结构调整，却受政策影响更大，法治化水平也相对更低。

综上所述，对于经济结构的调整不仅应从经济层面、政策层面予以关注，也要从法律层面特别是经济法层面加以审视，重视经济法在经济结构调整中的作用。要提高经济结构调整的法治化水平，就必须摆正政策与法律的位置，加强立法，提高立法级次和立法质量，同时还应加强执法，真正做到有法必依。而无论是立法还是执法，都与经济法自身的结构调整直接相关。

四、"双重调整"与经济法的结构调整

要解决上述"双重调整"所显现的突出问题，需要对经济法的结构作出适度调整，尤其应当对经济法的规范结构和立法结构加以优化。其中，经济法的规范结构，侧重于经济法规范的内在构成，包括经济法的主体结构、权义结构、责任结构等；而经济法的立法结构，侧重于经济法立法体系的内在构成，包括经济法性质的法律、法规、规章等。经济法的上述两类结构密切相关，其中，规范结构的调整要通过立法体现出来，并影响立法结构的变化；而立法结构的调整会对主体结构、权义结构等诸多结构的调整产生影响。为此，应当关注经济法的规范结构和立法结构所构成的

---

① 如《国务院关于进一步实施东北地区等老工业基地振兴战略的若干意见》（国发〔2009〕33号）、《国务院关于进一步推进长江三角洲地区改革开放和经济社会发展的指导意见》（国发〔2008〕30号），等等。

"双重结构"，并对其进行适当调整。下面着重以经济法的规范结构为例来加以说明。

在经济法的规范结构中，从主体结构来看，经济结构调整涉及两方面的主体：一方面是调整经济结构的主体，主要是政府及其职能部门；另一方面是处于某类经济结构中并需接受结构调整的主体，其类型较为复杂，主要是市场主体。在不同的经济结构中，虽然具体的主体组合各不相同，但大略都可以分为上述两类，从而形成主体的"二元结构"。

上述的主体结构对应于经济法复杂的权义结构，涉及纷繁的权力/权利配置问题。例如，从国家层面来看，中央政权调整经济结构的权力是一种重要的宏观调控权，直接影响整体的经济运行与经济系统的完善；而从某类经济结构中的经济主体来看，则涉及许多具体权利，如投资权、分配权、消费权等（上述权利是从经济结构调整的角度所作出的概括），并且，每种权利都与多种经济结构相关。其中，投资权涉及投资数额、投资区域、投资范围等，与投资结构、产业结构、区域结构等相关；分配权则是享受投资回报的权利，以及其他参与财富分享的权利，与分配结构、消费结构等相关；消费权包括企业消费权与个人消费权、生产消费权与生活消费权等，与消费结构、投资结构等相关。可见，经济法上的结构调整或制度安排，关乎上述权利的配置或某种具体权义结构的形成，从而对经济结构调整产生直接影响。

事实上，在产业结构、投资结构、消费结构、分配结构等各类特定的经济结构中，都蕴含或对应着特定的"规范结构"。通常，规范结构的调整会直接影响经济结构的调整，而经济结构的调整也必然涉及特定的规范结构。

例如，产业结构作为一类非常重要的经济结构，其调整涉及产业进退等制度安排，涉及相关主体的资格，以及市场主体的投资权或其他产权问题。从经济与法律的关联性来看，产业结构的调整同时也是产权结构的调整，必须解决好各类权利和权力的配置问题。事实上，在产业结构调整过程中，不同行业的不同主体的进退，与产业调控权的行使直接相关。有时，产业调控权可能会与相关市场主体的产权发生冲突，为此，需要明确哪些主体享有投资权，以及国家行使产业调控权的限度和边界等，以有效解决权利和权力的配置问题，从而形成产业法领域特定的权义结构。

推而广之，在宪法以及经济法的体制法层面，都可能涉及市场主体的产权保护问题，以及不同级次的政府及其职能部门的权力行使问题[1]，等等。只有在经济法中解决好各类结构性问题，不断地完善其规范结构，才能更好地进行经济法调整，实现经济结构调整的目标。

在调整和完善经济法规范结构的过程中，必须注意各类经济结构之间的内在关联。例如，消费结构涉及消费能力、消费权的问题，而消费能力（包括生产消费的能力和生活消费的能力）如何，与分配结构相关[2]；同时，在整个分配体系中，政府、企业、个人以及其他主体各自的占比，关系到各类主体的消费能力，并会影响消费结构；另外，一国究竟选择以政府消费为主，还是以企业消费或居民消费为主，会影响相关投资结构以及产业结构的调整。可见，如能有效调整分配结构，进而影响消费结构、投资结构，就会进一步影响产业结构；而产业结构的调整还会影响地区结构，并对整体经济结构产生影响。

---

① 诺斯认为，应当设计某种机制使社会收益率和私人收益率近乎一致，一旦所有权未予确定限制或没有付诸实施，便会产生两者的不一致，便会影响一国的经济增长。这一论断对于研究经济结构调整与法律结构调整的关联性，对于强调结构调整过程中相关主体的权益保护，很有借鉴意义。参见 [美] 诺斯等：《西方世界的兴起》，厉以平等译，7 页，北京，华夏出版社，2017。

② 提高居民消费能力，需要调整国民收入分配结构，提高中低收入居民的收入水平，注重就业和劳动报酬在一次分配中的作用，注重社会保障和公共服务在二次分配中的作用，这是调整国民收入分配结构必须解决的重要问题。

上述各类经济结构之间的内在关联，是在经济法上行使宏观调控权与保障投资权、消费权、分配权等诸多权力与权利的基础。必须依据上述权力与权利之间的关联、冲突等，来有效地配置各类权力与权利，从而实现各类结构的协调，完善经济法的内在结构。

经济法规范结构的调整和完善，有助于发挥经济法系统的功能，提高经济结构调整的法治化水平，为经济结构的优化提供坚实的法律基础和保障。而上述规范结构的调整也需要立法结构的优化，包括立法层次的提高、渊源体系的完善、法律规范数量比例关系的适当等，这样才能更好地解决"双重调整"中的重要经济法问题。

五、"双重调整"中的重要经济法问题

无论是经济结构与经济法的"双重调整"，还是经济法自身结构的"双重调整"，都要解决一系列重要的经济法问题，这些问题包括体制问题、宏观调控权与市场主体诸多权利的配置问题、各类主体权益的保护问题、结构调整制度的实施问题、经济法各个部门法的协调问题，以及经济法的立法结构的协调问题，等等。研究这些问题，有助于更好地解决在经济结构调整过程中普遍存在的"重政策而轻法律"的问题。

从体制问题来看，所有的经济结构调整都与特定的体制相关。例如，产业结构涉及计划体制或具体的产业管理体制，投资结构涉及投资体制、金融体制，分配结构涉及整体的分配体制，特别是财政体制、税收体制等。而上述体制的形成都与现行的法律制度，特别是与经济法上的体制法直接相关。各类经济结构调整，都受制于一定的管理体制。体制是否优化，往往直接关系到经济结构是否优化。因此，需要对某些管理体制作出调整和改革，重新调整相关经济法主体的权限。但近些年来，我国的经济

结构调整在体制调整方面关注不够。这是经济法调整仍需特别注意的一个重要问题。

与上述体制问题直接相关的，是经济结构的调整权问题。在整个政权体系中，哪个机关或机构享有哪类具体的经济结构的调整权，享有哪些方面的调整权（如产业结构调整权、投资结构调整权），必须在法律上加以明确。

上述各类调整权在国家层面往往具体体现为一定类型的宏观调控权，如产业调控权、投资调控权等。这些类型的调控权与经济调控权、金融调控权相比，似乎在层次上不那么"宏观"，但却比后两类宏观调控权更"综合"；它们在综合性上类似于计划调控权（因而可以把它们放入广义的计划调控权之内），但又比狭义的计划调控权稍微"微观""具体"一些。对于上述各类调控权，还需作更为深入的研究。特别是分配结构调整权、区域结构调整权等，往往需要多种类型的宏观调控权的配合运用，才能实现相应的目标。

与上述的结构调整权密切相关的，是市场主体等各类主体的诸多具体权利，如投资权、消费权、分配权等。在结构调整的过程中，如何公平地保护各类主体的各类具体权利，是需要特别关注的、不应忽视的重要问题。

为了解决上述体制问题，有效限定结构调整权，充分保护各类主体的具体权利和合法权益，还应注意综合运用各类具体的经济法制度，来实现各类经济结构的优化。例如，在消费结构的调整方面，要扩大居民消费，除了应采取政府补贴等措施外，还应依法加强消费者权益保护，整顿和规范市场秩序，保障食品和药品安全，同时要发展消费信贷，等等。上述各类措施涉及财政法、消费者权益保护法、产品质量法、竞争法、金融法等多个经济法领域，只有协调运用上述各类经济法制度，才能更好地实现调整消费结构的目标。又如，在分配结构的调整方面，要提高居民收入在国民收入分配中的比重和劳动报酬在初次分配中的比重，使城乡居民收入增长、劳动报酬增长与经济增长相协调，就必须扩大中等收入者的比重，努力形成"橄榄型"收入分配结构。[①] 这不仅关系到经济法主体的收入能力和消费能力，还涉及整体上的收入分配问题，需要财政法、税法、证券法等多种经济法制度以及劳动法、社会保障法等社会法制度的综合调整。

上述各类经济法制度的协调，尤其应体现在具体的经济法措施的协调上。例如，我国为应对金融危机和调整经济结构而出台的"十大产业"的调整和振兴规划，就规定了需要相互协调的一系列重要措施，包括财政补贴、出口退税、优惠贷款等。这些具体措施的协调，与前述的体制、结构调整权以及各类主体的具体权利等直接相关，是协调各类经济法制度的核心内容。

上述有关重要经济法问题的讨论，有助于进一步说明：为什么经济结构调整有赖于经济法的有效调整？为什么需要不断提高经济结构调整的法治化水平？事实上，在经济结构调整过程中存在的突出现实问题，如公众关注的经济法方面的预算调整不合法，以及财政收支透明度较差的问题等，都会对经济结构调整产生负面影响。而上述问题之所以会存在，与长期以来的"政策先行，行政推进"的思路，与法律意识淡薄以及对相关的法定程序关注不够等都有关联。因此，要解决长期存在的"重政策而轻法律"的问题，仍然"任重而道远"。

六、小结

经济与社会的良性运行和协调发展，既需要经济结构的调整，也需要

---

① 参见李克强：《关于调整经济结构和促进持续发展的几个问题》，载《求是》，2010（11）。

经济法的调整，从而构成了不同层面、不同性质的"双重调整"。经济结构调整有赖于经济法的有效调整，但在我国进行"双重调整"的过程中，"重政策而轻法律"的问题非常突出，对各类具体的经济结构的调整实践产生了诸多负面影响，因此，不断提高经济结构调整的法治化水平，是一个长期的、重要的任务。要确保经济结构调整的有效性和合法性，就需要对经济法的结构进行适度调整。而无论是经济法的规范结构的调整，还是经济法的立法结构的调整，对于解决经济结构调整过程中的重要经济法问题都非常重要。只有切实进行经济法结构上的"双重调整"，改善政策性调整与法律性调整这一"双重调整"中的内在结构，才能增进经济法调整的有效性，更好地实现经济结构调整的目标，促进经济的有效发展；才能提高经济结构调整的法治化水平，确保结构调整的公正性和合法性。

本节所讨论的"双重调整"其实体现为多个层面，在经济领域里普遍存在的经济结构调整与经济法调整，是最基本的、贯穿始终的第一个层面的"双重调整"。在上述的"双重调整"过程中，普遍存在着政策性调整与法律性调整畸重畸轻、法律性调整被弱化的问题，这构成了需要关注的第二个层面的"双重调整"。为了解决上述"重政策而轻法律"的问题，需要完善经济法的结构，尤其需要对经济法的规范结构与立法结构进行从内容到形式的调整，这是第三个层面的法律上的"双重调整"。上述三个层面的"双重调整"密切关联、牵涉甚广，需要学界进行更为深入的研讨。

在经济系统和法律系统中，经济结构的调整与法律结构的调整始终是一个基本的、持续的问题。无论是哪类结构的调整，都需要从系统的、全局的高度，来关注内在结构的合理性；而要判断某类结构是否合理，则需要进行结构分析。结构分析作为一种重要的系统分析方法或整体主义分析方法，对于经济法研究具有重要价值。^① 事实上，在"双重调整"的过程中，只有在系统中把握结构，在结构的基础上把握调整的方向和力度，整体上的调控才可能成功。

此外，结构分析之所以重要，还与经济法上的差异性原理直接相关。从现实情况看，主体的能力（如消费能力、分配能力、产业竞争能力、区域发展能力）、主体的权义、规模等都存在着差异，并会对经济结构的平衡与优化产生直接影响。而结构失衡正是结构调整或结构优化的重要前提和基础。如果能够基于现实经济生活中普遍存在的差异性，以及由此引发的结构失衡和劣化等问题，展开有效的结构分析，则对于全面解决各类具体的结构问题无疑更有效率。

与上述的差异性直接相关，在经济法调整过程中所体现出的规制性尤其值得关注。事实上，现实的差异性和结构优化的必要性，需要经济法规范具有规制性，以充分发挥其"促进法"的功能。^② 从经济法理论上说，差异性原理与规制性原理都是在研究"双重调整"问题时需要关注的重要原理。把握上述原理不仅有助于更好地指导经济法的实施，有效实现经济结构调整的目标，而且有助于推进经济法理论向纵深发展，全面提高经济结构调整的法治化水平。

---

① 相关探讨可参见王全兴、何平：《论经济法学研究中的结构性研究》，载《重庆大学学报》（社会科学版），2008（5）。

② 具体分析可参见张守文：《论促进型经济法》，载《重庆大学学报》（社会科学版），2008（5）。

第四章　分配主线与分配理论

　　分配历来是影响经济和社会发展的重要问题，发展经济学、发展社会学、发展政治学等领域，都重视分配问题的研究。同样，经济法作为典型的"分配法"，更应重视分配问题的法律规制，这是提炼分配理论的制度基础。

　　从历史上看，与改革开放相伴生的中国经济法，在理论和制度层面均始终贯穿着分配主线，其至整个经济法治亦存在着分配导向。之所以如此，是因为我国在分配方面，始终存在着国计与民生的"双重压力"，而要解决两类分配压力，就必须通过经济法的有效调整，不断优化分配结构，从而解决差异性分配所带来的分配失衡问题。在解决上述分配问题过程中形成的分配理论，同样是经济法理论的重要组成部分。

　　为此，本章将着重讨论以下问题：首先，探讨贯穿中国经济法理论和制度的分配主线或称"经脉"，由此可以发现以分配为导向的经济法治非常具有中国特色；其次，分析国家和国民、政府和市场主体存在的"双重压力"，从而进一步说明分配主线贯穿经济法理论和制度的成因，以及运用经济法缓释"双重压力"的必要性和可行性；再次，基于上述的必要性和可行性，分析如何运用经济法来调整和优化分配结构，从而推进分配问题的解决；最后，基于经济法上的差异性原理，提出差异性分配的概念，作为经济法分配理论的重要范畴，并探讨经济法分配理论的基本结构和具体内容。

第一节　贯穿经济法理论和制度的分配主线

在经济法理论和制度的发展过程中，解决分配问题始终是贯穿其中的一条重要主线，该主线也贯穿整个经济法治建设，由此形成了重要的"以分配为导向的经济法治"。经由分配的路径或维度，把握分配的主线，有助于从一个重要的侧面，审视经济法理论和制度发展的脉络和问题，并为提炼经济法上的分配理论，推进经济法治的发展，更好地解决分配问题提供理论或对策支持。

有鉴于此，本节将基于分配的视角，着重从分配主线来揭示经济法的理论和制度的发展历程，由此解释经济法为什么会产生和发展，为什么它会以分配问题的解决为重要目标，并具有规制分配行为的功能；此外还将基于分配领域存在的突出问题，进一步揭示经济法理论和制度的未来发展方向。

一、分配主线与"两类分配"

（一）为什么要重视分配主线

现代经济法自其肇始，迄今不过百年。与法学的其他分支学科相比，中国经济法学之历史尤其短暂。[①] 大抵每过十年，学界都要回顾前瞻，以

---

① 对于中国经济法学的肇端，学界曾有不同认识，有的学者认为在 20 世纪 30 年代对于国外经济法理论的译介和评析，应当作为中国经济法学产生的标志。但从总体上说，目前许多学者还是倾向于以 1978 年作为中国经济法学真正产生的起点。

促进学术积累，增进理论共识，推进制度发展。① 通过学界历次总结，许多困惑都已柳暗花明，但影响认识深化的一些重要路径仍需进一步打通。为此，有必要关注贯通中国经济法治发展的主线或称"经脉"。

所谓"经脉"，在医学上原指纵贯全身，沟通上下内外的主干通路。经济法（学）作为一个系统，同样要有自己的经脉。② 贯通经济法与经济法学发展的"经脉"是一脉相承的，是相通甚至同一的。找准经济法的"经脉"，有助于更好地提纲挈领，在整体上认识经济法和经济法学；把握经济法的"经脉"，有助于发现经济法制度建设或法学研究需要解决的深层问题，从而有助于对症下药，促进经济法的健康发展。为此，探寻那些"深而不见"的贯通中国经济法学的"经脉"，确实非常必要。

贯通经济法的重要"经脉"究竟有哪些？人们对此定会存有异见。从应然的角度说，经济法的"经脉"，应当贯穿经济法的各个方面。例如，在时间上，应当贯穿其各个发展时期；在内容上，应当是经济法必不可少的内容。因此，对于经济法制度抑或经济法理论，可以从"经脉"的视角解析其发展的主线，并由此把握经济法研究所需关注的主要内容。

纵观经济法的发展历程，至少有三条主线或路径值得关注：第一条路径，即分配关系的调整，或称分配的路径，它直接关涉利益的归属，与经济法调整目标攸关，由此可以发现改革的最初动因、制度安排的侧重，以

---

① 在中国经济法学发展的每个十年，学界都有不少回顾文章，如20世纪80年代末有马洪的《十年来经济法学基本理论问题争鸣述评》，载《财经研究》，1989（12），55页；谢次昌的《经济法学的十年及当前亟待解决的一些问题》，载《中国法学》，1989（3），36页；等等。20世纪90年代末有多位学者参加的中青年学者笔谈会《经济法的若干理论问题探讨》，载《中外法学》，1998（3），90-98页，以及《面向21世纪的中国经济法学——中青年学者笔谈会》，载《法商研究》，1998（6），3-23页；等等。进入21世纪后有李昌麒：《直面中国经济法学的贡献、不足与未来》，载《法学家》，2009（5），25页；等等。

② 《黄帝内经》载："经脉者，人之所以生，病之所以成，人之所以治，病之所以起。"贯穿于整个经济法的"经脉"也是一样，作为经济法发展的主要路径，就像人体的经络一样，一旦出现问题，就会带来整个系统的病变或故障，因而必须保持其健康通畅。

及经济法制度变迁的动力。第二条路径，就是与上述利益分配相关的政策，透过这些政策的变迁，可以发现从政治性政策向经济性政策转变的历程，解释经济政策对于改革开放、经济法制度建设和法学研究的重要价值。第三条路径，就是将上述经济政策法律化的路径，或称法制的路径。经由上述路径不难发现：随着改革的发展、分配关系的调整、经济政策的变化，法律和法制也在随之发生相应的变化，经济法正是在此过程中应运而生并不断发展壮大的。

上述三条路径，即"分配—政策—法制"的路径，是暗明相继、关联贯通、由里及表的，实际上也是经济法的三条至为重要的主线或"经脉"。这三条"经脉"，贯穿经济法和经济法学的产生发展过程，同时，也是经济法制度建设和法学研究不可或缺的重要内容。把握上述三条"经脉"的脉动，就能更好地把握经济法制度和法学研究的问题与出路。

上述相互贯通的三条路径，每条路径都涉及多方面的问题。为了使问题的讨论相对集中，下面拟着重基于分配的视角，依循分配的路径，回顾与改革开放同步发端、发展的中国经济法的制度或经济规制变迁的历程，探究与分配相关的国家职能、经济政策和法制建设等方面的问题，揭示其中的内在关联，强调分配路径作为贯通经济法和经济法学的重要"经脉"，对于推进中国经济法治未来发展的重要价值。

（二）影响改革开放和经济法发展的"两类分配"

经济法通常被认为是典型的"分配法"。无论是历史上的先哲，还是学界的贤者，都非常重视分配问题。[①] 无论是国家的财政分配，抑或是国

---

① 摩莱里和德萨米早在18、19世纪，就分别在其著作《自然法典》《公有法典》中提出了"分配法或经济法"的问题。此外，德国一战时期的"战时统制法"和美国20世纪30年代的"危机对策法"，其实都与分配直接相关。我国的经济法学者也较为重视分配问题，在实行市场经济初期，也有学者认为分配非常重要，并把关于分配方面的法律规范作为与宏观调控法等相并列的独立部分。参见李昌麒：《经济法——国家干预解决的基本法律形式》，403~405页，成都，四川人民出版社，1995。

民的收入分配；无论是国家机关之间的财政权力分割，抑或是市场主体之间的财产权利配置，等等，都是经济法的制度建设和法学研究所关注的重要问题。因此，分配的视角对于经济法研究非常重要。

事实上，经济法领域所涉及的分配问题纷繁多样，经济法的各个部门法都直接涉及分配的问题：如经济法涉及经济收入和支出的分配问题，金融法涉及货币供应量的分配问题，竞争法领域涉及竞争权益的分配问题，等等，都牵涉在相关主体之间如何分配权力及利益的问题。从中国经济法的发展历程来看，国民个体（包括个人和企业）的利益分配与国家的财政分配，是非常重要的两类分配，调整两类分配关系的现实需要，作为重要的动因，不仅推动了国家的改革开放，也带动了经济法的产生和发展。

1. 基本动因：个体利益分配的调整需要

当代中国经济法产生于改革开放初期。在传统的计划经济体制下，不可能有旨在解决"两个失灵"的经济法；只有改革开放，才能逐步奠定经济法调整的微观基础和宏观框架。因此，中国经济法的产生和发展，同改革开放是紧密相连的，它是改革开放带来的最重要的法制建设成果。

从历史上看，个人和企业的利益分配方面的要求，是推动改革开放的基本动因。一般认为，改革的前提是生产关系不能适应生产力的发展要求，而在生产关系中，分配关系是非常重要的。历史上诸多的"治乱循环"，无不与分配关系的调整休戚相关。在1978年中国开启波澜壮阔的改革开放之前，无论是农村还是城市，都存在着解决个体利益分配问题的内在诉求。正是在这种诉求的推动之下，在一些生活艰难的农村地区（如著名的安徽凤阳小岗村），率先实行了家庭联产承包责任制。通过包产到户、包干到户之类的改革，分配关系得到了全新的调整，使农民的生产积极性得到了极大提高，农村改革也由此获得了初期的成功，并进一步增强了决策者进行城市改革的信心。而自 1984 年开始的城市改革，其核心是企业改革，直接涉及国家、企业和个人三者利益的分配。在整个企业改革的历程中，无论是强调"放权让利"，还是强调"两权分离"、建立现代企业制度①；无论是强调产权改革、价格改革，还是其他方面的改革，其实最终都与利益分配直接相关，因为改革就是对既有利益分配格局的重新调整，就是要形成新的利益分配关系。

个体利益分配调整的需要，是改革开放以及经济法产生的最初的基本动因，直接推动了中国经济法的产生、变革和发展。个体利益的重新分配和调整，不仅需要有传统的规则、制度，还需要创设新的规则、新的规范，以解决传统规则不能解决或解决不好的分配问题。正是基于个体利益调整对规则的现实需要，经济法才得以应运而生。此外，个体利益分配的调整需要，体现的是个体的营利性，但经济法不仅要考虑个体营利性，还要考虑社会公益性，并在两者之间作出协调和均衡。而对社会公益的保障，则与国家的财政分配直接相关。

2. 直接动因：国家财政分配的需要

上述个体利益分配调整的需要，是推动改革开放的基本动因，也是相关经济法律产生的重要动力。与之密切相关的国家财政分配的需要，则是推动改革开放的直接动因，它推动了"建构型"经济立法的发展。

根据熊彼特等著名经济学家的研究，以及由此被概括出的"熊彼特—希克斯—诺斯定理"可知②：财政压力是改革的直接动因。这一定理对我国也是适用的。其实，在改革开放之前，我国的国民经济"已濒于崩溃的边缘"，由此而产生的财政压力可想而知。由于企业活力不足，经济效益

① 放权让利、两权分离、建立现代企业制度，通常被认为是我国国有企业改革的几个重要阶段。而这几个阶段，其实都与分配制度的改革，特别是国家与企业之间的分配关系的调整直接相关。
② 参见何帆：《为市场经济立宪——当代中国的财政问题》，34～39 页，北京，今日中国出版社，1998。

欠佳，企业利润的持续上缴困难日增，从而使主要依赖企业上缴利润的国家财政体系岌岌可危，迫使国家必须进行改革。在今天看来，尽快解决财政危机问题，正是当时国家在城市进行企业改革的直接而重要的动力。从发展的角度，解决企业与国家的分配关系，有效界定两者在初次分配中的定位，恰恰是当时国家要着重考虑的问题。有鉴于此，在调整国家、企业、个人三者利益分配关系的改革进程中，国家与企业分配关系的调整被摆在了突出重要的位置。其重要意义不仅体现在财政或经济方面，也体现在法律方面。从经济法的角度说，只有解决基础性的分配关系，使企业有独立的利益，才能使企业真正独立并逐渐成为真正的法人，才能奠定市场经济的主体基础，在此基础上，才能真正运用经济法进行宏观调控和市场规制。否则，商品经济和经济法的发展都是不可想象的。

国家的财政分配与国家的经济、社会职能等公共职能紧密相关，其核心是提供公共物品。因此，国家的财政分配与上述的个体利益分配有所不同，它体现的是社会公益性。由于国家的财政分配源于企业和个人等主体的个体收益，因而个体利益与国家利益、社会公益有时也会存在冲突，从而形成个体营利性与社会公益性的矛盾，并可能进一步演变成效率与公平的矛盾①，这就需要有相关的法律规范予以解决。而在传统的法律体系中，各个部门法的职能定位都已比较清晰，且扩展适用往往不便，因而需要有新兴的部门法来担当此任，而这一新兴部门法就是经济法。

总之，个体利益分配和国家财政分配，作为基本动因和直接动因，会进一步推进改革开放和经济法向纵深发展。在经济法领域，关注个体利益

---

① 这些矛盾都是经济法领域的基本矛盾，经济法的各个部门法都需要不断协调和解决这些矛盾。

分配与国家财政分配的关系，解决好个体营利性和社会公益性这一基本矛盾，兼顾效率与公平，作为经济法调整的重要目标和职能，必然要贯穿经济法的相关制度，成为经济法发展的重要路径。上述分配关系的调整，属于"复杂性问题"，且随着经济和社会的发展，随着改革开放的深入，会变得更加复杂，其有效解决需要经济法制度的不断完善，也需要经济法学研究的不断深化。

二、分配重心转变与"U 形曲线"

（一）分配重心："从重产品分配向重权利分配"的转变

上述对个体利益分配以及国家财政分配的探讨，着重从经济的角度说明改革开放的动力和原因。在私人欲望与公共欲望、私人物品和公共物品、私人利益和公共利益等二元结构普遍存在的情况下，上述的两类分配会不断地推动国家的改革和开放，推动体现和保障改革开放成果的经济法制度的发展。此外，在上述两类分配的发展过程中，还发生了各类主体"从重产品分配向重权利分配"的转变，这与经济结构、经济体制、法律制度的变化都直接相关。

在计划经济时期，产品是短缺的（科尔内称之为"短缺经济"①），因而会有统购统销、凭票供应等制度安排。国家除了设立国家计委、财政部等部委外，还要设物资部、商业部之类的职能部门，以解决物资产品分配方面的问题。那时，人们最重视的是物资或产品的分配。而在商品经济时

---

① 匈牙利科学院通讯院士、著名经济学家亚诺什·科尔内（János Kornai）在其著作《短缺经济学》（1980 年）、《增长、短缺和效率》（1982 年）中对短缺问题有深入的研究。可参见 [匈] 科尔内：《短缺经济学》，张晓光、李振宁、黄卫平译，北京，经济科学出版社，1986；《增长、短缺和效率：社会主义经济的一个宏观动态模型》，崔之元、钱铭今译，成都，四川人民出版社，1986。

期，由于物资或产品变成了可流通的商品，无须再按国家计划去分配或配给，政府也不能任意平调，而是必须尊重不同主体的独立利益以及作为其法律表现的相关权利。从微观层面看，在商品经济条件下，物权、债权开始变得重要，与之相关的其他权利形态也日益丰富。无论是交易主体的各类权利还是管理主体的各类权利，都成了稀缺的资源。如何界定、保护产权，如何保障各类主体的各类权利的有效行使，逐渐成为人们关注的重要问题。事实上，权利的界定过程，也是权力和利益的分配过程，因而实际上仍是一个分配问题。

整个社会之所以更重视权利分配，是因为在商品经济或市场经济条件下，交易是更大量、更复杂的，如何确保交易安全和交易效率，降低交易成本和交易风险，对于个体和整体都很重要。根据科斯定理，在存在交易成本的情况下，初始的权利分配意义重大。因此，诸如民商法、经济法等事关初始权利配置的法律，会对各类权利的分配产生重要影响，直接关涉微观交易成本的大小，以及整体社会成本的多少。可见，重视经济法等相关法律对于权利的分配，不断完善相关的经济法律制度，在微观和宏观两个层面都很重要。

上述的权利分配，其实是广义的。在具体的法律制度实践中，它通常既包括权力的分割，也包括权利的配置。改革开放以及经济法的发展历程，实际上是权力与权利此消彼长的过程——国家的多种经济权力被下放或分解，市场主体的权利随之相应增加，国家从集中管理逐渐转向分层放权，并力图发挥市场主体作为自由的经济主体的主观能动性。在上述过程中，经济法其实起到了积极的促进作用。因为国家大量权力的下放和调整，特别是宏观调控权和市场规制权等经济权力的分配，主要是以经济法的形式确立下来的；而民商法不仅在当时欠发达，而且它自身也无法直接解决权力下放的问题，无法规定"体制法"的问题。从总体上说，重视经济权力和权利分配的过程，也就是经济法的体制法和具体的调制法的产生和发展过程。

可见，从计划经济发展到商品经济乃至市场经济，既是我国改革开放的过程，也是人们从"重产品分配到重权利分配"的过程，同时还是经济法产生、发展的过程，从分配的视角有助于更好地分析经济法的发展历程。

（二）实证分析：分配上的"U 形曲线"及其启示

1."U 形曲线"的提出

无论是上述作为推进改革开放重要动因的个体利益分配和国家财政分配，还是从重视产品分配到重视权利分配的过程，都有助于从分配的视角定性地研究改革开放的基本路径，同时，也有助于揭示经济法产生和发展过程中的内在矛盾和基本问题。此外，由于分配直接关系到收入或财富数量，而收入或财富的流量、增量等直接体现着收入或财富分配的方向，以及与此相关的权力和权利的调整，因而若选取上述某种分配类型展开实证分析，则有助于从"量"的角度揭示改革开放与经济法的发展轨迹，并进一步揭示国家职能和权力分配的变化。考虑到国家财政分配的视角对于说明相关问题更具有直接性，因而下面拟以财政收入为例，提出分配上的"U 形曲线"[①]，并力图通过财政收入的 U 形变化轨迹，揭示从计划经济体制向市场经济体制改革的路径，说明在这一过程中国家经济职能及相关法

---

① 美国著名经济学家、统计学家西蒙·史密斯·库兹涅茨（Simon Smith Kuznets）在 1955 年发表的《经济发展与收入不平等》的论文中，提出了收入差距的"倒 U 假说"，即在发展中国家向发达国家过渡的长期过程中，居民收入分配的差距呈现"先恶化，后改善"的趋势，从而体现为"倒 U 曲线"。诺贝尔奖获得者刘易斯教授在其二元经济结构的研究过程中也得出了类似的结论。库兹涅茨认为，在收入分配差距的改善方面，法律、政治决策、技术进步等都有重要作用。这对于研究财政收入的"U 形曲线"也很有启示。

制的变迁，以及经济法的发展问题。

国家的财政收入和财政支出，直接地体现着国家参与国民收入分配的情况，分析财政收支有助于说明国家的财权与事权的配置、国家公共物品的提供，以及国家具体职能的紧缩或扩展的情况。考虑到国家的财政收入数据相对准确，且能够直接揭示国家与国民之间的取予关系，因而我们可以通过财政收入的视角，来考察国家职能的变化。现列出 1978 年（开启改革开放）至 2013 年（开启全面深化改革）的财政收入及相关 GDP 数据，具体可参见表 4-1：

表 4-1　1978—2013 年中国 GDP 与财政收入情况表　　（单位：亿元）

年份	GDP	财政收入	年份	GDP	财政收入
1978	3 645	1 132	1996	71 177	7 408
1979	4 063	1 146	1997	78 973	8 651
1980	4 546	1 160	1998	84 402	9 876
1981	4 892	1 176	1999	89 677	11 444
1982	5 323	1 212	2000	99 215	13 395
1983	5 963	1 367	2001	109 655	16 386
1984	7 208	1 643	2002	120 333	18 904
1985	9 016	2 005	2003	135 823	21 715
1986	10 275	2 122	2004	159 878	26 396
1987	12 059	2 199	2005	184 937	31 649
1988	15 043	2 357	2006	216 314	38 760
1989	16 992	2 665	2007	265 810	51 321
1990	18 668	2 937	2008	314 045	61 330
1991	21 782	3 149	2009	340 903	68 518
1992	26 924	3 483	2010	401 513	83 102
1993	35 334	4 349	2011	473 104	103 874
1994	48 198	5 218	2012	519 470	117 254
1995	60 794	6 242	2013	568 845	129 143

资料来源：国家统计局国家数据（其中 GDP 数据为《中国统计年鉴 2014》中数据），已四舍五入。

对于上述数据，可从绝对数和相对数两个方面来分析。从绝对数来

看，1978—1984 年，每年的财政收入一直是 1 000 多亿元；1985—1990
年，每年的财政收入一直是 2 000 多亿元，其间增幅一直不大。从 1992
年确立市场经济体制以后，财政收入才开始以每年递增 1 000 亿元左右的
速度增长；自 2000 年起，每年递增 2 000 亿元以上，且呈加速上升态势。
此外，近些年来，许多学者都比较重视研究财政收入与 GDP 的比重这一
相对数。从相对数来看，从 20 世纪 70 年代末到 90 年代初，财政收入的
绝对数增长缓慢，增幅不大，但同期的 GDP 却逐年大幅递增，呈加速上
升态势，从而使财政收入与 GDP 的比值呈逐年相对下降的趋势，到 1995
年左右降到最低。[①] 1995 年财政收入占 GDP 的比重为 10.3%，1996 年为
10.4%，此后，财政收入的相对数则一路走高，从而在财政收入的轨迹上
形成了"先逐年降低再逐年升高"的曲线，因其形态类似 U 形（图像的
开口向上，且开口较大，这与财政收入对 GDP 的占比较低，且选取年限
较长有关），故称之为"U 形曲线"（见图 4-1）。

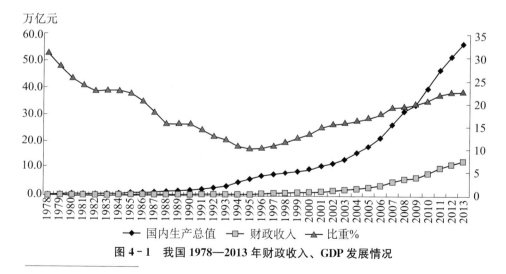

图 4-1 我国 1978—2013 年财政收入、GDP 发展情况

---

① 根据《中国财政年鉴》的统计，1993 年财政收入占 GDP 的比重是 12.9%，是 1978 年改革开
放以来的最低点。1993 年是刚刚确立实行市场经济体制的翌年，也是宪法修正案规定"国家实行社
会主义市场经济。国家加强经济立法，完善宏观调控"的一年。财政收入比重的偏低以及由此给国家
能力造成的负面影响，使国家下定决心在 1994 年进行大规模的税制改革。

2. "U形曲线"的启示

上述的"U形曲线"有助于分析改革开放以及经济法发展历程中的许多重要问题。例如，上述"U形曲线"可以大略揭示国家经济职能的变化，以及与此相关的经济法的功能和调整目标的变化；同时，还有助于揭示权利与权力分配上的制度变迁，并可以对"瓦格纳定律"作出拓展，等等。从而我们不难发现利益分配这一路径对于研究改革开放以及经济法产生发展等问题的重要性。下面就结合上述问题，简要探讨如下：

第一，"U形曲线"与国家经济职能、权利分配及经济法职能之间的关联。

由于财政收入与财政支出直接相关，而财政支出又与国家的公共职能，尤其与国家经济职能、社会职能的行使直接相关，因而应当关注财政收入与国家经济职能之间的如下互动关系：一方面，财政收入的变化，会影响国家职能的履行，当财政收入高时，国家有条件可以更好地履行其经济职能；当财政收入较低时，国家职能的履行就会受到制约。另一方面，国家为了更好地实现其相关职能，甚至扩大相关职能，必然会有增加财政收入的冲动，并努力通过制度安排来扩大财政收入。财政收入与国家职能的上述互动关系，是在经济法研究方面尤其应当注意的。

通过分析"U形曲线"，不难发现，在 1978 年，国家财政收入占GDP 的比重[①]，可以达到31.1%，足见在无所不包的计划经济时期，政府对经济的影响还是很强的。但就当时情况看，这种较高占比的基础却很脆弱，因为财政收入主要建立在国营企业大量上缴利润的基础上，这种分配制度使企业没有发展后劲，个人收入低，企业和个人都日益贫困，从而在

---

① 对于财政收入占 GDP 的比重，经济学界的许多学者都高度重视。许多人认为发展中国家的这个比值应当占到25%以上，发达国家的这个比值应当占到35%以上。我国学者对数据的统计口径等还有不同看法。

总体上会影响个体积极性，缺少持久的效率，导致潜伏的问题日益增多。正是基于上述分配制度及整个经济体制的不足，我国才开始改弦易辙，实行有计划的商品经济，进而逐步实行市场经济。

如上所述，中国从计划经济向市场经济转变的过程，从财政收入分配的角度看，其轨迹呈"U形曲线"，即政府所获取的财政收入占整个GDP的比重，从最初的较高，在"放权让利"的改革过程中逐渐降低，直至中国确立实行市场经济体制之初降到谷底，然后随着市场经济的不断发展又逐渐升高。随着对市场经济和国家经济职能认识的深化，人们逐渐感悟到：市场经济同样要有政府的调控和规制，而且此类职能还要进一步强化，同时，相关的社会职能也需要加强。政府职能转变的过程、职能法定化的过程，在法律上就是权力和权利的此消彼长、从量变到质变的过程：一方面，国家对于经济的控制权力逐渐在范围上、力度上缩小；另一方面，企业和个人的权利逐渐扩大，所获利益逐渐增加。改革开放初期的所谓"放权让利"的过程，也是个体权利增加、权利意识觉醒的过程。这一过程不仅影响宪法、行政法、民商法的发展，也直接影响经济法的产生和发展。

从经济法发展的历程来看，最初的经济法的功能和目标，与当时国家的职能和目标相关联。在国家经济职能不确定的情况下，经济法的职能和调整目标也难以确定。在大变革的时代，国家经济职能的不断变化，会直接影响相关制度构建，从而使经济法具体制度的目标定位随之发生变化。这也是在确立实行市场经济体制以前，学界对经济法的职能和调整目标始终难以达成共识的重要原因。随着市场经济体制的逐步确立，国家经济职能的日渐明晰，特别是随着经济调节和市场监管方面的职能的确定①，经济法的宏观调控和市场规制的职能以及相关的调整目标，也日益受到重

---

① 我国曾将政府职能概括为经济调节、市场监管、社会管理和公共服务四个方面。其中，经济调节与市场监管职能，与经济法上的宏观调控、市场规制大体对应。

视。这不仅有助于经济法立法上的统一，也有助于经济法理论共识的提高。

第二，对"U形曲线"的拓展探讨。

首先，上述的"U形曲线"，既是瓦格纳定律的间接体现，也是对该定律的拓展。根据瓦格纳定律，随着政府职能的扩大，财政支出也呈现不断扩大的趋势。[①] 反之，财政收入的多少、财政收入的分配状况，也会影响政府职能的实现。从历史上看，随着"放权让利"式的改革的深入，随着计划经济向商品经济转轨，国家的财政收入占 GDP 的比重也在下降，政府直接管理经济的职能相应地逐渐缩小。在这个意义上，可以对瓦格纳定律作出拓展：财政收入的相对减少，或者说财政收入占 GDP 比重的下降，会使政府职能产生实质上的"萎缩效应"；同时，政府职能的减少，会进一步减小财政收入或财政支出的规模。当然，上述拓展，还只是一个理论假设，还需要有更大时空范围的多个国家的多个历史时期的事实来验证。

其次，上述的"U形曲线"，可能同样适用于更大时空范围的多种情况：其一，它可以适用于其他转轨国家，转轨国家在向市场经济转轨的过程中，其政府职能是先缩小再扩展，经济立法也从相对不足到较为丰富，因而其转轨历程可能同样体现为上述的"U形曲线"；其二，从"大历史"的角度看[②]，在从自由竞争转向垄断的时期，从国家不干预到干预，再到适度干预转变的时期，其历史发展轨迹同样可能显现为上述的"U形曲

---

① 马斯格雷夫认为，瓦格纳（Wagner）在 1893 年提出的预言被证明是正确的，公共部门的增长已成为西方世界在 20 世纪决定性的特征。参见［美］布坎南、马斯格雷夫：《公共财政与公共选择：两种截然不同的国家观》，类承曜译，48 页，北京，中国财政经济出版社，2000。

② 黄仁宇式的"大历史"的研究方法，强调对不同时期的历史问题的归纳和综合，这对于时空跨度较大的问题进行整体化的研究可能是更合适的。参见黄仁宇：《中国大历史》，中文版自序，北京，三联书店，1997。

线"；其三，随着人类历史的发展，国家的职能可能会发生变革，相应的经济立法的数量、对经济影响的深度等，也都会随之发生变化，表现出一定的周期性，导致经济法的周期变易[①]，从而可能体现为连续的"U形曲线"；其四，由于经济发展的周期会带来经济法调整的周期（如宏观调控法的调整周期与逆周期调节是一致的），这些周期变化的曲线都可能是一种"U形曲线"，由于经济周期的U形变化会带来经济法调整的U形变化，因而截取一段"U形曲线"，就可以透视其中隐含的许多问题，从而有助于提高对经济和法律发展的预见性，减缓相关周期波动的影响，以减轻经济和社会的震荡，更好地实现稳定发展的目标。

最后，上述的"U形曲线"，同样有助于揭示经济法的制度建设和法学研究的轨迹。如前所述，财政分配会影响政府职能，政府职能也会影响财政分配；与此同时，在法治框架之下，政府职能还会影响经济法中的体制法，进而影响具体的调控法和规制法。因此，政府职能的转变，不仅对宪法、行政法等会有影响，对经济法更会有较大的影响。经济法的制度建设同财政分配、政府职能转变等，基本上是同向的，轨迹也是一致的。同样，经济法学研究的轨迹，也与上述几个方面的运行轨迹是一致的。这可能是我国经济法和经济法学发展的一个重要规律。

三、分配政策变迁与经济法发展

（一）经济政策的螺旋式回归："收—放—收"

上述的分配关系直接涉及相关主体的切身利益，因而在改革开放初期，分配关系的调整是制定经济政策需要关注的重要内容，许多经济政策

---

① 参见张守文：《宏观调控法的周期变易》，载《中外法学》，2002（6），695～705页。

的核心内容就是分配政策。此外，随着改革开放的深入，与分配直接相关的产权关系、价格关系等也逐渐成为经济政策的重要内容，随之分别出现了强调以产权改革为中心或以价格改革为中心等不同的改革思路。由于改革是"摸着石头过河"，是渐进式的，许多方面难以以法律的形式直接加以规定，而人们的行为又需要有一定的依循，于是，各类经济政策或分配政策的作用日益凸显。

改革初期的经济政策或分配政策还不是很成熟，会经常显露出计划经济的痕迹，实际上是国家对相关领域的改革进行指导和管理的重要手段和依据。最初，许多重要的经济政策都是以中共中央或国务院文件的形式下发的。比如中共中央有关农村改革的连续多年的"一号文件"，以及1984年的《中共中央关于经济体制改革的决定》等①，其中大量涉及分配政策。这一时期的经济政策存在着突出的政党政策与公共政策、政治政策与经济政策紧密融合的特点，而且直接管理的功能更为突出。随着改革开放的不断深入，特别是治国能力和执政能力的不断提高，国家开始重视推行法制，强调依法改革，依法保障改革；同时，经济政策的运用也日臻成熟，逐渐将其作为一类重要的公共政策，对经济活动进行间接调节，从而使经济政策的应用范围和实施功效举世瞩目。

虽然经济政策在各国都是调节经济的重要手段，但在不同的历史时期、不同的经济体制之下，其作用却大相径庭。在计划经济或统制经济时期，国家实行经济集控和市场管制，与市场经济相适应的经济政策不可能

① 中共中央在1982年至1986年连续五年发布以农业、农村和农民为主题的中央"一号文件"，对农村改革和农业发展作出具体部署。同样基于"三农"问题的重要性，2004年至2008年，中央又连续下发了五个"一号文件"。此外，1984年10月，党的十二届三中全会通过了《中共中央关于经济体制改革的决定》，比较系统地提出和阐明了经济体制改革中的一系列重大理论和实践问题，突破了把计划经济同商品经济对立起来的传统观念，确认我国社会主义经济是公有制基础上的有计划的商品经济。

发挥作用；反之，在商品经济或市场经济时期，国家实行的是宏观调控和市场规制，因而与市场经济相适应的经济政策就能够发挥很大的作用。上述两类不同的时期，在我国改革开放的历程中都经历过，考察两类时期的特点，有助于更好地把握经济法的发展历程。

事实上，在计划经济时期或计划性较强的时期，国家在许多方面都要"统一管制"（统制①），个体的经营自由等多种自由都可能受到限制，一些经济活动会被禁止，分配政策也会受到很多限制。因此，统制时期也是"限禁"时期，与经济有关的政策主要服务于统制和限禁。随着人们对统制和限禁弊端的认识逐渐加深，国家在经济政策或具体的分配政策上开始"放开"。所谓"放"，包括思想的解放、权力的下放、束缚的释放，因而也被形象地称为"松绑"，其实就是改革；所谓"开"，就是开放，包括打开国门、打开市场、打开壁垒，以确保交易自由。这样的"放开"有助于解放思想，改变那些不合理地限制经济自由的制度，其中包括分配领域的"放开"。当然，"放开"也要循序渐进，适时适度，否则同样会产生诸多负面影响。事实上，在经历了更为深广的"放开"之后，日益凸显的市场失灵问题使人们更加深刻地认识到政府适度规制的必要性，于是便由"放开"时期进入政府适度规制时期。可见，我国的经济政策或分配政策，其实经历了最初的限禁—放开—适度规制三个不同的时期。

上述三个时期的经济政策或分配政策，从国家的角度看，体现了从最初的集中到放开，再到适度集中的过程，因而也可以简称为"收—放—收"。但后一个体现适度集中的"收"，同前一个体现高度集中的"收"，

---

① 这里的统制，与纯粹的统制经济或统制经济学的理解未必尽同。我国于20世纪30年代受凯恩斯理论、日本学说以及战时状态等多种因素影响，曾经有许多学者（如马寅初等）研究统制经济的问题。近年来一些学者强调统制经济虽与计划经济很接近，都体现了国家对价格、贸易等诸多方面的统一管制，但与纯粹的计划经济还有些不同，它仍然以混合经济体制为前提。可参见钟祥财：《20世纪三四十年代中国的统制经济思潮》，载《史林》，2008（2），33页。

并非处于同一层面，因而是一种螺旋式回归。这种"回归"同前面财政分配的"U形曲线"是一致的。这也说明国家的财政分配，与国家的经济政策、经济职能、经济法制等，存在着一种正相关的关系。

在"收—放—收"的过程中，从原来的"限禁"时期到"放开"时期，是从"收"到"放"的时期，在这一过程中，国家的计划指令、相关的统管因素日益减少。随着放开，国家集控和市场管制也日益放松，"简政放权"或"放权让利"是这一时期经济政策内容的主流。我国也恰恰是在这些政策的推行过程中，形成了民商法和经济法调整的微观基础。

随着经济政策中计划因素的日渐式微，以及经济领域商品化、市场化水平的提升，经济政策的主要形式也逐渐清晰，从最初较为综合的农村政策、企业政策，逐渐演变为与市场经济联系密切的经济政策、货币政策、产业政策、竞争政策、外贸政策等。政府已经逐渐学会较为自觉地运用经济政策进行宏观调控和市场规制。特别是在1992年确立实行市场经济体制的目标以后，有关经济政策的运用日臻成熟。例如，1993年我国就运用相关的货币政策和金融法律，在金融领域里进行了宏观调控，解决了当时经济过热的问题，提前化解了许多国家后来（1997年）发生的金融危机；而在1998年大洪水以后，又连续多年运用积极的财政政策，成功解决了内需不足、通货紧缩及由此导致的经济偏冷问题。[①] 多年来，我国一直主要针对经济的冷热变化进行宏观调控，针对转轨时期的经济秩序，进行着较为顽强的规制。

上述各类较为成熟、稳定、重要的经济政策，往往会体现在相关经济法的立法上。从这个意义上说，"经济法是经济政策的法律化"，同时，"经济法对于经济政策的有效实施起着重要的保障作用"。经济政策的目

---

① 针对2008年发生的全球性金融危机，我国同样推出了积极的财政政策，这是与十年前的成功经验直接相关的。

标、工具与经济法的调整目标、调整手段，存在着内在的关联。正因如此，经济政策与经济法联系十分紧密，并使经济法具有突出的政策性。①依循经济政策的路径，同样能够较为全面地把握经济法和经济法学的整体。

（二）经济政策对经济法的具体影响——以经济分配为例

众所周知，我国经济体制改革是沿着"放权让利"的渐进式分权思路展开的：一方面，通过不断向企业分权，向私人经济让利，来逐步培育市场主体，使企业成为独立的市场主体；另一方面，通过不断转变政府职能和多次变革财政体制，调整不同级次政府之间的分配关系，来建立政府间较为规范、稳定的分税制的财政体制。上述两个方面，分别涉及前述的两类分配，即个体的利益分配和国家的财政分配。两类分配都涉及经济政策，因此，下面着重以经济政策为例，来分析改革开放的路径以及经济法的发展路径。

如前所述，财政压力是改革开放的直接动因，而个体的利益分配则是改革开放的基础动因。20世纪70年代末，国家实际上面临着相互矛盾的两个问题：一方面，为了使企业和个人的生存和发展有资金支持，就需要减负、放权、让利；另一方面，国家为缓解财政压力，又必须解决好财政收入持久增长的问题。其实，就像"诺斯悖论"所揭示的那样："国家既是经济增长的源泉，又是导致经济衰落的原因"。如果对"诺斯悖论"作反向拓展，则可以说：个体利益分配既可能成为经济增长的源泉，也可能

---

① 政策性被许多学者概括为经济法的重要特征，这一政策性其实同经济法的经济性、规制性的基本特征直接相关，它是经济法的现代性特征的直接体现。对此还有人从司法的角度进行了考察。可参见刘思萱：《经济法政策性特征的实证考察——基于31年最高人民法院工作报告的整理与分析》，载《南京大学学报》（哲学·人文科学·社会科学版），2011（1），58～72页。

成为导致经济衰落的原因。① 因此，在有关分配的经济政策上，必须处理好上述两个方面的问题。

在改革开放之初，国家在经济上要考虑如何促进企业的发展，提高个人的经济待遇。在经济政策方面，由于当时经济不具备基础条件，经济手段尚未成为重要的调节工具。随着改革开放的深入，GDP逐年提高，且快于财政增长的速度（从前述的"U形曲线"可以得知），财政政策调整分配方面的作用日益显现。特别是实行市场经济体制以后，经济政策已成为国家进行收入分配和宏观调控的至为重要的工具。

值得注意的是，在"放权让利"的改革过程中，虽然国家也放掉一些财政收入权，但基于财政压力的考虑，国家对财权仍有很多保留，某些企业的负担甚至还相当重，背离了公平税负的要求。例如，我国在实行"利改税"以后，当时国营大中型企业的所得税税率高达55%，不仅如此，还可能被加征企业收入调节税，从而使国营企业的税负畸高。此外，集体企业实行八级超额累进税率，最高也可达55%。没有历史"包袱"的外商投资企业的税负最轻，名义税率仅为33%，有很多企业实际执行的税率仅为15%，甚至更低。由于国营企业对财政的贡献最大，企业越努力，税收负担也越沉重，因而上述经济政策也被称为"鞭打快牛"的政策，其"棘轮效应"② 非常突出，并带来了长期困扰中国经济发展的国企问题等

---

① "诺斯悖论"关注的是国家的财政分配，而这里的反向拓展则更关注个体的利益分配，其实也可以视为一个问题的两个方面。从历史上看，英国和荷兰在200年间的发展快于法国和西班牙，这正是由对个体利益分配的制度安排的差异造成的。参见［美］科斯、阿尔钦、诺斯等：《财产权利与制度变迁：产权学派与新制度学派译文集》，刘守英等译，331页，上海，上海三联书店、上海人民出版社，1994。

② "棘轮效应"（ratchet effects）一词最初多用于对苏联式计划经济制度的研究。在计划体制下，企业的年度生产指标根据上年的实际生产不断调整，好的表现反而会带来不利的后果（因此，聪明的经理用隐瞒生产能力来对付计划当局）。这种标准随业绩上升的趋向被称为"棘轮效应"。"棘轮效应"是经济学家杜森贝（James S. Duesenberry）提出的，强调消费者易于随收入的提高增加消费，但不易于因收入降低而减少消费，即具有不可逆性。司马光所说的"由俭入奢易，由奢入俭难"即指此种效应。

许多问题。另外，对外商投资企业的分配倾斜，虽然有利于吸引外资等开放政策的落实，但却带来了内外不公平，产生了分配歧视问题。上述内外有别的两套税制，"94 税改"亦未能解决，直至 2008 年元旦统一的《企业所得税法》实施，才使内外不公问题在形式上得到了较大缓解。[①]

对企业税收政策的大调整，集中体现为 20 世纪 80 年代初和 90 年代初的两次大的税制改革。1983 年到 1984 年实施的两步"利改税"（与之相关的还有"拨改贷"[②] 等，也都涉及分配），使企业从最初的主要上缴利润转化为上缴税收，这对于培育市场主体具有重要作用。经由"84 税改"所制定的税收政策和税收制度存在的突出问题是：税法不统一、税负不公平、税制不简明。而正是上述问题的存在，以及市场经济条件下所要求的公平税负、公平竞争，才推动了 20 世纪 90 年代初更大规模的税制改革，并且使国家在税收政策方面要更多地考虑市场取向，以及税负公平。

从历史上看，我国经济政策的变迁，也体现为"收—放—收"的过程。最初，在企业形式较为单一的时期，国家对公有制企业的税收政策是相对集中管理的，这体现为"收"。随着企业形式的增多，特别是外商投资企业、私营企业的增多，国家开始对各种形式的企业制定不同的税收政策。与之相对应，国家对内资企业所得税的立法权则普遍下放给国务院，而且税率也不断调低，以实现"放权让利"，这是"放"的过程。随着立法分散、税负不公等问题日益突出，国家在所得税政策以及其他经济政策

---

① 实质上的不公平还会有很多，即使在新实施的《企业所得税法》中仍然对不同企业有许多不同的规定。参见张守文：《企业所得税法统合的内在局限》，载《税务研究》，2008（2），50~53 页。

② "拨改贷"对企业的影响巨大。在计划经济时期，国有企业补充资本金由国家财政直接拨款解决，企业利润全部上缴财政。20 世纪 80 年代初，国家为了提高国有资金使用效率，将原来的财政直接拨款方式改为通过银行转贷给企业使用的方式。后来在国有企业改革过程中，国家陆续出台了一些将"拨改贷"资金直接转为国有企业资本金的政策。"拨改贷"既涉及国家与企业之间分配关系的调整，也涉及金融体制的改革。通过这些改革，国家不再承担无限责任，而是要由企业自己独立承担责任。

方面又开始相对集中，以解决在"立法放任"或"粗放立法"时期所产生的诸多问题。据此，1994 年税制改革的目标被确定为"统一税法、公平税负、简化税制、合理分权"，以期在此基础上，进一步实现保障收入和宏观调控的目标。正是为了实现上述目标，财权和税权又出现了相对集中的趋势。同时，基于财政法定原则的要求，国家对各类经济政策的规范化、法律化的要求也更高了。

如前所述，经济法是经济政策的法律化。上述涉及分配的各类经济政策的法律化便构成了经济法的重要内容。因此，经济法制度的发展与上述经济政策的变迁，是内在一致的。透过与分配直接相关的经济政策的变迁，同样可窥经济法产生发展规律之堂奥。

四、贯穿分配主线的制度与理论

经济法的立法和法学理论发展，可以按照市场经济发展的路向，以 1993 年宪法修正案确立实行市场经济体制为界①，大致分成两大阶段：第一阶段，1978—1993 年，是经济法理论随经济体制改革，随中国法制的初步发展而发展的时期。其间各类理论异彩纷呈，不断变化，是经济法和经济法学的初创易变时期。第二阶段，即 1993 年至今，是经济法和经济法学稳步发展的时期。这一时期，由于有了共通的经济基础，有关市场经济及相关法制建设的基本理论认识较为一致，因而法制建设的目标更为明晰和确定，经济法理论的共通性和共识度逐渐增强。这对于推进经济法的稳步发展，非常重要。

---

① 依据 1993 年 3 月 29 日八届全国人大一次会议通过的《中华人民共和国宪法修正案》，《宪法》第 15 条第 1 款从原来的"国家在社会主义公有制基础上实行计划经济。国家通过经济计划的综合平衡和市场调节的辅助作用，保证国民经济按比例地协调发展"修改为："国家实行社会主义市场经济""国家加强经济立法，完善宏观调控"。这些修改对于推进经济法的法治建设和法学研究是非常重要的。

（一）贯穿分配主线的经济法制度建设

自 1978 年党的十一届三中全会提出"以经济建设为中心"的思想以来，国家面貌发生了巨变，法制建设，特别是经济法制建设的成就尤其突出。为了更好地发展经济，改善民生，国家多年来一直着力调整与企业和个人之间的"取予关系"，力图解决好分配问题，这已成为经济法制建设的一条重要线索。

在经济法的立法方面，尽管立法层次和类型多种多样，但始终贯穿着分配的主线。从农村改革到城市改革，从企业利益调整到个人利益调整，从个体利益分配到财政利益分配，所涉及的经济法领域的法律、法规非常之多，现仅举不同阶段的代表性法律、法规如下：在改革开放初期，国务院于 1979 年 7 月 3 日发布了《关于发展社队企业若干问题的规定（试行草案）》①，其中不仅涉及农村企业发展和工业化问题，也涉及重要分配关系的调整。此外，1980 年 7 月 1 日，国务院发布了《关于推动经济联合的暂行规定》②（不久被 1986 年 3 月 23 日国务院发布的《关于进一步推动横向经济联合若干问题的规定》代替），其中不仅涉及经济法要调整的竞争关系，也涉及分配关系。由此可见，由于多方面的原因，最初的改革开放立法往往综合性更强，并且，调整分配关系始终是其重要内容。

在改革开放之初，个体利益分配与财政利益分配紧密相连，两类分配都是经济立法需有效解决的难题。为此，1980 年《关于实行"划分收支、

---

① 已被 1996 年 10 月 29 日全国人大常委会通过并公布的《中华人民共和国乡镇企业法》、1990 年 6 月 3 日国务院发布的《中华人民共和国乡村集体所有制企业条例》代替。

② 该规定强调经济联合有助于把地方、企业的物力、财力吸引到国家建设急需的方面来；有助于按照经济规律沟通横向联系，打破地区封锁、部门分割；有助于按照专业化协作原则改组工业，避免以小挤大，重复建厂，盲目生产。在两个关于推动经济联合的规定中，都涉及财政和税收问题，与分配直接相关。

分级包干"财政管理体制的暂行规定》强调，国家对各省实行"划分收支、分级包干"的财政管理体制，"在巩固中央统一领导和统一计划，确保中央必不可少的开支的前提下，明确各级财政的权利和责任，作到权责结合，各行其职，各负其责，充分发挥中央和地方两个积极性"。同年9月10日，五届全国人大三次会议通过了《个人所得税法》，意在解决政府间财政利益分配的同时，更好地解决国家与个人（尤其是外籍个人）之间的分配问题。基于同样的考虑，1981年1月，国务院发布了《关于平衡财政收支、严格财政管理的决定》以及《国库券条例》，启用了多年未用的国债手段，用于平衡财政收支，解决国家的财政分配困难问题。此外，同年12月13日，五届全国人大四次会议通过了《外国企业所得税法》，意在进一步解决国家与外国企业之间的利益分配关系，这对于缓解国家财政困难，推进对外开放，维护国家财政利益，公平各类企业的税收负担，都有积极的意义。

随着改革开放的深入，特别是城市改革的启动，国有企业与国家之间的利益分配关系被摆在了突出重要的位置。由于同上述的外国企业和个人相比，国有企业（时称国营企业）才是国家财政收入的最主要的提供者，国家要有效推进改革，就必须理顺国家与国有企业之间的分配关系，为此，国家在20世纪80年代初，开始实行具有重要经济意义和法律意义的"利改税"。从法制建设的角度看，"利改税"把国家与国有企业之间的分配关系纳入了法律调整的轨道，在经济上使国有企业逐步走上了自主经营、自负盈亏的道路，在法律上则使国有企业逐渐成为真正独立的法人。按照国务院1984年9月18日批准颁布的《国营企业第二步利改税试行办法》以及后来制定的一系列税收暂行条例（草案），我国陆续开征了产品税、增值税、盐税、营业税、资源税、城市维护建设税、房产税、土地使用税、车船使用税、国营企业所得税和国营企业调节税等税种，从而使税法成为在国家和国民之间分配收入或分割财富的"重要工具"。

上述税法制度作为经济法制度的重要组成部分，对于推进 20 世纪 80 年代中后期的改革开放起到了重要作用。但在 1992 年我国确立实行市场经济体制以后，其诸多不足日益显现，对此前已述及。为此，我国实施了与分税制配套并行、影响深远的"94 税改"，确立了我国实行市场经济体制后的基本税法制度。改革开放以来，虽然税制几乎每十年改革一次，但到 2004 年以后，并未出现如 1984 年或 1994 年那样大规模的税制改革。①这也说明，"在基本的市场体制确立以后，相关制度虽在完善之中，但一般不会有特别大的变化"。这可能也是一个基本的规律。

上述的经济体制对相关法律制度的影响，以及更根本的经济基础对于经济法的决定性作用等基本规律，早已为人们所认识。总体而言，我国经历了计划经济体制、有计划的商品经济体制和市场经济体制等几个阶段，因此，在国家的经济管理方面，也要从"统制经济"向"调制经济"方向转变（从对经济的"统一管制"转向"调控和规制"），经济法的制度建设也要相应体现这些特点，即从最初的综合性的立法，转向更为具体的立法。同时，整个立法的内容，也要与改革开放的成果紧密关联，并将主要的经济政策加以法律化。在此过程中，有关分配的内容始终是立法的重要内容，或者说，分配始终是一条重要的主线，贯穿整个经济法制度建设。也正因如此，分配不仅始终是改革开放过程中的重要问题，也是贯穿整个经济法制度建设的一条重要经脉。

（二）贯穿分配主线的法学研究

由于个体利益分配和国家财政分配始终是经济法的制度建设和法学研

---

① 2004 的税制改革，是以在东北地区推行的增值税转型为主要标志的，远不如前两次税改那样轰轰烈烈。2004 年开启的税制改革是"结构性减税"的开端，此后进行的结构性减税一直绵延不断，促进了整体税法结构的进一步优化。

究的重要内容，因而分配的线索也自然成为连接经济法的制度建设和法学研究的重要路径，并贯通于相关的法学理论之中。

如前所述，在改革开放之初，整体经济的计划性仍然很强，法制观念淡薄，国家的法律普遍偏少，所制定的法律也主要集中于刑法、刑诉法等传统法律领域，经济方面的立法主要体现于税法等事关国家主权的领域。由于国家最初对改革目标的定位并不清晰，加之人大的立法能力相对较弱，因而国务院是经济立法的重要主体；国务院制定的法规、文件实质上是重要的法律渊源，这与全国人大的授权立法密切相关。[①] 在这一时期，经济法理论初创，对于经济法的调整对象等问题，人们存在诸多歧见。由于学界当时对民商法、经济法等部门法之间的边界难以界分，对法律的职能、目标、调整对象等缺乏清晰认识，因而许多人主张对纵向和横向的经济关系都予以调整，由此形成了这一时期影响较大的纵横统一经济法理论，或称"纵横统一说"。这一学说尽管受到了苏联的影响，但也与中国当时的经济体制以及整体的观念等直接相关。无论是"纵横统一说"还是与之直接相关的其他学说，就当时的经济、政治、社会和法律发展阶段而言，都有其一定的合理性。

随着市场因素的增多，有计划的商品经济体制的实行，特别是 1986 年《民法通则》的颁布，国家开始明确纵向的经济关系要由经济法、行政法调整[②]，调整当时人们认为的纵向关系的经济法规范逐渐增多（"利改税"后续的相关税收法规，也都是在这一时期出台的）。改革开放的深入，

[①] 全国人大常委会和全国人大分别于1984年和1985年两次作出授权立法的决定，使国务院的立法权限大幅扩大，这对于解决改革开放之初的立法不足问题具有一定的积极意义，但授权立法如果没有期限的限制，则会带来负面影响。目前，其负面效应日益显现。

[②] 王汉斌曾指出，政府对经济的管理，国家和企业之间以及企业内部等纵向经济关系或者行政管理关系，不是平等主体之间的经济关系，主要由有关经济法、行政法调整，民法基本上不作规定。参见王汉斌：《关于〈中华人民共和国民法通则（草案）〉的说明》。

经济体制的变化，使经济法制度的内容也随之发生急剧变化，并直接影响着经济法理论的研究。由于在立法上已明确民法主要调整横向经济关系，因而经济法学界的许多观点都随之调整，其中影响最大的是"管理—协作说"。该理论是对当时的经济、法律等实际发展情况的高度概括，它既体现"有计划"的一面，又体现"商品经济"的一面，因而与当时的有计划的商品经济体制，以及与该体制相关联的经济法制度，都是内在一致的。

众所周知，直到 1992 年我国明确实行市场经济体制的目标以后，与市场经济体制相适应的经济法制度才陆续出台。特别是 1993 年有关市场规制方面的法律（如《反不正当竞争法》《消费者权益保护法》等）的出台，1994 年的经济法律制度（尤其是一大批税收暂行条例）的出台，1995 年的金融法律制度（如《中国人民银行法》《商业银行法》等）的出台，使经济法的几大重要部门法的主要法律相继问世，实现了基本的法制化。经济体制改革目标的确立，经济法制度的完善，不仅促进了经济法、金融法、竞争法等相关部门法的兴起①，而且推动了经济法理论的大发展。事实上，从 1992 年年底到 1993 年年初，结合新的市场经济体制，已有一些经济法理论方面的探讨。到 1994 年，经济法理论研究再度进入繁荣阶段。同以前相比，这时不仅经济法理论研究在学术上更加成熟，而且市场经济体制的确立也使人们的共识度更高，从而形成了新的"经济法诸论"②。由于新诸论普遍体现了市场经济条件下共通的经济和法律原理，因而人们对于许多问题的认识也更加趋同。在今天看来，许多经济法学者

---

① 这三个部门法是近些年发展最快的，相关研究成果也最多。这同市场经济发展的需要以及这些领域法制建设的相对完备都有关系。

② 在 20 世纪 80 年代初期，曾经进行过经济法理论的热烈讨论，许多部门法领域的著名学者都加入了这场大讨论，并形成了当时的中国经济法诸论。可参见编写组编著：《中国经济法诸论》，北京，法律出版社，1987，以及其他大量的研究论文。1994 年以后，由于经济法领域的一些代表性观点陆续出现，学界称这些观点为中国经济法学的"新诸论"。相关研究可参见肖江平：《中国经济法学说史》，北京，人民法院出版社，2002；等等。

对于经济法的基本假设、调整对象、特征、体系以及对主体、行为、责任等具体理论的认识，并没有根本的分歧。由此可见，稳定的经济体制，对于形成较为稳定的经济法制度以及经济法理论的基本共识，都有着重要的作用。

从总体上说，我国的经济体制、经济政策、经济法制度和经济法理论，在不同时期会分别受到管制主义—自由主义—适度规制主义等诸多思想的影响，其具体的发展历程在立法、法学研究上也都有所体现。在经济法的制度上，上述思想体现在经济法的宗旨、原则、调整方式的规定等诸多方面；在经济法理论上，则体现为不同历史时期对经济法的职能、对象、特征、体系等方面的认识。例如，基于经济法的保障宏观调控和市场规制的职能，不难发现：经济法作为"现代法"，具有突出的现代性，是能够有效解决现代社会突出的现代问题的法；经济法是"促进发展之法"，它有助于解决现代国家普遍关注的发展问题；经济法是"政策之法"，具有突出的政策性，并因而具有调制性；等等。①

中国改革开放的实践表明：生产关系特别是分配关系的变化，推动了经济体制的变化，进而带来了法律的变化，使经济法应运而生并不断发展；与此同时，经济法的思想、理念、观点、理论，也随之发生着或快或慢的变化。在此过程中，无论是经济、社会、政治等方面的发展，还是法律体系、法学理论的发展，都深刻地影响着经济法的制度建设和法学研究。可见，经济法领域的制度变迁、思想变迁和理论变迁，受到了多种因素的综合影响，但分配无疑是重要的影响因素之一，它是贯通经济法的制度建设和法学研究的一条重要"经脉"。

---

① 对于经济法的现代性和政策性的论述，可参见张守文：《经济法理论的重构》，227～237 页，北京，人民出版社，2004；此外，经济法对于促进发展具有特别重要的作用，因而经济法学与社会法学同属于新兴的法学分支——发展法学的重要组成部分。可参见张守文：《"发展法学"与法学的发展——兼论经济法理论中的发展观》，载《法学杂志》，2005（3）。

五、小结

综合本节的探讨，可以发现，中国的改革开放起于分配，并随着分配关系的调整而深化。个体利益分配是影响改革开放的基本动因，国家财政分配是影响改革开放的直接动因。正是这些分配方面的动因，推动着改革开放的起步和深化，也推进着中国经济法的产生和发展。

从分配的视角看，我国的改革开放经历了"从重产品分配到重权利分配"的过程，在这一过程中，在分配方面的权力和权利如何分割，如何配置，始终是各类主体关注的焦点问题，因而也是经济法的制度建设和法学研究所要关注的重点问题甚至是核心问题。由此分配成为贯通中国经济法和经济法学发展的一条重要"经脉"。

中国的改革开放过程，是先"放权让利"以培育市场主体，再适度集权，进行宏观调控和市场规制的过程。在这一过程中，国家的权力控制经历了"收—放—收"的过程，经历了从统制到放权，再到适度规制的过程，与国家职能的履行和职权的行使呈正相关，其路径变化可以通过国家财政分配的变化体现出来。我国改革开放以来的财政收入的数据变化，正好呈"U形曲线"，同上述权力控制的"收—放—收"的路径是一致的。借助于"U形曲线"可以进行很多拓展研究，其尤其有助于揭示分配与国家经济职能、经济体制、经济政策以及经济法制度、经济法理论等方面的内在关联。

上述的各类分配会体现在各类经济政策之中，尤其会体现在直接影响分配的经济政策中。我国的经济政策与国家的经济职能、经济体制改革直接相关，因而其发展路径同样呈"U形曲线"。同时，由于经济法是经济政策的法律化，经济法的制度建设和法学研究的发展轨迹，也同样呈

"U形曲线"，其兴衰沉浮，同上述的分配关系调整、经济体制变迁、国家经济职能变化、经济政策调整等存在着内在一致性。基于这种一致性，可以认为，前面对于"两类分配"以及与分配有关的经济政策等的探讨，其实都是在从不同的侧面揭示经济法的制度建设和法学研究的问题。

经济法制度同经济法理论之间存在着紧密的、内在的联系，分配是联结经济法制度与理论的重要纽带。把握经济法制度发展的历程及其存在的问题，有助于更好地把握经济法理论研究的重点、难点和问题，从而有助于更好地推进经济法的理论发展和制度建设，使经济法成为有效推动经济和社会发展的现代法。

总之，作为研究经济法的一条重要路径，分配是贯穿中国经济法制度与经济法理论的重要"经脉"，它与国家利益和个体利益紧密关联，对于改革开放、对于国家经济职能转变、对于经济政策制定以及经济法制度的形成均具有重要价值。不断地解决好分配的问题，既是经济法制度建设的持久任务，也是经济法理论研究中常新的领域和未来需要努力的方向。

第二节 缓释"双重压力"的经济法路径

一、问题的提出

国计与民生素为治国之要端，国计民生无忧则国治，国计民生堪忧则生乱。故一国唯有力保国计民生，有效解决分配问题，方能克服"治乱循环"，实现国泰民安。

然而，纵观中外，考古察今，国计民生堪忧之情形并不鲜见。无论国力衰微、国库亏空，抑或饿殍遍地、民不聊生，都会使一国面临国计民生的巨大压力。不断缓解和释放国计民生的压力，避免由此形成的经济失衡、社会失衡或政治动荡，始终是各国历史进程中的重要使命。

为了缓解和释放国计民生的巨大压力，各国在历史上曾采取发动战争、变革法度、发展经济等多种手段，以期实现长治久安和持续发展。在现代法治国家，法律调整已成为"调压""解压""稳压"的重要手段，其中，经济法的调整对于解决公共经济和私人经济的失衡，缓释国计民生的压力，可谓作用甚巨，因而得到了更为普遍的认同和运用。

来自国计与民生的压力，在一定时期既可能"独存"，也可能"并立"。本节认为，我国目前存在的来自国计与民生两个方面的压力，已构成分配领域的"双重压力"①，有效缓解和释放"双重压力"，是国家应当高度重视的重大现实问题；"双重压力"的缓释，既需要经济和社会层面的努力，同时也离不开法治的框架和路径。其中，经济法的有效调整有助于提高相关主体的收益能力，保障其合法权益，这是缓释"双重压力"的重要路径；解决国计民生问题，尤其需要经济法的有效规制。正因如此，国家应当有效运用和不断完善经济法，充分发挥经济法的制度功用，全面推进法治和善治。

对于缓释"双重压力"的经济法路径问题，学界的研究相对不足②，但若能对此展开深入研讨，则不仅有助于揭示经济法的功用、宗旨、制度结构等，还有助于回答经济法的产生基础与发展动力问题；同时，不仅有助于推动经济法的理论研究和制度完善，更有助于从经济法的视角，分析和解决各国频繁出现的"双重压力"问题。

为此，本节将基于"双重压力"的现实存在及其体现，分析其与经济

---

① 目前国家较为关注的"双重压力"，是"通货膨胀压力"和"增速回落压力"，也就是停滞与通胀并存的"滞胀"压力，这是近些年新兴经济体普遍存在的两类经济压力。但从更为根本和长远的角度来看，从对政治、经济、社会、法律的影响来看，应当更加关注国计与民生的"双重压力"。

② 对于财政压力的研究成果已经有一些，但对于国计民生"双重压力"的专门研究成果还暂未发现。随着民生压力的加大以及"双重压力"问题的凸显，在法学领域里的研究成果也会不断增加。

法调整之间的内在关联，揭示其对经济法形成和发展的影响，以及经济法对缓释"双重压力"的重要功用；在此基础上，拟从权义结构的角度，分析"双重压力"与经济法主体的权利、权力及相关义务之间的关联，强调经济法主体权义配置和利益得失对缓释"双重压力"的重要性，进而研讨运用经济法缓释"双重压力"的具体路径，强调加强经济法各个部门法乃至经济法以外相关部门法的综合调整的必要性。

二、"双重压力"的现实存在

我国在国计或民生方面是否存在压力，是否并存"双重压力"？这是需要首先回答的问题。从民生的角度看，只要存在高失业、高负债、高税费等问题，就会导致民生压力巨大。由于诸多原因，我国的民生问题一度非常突出，现在仍面临不少难题，同时，国民生存权和发展权的实现路径尚不够畅达，进一步加大了民生压力，直接影响国民的生活质量和福祉的实现。此外，国际金融危机、公共卫生危机的阴霾一度持续不散，国际竞争加剧，大国关系深刻调整，国际贸易保护主义抬头，从而经济增长和社会发展的动力不足，也使民生压力持续增加。

其实，不只是国民的民生压力现实存在，国家或政府也同样面临生存和发展的巨大压力，这在经济层面体现为公共经济的压力，即公共的"国计压力"或称财政压力①，它与民生压力（如居民个人的"家计压力"、企业的"竞争压力"等）存在诸多不同，上述两类压力分别主要对应公共经济和私人经济，但又存在着交互影响：一方面，私人经济或民生问题具有基础性地位，对公共经济或财政问题的解决具有重要影响；另一方面，公共

①　在"财政"一词从国外引进之前，我国古代将"财政"称为"国计""国用""度支""岁计"等，其中，"国计"就是指国家财政。因此，"国计压力"通常被称为"财政压力"。

经济或财政问题的解决，也会有力促进私人经济的发展和民生问题的解决。

我国存在巨大的民生压力，对此人们殆无疑义；同时，由于经济下行压力较大，财政收入的增速已远不及过去①，国家的整体债务规模和转移支付规模加大，因而财政压力持续加大。事实上，我国分税制的财政体制具有突出的"非对称性"，财政收入的分配结构不尽合理，使财政收入主要集中于中央政权②，地方政权虽然承担大量职能，但财力支撑却相对不足，从而形成了"政权层级越低则负担越重"的财政压力。尤其应注意的是，地方政权整体上的财政压力并未因某些地方的财政盈余而有所改变，因为许多地方的财政收入主要来自"土地财政"，而"土地财政"的收入模式是不可持续的，这在房地产市场下行后已体现得尤为明显。在地方政权的职能没有缩减，甚至仍在不断扩张的情况下，其财政压力可想而知。正是基于这种财政压力，许多地方才大规模举债。③ 如果考虑政府的"或有负债"、经济增幅减缓、民生投入增加，以及"结构性减税"等因素，则全国整体上的财政压力不可谓不大。

可见，无论是国家与国民还是国计与家计、生存与发展，都存在着巨大的压力，从而构成了一系列客观存在的"双重压力"，并突出地体现为财政与民生的"双重压力"，以及公共经济与私人经济的"双重压力"。这是当代经济社会发展特别值得关注的现象。对于承受压力的主体而言，必须不断"缓解"其压力，以使其得以生存和发展；对于整体的经济系统、社会系统而言，必须不断"释放"其压力，以保障系统的整体安全。因

---

① 例如，2011年，我国财政收入增幅曾达24.8%，大大高于GDP的增速，由此引发了很多质疑和讨论。但近些年来，由于诸多原因，我国的财政收入已不再高速增长。

② 我国财政体制的非对称性，体现为地方政府的职能多，而相应的财力支持有时不够。参见孔善广：《分税制后地方政府财事权非对称性研究》，载《经济社会体制比较》，2007（1）。

③ 依据《国务院关于2023年度政府债务管理情况的报告》，截至2023年末，我国地方政府法定债务余额约40.74万亿元。此外，全国隐性债务余额为14.3万亿元。为此，国家已开始加大化债力度。

此，对"双重压力"的"缓释"，是国家必须解决的重大现实问题。

上述的"双重压力"，在其他国家也不同程度地存在。例如，无论是饱受主权债务危机冲击的希腊、西班牙，还是意大利、葡萄牙等欧洲诸国，其财政压力都十分巨大。为了削减财政赤字，上述各国纷纷采行紧缩支出、降低国民福利等措施，从而直接影响了公共物品的提供，加大了民生压力。与上述国家类似，近年来许多国家的财政压力和民生压力都日益凸显，相互交叠，形成了普遍存在的"双重压力"。

"双重压力"的现实存在，是经济的"非均衡性"或发展的"不平衡性"的重要体现，与公共经济和私人经济的失衡存在内在关联，会直接影响经济的稳定增长和社会的和谐稳定。考虑到"双重压力"会加剧经济失衡，而经济失衡则会进一步影响"双重压力"的缓释，并且，经济失衡与"双重压力"都在一定程度上与法律的调整直接相关，因此，必须探寻缓释"双重压力"的法律路径。鉴于各国在制度实践中普遍运用经济法手段解决"经济失衡"问题，以缓释"双重压力"，因此，应当进一步研讨"双重压力"与经济法调整之间的内在关联，揭示经济法调整能够缓释"双重压力"的内在机理。

三、"双重压力"与经济法调整的内在关联

经济法的调整为什么能够成为缓释"双重压力"的重要路径？其内在机理是什么？要回答这些问题，就需要揭示"双重压力"与经济法调整之间的关系。从总体上看，"双重压力"作为经济发展失衡的重要体现，与经济法的调整存在内在关联：一方面，缓释"双重压力"需要经济法的调整，这种现实需求推动了经济法的产生和发展；另一方面，经济法的有效调整、经济法的发展和进步又会进一步推动"双重压力"的缓解和释放，

从而推动相关的经济问题和社会问题的有效解决。

事实上，现实存在的财政压力和民生压力都迫切地需要各国在经济、社会等领域采取相应的政策措施，并进一步作出法律回应，这对于推动经济改革、制度变迁具有重要意义。正是在解决"双重压力"所带来的诸多问题的过程中，经济法等重要部门法才得以形成和发展。这一视角对于推动经济法发生论的研究至为重要。

从财政压力的角度看，如前所述，著名经济学家熊彼特、希克斯、诺斯等人的研究曾提出了一个重要命题：财政压力是推动改革的直接动因。[①] 若对此命题进行扩展，则可以认为，"财政压力也是推动法律发展的直接动因"，因为改革都是与变法相伴而生的，直接影响着法律的发展。此外，若对上述命题再加拓展，则还可以认为：民生压力与财政压力一样，也是改革的重要动因，而且是更为根本的动因。在民生压力下所产生的需求，是经济法等各类法律发展的持久动力和不竭源泉。

例如，在我国改革开放之前，财政压力和民生压力都非常突出。正是基于民生压力，国家才实行了农村的联产承包责任制改革；正是迫于财政压力和民生压力，国家才启动了以"企业改革"为重点的城市改革。[②] 其中，"利改税""拨改贷"等涉及财政、税收、金融、计划领域的改革，以及相应的经济法制度，对于提高经济效率、缓解财政压力和民生压力、实施和完善宏观调控作用甚巨，直接推动了与商品经济相适应的经济法等法律制度的建立和发展。

在改革开放初期以"放权让利"为主线的制度变革过程中，大量经济

---

① 转引自何帆：《为市场经济立宪——当代中国的财政问题》，39～45 页，北京，今日中国出版社，1998。

② 有学者研究认为，国有企业改革和利税改革的主要原因，就是提高政府财政收入，缓解财政压力。参见古志辉、蔡方：《中国 1978—2002 年的财政压力与经济转轨：理论与实证》，载《管理世界》，2005（7）。

法规范得以生成，不仅推进了商品经济的发展，也在一定程度上解决了民生问题。在改革开放 15 年后，我国开始实行市场经济体制，当时财政压力巨大，体现为财政收入占 GDP 的比重和中央财政收入占整个财政收入的比重双双下降，"两个比重"严重偏低，从而使国家能力的实现受到严重影响。[①] 为了提升"两个比重"，我国于 1994 年进行了大规模的经济法律制度改革，力图缓解财政压力过大的问题。经过 20 余年的努力，我国的经济法律制度发挥了巨大作用，全国的财政收入总额以及上述"两个比重"都有了相当大的提升，从而使国家层面的财政压力得到了有效缓解。实践表明，财政压力推动了经济法制度的产生和发展，而经济法制度的有效变革则能够极大地缓解财政压力。

上述经济法制度的变迁，只是反映了经济法制度变迁的一个侧面。事实上，包括金融法制度、产业法制度、竞争法制度、外贸法制度在内的各类经济法制度，也在旨在缓释财政压力和民生压力的改革开放过程中不断产生和发展起来，它们同传统的民商事法律制度等一起，都在综合地发挥着作用，为缓解"双重压力"提供了重要的制度平台。正是在这一过程中，经济法得到了有效发展。

近几年来，由于全球性公共卫生危机以及其他诸多原因，我国的民生压力不断增大。由于民生领域的许多重要问题需要通过扩大财政支出来加以解决，因而会进一步构成新的财政压力，地方政府的财政压力尤为突出，从而形成民生压力与财政压力"并存"的局面。

纵观上述发展历程，不难发现：我国在改革开放之初就面临着"双重压力"，随着改革开放的深化和商品经济的发展，民生压力相对缓解，但财政压力却在不断增加；在实行市场经济体制以后，随着经济的发展和法

---

① 参见王绍光、胡鞍钢：《中国国家能力报告》，6～10 页，沈阳，辽宁人民出版社，1993。

律制度的完善，我国的财政收入逐年增加，财政压力略有缓解，但民生问题却日益凸显，形成了目前仍然突出的民生压力以及相应的财政压力，实际上仍是"双重压力"共存，并呈现出螺旋式的上升态势。解决上述"双重压力"的现实需要，不仅推动了经济法的产生和发展，而且经济法的有效调整，也确实对解决"双重压力"问题具有重要作用，从而形成了重要的缓解"双重压力"的"经济法路径"。

总之，"双重压力"与经济法的调整之间存在着内在关联："双重压力"不仅有力地激发了经济和社会变革，而且是推动法治发展、制度变迁的重要动力。正是为了解决财政压力和民生压力，国家才需要推动经济和法治的发展，并由此推动了经济法的产生和发展；而经济法一旦生成，其宗旨和使命、其价值和功能，决定了它对于缓释"双重压力"具有重要作用。经济法作为"发展促进法"，尤其有助于保障经济与社会的稳定发展，激发经济发展的潜力，增强发展动力，防止"发展乏力"；经济法作为"危机对策法"，尤其有助于预防和化解各类风险，缓解和释放各类压力，从而最大限度避免发生经济危机和社会危机。[①]

一国的民生问题突出会直接影响财政持续，从而加大财政压力；而财政压力增加，又可能使政府努力增加财政收入，从而进一步增加民生压力，因此，民生压力与财政压力之间也存在着内在关联，并导致"双重压力"在现代社会几乎不可避免地会经常出现。"双重压力"的存在，潜藏着多重风险，需要通过"有效发展"加以化解，尤其需要经济法对经济和社会发展的有力促进；同时，上述压力所带来的风险，也需要通过经济法的制度安排和有效调整来加以防范和化解。有鉴于此，不仅应关注"双重压力"对经济法产生和发展的积极推进，也要看到经济法调整对于缓释

---

① 有关经济法学的"风险理论"的具体分析，可参见张守文：《后危机时代经济法理论的拓掘》，载《重庆大学学报》（社会科学版），2011（3）。

"双重压力"的重要功用,并应进一步揭示"双重压力"与经济法主体权义结构与权益保障的内在关联,从而更好地通过经济法对相关主体的权力、权利、义务和职责的分配、调整,来解决"双重压力"问题。

四、"双重压力"与经济法主体的权义分配

从上述"双重压力"与经济法调整的内在关联来看,经济法缓释"双重压力"的重要路径或机理,就是通过对相关经济法主体的权义分配来影响经济法主体的权益结构。从法律角度看,"双重压力"之所以会存在,与经济法主体的权义分配不合理,以及由此带来的权益分配不公平直接相关。

事实上,在不同历史时期,针对民生压力或财政压力的不同情势,经济法对主体权义分配的规定不同,对相关主体权益的影响也各异。例如,在改革开放之初,我国尚处于低收入、低成本的时期,在数量、质量的要求方面,解决"双重压力"的难度相对较低,缓释民生压力的努力也主要体现在解决温饱、消除贫困等方面。而我国现时面临的"双重压力",则形成于进入"中等收入国家"后的"高成本时代"。方方面面的高成本,不仅推动了 GDP 的增高,也带来了分配结构变化,导致分配差距过大、分配不公等问题日益凸显。① 在这种情势下,民生压力已不同于既往,因为无论是国民个体所承受的生存压力、发展压力,还是国家所承受的改善民生的压力,都发生了许多变化;同时,由于民生问题的解决同政府的财政支持紧密相关,因而虽然各级政府财政收入总额较大,但为解决大量民生问题所需的巨额投入,仍会使政府面临巨大财政压力。其实,地方政府举债规模不断提高,与财政压力直接相关。

---

① 分配差距过大等导致分配结构失衡的问题,需要通过法律的调整有效解决,相关分析可参见张守文:《分配结构的财税法调整》,载《中国法学》,2011 (5)。

缓释新时期的"双重压力",需要综合运用经济法及其他相关部门法的多种制度;在"解压"的多种具体法律手段中,尤其应通过调整经济法主体的权义分配,有效配置各类主体的权力、权利、义务、职责等,从而使其在缓释压力的过程中各得其所。

从权利角度看,"双重压力"关系到经济法主体的生存权和发展权的实现,涉及经济法主体的许多具体权力与权利。[①] 例如,要实现财政压力的缓释,就需要关注财政权的分配与行使,在财政法中合理分配财政收入权与财政支出权,建立更为有效的分税制的财政体制,以更好地维系国家与其他主体的存续和发展。又如,要实现民生压力的缓释,则应当关注国民的就业权、竞争权、经营权、收入分配权等权利的分配与行使,因为上述权利影响着国民生存权和发展权等基本权利的有效实现。

从义务角度看,财政压力与国家的财政支出义务(或称支出责任)直接相关。通常,财政支出义务越大,或者说财政支出的范围和数额越大,则国家的财政压力就越大。基于收支平衡的财政原则,国家的财政支出在很大程度上受制于财政收入,在收入规模相对受限而支出义务却不断膨胀的情况下,国家就会面临较大的财政压力。通常,一国的"刚性支出"越多,支出压力也相对越大。[②]

民生压力与国民的支出义务直接相关。如果国民的支出义务繁重,则民生压力就会比较大。从现实情况看,正是高税负、高负债、高收费等,使国民的纳税义务、缴费义务、支付义务都更沉重,加大了国民总体的支出负担,从而构成了更大的民生压力。如果国民就业充分、收入增长大大高于支出的增长,其压力也会相对减轻。因此,国民收入的不足,也是形

[①] 相关具体探讨可参见张守文:《经济发展权的经济法思考》,载《现代法学》,2012(2)。

[②] 我国 2012 年的财政性教育经费支出占 GDP 的比例首次达到 4%,这一法定比例的规定使教育经费支出更具刚性支出的特点。类似的社会保障支出等,也都被认为是较为典型的刚性支出。

成民生压力的重要原因。我国的民生压力之所以较大，与国民的收入增长缓慢、支付能力相对下降等直接相关。

可见，财政压力与民生压力同法律上有关权义的分配直接相关，尤其同经济法上的权义配置直接相关。要缓解或释放上述压力，就必须有效配置财政收入权与财政支出权，合理规定征税权、收费权、定价权，充分保护纳税人、劳动者、消费者等各类主体的权利；必须有效运用各类宏观调控权和市场规制权，使经济法主体的各类权义结构更加合理，以有效降低社会成本，减轻各类主体的负担。为此，还需要进一步明确经济法缓解"双重压力"的具体路径。

五、运用经济法缓释"双重压力"的具体路径

"双重压力"是关涉经济、社会全局的重大问题，其解决需要各类法律制度的综合运用。其中，经济法的调整尤其有助于缓解"双重压力"，保障基本人权，保障国家利益、社会公益和私人利益，为此，应当着重从经济法的视角来认识缓释"双重压力"的具体路径。

基于"经济宪法"层面存在的国家财政权与国民财产权的"两权分离"框架，一国必须关注国计与民生，依法保护国家财政权与国民财产权，实现"两权"的均衡保护，这样才能更好地缓解"双重压力"。如果上述"两权"的行使或实现受阻或受限，就会加大财政或民生的压力。正因如此，财政法乃至整个经济法都要促进"两权"的均衡保护，这是经济法调整的重要目标。

从经济法调整的具体路径来看，针对"双重压力"的不同情况，经济法在权义结构的安排上会各有不同，从而有助于通过权义分配，来直接或间接地影响各类主体的具体权益，使各类压力得到缓解和释放。

在缓解财政压力方面，如何获取财政收入，如何使财政收支更加均衡，防止出现主权债务危机，如何防范财政风险和化解财政危机，是确定经济法的具体调整路径时必须考虑的重要问题。由于一国的财政收入要以经济发展为基础，而经济的发展则需要经济法的促进和保障，因而经济法的各个部门法实际上都直接或间接地影响着国家的公共经济，影响着国家的财政收入，从而有助于财政压力的缓解。

具体来说，经济法的权义结构调整，对缓解财政压力具有直接功用，尤其对财政收入权的分配更为重要。我国正是通过 1994 年以来的分税制财政体制的确立和实施，通过税收收益权的倾斜性配置，以及土地收益权等"非税收入"的属地化安排，才使各级政府的收入不断增加，从而在一定程度上缓解了财政压力。但是，随着近年来经济增速的放缓、土地收益的锐减、民生投入的加大、减税领域的拓展，财政压力又进一步加大。对此，不仅需要经济法上的权义结构作出适度调整，合理配置收益分配权，照顾地方的财政收入能力，加大转移支付的力度，而且需要金融法、产业法、价格法、竞争法等各类经济法制度的协调和配合；同时，也需要进一步转变政府职能，在宪法、行政法等领域作出进一步推进，全面减少财政支出，做到管仲所说的"用之有止"①，这对缓解财政压力非常重要。

在缓解民生压力方面，包括经济法在内的经济法的各个部门法对于保障国民的财产权、竞争权、收益权，保障其生存权、发展权等，都有重要功用。例如，金融法的调整，直接影响币值稳定和物价水平，以及金融秩序和金融安全，从而会影响国民的收益分配权或对国民财产权的保护；竞争法的调整，有助于保障竞争的公平性和正当性，维护市场的秩序、效

---

① 管仲强调"取于民有度，用之有止，国虽小必安；取于民无度，用之不止，国虽大必危"《管子·权修第三》，这在今天仍然有重要的意义。

率、公平与安全，对于小微企业、民营企业等各类企业能否公平进入市场，公平展开竞争，对于国民的就业、收入、分配，乃至整体上的民生，都有直接而重要的影响。总之，经济法的各类具体调整，都直接影响民生压力的形成与缓解。

基于两类压力的内在关联，在关注"解压"的具体路径时，还须关注和强调宏观层面的协调，力求实现双赢。其实，民生压力的缓解，有助于更好地解决财政问题；如果只考虑增加财政收入，而不考虑民众负担，则终将进一步加大"双重压力"，就像著名的"拉弗曲线"所揭示的原理一样。因此，应当从"经济宪法"的高度，真正落实宪法中的经济条款，推进各类经济法规范的综合调整，全面缓解"双重压力"，促进经济与社会的良性运行和协调发展。

要实现经济法的综合调整，还要注意经济法的各具体部门法应各有侧重，在具体实施路径上应统筹兼顾。例如，财政法和税法对于缓解财政压力和民生压力都很重要，因而更要强调"兼顾""并行"，而不应仅考虑财政压力的缓解；金融法的调整涉及币值的稳定以及利率、汇率的确定等，直接影响国民的财产权，更应侧重于民生压力的缓解；同样，竞争法的调整有助于规制垄断和不正当竞争行为，保护消费者权益，从而能够有效缓解民生压力。如前所述，"双重压力"构成了经济法不断完善和发展的重要动力，同时，在不断缓解和释放"双重压力"的过程中，在统筹兼顾的综合调整过程中，经济法自身也得到了有效发展。

六、小结

本节提出"双重压力"是分配领域应予关注的重大现实问题，探讨了"双重压力"的客观存在及其与经济法调整的内在关联，并从权义结构的角度，分析了"双重压力"的成因，以及对其进行缓释的经济法路径，强调经济法具体制度的综合调整对于缓释"双重压力"的重要价值。在此基础上，还应进一步提炼和延伸关注以下几个方面的问题。

针对客观存在的"双重压力"及其缓释的法律路径问题，还应从系统分析的角度进一步展开研究。事实上，公共经济系统与私人经济系统作为一国经济系统的重要组成部分，其面临的压力分别体现为财政压力和民生压力。上述两大系统都与法律系统紧密关联，并且，法律系统作为经济系统存续的外部环境，作为影响经济系统的重要输入因素，尤其有助于经济系统的问题与压力的解决。其中，经济法系统对于缓释经济系统的"双重压力"，具有更为直接而重要的作用。

"双重压力"直接影响经济增长、社会发展和政治安定，如何运用法律手段缓释"双重压力"，是现代法治国家的重要任务。与经济法调整存在内在关联的"双重压力"，不仅推动了经济法的产生和发展，而且是经济法调整所要解决的重大问题。从经济法权义结构的角度，有助于更好地分析"双重压力"的成因，同时，在经济法上有效配置主体的各类具体权力和权利以及相关的义务，正是经济法能够缓释"双重压力"的具体路径。此外，从宏观层面关注经济法各个部门法的综合调整，有助于发现缓释"双重压力"的各类具体路径之间的内在关联，从而有助于更好地发挥经济法系统乃至整个法律系统的整体功效。

对"双重压力"的思考关涉经济法的价值论和发生论研究，涉及经济法的产生基础和动力机制问题。不难发现，"双重压力"是经济法产生和发展的重要动力，这是"压力变动力"原理的具体体现，有助于揭示经济法系统运行的动力机制问题；同时，对于如何缓释"双重压力"这一重大现实问题，经济法的制度建设必须予以积极回应，这既是经济法的"回应性"的重要体现①，也是经济法系统功用或系统输出的重要体现。

在"双重压力"普遍存在的情况下，国家的治理或经济法的调整必须特别关注两类压力之间的紧张关系和交互影响，尤其应当重视"两权分离"框架下的"两类分配"，即国家财政分配和个体利益分配②，真正提高两类主体的收益能力和收益水平，从而为缓释"双重压力"提供经济支持；同时，还应当进一步提升经济法的法治化水平，从而为国家和国民的持续发展构建长久的规则框架，努力推进国家与国民之间良性的"取予关系"的形成，使"双重压力"全面、持久地得到缓解和释放。

第三节　分配结构的经济法调整

一、背景与问题

自古及今，分配始终关乎国计与民生，贯穿经济、社会乃至政治、法律等诸多领域，不仅影响政治安定、经济增长、社会发展和文化繁荣，也影响国民财富积累和基本人权保障。纵观中外历史，诸多纷争、制度变迁乃至政权更迭，往往因分配失当或分配失衡等"分配问题"而起③，因此，对分配问题必须高度关注并予以有效解决。

---

① 参见刘普生：《论经济法的回应性》，载《法商研究》，1999（2）。

② 我国从改革开放以来就开始重视"两类分配"，具体分析可参见张守文：《贯通中国经济法学发展的经脉——以分配为视角》，载《政法论坛》，2009（6）。

③ 子曰："有国有家者，不患寡而患不均，不患贫而患不安。盖均无贫，和无寡，安无倾。"（《论语·季氏第十六》）尽管人们对孔子的分配思想有多种理解，但其分配思想至今仍有现实意义。纵观历史，诸多"治乱循环"的生成，大抵与分配之不均、不公、不当所导致的分配失衡有关。因此，对分配失衡可能引发的分配风险和分配危机必须保持高度警惕。

　　自改革开放以来，伴随着经济的高速增长，中国的经济总量和社会财富迅速扩张，但诸多因素导致的分配差距较大、分配不公、分配失衡等问题也日益凸显，业已影响经济发展、社会团结和社会和谐[①]，需要经济基础和上层建筑作出回应和调适。事实上，解决收入分配问题的现实需求，本来就是中国进行改革开放的直接动因；而持续解决分配问题，则是贯穿改革开放全程的重要使命。

　　上述分配问题的形成，与分配结构不合理直接相关。在各国不同时期类型各异的分配系统中，分配结构始终是影响分配功能实现的至为重要的因素。因此，要解决各类分配问题，必须追根溯源，对分配结构进行优化和调整，通过有效地"定分止争"来防止分配失衡，实现国泰民安。

　　从发展经济学、发展社会学和发展政治学的视角看，中国的经济社会发展目前已到关键阶段——随着工业化、信息化、城镇化、市场化和国际化进程的加快，各种类型的"二元结构"问题层出不穷，存在分配失衡现象，分配问题突出。要绕过许多国家没能避开的所谓"中等收入陷阱"[②]，缓解各类社会矛盾，化解社会纠纷，在保持经济稳定增长的同时，保障社会稳定和政治安定，就必须对分配结构进行有效调整，依法规范分配活动，保障分配秩序；同时，也需要针对发展中的各类分配问题，加强"发

---

　　① 涂尔干提出的"社会团结"思想，对于研究分配问题也很重要。只有解决好分配问题，才能增进社会团结，促进社会和谐。可参见［法］涂尔干：《社会分工论》，渠东译，北京，三联书店，2000。

　　② "中等收入陷阱"（Middle Income Trap）的概念由世界银行在《东亚经济发展报告（2006）》中提出，强调当一国脱离"贫困陷阱"，人均 GDP 达到 3 000 美元附近时，由于经济发展方式等内外原因，极易出现经济增长停滞、贫富分化严重、腐败与民主乱象、各类矛盾突出等问题，导致其无力与低收入国家和高收入国家展开竞争，并长期难以进入高收入国家之列，从而陷入所谓"中等收入陷阱"。为此，我国必须及时调整分配结构，解决好分配问题，努力绕开这一陷阱。

展法学"的研究。①

分配结构的形成与调整，均受制于特定的分配制度。分配制度之优劣良莠，直接影响分配公平，涉及分配正义，关乎分配法治。无论宪法抑或其他法律，只要其中包含分配制度，则均应在相关分配主体之间有效界定分配的权力与权利，对分配结构实施有效调整，以确保其合理性与合法性，最大限度地解决经济社会发展过程中产生的各类分配问题。

依据"发展法学"的框架和理念，分配结构的调整与法律的调整密不可分。无论是财富或收入的分配，还是相关资源、权力或利益的分配，都离不开法律的有效调整。其中，经济法作为典型的"分配法"，其调整功能尤为重要，社会公众对此期望甚高。可以说，要实现分配结构的优化，就必须加强经济法调整，并应不断提高调整的法治化水平。

通过加强经济法等相关法律的调整，来促进分配结构的优化，也与国家转变经济发展方式的宏观背景密切相关。目前，我国已从关注"经济增长"转向重视"经济发展"②，不仅强调经济发展的质量、效益，同时也重申社会分配、社会公平之重要，追求共同富裕。转变经济发展方式需要调整多种结构，包括产业结构、投资结构、消费结构、分配结构等③，经济学界对此已有较多讨论，但法学界的研究还十分欠缺，因而对于宏观分

---

① 分配问题是国家经济、社会发展和法治建设方面需要着力解决的重要问题，旨在研究发展过程中的突出法律问题的"发展法学"应当将其作为重要的研究对象。对于加强"发展法学"研究的必要性，可参见张守文：《"发展法学"与法学的发展——兼论经济法理论中的发展观》，载《法学杂志》，2005（3）。

② 我国在制定"九五"计划时，就提出要"推进经济增长方式转变"，"实现经济增长方式从粗放型向集约型转变"，但上述目标未能有效实现。随着经济总量的节节攀升，GDP崇拜也被不断强化，经济发展的质量、效益，生态环保等问题日益突出。为此，我国在《"十二五"规划纲要》中强调以加快转变经济发展方式为主线，必须贯穿经济社会发展全过程和各个领域。

③ 在调整各类结构的过程中，我国存在着突出的"重政策轻法律"的问题，结构调整的法治化水平亟待提升。相关分析可参见张守文：《"双重调整"的经济法思考》，载《法学杂志》，2011（1）。

配系统中的分配结构调整问题，非常有必要从法学的视角，探究如何通过法律的调整，来推动分配结构的优化。

本节认为，现实中的大量分配问题，带来了复杂的经济、社会问题乃至政治问题；分配的不当、不均和不公，源于分配结构的失衡；要实现分配的相对均衡，必须对分配结构进行调整。而分配结构本身也是经济结构、社会结构的重要组成部分，依据系统论和结构功能主义的理论，"结构决定功能"，"好的结构会产生正功能"①，只有不断优化分配结构，才能使之更趋均衡合理。

此外，分配结构的优化离不开相关法律的调整，尤其离不开直接影响分配的经济法的有效调整。基于问题定位以及分配结构对分配问题的重要影响，本节将首先从法律的角度，探讨分配结构与分配制度以及收益分配权之间的关联，从而说明分配结构与经济法调整之间的内在联系，以及运用经济法等法律手段调整分配结构的必要性和可能性；在此基础上，本节将进一步探讨分配结构及其问题的制度成因，说明经济法与其他法律制度解决分配问题的功用和特殊性，以及权利或权力配置对分配结构的影响；基于上述讨论，本节还将提炼经济法学的分配理论，特别是有关分配结构调整的理论，并结合现实存在的分配结构失衡、分配差距过大、分配不公这三类分配问题，提出完善经济法制度、加强经济法调整的对策，以求更好地保护各类主体的分配权利，维护分配秩序，实现分配正义。②

---

①　按照结构功能主义的一般理解，正功能是指社会结构要素及其关系对社会调整与社会适应所具有的促进和帮助作用，分配结构的优化有助于更好地发挥分配系统的正功能。

②　对于分配正义，古今中外的许多学者都进行过深入探讨。例如，亚里士多德把正义列入"四德"，并专门探讨分配正义（distributive justice）问题；罗尔斯则在其《正义论》中提出有先后顺序的正义原则，即自由平等原则、机会平等原则和差异原则，并强调为实现上述原则，政府需要进行调节和干预；但哈耶克反对社会正义和分配正义的观念，诺齐克也反对政府对分配的干预。尽管如此，还是有越来越多的学者认为强调分配正义很有价值，国家应当在分配领域尽到维护公平、正义的责任。

　　需要说明的是，在宏观的分配制度和法律体系中来观察分配结构与经济法调整的内在关联，以及经济法上的权利配置对不同类型分配结构的影响，会更有助于发现经济法调整的定位、局限以及与其他相关法律调整之间的联系，从而有助于揭示分配结构调整的复杂性与经济法调整的必要性，以及应当如何通过经济法具体制度的调整来促进分配结构的优化。

二、分配的结构、制度及分配权的关联

　　研究分配结构的经济法调整问题，首先需要分析分配结构与经济法调整之间的内在关联。为此，需要在一般的意义上，探讨分配结构与分配制度之间的紧密联系，揭示分配制度对分配结构的影响；同时，还要进一步阐明分配制度中的收益分配权配置对分配结构的直接影响，找到分配结构调整的关键。现就上述两个方面分别探讨如下。

（一）分配结构与分配制度的内在关联

　　在一国的分配系统中，分配结构直接决定分配功能，要实现分配的"正功能"，就必须通过对各类分配结构的调整，形成有效的分配机制，实现"分配正态"和分配均衡。

　　近年来，我国宏观的分配结构问题备受瞩目。例如，自改革开放以来，在分配的主体结构方面，政府、企业和个人的收入在整个分配体系中的占比呈现明显的变化趋势：大体上自 1978 年到 1995 年，随着"放权让利"等政策和制度的实施，国家财政收入在整个收入分配体系中的占比逐年下降，居民个人收入占比则逐年上升；但自 1996 年至今，政府和企业收入占比逐年递增，居民个人收入占比则逐年递减，于是，国家财政收入占比的变化轨迹呈现为"U 形曲线"，而居民个人收入的占比变化轨迹则

呈现为"倒 U 曲线"①。上述体现我国宏观分配结构特点的两类曲线非常值得关注。针对国家财政收入和企业利润收入增长较快而居民个人收入增长较慢的分配结构失衡问题，必须通过法律制度的调整，改变不合理的分配结构，不断提高居民个人收入在整个国民收入中所占的比重，增强居民的分配能力和消费能力。

其实，不只是上述的主体结构，分配结构中的城乡结构以及行业结构、地区结构等，也都与特定的法律制度相关。恰恰是各类特定法律制度上的安排，直接影响了分配结构中的各类具体结构的形成。应当说，法律制度对各类具体分配结构的影响，是研究经济法及其他法律调整问题的基础和前提。厘清法律制度对分配结构的直接影响，尤其有助于分析经济法等各类法律制度调整的必要性与可行性。

从总体上说，涉及资财分配（包括个人的收入分配、企业的利润分配以及国家的财政分配等）的各类法律制度，构成了有关私人物品和公共物品分配的多种分配制度，它们直接影响着各类分配结构的形成。同时，基于"物我两分""资源有限"的约束和"利益主体"普遍存在的现实，分配是贯穿经济、社会等诸多领域的重要问题②，分配关系作为非常基本的经济关系或社会关系，必然会对法律等上层建筑产生重要影响，从而也会影响各类具体分配制度的形成。而如何"定分"，从而"止争"，恰恰是法律非常重要的职能。

---

① 我国 1994 年进行的分税制财政体制改革和大规模的税法变革是产生这一变化的重要原因。参见张守文：《贯通中国经济法学发展的经脉——以分配为视角》，载《政法论坛》，2009（6）。

② 许多学者都讨论过分配的重要性问题，例如，李嘉图在《政治经济学及赋税原理》中认为，"确定调节分配的法则是政治经济学的基本问题"；克拉克在《财富的分配》中认为，"至关重要的一个经济问题是财富在不同索取者之间的分配"。对此，布朗芬布伦纳进行了总结，认为在强调分配的重要性时，"有人把收入、财富和权利的分配看成是远比'稀缺'或'效率'更重要的经济问题"。参见［美］布朗芬布伦纳：《收入分配理论》，方敏等译，1～2 页，北京，华夏出版社，2009。

考察各类法律规定，不难发现其中的分配制度通常都着重规定参与分配的主体、分配的客体、分配的时空和分配的权利、方式、方法等，从而形成了分配的主体结构、客体结构、时空结构、权利结构等多种结构，而正是上述各类分配结构会直接影响分配的结果，关系到分配是否失当、失衡，以及是否会引发各类分配问题。

例如，从分配的主体结构来看，在"劳动者"与"资本等要素拥有者"[①] 所构成的分配结构中，劳动者收入分配能力的相对下降，以及资本等要素拥有者分配能力的提升，拉大了分配主体的分配差距；在农村居民与城镇居民所构成的分配结构中，特别是农民与市民所构成的分配结构中，农村居民或农民收入的相对下降，会直接导致城乡差距过大。上述各类主体在分配能力上的差异，直接带来了分配差距过大和分配失衡的问题，这些问题需要通过分配制度的调整来解决。

此外，上述分配中的主体结构也与空间结构密切相关。具有不同分配能力的主体在空间上的分布很不均衡，并由此会形成地域上的分配差距，如国际上的南北差距[②]、我国的东部与中西部的差距等。与此同时，从分配的客体[③]角度看，不同行业、不同领域的财富、收入、资源的"非均衡"分布，也造成了行业或领域之间的差距。上述各类差距归根到底是由分配制度导致的。

---

① 从参与分配的要素的角度看，目前理论界普遍认同最重要的要素有五类，即劳动、土地、资本、技术和数据。早期经济学家杜尔哥等主要关注劳动、土地与资本，以及与之相对应的工资、地租和利润（包括股息、利息等）三种收入（可参见 [法] 杜尔哥：《关于财富的形成和分配的考察》，唐日松译，北京，华夏出版社，2007），只不过劳动要素特别重要，因而常常被单列，从而形成了"劳动者"与"资本等要素拥有者"两类分配主体。

② 在我国也应重视所有制等制度因素产生的南北区域发展失衡。参见周民良：《经济重心、区域差距与协调发展》，载《中国社会科学》，2000（2）。

③ 分配的客体在广义上较为广泛，主要包括收入、财富、资源、权利、权力等。从分配结构的角度看，主要是收入或财富的分配结构。财富与收入直接相关，因而两者有时也被通用；资源会影响收入和财富，特别是土地资源、矿产资源等自然资源；权利和权力则是从法律的角度影响收入、财富和资源的拥有。

总之，分配结构与分配制度之间存在着内在关联：一方面，分配制度决定了分配结构的形成；另一方面，分配结构也是分配制度的现实体现。经济法作为一类重要的分配制度，对各类分配结构的形成均有重要影响。因此，分配结构的调整离不开经济法的调整，并且，经济法的调整具有重要地位。

（二）分配结构调整的关键在于改变收益分配权配置

分配结构不合理所导致的亟待解决的各类分配问题，构成了分配结构调整的现实需求；而产生各类分配问题的法律原因，则主要体现为收益分配权配置的不合理。因此，分配结构调整的关键在于改变收益分配权的配置。

收益分配权，往往被简称为收益权或分配权，是相关主体依据一定的权利或权力而享有的取得收益的权利，是需要特别提出和关注的重要范畴。作为直接影响主体生存和发展的权利，对个人而言，收益分配权关系到个人的基本人权；对企业而言，它关系到企业的持续经营；对第三部门而言，它关系到非营利状态下的组织存续；对国家而言，它关系到国家机器的正常运转和公共物品的有效供给。因此，在整个分配系统中，不同主体都要享有收益分配权，并且，收益分配权的配置直接影响分配结构的合理性，影响分配的起点公平、过程公平和结果公平。

在现实生活中，国民基于其劳动力产权以及股权、债权、知识产权等各类权利，依法享有收益分配权，而国家则基于其征税权、收费权、所有权等各种权力和权利，依法享有收益分配权，由此形成了国家与国民收益分配权的"二元结构"。但是，无论是国家与国民之间，还是国民相互之间，其收益分配权并非同质，不能等量齐观。各类主体收益分配权配置的非均衡性，直接导致其分配能力和分配结果的差异，从而在事实上造成了分配差距过大、分配不公、分配结构失衡等诸多问题。要解决上述分配问题，就必须优化分配结构，在法律上改变相关主体的收益分配权配置，使收益分配权体系更加合理。

例如，从分配差距的角度看，在市场经济条件下，要强调竞争，追求效率，就必须承认合理的分配差距，这是市场经济的应有之义。但与此同时，分配差距也必须适度和合理，否则，就会严重影响经济发展和社会稳定。由于我国农民、产业工人收入普遍偏低，不同人群收入分配差距过大，基尼系数持续居高不下①，内需不足非常突出。尽管政府多年来运用多种手段力图拉动内需，但内需问题依然突出，远未治本。为此，在2008年国际金融危机发生后，面对外需骤降、出口不畅等问题，我国并行巨额投资、结构减税、家电下乡等诸多举措，以拓展国内市场，特别是农村市场；同时，为了缩小收入分配差距，提高居民消费能力，还确立了"调低、扩中、限高"的收入分配制度改革框架，强调在法律上改变现行的收益分配权配置，不断增加中低收入群体的收入，真正实现共同富裕。前几年政府大力推动的脱贫攻坚行动就是缩小收入分配差距、城乡差距，实现共同富裕的重大举措。

又如，从分配公平的角度看，分配不公的问题也需通过改变收益分配权的配置来解决。在任何国家，尊重劳动、公平分配、各得其所②，是极其重要的导向，如果由于垄断、资源禀赋以及其他非市场因素的存在，形成不同行业、不同地区的分配差距，且该差距与个人的勤奋努力、辛劳付

---

① 对于我国的基尼系数，由于统计和计算口径等不同，得出的结论也不同。但无论是官方还是民间统计，都认为我国的基尼系数在2000年已超过0.4这一国际公认的警戒线，近几年则多认为在0.47左右徘徊。

② 与"各得其所"相关联的概念是"应得"，"应得"的核心含义是强调"人只应得到他应得的东西"，这样才是正义的。亚里士多德、斯密、康德等都曾经研究过"应得"的含义，学者大都认为人们"应得"的收入应当与其贡献、辛劳、付出成正比，这与"不劳动者不得食"的思想是相通的。

出没有直接关联，就会形成严重的分配不公，因此，必须对相关行业、地区的相关主体的收益分配权进行公平配置。由于初次分配是按照一般的市场原理、市场原则进行的，对于公平价值体现不够，极易形成分配不公，因而国家强调在初次分配中也要体现公平。①

再如，从分配体系的角度看，如果以"富国裕民"或"民富国强"为理想标尺②，则当前分配体系的总体格局存在严重结构失衡：政府财政收入增速多年持续过快，而居民收入增速多年持续过慢；同时，居民的劳动报酬在初次分配中占比持续下降。上述的分配结构失衡问题不仅无助于私人经济的发展，也会影响公共经济的持续，因而对失衡的分配结构必须予以特别法律调整，以形成更为合理的收益分配权体系。

总之，无论是上述分配差距过大或分配不公问题的解决，抑或是失衡的分配结构的调整，都需要对既有的收益分配权配置进行变更，都需要相关制度的综合协调；而针对上述各类问题，经济法的调整都可以发挥突出作用，它可以影响不同类型收益分配权的"权重"变化，并对不同主体的收益分配结果作出调整。③

此外，研究分配结构的经济法调整，不仅需要揭示分配结构与经济法之间的上述关联，还需要在更为广阔的法律体系中把握各类法律调整对分配结构的影响，这有助于发现经济法调整与其他法律调整之间的关联，以及经济法调整的特殊性，说明经济法与其他法律协调互补、综合调整的必要性。

---

① 我国政府已认识到"合理的收入分配制度是社会公平的重要体现"，因此，在2007年10月提出"初次分配和再分配都要处理好效率和公平的关系，再分配更加注重公平"，强调要"保护合法收入，调节过高收入，取缔非法收入"。

② 无论是《尚书》提出的"裕民"思想，还是孔子主张的"足食"（《论语·颜渊》）、富而后教（《论语·子路》）；无论是孟子提出的"易其田畴，薄其税敛，民可使富也"（《孟子·尽心章句上》），还是荀子倡导的"王者富民"（《荀子·王制篇第九》），都是强调裕民、富民的重要性，都在关注达成国家善治的理想标尺。参见王定璋：《〈尚书〉中的裕民思想》，载《社会科学研究》，2000（4）。

③ 对于各类收益分配权的"权重"问题，以往经济学界是从价值、贡献的角度予以关注，但法学界的研究总体上还较为欠缺。此类权利与利益的对应及其量化问题非常值得深入研究。

三、分配结构的多元法律调整

如前所述，分配结构与分配制度之间的内在关联，要求分配结构的调整必须对相应的分配制度进行变革，并且改变法律上的收益分配权配置是关键所在，为此，下面将结合各类分配制度，探讨分配结构的多元法律调整，以及经济法调整的特殊性问题。

考虑到分配结构的划分是多种多样的，且在分配方面人们通常非常关注初次分配和再分配（有时也会关注"第三次分配"①），下面着重结合两次分配所形成的分配结构，分别说明宪法和民商法等传统法对初次分配的重要影响，以及经济法和社会法等现代法对再分配的重要功用，并在此基础上，探讨经济法调整发挥作用的空间和特殊性。

（一）初次分配与分配结构的传统法调整

鉴于分配制度极其重要，我国《宪法》第 6 条专门规定基本的分配原则和分配制度为"实行各尽所能、按劳分配的原则"，"坚持按劳分配为主体、多种分配方式并存的分配制度"，与此相对应，还规定要"坚持公有制为主体、多种所有制经济共同发展的基本经济制度"。由于所有制形式和产品分配方式都是生产关系的重要内容，因而两者曾在一定时期（特别是"82 宪法"出台后的一段时期）有相对较强的对应性和一致性。但随

---

① 厉以宁教授在其 1994 年出版的《股份制与市场经济》一书中最早提出了"第三次分配"的概念，认为除了初次分配和再分配以外，还有"在道德力量的作用下，通过个人自愿捐赠而进行的分配"，此即第三次分配；此类分配也有人称之为"第四次分配"（青连斌等：《公平分配的实现机制》，12～15 页，北京，中国工人出版社，2010）。但相对于初次分配和再分配，"第三次分配"对于整体分配的影响至少目前还很小。当然，健全和完善第三次分配领域的分配制度非常重要，党的二十大报告也提出要"构建初次分配、再分配、第三次分配协调配套的制度体系"。

着改革开放的深入和市场经济的发展，"公有制的主体地位"与"按劳分配的主体地位"的对应性正逐渐减弱，"按要素分配"在多种分配方式中所占的比重逐渐提高，使得"以按劳分配为主体"更主要地体现在参与分配的人数上，而未必是分配数额上，并带来了多种所有制经济与多种分配方式并存情况下的分配差距不断扩大的问题。

依据我国《宪法》有关分配方式的上述规定，初次分配领域形成了一个重要的"按劳分配与按要素分配相结合"的分配结构。[①] 其中，对"按劳分配"中的"劳"究竟是指劳动、劳动量、劳动成果还是劳动力产权，人们还有歧见。[②] 而对"按要素分配"中的各类要素，人们通常较为关注的则是资本、土地、技术等，这些要素在生产经营活动中都很重要。从经济学角度看，上述要素在生产经营中的贡献不同，其市场价值或获取收入的"权重"各异，从而形成了收入分配的差距。近些年来，恰恰是对"按要素分配"的强调，以及资本等要素拥有者获取收入能力的提高，导致了分配差异，扩大了分配差距，加剧了分配不公。[③] 要全面研究劳动力等要素价值在分配上的权重或占比问题，不仅需要经济分析，也需要法学探讨。

从法学视角看，上述的按劳分配，直接涉及劳动权或劳动力产权，而按要素分配，则涉及相关主体的股权、债权、知识产权等一系列权利，进而涉及投资权等权利。上述各类权利都蕴含着主体的收益分配权，或者说，收益分配权本来就是各类主体相关产权的重要"权能"。各类收益，

---

① 我国自 2007 年 10 月以来，重申"要坚持和完善按劳分配为主体、多种分配方式并存的分配制度"，强调"健全劳动、资本、技术、管理等生产要素按贡献参与分配的制度"，从而使"按劳分配"与"按要素分配"的分配结构更加明晰。

② 经济学界对此有很多不同的看法，近些年来有些学者认为应当是指劳动力产权，并认为这样更有助于保护劳动者的利益。参见姚先国、郭继强：《论劳动力产权》，载《学术月刊》，1996 (6)。

③ 主体差异、空间差异和时间差异是影响分配差距形成的重要因素，分配差距和分配不公会带来结构风险，需要财税法的有效规制。参见张守文：《差异性分配及其财税法规制》，载《税务研究》，2011 (2)。

无论是工薪所得还是劳务报酬，无论是经营所得还是股息、利息、红利、特许权使用费等①，都要以收益分配权为依据。

上述权利在初次分配中具有重要意义。无论在权力与权利之间，还是在各类具体权利之间，"力"与"利"并不均衡，同时"权"与"益"亦非同一。各类权利因性质不同而收益各异，会在很大程度上影响分配差距和分配公平。可见，对于各类权利的收益分配权能的差别，需要高度重视和深入研究。

以上主要基于宪法规定，对重要的"按劳分配与按要素分配相结合"的分配结构进行了简要的法律解析，从中不难发现，这一分配结构对应一系列重要权利，并由此形成重要的权利结构。而不同主体的权利性质、收益能力各异，在劳动要素与资本要素之间、劳动权与投资权之间会造成一定的紧张关系，并可能导致影响收益分配和分配差距的"劳资"矛盾。学界对此需要展开专门研究。

宪法所确立的各类主体的收益分配权，与基本人权的保障直接相关，应当在人权理论、法治理论方面加强研究。同时，收益分配权的具体实现，与各类主体所拥有的具体产权存在关联。鉴于劳动力产权与资本、土地、技术等要素产权之间存在差别，且受不同法律的保护，因此，这些权利之间的冲突和协调也与各类法律之间的协调直接相关。

通常，劳动法、物权法、合同法、知识产权法、公司法、银行法、证券法、保险法、破产法等诸法（它们大都属于传统的民商法规范），会对上述各类权利作出具体规定，并成为初次分配制度的重要渊源。加强上述诸法在收益分配权方面的协调，对于解决分配问题极为重要。

总之，从法律角度看，分配结构就是由各类主体享有的收益分配权构

---

① 这些收益形式无论是体现为劳动报酬还是投资所得、资本利得等，都具有可税性，我国的《个人所得税法》将上述收益形式均列为征税项目。

成的权利结构，这些收益分配权基于劳动力产权以及资本等要素产权而产生，体现于宪法和相关的具体分配制度之中。从总体上说，在初次分配中所涉及的各类产权以及相关的收益分配权，主要由宪法和民商法等传统法加以确立和保护。

（二）再分配与分配结构的现代法调整

初次分配着重关注各类要素在市场上的贡献，更加重视效率，对于公平的强调不够，因而难以解决收入差距过大等问题。为了使整个社会成员之间的分配更趋合理，在承认适度差距的同时，国家必须注意防止两极分化，实行二次调节的分配制度，此即再分配制度。

初次分配是市场主体之间的分配，再分配则是在初次分配的基础上，由国家主导的第二次分配[①]，是对初次分配的一种结构调整，它力图使分配更加合理、更趋公平，以减缓或防止初次分配可能存在的严重的分配不均、不公和失衡等问题。再分配不仅涉及企业或居民之间的分配结构，还涉及国家与国民之间的分配结构，对于这些结构的有效调整，需要经济法和社会法等现代法发挥更重要的作用。其中，转移支付等财政手段、税收减免等税收优惠手段、社会保障手段等，都可以成为重要的再分配手段[②]；与之相对应，还涉及一系列重要的权力和权利，如国家的财权、税权，以及社会个体成员的社会保障权、纳税人权利；等等。如何配置上述权力和权利，直接关系到收入差距过大等分配问题能否得到有效

[①] 关于再分配的具体类型，有学者分为四类，即援助性再分配、补偿性再分配、保险性再分配和公正性再分配。参见胡鞍钢、王绍光、周建明：《第二次转型：国家制度建设》，275～311页，北京，清华大学出版社，2003。

[②] 我国的《"十二五"规划纲要》提出要"加快健全以税收、社会保障、转移支付为主要手段的再分配调节机制"，这一表述在各类重要文件中一直持续至今。据此，再分配涉及的法律制度主要是财税法和社会保障法。

解决。

从历史和现实情况看，在各国实现现代化的过程中，分配差距过大、分配不公的问题都已经发生或正在发生。1971 年诺贝尔经济学奖获得者库兹涅茨曾从发展经济学的角度，提出了人均财富增长（效率）与人均财富分配（公平）之间的关系问题，认为在一国经济发展初期，人均财富增长会导致收入差距扩大，但到一定的阶段，随着人均财富的进一步增长，收入差距会逐渐缩小，从而形成收入分配状况随经济发展而变化的"倒 U 曲线"①。尽管有人对"库兹涅茨假设"有不同的看法，但至少从我国改革开放以来的情况以及其他一些国家的发展现实来看，这一假设仍然值得关注，并且，越来越多的人认识到，防止分配差距扩大，需要国家通过有效的分配制度安排加以解决。其中，经济法特别是经济法的有效调整也很重要。

在现代法中定位为经济法的法律调整尤其具有重要意义。本来，财政和税收的原初功能就是参与分配、获取收入，但随着公共经济的发展，财政和税收不仅要作为国家获取收入的工具，也要成为旨在解决市场失灵问题的宏观调控的重要手段。与此相适应，现代经济法的调整，不仅要保障国家参与社会产品的分配，还要通过宏观调控，发挥再分配的功用，保障经济公平和社会公平，从而实现其调整目标。

如前所述，在一国的法律体系中，许多法律都涉及收入、财富、资源、权利等方面的分配，如继承法上的遗产分配、破产法上的破产财产分配、公司法上的企业利润分配、劳动法上的劳动收益分配等，从而使各类法律都不同程度地包含分配规范，但这些分配规范相对较为分散，且主要

---

① 库兹涅茨被誉为"美国的 GNP 之父"。在 1955 年的《经济发展与收入不平等》论文中，他提出"倒 U 曲线"假设。库兹涅茨假设还被用于环境、法律等方面的研究，以说明经济发展和收入分配差距过大给环境和社会秩序等带来的影响。

用于解决初次分配的问题。相对说来，在经济法领域，经济法是更为典型的"分配法"，它主要解决国家参与国民收入分配和再分配的相关问题，以及公共经济中的资源分配和社会财富分配问题，波及甚广，与各类主体均有关联。因此，在研究分配问题时，经济法以及具体的经济法律始终是无法逾越的，并且，其在再分配方面的作用巨大，尤其有助于解决分配差距过大、分配不公、分配结构失衡等问题；同时，由于经济法的调整对参与初次分配的各类要素会产生重要影响，因而其对于保障初次分配公平的功用也不应忽视，这些正是经济法调整特殊性之所在。基于经济法在分配方面的广泛而重要的功用，各国对分配结构进行调整，普遍必用经济法，并将其作为主要的、直接的调整手段。

事实上，分配差距过大，缘于分配的失当、不适度，且极易转化为分配不公；而无论是差距过大还是不公，在宏观层面都体现为分配结构上的失衡。旨在解决分配失衡等市场失灵问题的经济法，对各类主体利益有直接而重要的影响，因而可以成为调整分配结构，实现再分配目标，保障分配公平、适度，防止分配失当、失衡的重要工具。

总之，透过分配结构的多元法律调整，不难发现，分配结构不仅体现为一种经济结构，同时，它也是一种法律结构，尤其是一种权利结构。无论是初次分配还是再分配，无论是市场主体之间的分配还是国家与国民之间的分配，都对应着一系列的权利，直接体现为相关权利的配置问题。因此，分配结构的调整和优化，需要通过经济法等相关法律的调整和完善来逐步实现，同时，也需要经济法理论中的分配理论来指导。

四、分配结构调整的经济法理论提炼

分配结构的经济法调整，需要有理论的指导和支撑，需要体现相应的理念和价值追求，以确保分配结构调整与经济法制度建构的系统性、科学性和内在一致性。为此，经济法理论应当有一个重要的组成部分，即分配理论①，以及更为具体的有关分配结构调整的理论。但从总体上说，以往的经济法研究对此缺少系统关注，因而需要结合前面的有关探讨，结合经济法的制度实践，进一步提炼经济法领域的分配理论，以及更为具体的分配结构调整的理论。事实上，在经济法的分配理论中，分配结构调整理论是核心，因为整个经济法的制度安排或制度调整，在一定意义上都是围绕分配结构的调整展开的，由此视角可以对整个经济法的理论和制度进行考察和解析。

结合前面的理论探讨与现实的制度实践，可以提炼经济法理论中的分配理论，作为分配结构调整的经济法理论基础，具体包括关联理论、功用理论、目标理论、适度理论、系统理论、范畴理论等。现分别简析如下：

第一，关联理论强调，分配与制度的关联，以及分配结构与经济法调整的关联，是运用经济法调整分配结构的重要基础；没有上述关联，经济法的调整就不可能影响分配结构。如前所述，经济法规定的大量分配制度，对分配结构的形成和变革具有重要影响；同时，经济法对于各类主体收益分配权的配置，会直接决定分配结构的合理性。要优化分配结构，就必须在经济法上合理地配置收益分配权。关联理论着重解决的是"对分配结构进行经济法调整"的必要性和可行性的问题，强调要不断优化经济法上的收益分配权配置。

第二，功用理论强调，经济法对分配结构调整具有特殊功用。前面的

---

① 由于"各种各样的分配理论无法被加总成为一个能被普遍使用、普遍接受或被普遍验证的整体"，因而整体的、宏观的分配理论一直"令人不满"。参见［美］布朗芬布伦纳：《收入分配理论》，方敏等译，371页，北京，华夏出版社，2009。有鉴于此，在经济法领域，确实需要提炼可以指导分配结构调整的分配理论。

探讨表明，对于分配结构的调整，不同类型法律的功用各不相同：传统法对于初次分配的调整功用往往更大；而现代法对于再分配的调整功用更为突出。从宏观调控角度看，经济法解决再分配问题的功用则更引人注目。此外，由于经济法的调整同样会影响初次分配的相关要素，因而其对于初次分配的功用不可忽视。在分配结构的调整方面，经济法的功用更为特殊，作用的空间更为广阔。

第三，目标理论强调，经济法是典型的分配法，其主要目标就是通过规范分配行为，保障分配权益，来实现宏观调控和资源配置的效益，保障经济公平和社会公平，从而促进经济与社会的良性运行和协调发展。而分配结构的调整同样应当有助于提高宏观调控和资源配置的效益，保障和促进公平与正义，推进经济稳定增长与社会和谐稳定。可见，分配结构的调整应当与经济法的调整目标保持一致。

经济法的目标既与其前述的功用直接相关，也与经济法的特定价值密不可分。诸如公平、效率、秩序、正义等价值，对于分配结构调整同样非常重要。通过经济法的有效调整，实现分配结构的优化，应当更加有助于增进分配公平，提高分配效率，保障分配秩序，从而实现分配正义。

第四，适度理论强调，分配一定要适度，要"成比例"①。分配结构的调整，与法治理论、人权理论、宏观调控理论等直接相关，无论基于限制政府权力、保障基本人权，还是基于保障调控实效的考虑，财富或收入的分配都必须适度，尤其不能给国民造成不应有的侵害，应当努力把对国民的影响降到最小。

适度理论中还蕴含着一些指导分配结构调整的重要思想。例如，基于

---

① 亚里士多德在谈到分配的公正时认为，"公正必定是适度的、平等的"，强调"分配的公正在于成比例，不公正则在于违反比例"。参见［古希腊］亚里士多德：《尼各马可伦理学》，廖申白译注，134、136页，北京，商务印书馆，2003。

政府提供公共物品的定位，政府不能与民争利，其收入能够满足公共物品的提供即可，而无须在整个国民收入中占比过高。此外，在国家征收比例方面，要实现"富国裕民"或"民富国强"的目标，就必须真正"裕民"，实现"民富"，国家在财富的征收方面就不能伤及"经济之本"。依据著名的"拉弗曲线"（Laffer Curve）所体现的"拉弗定律"，一国课税必须适度，不能税率过高，更不能进入课税禁区，必须使税负合理，以涵养更多的税源。从制度实践来看，体现这一重要思想的美国《1986 年税制改革法》[1]，为世界范围内的税法改革提供了重要的思路。我国有关"宽税基、低税率"的主张甚多，其实就是适度思想的体现。类似地，德国联邦宪法法院在审判实践中形成的"半数原则"[2]，强调私有财产应以私用为主，其负担的税收不应超过其应有或实有收益的"半数"，以更好地保障私人产权。在这一过程中，确立良性的"取予关系"非常重要[3]，它是国家与国民之间良性互动的前提和基础，也是政府合法化水平不断提高的重要基础。

适度理论与上述的目标理论也密切相关，它强调在实现目标的手段方面，无论是分配结构的调整还是经济法的调整，都应当适度；只有分配适度，才能实现公平、公正，才能形成良好的分配秩序，各类主体及其行为才可持续。

第五，系统理论强调，分配问题非常复杂，无论是对分配结构的调整，还是通过经济法来解决分配问题，都需要从整体上系统地考虑。事实

---

① 美国《1986 年税制改革法》的基本思想是"取消特惠，增进公平，扩大税基，降低税率，简化管理，促进经济增长"，这一思想在今天仍有重要意义。

② 受 Paul Kirchhof 法官的影响，德国联邦宪法法院在 1993 年至 1995 年间，发展出最优财产权课税理论，强调纳税人财产的整体税负应适用"半数原则"，以防国家过度课税，从而加强私人财产权的法律保障。参见葛克昌：《税法基本问题——财政宪法篇》，230～238 页，台北，元照出版公司，2005。

③ 参见张守文：《财税法疏议》，189、224、298 页，北京，北京大学出版社，2005。

上，经济法解决分配问题，需要经济法内部各类制度的配套；同时，要全面解决分配结构的调整问题，经济法仍有很大局限性，需要不断完善自身的法律结构，实现分配结构与经济法自身结构的"双重调整"，加强与其他相关法律制度的协同，以更好地规范分配关系，形成良好的分配秩序。

此外，系统理论还强调，经济法上的收益分配权配置直接影响相关的分配结构以及经济法的调整功能，因此，必须关注收益分配权结构的合理性，并对相应的权义结构进行动态调整，以更好地实现经济法系统的功能。

第六，范畴理论强调，经济法中的大量制度都是在规定分配主体、分配行为、分配权利、分配义务、分配责任，并通过这些分配制度的安排来解决分配问题，防止分配失衡，确保分配秩序，实现分配公平和分配正义，从而形成了一系列重要的"分配"范畴。这些范畴对于构建经济法学中较为系统的分配理论非常重要。与此同时，通过构建分配范畴体系，人们可以重新审视整个经济法和经济法学，从而更好地理解：为什么"经济法是分配法"，以及为什么"分配是贯穿整个经济法学的重要线索"，等等。

以上只是对分配结构调整影响较大的几类重要分配理论的简要解析，其实，上述理论的内容是非常丰富的，不仅对分配结构调整具有重要意义，而且对于完善现行的经济法制度，推进分配结构的优化，亦具有重要价值。为此，我们有必要结合上述理论，探讨针对各类现实分配问题的经济法调整问题。

五、针对现实分配问题的经济法调整

调整分配结构，促其不断优化，应着力解决宏观上的分配结构失衡问题，以及现实中突出存在的分配差距过大、分配不公等分配问题。为此，需要针对上述各类问题，结合上述的分配理论，调整经济法的内部结构，改变不合理的权利配置，全面推进经济法具体制度的完善，实现经济法的有效调整。

（一）针对分配结构失衡问题的经济法调整

分配结构的失衡是经济法调整应予解决的重大问题。经济法的制度完善，尤其应针对重要的、特殊的分配结构来展开。例如，政府、企业、个人三大主体所构成的"三者结构"历来备受重视；同时，高收入者、中等收入者、低收入者所构成的"三者结构"也引起了社会各界的关注。针对这两类"三者结构"，经济法应当合理界定各类主体的收益分配权，并在制度设计上予以公平保护。

如前所述，近些年来，居民收入在国民收入中的占比，以及劳动报酬在初次分配中的占比都相对偏低，这"两个比重"偏低的问题作为分配结构失衡的重要体现，已经引起了国家和社会各界的高度重视。[①] 在未来相当长的时期，如何提高"两个比重"，既是分配结构调整的重要使命，也是经济法调整的重要目标。

1. 居民收入占比过低的经济法调整

针对居民收入在国民收入中占比过低的问题，应当在经济法的调整方面作出诸多重要安排，通过多种影响再分配的法律手段，不断提高居民收入的数额，以及居民收入在国民收入中的占比。

在提高居民收入数额方面，可用的经济法手段颇多。例如，通过实施转移支付制度，加大财政补贴、社会保障方面的数额，可使居民收入得到提升，真正做到"用之于民"；通过各类税法制度的调整，可适当降低居民的税负水平，真正做到"多予少取"，从而在一定程度上提高居民的可

---

① 我国在 2007 年 10 月就提出要"提高居民收入在国民收入分配中的比重，提高劳动报酬在初次分配中的比重"。近几年来，合理调整收入分配关系，努力提高两个比重，尽快扭转收入差距扩大趋势，已成为普遍共识，并已被列入《"十二五"规划纲要》。

支配收入；等等。

在提高居民收入数额的同时，尚需通过经济法的调整，在整体上提高居民收入的占比。进入 21 世纪之后的一段时期，我国的财政收入曾连年大幅高于 GDP 的增速，在整体国民收入中的占比逐年攀升，受到不少诟病。通过经济法制度的完善，形成国家与国民合理的收入分配结构，以确保收入分配秩序，解决分配制度的"过度汲取"问题，已经迫在眉睫。

上述财政收入连年大幅增加的现象，有经济和法律方面的原因，其中，各种类型的"重复征税"是较为重要的法律原因。无论是税制性的重复征税，还是法律性的或经济性的重复征税，都会严重损害国民权益，影响相关主体的有效发展。[①] 当前，经济法律制度不协调导致的不合理的税制性重复征税，以及由此引发的税负过重问题，直接影响了居民收入水平的提高和整体占比，解决此类重复征税问题，应当是完善现行经济法特别是财税法制度的一个重点。

此外，无论是提高居民收入的具体数量，还是提高整体占比，都需要通过完善各类经济法制度来实现。例如，基于降低企业和个人税负以及保障税负公平的考虑，我国的企业所得税法和个人所得税法都在不断改进；与此同时，我国的财产税制度也在不断出新，如车船税立法等，在一定程度上有降低居民税负和公平分配的考虑。

上述在直接税领域促进公平分配的种种尝试固然重要，但商品税制度对于分配的影响也不应长期被忽视。毕竟，我国真正的主体税种还是商品税，居民的税负主要来自商品税。鉴于居民个人既是消费者，又是商品税税负的最终承担者，如何减轻某些商品税税负，从而相对增加居民的可支配收入，是一个非常值得深入研究但却被遮蔽的重要问题。

---

①　近年来全球性的通货膨胀一度持续走高，我国国内的通胀问题也一度较为突出。面对节节攀升的 CPI，人们惊奇地发现，重复征税已经成为导致物价上涨过快的重要诱因。因此，对于税制性重复征税，必须考虑税制的整体优化，必须加强税收立法的协调和统合。

其实，即使对于公众关注较多的"显性"问题，也仍有许多认识需要转变。例如，个人所得税法的调整，与个人收入能否真正增加直接相关。从收入分配角度看，个人所得税法需要完善的绝不只是全国人大重点修改的工薪所得扣除标准和税率级次，整部法律都需要进行全面、系统的修订，其中包括劳务报酬等税目、税率的调整，各类投资所得、资本利得税目、税率的调整，以及不同国籍个人的公平对待等。如果不综合考量，仅在工薪所得方面做文章，则该法在调节收入分配方面的作用将大打折扣，这也是我国2018年大幅度修改《个人所得税法》的重要原因。当然，按照实现共同富裕目标的要求，还需进一步完善《个人所得税法》。又如，房产税制度的完善，一定要考虑房产税最根本的"财产税"属性，而不能将其作为调控房价的至尊法宝；同时，对房地产制度的完善一定要全面配套，并应兼顾国家提出的"增加城乡居民财产性收入"的思路，否则可能会形成立法思想上的冲突和矛盾。

以上各个方面，主要还是侧重于税法制度的调整和完善。其实，狭义的财政法制度的调整和完善同样应高度关注。例如，政府性基金收入过多、各种收费过滥，会直接影响居民收入的数量和占比；备受质疑的"土地财政"问题，也会影响居民收入，需要从完善分税制、规范分配秩序、调整分配结构的角度加以解决。同时，破解历史上的"黄宗羲定律"问题[①]，防止居民负担不断加重，使合理的分配制度能够得到长期有效实施，尤其需要经济法制度的不断完善。由于分配、分配结构的调整以及分配关系的法律调整都是"复杂性问题"，因而相应的制度改进对策更需要

---

① 黄宗羲在其《明夷待访录》中指出了历史上的税收制度的"三害"，即"斯民之苦暴税久矣，有积累莫返之害，有所税非所出之害，有田土无等第之害"。据此，秦晖教授将其总结为"黄宗羲定律"，强调历史上的税费制度改革，会因改革后各种"杂派"的增加而加重人民的负担。因此，防止杂派的"反弹"对于今天的税费改革尤其有借鉴意义。参见秦晖：《并税式改革与"黄宗羲定律"》，载《农村合作经济经营管理》，2002（3）。

多维思虑，全面设计。

2. 劳动报酬在初次分配中占比偏低的经济法调整

劳动报酬在初次分配过程中占比偏低，会直接影响"橄榄形"收入分配格局的形成进程，关系到社会稳定和国家治理的基础。提高劳动报酬在初次分配中的占比，同样需要经济法制度的相应改进和调整。

在相关统计分析中，居民个人收入通常包括四种类型，即工资性收入、转移性收入、财产性收入和经营性收入。在我国居民个人收入中，工资性收入占比长期达 80% 左右①，在其占比如此之高的情况下，要全面体现按劳分配的原则，提高劳动者收益分配权的"权重"，提高劳动报酬的占比，就需要通过各类经济法制度的调整和完善来加以实现。

例如，在商品税领域，作为课税基础的销售收入等与劳动报酬直接相关，由此使增值税、消费税等各类商品税制度也会对劳动报酬产生重要影响。此外，对小规模纳税人的征收率，以及增值税制度中的起征点的规定，都会影响相关主体最终的劳动报酬水平。

又如，在个人所得税法领域，劳动报酬与税法上规定的工资薪金所得、劳务报酬、稿酬所得等所得类型直接相关；同时，也与个体工商户的生产经营所得、企业承包承租经营所得等有紧密关联。这些方面的制度调整，特别是税目、税率、税收优惠等方面的制度安排，都会对居民的劳动报酬收入产生直接影响。② 即使在企业所得税法领域，劳动报酬也是在确定扣除项目时要考虑的重要内容——是否扣除、如何扣除（限额扣除抑或

---

① 参见张东生主编：《中国居民收入分配年度报告（2012）》，5～7 页，北京，经济科学出版社，2013。另据国家统计局资料，2013 年，我国全年城镇居民人均总收入 29 547 元，其中，工资性收入比上年名义增长 9.2%；全年农村居民人均纯收入 8 896 元，其中，工资性收入比上年名义增长 16.8%。

② 提高劳动报酬的制度需要综合考虑和设计。例如，我国在 2018 年修订《个人所得税法》前，个人所得税实行分类所得税制，往往会提高个人税负，不利于体现税负的公平；同时，税法规定的劳务报酬、稿酬所得等税目，也都属于劳动所得，但其扣除额和实际税负都偏重，对勤劳所得的鼓励不够。

据实扣除），既与工资制度相关，也与企业所得税制度相连。可见，所得税制度对劳动报酬影响更大。

上述各类税法制度的调整，包括 2006 年农业税的取消等，都是侧重于如何增加劳动报酬的数额。与此同时，如何提高宏观上的劳动报酬的占比，则还涉及劳动收益与资本收益等方面的关系，以及多个方面的制度安排。仅从税法角度看，对于两类收益如何征税，涉及不同类型居民收入分配结构的调整。依据"勤劳所得"和"非勤劳所得"或"劳动所得"与"非劳动所得"的划分，劳动报酬之类的勤劳所得的税负应该相对更低，这样的制度安排有利于保护大多数中低收入者的利益。

要保护中低收入者的利益，提高其劳动报酬收入，还必须解决好劳动力产权的"权重"问题。为此，工资制度以及其他相关制度都应进一步改进和配套，并且在改进的过程中同样要兼顾公平与效率，若不顾整体效率而单方面强调公平，最终可能不利于居民收入水平的提高。

（二）针对分配差距过大与分配不公的经济法调整

上述的分配结构失衡会带来突出的分配差距过大、分配不公等问题，同时，这些分配问题也会进一步加剧分配结构的失衡。对密切相关的上述分配问题，必须有针对性地进行经济法调整。

通常，对于居民之间的收入分配差距过大问题，人们往往更为关注，而这一问题的产生和存续，也与其他主体之间的分配差距过大有关。例如，不同级次政府之间的分配差距过大，会直接影响居民个人的收入分配。往往越是财力紧张的地方政府，就越重视各类财政收入的征收，使其所在地区的税费比其他地方的更高，从而对居民的收入分配能力以及消费能力等产生重要影响。为此，对于中央与地方之间，以及地方之间的财政分配差距，主要应通过完善分税制，特别是转移支付制度等来解决。又如，对于国家与国民整体上的分配差距，要考虑居民收入增长不仅要与经济增长同步，甚至还要略快于经济增长，这样才能实现居民整体收入实质上的快速增长，促进经济的可持续发展。

针对居民之间的分配差距过大的问题，应当通过完善财政补贴以及各类税收制度等，来实现"补瘦"和"抽肥"。同时，由于分配差距过大的成因非常复杂，涉及许多制度，因而还要完善相关的配套制度。例如，针对垄断性企业（特别是某些大型国企）的职工收入过高问题，需要对其上缴红利、成本核算、工资发放的标准等加强法律规制，以使其职工的收入分配更加合理。

此外，居民收入分配差距也与地区差距、行业差距等有关。这些方面的研究成果已有很多。从经济法的调整来看，地区差距与转移支付制度中解决财政的横向失衡有关联；而在缩小行业差距方面，相关的商品税和所得税制度以及国有资本经营预算制度能够起到一定作用。

如前所述，在强调竞争和差异的市场经济条件下，收入分配差距不可避免。但如果收入分配差距过大，等量等质的劳动不能得到相同的报酬，就会产生分配不公的问题，就需要通过加强经济法调整来加以解决。

例如，不同行业的工资收入相差悬殊，证券业的平均工资曾是畜牧业平均工资的 9 倍。[①] 而如此大的差距，在很多情况下同各行业职工的劳动和努力并没有直接和必然的联系，主要是行业的特殊性或垄断性等所致，这无疑很不公平。可见分配差距与分配不公有相当大的关联性。[②]

需要说明的是，各类分配问题的解决需要经济法的各类制度的配合，例如，财政法与税法的配合就非常重要，因为税法主要解决收入的问题，

---

① 参见张东生主编：《中国居民收入分配年度报告（2012）》，91 页，北京，经济科学出版社，2013。

② 这种分配不公体现了分配的不合理，为此，厉以宁认为，分配不公往往很难说清楚，用"收入分配合理"一词作为"收入分配公平"的替代语也许更为恰当。参见厉以宁：《收入分配的合理性与协调》，载《社会科学战线》，1994（6）。

而财政法则能够解决支出的问题，两者配合才可能更好地解决分配公平问题。此外，分配不公可以有多种表现，例如，如果一国税法遵从度不高，税收征管不力，税收逃避泛滥，则对于守法者而言，会构成实质上的分配不公；同理，如果税收优惠制度不合理，或者执法不严，随意进行税收减免，则同样对于未得到税收优惠的主体会构成一种分配不公。至于非税收入过多，分配秩序混乱①，则更会使人感到分配不公。凡此种种，都需要通过经济法制度的不断完善来逐步解决。

六、小结

我国的经济社会已发展到重要历史阶段，各方面矛盾日益凸显，分配问题尤为突出。在转变经济发展方式的过程中，分配结构的调整越来越重要。分配事关生存与发展、稳定与安全、团结与和谐，因此，必须高度重视并切实解决分配问题。

分配问题的存在，源于分配结构的不合理。要调整和优化分配结构，就必须调整分配制度，因为分配制度与分配结构密切关联，并且，分配制度决定分配结构，分配结构体现分配制度。调整分配结构的关键，是改变分配制度中有关收益分配权的配置，明晰各类收益分配权的"权重"和归属，这样才能更好地保护相关主体的分配权利，维护分配秩序，实现分配正义。

分配制度通常被规定于多种不同类型的法律之中，各类法律对于调整分配结构的功用各不相同。其中，宪法、民商法等传统法对于解决初次分配的功用更为突出，而经济法、社会法等现代法对于解决再分配领域问题的作用更为巨大。与其他法律的调整相比，经济法的调整有其特殊性：它

---

① 如备受关注的"远洋捕捞"或"异地趋利性执法"问题，已经受到国家和社会各界的高度关注，必须严格依法解决。

不仅有助于解决再分配领域的诸多分配问题，对于参与初次分配的各类要素，也能产生一定的影响，从而有助于解决初次分配的相关问题。因此，在分配结构的调整方面，经济法的适用领域更为广阔，作用也更为突出。

分配结构的经济法调整需要相应的理论指导，提炼经济法理论中的分配理论非常必要。经济法作为典型的"分配法"，其自身就蕴含着分配理论，具体包括关联理论、功用理论、目标理论、适度理论、系统理论、范畴理论等。这些理论既可为分配结构调整提供理论指导，又能为经济法具体制度的调整和完善提供理论支撑。

在经济法制度的完善方面，针对我国当前突出存在的分配结构失衡、分配差距过大和分配不公等重大现实问题，需要调整经济法的内部结构，改变其不合理的权利配置和分权模式；同时，还应结合经济法理论中的分配理论，不断完善经济法的具体制度设计。

结合上述探讨，需要进一步强调和重申：国家必须针对现实的分配问题，适时调整分配结构；分配结构是导致分配问题的重要因素，同时也是一国法制结构和法治状态的体现，反映国家的合法化能力和水平。因此，分配结构事关全局，不可小视，必须优化。

此外，分配结构作为一种权利结构，收益分配权配置的合理性是关键。因此，不仅要研究分配的经济结构，还要研究分配的法律结构，并通过分配结构和法律自身权义结构的调整来不断解决分配问题。这有助于推动分配结构的经济法调整，以及经济法制度的自身完善。

从"发展法学"的分析框架来看，分配问题作为经济社会发展中的重大问题，是"发展法学"的重要研究对象。调整分配结构，以及相关的消费结构、投资结构、产业结构、区域结构等，来促进经济与社会的均衡、协调、持续、良性发展，是经济法、社会法的重要调整目标，也是整个"发展法学"研究的重要任务。经济法学的分配理论的提炼，有助于丰富

"发展法学"的内容。

在经济法学的分配理论中所涉及的诸多分配范畴,如分配职能、分配主体、分配行为、分配权力、分配权利、分配能力、分配失衡、分配公平、分配效率、分配秩序、分配正义、分配绩效、分配结构、分配法治等,与哲学、政治学、经济学、社会学等多个学科均密切关联,都需要深入研究。如果能够有效构建分配范畴体系,则整体的经济法理论研究将会得到较大推进。

分配问题是典型的"复杂性问题",分配结构的调整也至为复杂,经济法的调整虽然非常重要,但仍有其局限。要有效地调整分配结构,更好地解决分配问题,必须系统地考虑各类法律制度与政策措施的协调性,全面提升分配结构调整的科学性和法治化水平,从而形成良好的分配秩序,促进经济与社会的良性运行和协调发展。

第四节　差异性分配及其经济法规制

一、问题的提出

"这是最好的时代,也是最坏的时代。"[1] 对时代的评判涉及政治、经济、社会、法律等多个维度,但经济发展与社会公平是更为基本的衡量尺度。通常,经济效率与社会公平,皆需兼顾;经济的快速增长与社会的协调发展,不可偏执一端。而若要实现兼顾和防偏,则需把握连接经济与社会的重要纽带——分配。无论经济分配抑或社会分配,以及更为核心的社

---

[1]　由于观察和评判的角度、领域不同,狄更斯的这一名句对于许多领域都是适用的。前些年的经济快速增长,使许多国家的国民认为现在是一个好的时代;而快速增长所带来的诸多社会、环境等方面的问题,又使许多人认为这是一个坏的时代。

会财富分配，都是评判时代好坏的重要标尺。

社会财富分配在各个时代都非常重要。历代的"治乱循环"、社会变迁，往往都与财富分配直接相关。"均贫富"的思想、"患不均"的文化①，都源于对财富分配、民生国计的关注，以及对"均分""公平"的期盼和追求。然而，普遍存在的各类现实差异，会直接导致分配上的差异，从而使分配上的"不均"成为常态。对于分配差异如何看待、如何调整，甚至会影响经济、社会的不同发展路径。②

从我国当代的发展路径来看，整个改革开放的过程，始终贯穿着分配调整的主线。近些年来，分配问题，特别是分配不公问题，已经引起了社会各界的高度关注。国家已经认识到，公平与效率必须兼顾，而不能只强调效率优先，为此，就必须正视分配上的差异，通过政策和法律等制度安排，将分配差异控制在合理的限度内。

由于诸多因素，分配差异是普遍存在的，并由此形成了分配领域的重要类型——差异性分配。对于差异性分配的积极作用需要客观分析，对于其消极影响，特别是可能引发的风险，以及如何加以法律防控，亦需深入研讨。基于对问题的限缩和对重点的强调，本节拟着重分析影响分配差异的重要因素，探讨差异性分配可能带来的结构性风险，揭示差异性分配与经济法规制的内在关联，以及运用经济法加以规制的必要性，并结合差异性分配可能带来的分配不公问题，提出经济法领域的分配权的界定与保障的问题。

---

① 孔子在分配方面早就提出了"患不均""均无贫"的思想，认为"有国有家者，不患寡而患不均，不患贫而患不安。盖均无贫，和无寡，安无倾"（《论语·季氏第十六》），这种思想对分配文化产生了深远的影响。

② 以往的许多计划经济体制国家曾经非常重视缩小分配差距，反对个人分配上的差异性，强调平均主义；历史上提出的"均贫富"的思想等，也是要反对分配差异。这体现了在一定时期人们对公平分配的更多关注。而"让一部分人先富起来"的思想，则体现了在一定时期对分配差异的承认和肯定。

二、影响分配差异的重要因素及分析维度

在现实的经济、社会生活中，在整体的分配格局中，分配差异是普遍存在的。通常，影响分配差异形成的因素主要有三个，即主体差异、空间差异和时间差异。相应地，研究分配差异的重要维度也有三个，即主体维度、空间维度和时间维度。

第一，从主体维度来看，参与分配的各类主体，无论是国家、企业、个人还是其他主体，其在参与分配的能力、权利或权力、信息等许多方面，都存在着显著的差异。例如，在国家之间，各国汲取财政的能力不同，财政收入在 GDP 中的占比各异；在企业之间，各个企业的获利能力和分配能力亦不相同；在个人之间，每个人获取收入的能力和参与社会分配的能力更是不同。上述的诸多不同，形成了一定时期的收入分配格局。为此，必须分析各类差异及其合理性，这对于有关社会分配问题的研究尤为重要。

目前，我国较为引人注目的问题之一是个人收入分配问题。分配差异突出地体现为过去一个时期基尼系数过大，即使是官方的保守估计也已达到 0.47[①]，这表明在分配方面已经相当不公平，体现为占总人口比例较小的富人却拥有比例较大的财富，而占人口比例较大的穷人却只拥有比例较小的财富。在城乡之间、不同行业之间、不同所有制企业之间，都存在着分配上的巨大差异。

对于分配差异的测定，基尼系数固然重要，尤其对个人收入分配的公

[①] 有学者认为，2004 年我国的基尼系数已达 0.47；而在 1993 年，我国的基尼系数为 0.407，已经超出国际公认的警戒线 0.4 的标准。参见刘永军等：《中国居民收入分配差距研究》，2 页，北京，经济科学出版社，2009。

平性可以作出较为直观的描述，但仅此仍不够，还应当引进其他的系数，如政府财政收入和企业收入在整个社会财富收入中的占比等，因为其他大类主体的占比直接影响个人收入，恰恰在调整个人收入分配格局时必须系统考虑。

第二，从空间维度来看，地域差异也值得重视。环顾全球，不难发现，南北差异其实是分配差异的突出体现。在我国，东西差异也是分配差异的重要体现。毕竟，经济的发展水平决定了收入分配的平均水平，发达国家或发达地区的整体收入水平总是偏高。这种地域差异在分析收入差异问题时需要特别关注。其实，在我国和其他许多国家，当年刘易斯特别关注的城乡二元结构，也是分配差异的重要体现，同样是一种重要的地域差异。无论在我国的东部还是中西部，从总体上说，城乡差异都存在，并且，一般说来，城市居民的收入往往比乡村居民的收入要高。要重视不同区域的生活成本以及其他成本，关注不同地域居民的实际收入水平。

由于主体都是位于一定的空间，因而空间维度是对主体维度的进一步延伸和限定；同时，也体现了两个维度的重要关联。从空间维度或地域差异的角度来研究分配差异，人们会有更加切实的体验。

第三，除了上述的主体、空间维度外，时间维度也需重视。分配的时间差异会对相关主体产生不同的影响，关涉货币的时间价值。事实上，过去的分配、现时的分配和未来的分配，考虑到通胀等因素，其实际收入是会有差异的。同样数额的款项，在不同的时段，对主体产生的实际效果是不同的。对此，在社会保障领域，以及其他需要考虑跨越较长时间的领域（如税法上的递延纳税领域），在制度安排上都要特别关注。

从更为宏观的角度说，不同区域实际上处于不同的发展阶段，这实际上也是一种时间差异。而不同的发展阶段、不同的发展水平，在分配上也会有不同的体现。① 发展阶段在前的，当地普遍的收入水平也会更高一些。针对这种发展时间或者发展阶段上的差异，国家在转移支付、出口退税等制度安排中作出了区别对待。②

以上三个维度，体现了主体差异、空间差异和时间差异，它们直接导致分配差异。上述三个维度密切相关。其中，主体都是一定时空内的主体，在考虑分配主体时，要把上述的空间维度和时间维度考虑进来，从而使主体差异更加具体化。例如，同样是公务员，东部地区和西部地区的相同级次的城市，在同一年份和未来岁月，其收入差异是很大的。类似的分配差异比比皆是，在进行制度设计时必须予以考虑。

三、差异性分配及其结构性风险

上述的分配差异，会形成分配领域的一种重要形式，即差异性分配。差异性分配同参与分配的主体在时空、能力、权义等多方面的差异直接相关，并体现为分配机会和分配结果上的差异。

差异性分配不同于"均等性分配"（或称"无差异性分配"）。均等性分配的重要假设是主体的无差异性，因此才可以均匀、平等地分配，此类分配在形式上往往被认为是公平的，但大抵会牺牲效率，同时，也未必真正公平。相对而言，差异性分配对效率关注更多，同时，也未必都不公平，有时更能够体现实质公平。可见，在不同分配形式的讨论上，效率与

---

① 1960 年，美国经济学家罗斯托（Rostow）在其《经济成长的阶段》等论著中提出了"经济成长阶段论"，将一国的经济发展过程最终分为 6 个阶段，即传统社会、准备起飞、起飞、走向成熟、大众消费和超越大众消费阶段。在不同的阶段，对分配和消费的要求是不同的。此外，马斯格雷夫（Musgrave）也曾提出，在经济发展的不同阶段，国家财政分配所占的比重也会发生变化。

② 国家在确定转移支付重点方面，是向发展阶段较为滞后的区域倾斜；国家在安排对口支援方面，强调发达地区省份要支援欠发达地区；在出台一些新政策需要资金时，中央一般也要求发达地区自行安排。

公平仍然难以逾越，而公平则是公众普遍关注的更为核心的价值。

无论是哪类分配，在法律上都更关注分配的公平性。通常，分配上的适度差异，是有其合理性的；但如果差异过大，分配不公，则其合理性就会丧失，就会引发公众对分配的质疑和不满，影响社会安定和经济发展，甚至会危及政权的稳定，从而形成"分配风险"，甚至酿成"分配危机"。历史上许多国家发生的起义、革命等，都与分配风险的集聚所形成的分配危机有关。

古往今来，个人收入分配在整个分配体系中都占有重要地位，只有将个人收入的差距控制在合理的限度内，才能确保社会的久安和国家的长治。个人收入的公平分配，是解决"治乱循环"问题的重要手段，其核心目标是减少不合理的差异，缩小分配上的不合理差距，尊重和保护生存权、发展权等基本人权。上述目标的实现，与政府的合法性、调控力、强制力等直接相关。

差异性分配极易带来不公平，导致分配结构失衡，并因而造成多种"结构性风险"。各类"结构性风险"都存在于一定的分配体系中，需要根据具体情况，加以防范和化解。

例如，在整体的分配体系中，各类主体的结构及其分配比例是分配结构上的重要问题，不仅具有重要的经济和社会意义，而且具有重要的政治意义和法律意义。对国家而言，"财聚则民散，财散则民聚"①。如果国家占比相对较高，国民占比相对较少，就会影响市场经济的根基，影响国民的生存和发展，形成主体分配的结构性风险。只有降低财政收入占整个GDP或者整体社会财富的比重，降低国民税负②，以及各种非税负担，才

---

① 语出《大学》第十四章。
② 无论是税负痛苦指数，还是全球税负排名，我国的税收负担都被认为偏高。当然，对于相关的计算方法也有学者持反对意见。

能使国民更好地生存和发展。

又如，在个人的分配体系中，不同人群财富占有量的多少，也是一个重要的分配结构问题。如果财富集中在少数人手里，整个社会的基尼系数过高，多数人收入过低，就会影响许多个人的生存和发展，进而影响整体经济和社会的发展。为了防范个人分配体系中的结构性风险，必须针对不同人群的不同情况，实行"调高、扩中、提低"的政策，以推进个人收入分配的结构从"金字塔型"向"橄榄型"发展。

再如，在分配的要素体系中，按劳分配和按其他要素分配各自所占的比重，也是分配结构的问题。从公平的角度说，以按劳分配为主体的原则仍要坚持。如果广大劳动者不能依据按劳分配的原则获取适当比例的收入，如果一个社会不能真正落实"以按劳分配为主体"，就会影响人们对诚实劳动的认可，分配风险就会日益显露。为此，相关的法律应当鼓励人们勤奋工作，诚实劳动，要反对不劳而获、钱权交易、不当得利、腐败获利，以降低分配风险，确保公平分配，减少社会怨愤。对此，著名经济学家萨伊早就提出，一国的税法应当有利于增进道德，有助于鼓励人们的勤劳，并将其确定为一项重要的原则。而如何鼓励诚实劳动，如何鼓励真正的创造，如何公平地分配劳动创造的社会财富，确实是在法律上需要认真对待的。

需要强调的是，在各类结构性风险中，国家与国民二元结构中的分配风险尤其需要重视。因为两类主体的收入在整体财富中的比重如果不合理，畸轻畸重，就会产生巨大分配风险——或者民不聊生，或者国将不国。

总之，分配差异与相关主体结构上的差异直接相关，差异性分配所带来的风险也与一定的结构相关，并体现为结构性风险。同时，分配风险的不断积聚极有可能导致分配危机，必须注意及时防范和化解分配风险。①
我国自改革开放以来，通过不断调整利益格局，形成了现时的分配结构，
但当前分配结构的失衡，已在一定程度上影响了经济的稳定增长和社会的
协调发展。为此，必须重申公平分配的重要价值，知难而上，全面、系统
地化解各类分配体系中的结构性风险，解决差异性分配所带来的问题，而
上述问题的解决，离不开法律的有效调整，尤其需要经济法的有效规制。

四、差异性分配与经济法规制的必要性

经济法能够运用具体的法律化的经济手段，对分配差异进行适度的调
节和控制。而经济法的这种规制，对于解决差异性分配问题特别重要。从
总体上说，差异性分配需要经济法规制；解决我国的差异性分配问题，尤
其需要经济法规制。

（一）差异性分配需要经济法规制

分配活动牵涉甚广，解决差异性分配问题离不开各类法律制度的调
整。例如，不同地区之间的差异性分配，会导致财政失衡，影响基本公共
物品的提供，需要有转移支付制度；企业之间的差异性分配，会影响职工
的基本生活水平，需要有最低工资制度；个人之间的差异性分配，特别是
在个人劳动能力丧失或不足的情况下其收入水平的下降，会影响其基本生
活，需要有社会保障制度；等等。此外，税法领域也有许多制度涉及差异
性分配，如税法上的不征税制度、免税制度、减税制度、扣除制度等。

---

① 风险的视角是分析经济法问题的重要维度，对于财税法问题的研究同样也是适用的。参见张
守文：《观察经济法的风险维度》，载吴志攀主编：《经济法学家（2009）》，北京，北京大学出版社，
2010。

虽然差异性分配需要多种类型的法律制度的调整，但在经济法领域，经济法的调整最为突出，它是调节分配差异、控制分配风险的至为重要的制度。由于经济法对分配差异与分配风险的调节和控制在今天尤其具有重要的价值，因而下面主要以经济法为例来加以说明。

根据经济法理论，保障和规范分配行为是经济法的基本职能，整个经济法都是在解决分配问题。例如，无论是所得税制度、财产税制度，还是金融法制度、竞争法制度等，各类具体的经济法制度都涉及具体的分配问题。

从分配的角度看，"整个经济法都是重要的分配法"，各类经济法的制度设计，包括各类制度要素的确立，都与分配直接相关，都是在解决社会财富分配的问题。例如，各类经济法制度都包括了分配所涉及的主体要素、客体要素、手段要素，分别解决在哪些主体之间分配（分配给谁，以及分配什么、分配多少，如何分配）等问题。上述要素可以概括为分配的实体要素和程序要素，其中，实体要素具体体现为参与分配的主体、分配的对象及其种类、分配的方法等，程序要素包括分配的时间、地点等。此外，分配过程涉及优先权、豁免权、抵扣权、退回权、管辖权、入库权、监督权等许多重要的权力和权利，这些不仅需要从原来的微观制度的角度去研究，更需要从"分配权"的角度去研究。

分配权是分配法中的基本范畴。尽管现实的立法中没有一部《分配法》，但经济法作为分配法的重要类型，其重要功能就是解决分配权的"分配"问题。从这个意义上说，经济法中的财政权、税权、金融调控权等，都是分配权的具体体现；而上述的优先权、抵扣权、入库权等各类权力或权利，是分配权的更为具体、更为微观的体现，都需要经济法作出具体的配置。

此外，分配事关消费能力，并最终体现为财富的归属，以及消费能力的大小。为了减小差异性分配的负面影响，保障民生，引导消费，促进社会公平，在增值税制度中，要有低税率制度，以有助于民生[①]；在消费税的制度中，要反向规制奢侈消费、过度消费等问题[②]；在"营改增"后，对原来征收营业税的教育、医疗、文化、托幼等领域，要设置许多免税条款[③]。类似的制度在税法领域比比皆是。在所得税、财产税等直接税领域，对于差异性分配的经济法规制更是非常重要。

（二）我国的差异性分配尤其需要经济法规制

如前所述，经济法作为分配法，其重要职能是通过提供分配方面的制度安排，规制在国家与国家之间，国家与国民之间，或者在国家与企业、个人及其他主体之间，以及市场主体相互之间的财富分配活动。针对我国各类主体之间的分配差异，经济法的调整尚有很大的空间，尤其需要更好地发挥其规制作用。

例如，目前国家财政收入占比相对较高，这本身就是经济法的问题。仅从经济法中的税法的角度看，如何解决复合税制下的税制性重复征税问题，如何降低过重的税负，协调好各个税法或税种之间的综合调整，是税法的整体制度建设需要考虑的重要问题。与国家财政收入直接相关的各类非税收入近年来也在不断增加，这与整个财政法领域的法制不健全或有法不依等有直接关联。

又如，个人分配领域的基尼系数过高，在很大程度上是因为在初次分

---

① 我国现行增值税制度规定了 11%（2026 年 1 月 1 日起施行的《增值税法》中为 9%）的低税率，涉及粮油、水、煤、气、农业等领域，主要解决民生方面的问题。推而广之，有关增值税免税的规定是低税率制度的精神的进一步体现。

② 现在对贵重首饰、珠宝玉石、高档手表、游艇等征消费税，但从总体上说，在充分发挥消费税的作用方面，还有很大的发展空间。

③ 参见 2026 年 1 月 1 日起施行的《增值税法》第 24 条。

配阶段经济法的作用相对较弱。例如，我国个人所得税制度有一些漏洞，特别是对资本市场等资金集聚较快的领域，税收的调节作用往往过于微小，甚至有些领域不征税或免税，都带来了相关的问题。事实上，无论是初次分配、再分配还是三次分配，都离不开经济法的有效规制。而目前我国在分配领域存在的突出问题，在很大程度上都与经济法规制的不足有关。

此外，我国强调对差异性分配进行经济法规制，主要目标是使分配差异保持在适度的范围内，而不是完全消除差异。例如，税法上的税收优惠等制度就是体现差异的，它是形式上的平等课征的例外，旨在实现实质上的公平。因此，税收优惠制度的设计必须合理，这样就可能在实质上缩小差距，否则就会加大分配差距。例如，对于老少边穷地域的优惠、对于弱势群体的税收优惠等，都是意在缩小分配差距。至于财政法上的转移支付制度等，从分配的角度看，也是在减少分配差异，以实现财政均衡，以及公共物品提供上的均等化，保障分配上的公平。

五、分配不公与经济法的有效规制

分配不公是差异性分配可能带来的突出问题。通常，财富的分配包括财富的分割和配置这两个方面。目前，人们尤其关注两个方面的分配不公，一个是财富分属（分割、归属）不公，一个是财富配置不公。

从分属不公的方面来看，究竟哪些应该归国家，哪些应该归企业或其他组织体，哪些应该归个人，无论是在整体的分割比例上，还是具体的财富归属上，都可能存在一些不公平的问题。对此，作为分配法的经济法，应当更好地保障财富的公平分割，明晰归属，真正做到"定分止争"。

从配置不公的方面来看，对于归属于国家的财富（表现为国家财政收入等），哪些应当配置于民生领域，用于解决基本的人权保障问题；哪些应当用于基础设施建设或者提供其他公共物品，社会公众也会有其判断。例如，如果财政支出很少用于教育、医疗、社会保障等公益或社会事业领域，而大量用于提高公务员工资或国企职工福利待遇，或者大建楼堂馆所，或者大量公款消费等，则纳税人就会认为是滥用了纳税人的钱，社会公众就会认为财富配置不公。这其实也是分配不公的一个重要体现。事实上，许多分配不公可能并非体现在财富的分割或归属上，而往往体现在财富的配置上。例如，在一定时期，在机会公平的情况下，某个主体依法获取很多收入，人们对此一般并不认为分配不公，但归属于上述主体的财富如果配置不当，大量用于炫耀消费而不是用于捐赠，人们则会感到分配不公。

要解决各类分配不公问题，各类经济法制度都要发挥作用。从总体上说，要有效解决差异性分配及其可能产生的分配不公问题，在一国国内至少需要在经济法制建设方面，解决好以下问题：

第一，在国家与国民之间，必须明确界分财富分配权。国民的财富分配权，要有宪法、经济法、民商法等法律的共同保护，并要注意依法分配，使国家与国民各得其所，使国家在整个社会财富中所占的比重不至于过高。为此，在税法、收费法等各类涉及政府收入的领域，都要规定政府分配权限，强调政府必须"取之有道"，依法征收。

第二，在国民之间，无论是在企业、个人还是其他主体之间，也必须明晰各自的分配权。确保各类税费征收的横向公平和纵向公平。特别是在个人财富分配方面，需要通过多种途径，解决好初次分配、再分配和三次分配过程中的财富分割、归属与配置问题，不断推进财富分配的均衡。

第三，要靠多种法律制度对国民个人的财富分配权加以保障。例如，劳动法、社会保障法、民商法等，都要保护国民个人的财富分配权。此外，如果仅从经济法的角度说，则财政支出方面的转移支付法、税法领域的消费税、个人所得税、房产税、车船税、契税等税法制度，也都要直接或间接地发挥重要作用。另外，有关收费方面的制度，以及其他影响个人收入的制度，也都必须注意保护国民个人的财富分配权。

六、小结

受到主体、空间和时间等诸多方面的差异的影响，分配差异是普遍存在的，并由此形成了分配领域的重要类型——差异性分配。与均等性分配不同，差异性分配既是基于诸多的不平等，又会进一步加剧不平等。因此，如何正视差异性分配的积极作用和消极作用，如何将分配差异限制在适度的范围内，防范和化解分配风险，努力避免发生分配危机，就是特别值得注意的问题。事实上，对于差异性分配及其可能带来的结构性风险，特别是由此造成的负面影响，都需要加强经济法规制；对于我国的差异性分配及其带来的分配不公问题，尤其应当加强经济法规制，以实现对财富分配权的有效界定和保护。

对于差异性分配的经济法规制，更进一步体现了整个经济法上的差异性原理。[1] 事实上，没有分配的差异，没有差异性分配可能带来的分配不公等市场失灵的问题，以及由此引发的经济失衡和社会失衡等问题，就没有经济法规制的必要。

对差异性分配的经济法规制涉及许多具体制度的建立和完善，其中有些制度对现实的分配差异影响并不大，这是对现实差异，特别是对初次分配的差异的肯定；但还有大量的调控制度，能够进行反向调控，这有助于

---

[1]　参见张守文：《经济法原理》（第二版），8～11 页，北京，北京大学出版社，2020。

保持分配差异的适度。经济法中涉及分配调控的制度非常多，贯穿经济法的多个领域，其中的每个领域都需要进行更为深入的研究，同时，各领域的制度必须协调配合。

在经济法的领域里，应当更多地研究社会财富分配，而不仅限于个人的收入分配，这样才能在更广阔的领域里解决好差异性分配的问题，才能更好地解决分配结构失衡的问题，才能更好地促进经济的稳定增长和社会的良性运行。

在长期的经济结构调整的过程中，应当通过对分配结构的有效调整，缩小分配差距，减少差异性分配的负面影响或风险，发挥差异性分配的正面作用，并在经济法理论和制度建设方面，体现对差异性分配风险的防控，以更好地实现分配正义①，促进公平分配和社会稳定。

---

① 从孔子到从亚里士多德再到罗尔斯，历代先哲、学者都非常关注分配正义的问题，这也是当前经济法研究和经济法制建设需要关注的一个重要问题。

第五章　风险理论与危机应对

现代社会是风险社会，风险的积聚会形成危机，因此，一个国家和社会只有有效防控风险，及时化解各种危机，才能保障经济和社会的良性运行和协调发展，从而实现经济法的调整目标。事实上，经济法的产生和发展，始终与风险的防控相关。在经济法的各类制度中，都贯穿着风险防控的主线，大量制度的实施都围绕风险防控和危机应对展开。在这个意义上，"经济法是风险防控之法"，"经济法是危机应对之法"，同样是经济法理论中的重要命题和基本共识。为此，有必要基于国际的共通性和本土的特殊性，提炼经济法上的风险理论，并结合风险积聚所形成的经济危机及其应对，提炼经济法领域的危机理论和具体的危机应对理论。

有鉴于此，本章将基于现代风险社会对经济法调整的现实需求，提炼经济法领域的风险理论；在此基础上，再对金融风险积聚所形成的金融危机，进行经济法理论解析，并结合金融危机的应对，探讨应如何拓展经济法理论研究，完善经济法制度，并加强经济法的法治建设，从而促进经济法的理论深化和有效发展，而在此过程中涉及的危机理论和具体的危机应对理论，同样是经济法理论应当拓展的重要领域。

第一节　风险社会与风险理论

一、问题的提出

当代社会是风险社会，人们在各个维度上都面临着各种风险，如市场主体在从事经营活动中，不仅面临着市场风险，还面临着政策风险、法律风险等。一个国家和社会要实现比较稳定的良性发展，就需要不断防范风险，避免风险积聚而形成危机。

2008 年爆发的国际金融危机，就是金融风险积聚的结果。对于危机过后如何重振经济，加强法治，经济学界和法学界有许多颇为接近的思考，这对于经济法的理论发展与制度重构非常重要。经济危机的发生与经济法的应对调整，不仅使经济运行风险及其法律防范备受瞩目，也使观察经济法的风险维度得以凸显。其实，与分配维度类似，风险维度也是贯穿经济法理论研究和制度建设的重要"经脉"。[①]

基于风险维度，特别是经济风险对经济危机所产生的直接影响，以及防范和化解经济危机的必要，学界需要关注经济法上的风险问题，分析经济法领域特殊的风险类型，探究经济法上的风险防控制度，以及其中蕴含的风险、危机与安全之间的内在关联，并进一步提炼经济法学的"风险理论"。

[①]　如前所述，经济法是重要的"分配法"，分配的维度是贯穿经济法理论研究和制度建设的重要"经脉"；同样，由于经济法也是重要的风险防控法，因而风险维度对于全面观察经济法的理论研究和制度建设亦非常重要。

二、经济法上的风险问题

尽管对于风险的定义各不相同，但一般都强调风险是指某种不确定性或由此而产生的损害的可能性，使风险与不确定性、损害性、可能性等密切相关，其构成要素通常被概括为风险要素、风险事故和风险损害。由于风险的存在具有普遍性，而趋利避害又是人们的普遍追求，因而风险问题是许多学科都关注的重要问题，并且在经济学、社会学等许多领域都已有较为深入的研究①，这对于法学领域的风险问题研究亦有促进。从制度经济学的角度看，制度的重要功用就是解决由于各种不确定性所带来的风险。事实上，解决诸多领域的风险问题，防范风险，化解由于风险积聚而产生的各类危机，确是法律制度的重要功用和目标。

考古察今，不难发现各类法律制度都有其所需面对和解决的风险问题，如民商法上的交易风险、行政法上的行政风险、诉讼法上的诉讼风险和审判风险等。正是这些风险问题推动了许多重要制度的形成和发展。又如，犯罪的发生具有一定的不确定性，防范和化解犯罪的风险正是刑法调整的重要任务。与上述风险相关联，现代国家所面临的经济风险、社会风险日益增大，需要通过经济法、社会法的调整加以防范和化解。其实，针对经济运行过程中存在的大量"复杂性问题"和"不确定性问题"，努力做到防"危"杜"险"，化险为夷，正是经济法的重要功用和目标。

在经济法的各个领域，都存在着需要着力解决的各类经济风险，如财

---

① 风险经济学和风险社会学的研究已经取得了不少成果，有关风险研究的著作如美国学者奈特的《风险、不确定性与利润》（商务印书馆 2006 年版）、德国学者贝克的《风险社会》（译林出版社 2004 年版）等都产生了很大影响。尽管许多研究者对风险的认识还存在歧见，但这些认识对经济法领域的风险问题的研究都有一定的启发。

政法上的财政风险、金融法上的金融风险、产业法上的产业风险、价格法上的价格风险、竞争法上的竞争风险、消费者保护法上的消费风险等。上述应予关注的各类重要风险，直接关涉国家利益和社会公益，对于整体的经济运行和经济秩序以及相关主体的合法权益影响甚巨。

对于上述各类风险，学界已经程度不同地有所关注。例如，财政法上的财政风险，与预算支出过大、债务负担过重、税负过重或税收不足等有直接关联，如何有效地解决赤字规模过大、债务依存度过高的问题[①]，如何解决税负不公以及由此产生的征收不可持续问题，等等，在预算法、国债法、税法等领域的研究中已经有所探讨。此外，由于收费过多、过滥而产生的征收风险以及由此产生的抵制风险等，尚需深入关注。

经济法领域对风险问题的研究多集中在对于金融风险问题的研究。无论是银行法涉及的信用风险、流动性风险等，还是证券法、保险法涉及的各类风险问题，都已有大量研究成果。这对于整个经济法的风险理论研究有重要借鉴意义。

总之，风险问题是各个部门法都需要面对和解决的重要问题，从而使风险维度成为可以打通各个部门法研究、贯穿各类法律制度的一个重要维度。从广义上说，整个法律制度都是旨在解决风险问题的风险防控制度；但从狭义上说，各类法律制度中还有解决某类具体风险问题的专门制度。为此，有必要研究各类风险问题的具体类别，探寻各类风险防控制度的共通性和特殊性，从而为提炼经济法上的风险理论奠定基础。

---

① 　这些问题在冰岛、希腊等国已经非常突出，并衍生出诸多的经济问题、社会问题和政治问题，成为 2008 年国际金融危机发生后各界非常关注的重要问题。"巨额债务的增积过程，在欧洲各大国，差不多是一样的；目前各大国国民，都受此压迫，久而久之，说不定要因而破产。"参见［英］斯密：《国民财富的性质和原因的研究》（下卷），郭大力、王亚南译，474 页，北京，商务印书馆，1974。

三、经济法领域的风险类型

从一般的风险理论来看，依据不同的标准，风险被分为多种类型，如自然风险和社会风险、政治风险和经济风险、道德风险和法律风险、财产风险和人身风险等。这些分类对于经济法上的风险问题研究都有一定价值，但还需结合经济法的特殊性，进一步探讨经济法上的风险类型。

由于风险非常普遍而多样，对于风险的划分标准也各异其趣。在风险的承担主体方面，基于经济法主体的二元结构，可将风险分为调制受体的风险与调制主体的风险。例如，商业银行、证券公司、保险公司以及其他各类企业的风险，都属于调制受体的风险。加强调制受体，特别是影响国计民生的重要市场主体的风险防控，有助于防范更大的市场风险，确保整体的经济安全。

除上述调制受体的风险以外，调制主体的风险也需关注。国家作为公共经济的主体，要防范财政风险和财政危机，就需解决好收支平衡，特别是转移支付和政府采购规模，以及征税和发债规模等问题。要防范"税收国家"的风险，确保税收持续和公共需要，就要优化税制设计。[①] 类似地，要防范金融风险，央行的货币发行亦须保持适度规模，并加强金融监管，等等。调制主体在调控和规制方面的大量风险的防控，离不开经济法的有效保障。

上述两类风险，是经济法领域的重要风险类型，同时，它们也隐含或对应着经济法领域需予关注的如下风险类型，即宏观风险与微观风险、整

---

① 熊彼特（Joseph Alois Schumpeter）等曾对"税收国家"作出研究，王绍光等曾对"预算国家"作出相关探讨。在公共债务规模方面，发展中国家公共债务占 GDP 的 30％左右，而发达国家公共债务则占 GDP 的 90％以上，因此，这些国家也可称为"债务国家"。参见［法］皮凯蒂（Thomas Piketty）：《21 世纪资本论》，巴曙松等译，557 页，北京，中信出版社，2014。

体风险与个体风险、公共风险与私人风险。调制主体尤其要关注宏观风险、整体风险和公共风险；调制受体自然会关注微观风险、个体风险和私人风险。经济法的理论研究和制度建设，都要关注上述各类"二元风险"①。事实上，经济法对整体主义的强调，与其对宏观的、整体的、公共的风险的关注相一致；同时，由于微观的、个体的、私人的风险达到一定程度，就可能演化成宏观的、整体的、公共的风险，因而经济法具体制度设计要兼顾各类风险，在各类特别市场规制法所强调的监管中，尤其要重视关系国计民生的重要领域。

此外，与上述风险类型相关联，从行为的角度来看，调制主体从事调制行为的风险，以及调制受体从事对策行为的风险，可以构成调制风险与对策风险的类型划分。其中，调制风险往往涉及系统性风险，而对策风险往往属于非系统性风险，但也可能转化为系统性风险。它们都是经济法调整所需关注的风险类型，都需在风险防控制度中加以体现。

四、经济法上的风险防控制度

由于上述各类风险可能在宏观和整体上给公共利益造成损害，影响经济与社会的良性运行，因而在经济法的各个领域，都设有防控风险的重要制度，以预防风险的积聚，控制经济危机的发生和蔓延，确保经济安全。

我国的多部重要法律都在其立法宗旨中对风险予以关注。例如，在金融风险的防控方面，《中国人民银行法》（2003 年修正）规定："中国人民银行在国务院领导下，制定和执行货币政策，防范和化解金融风险，维护金融稳定。"《银行业监督管理法》的立法宗旨是"加强对银行业的监督管

---

① 此类"二元风险"与经济法的"二元结构"假设存在着内在关联。

理，规范监督管理行为，防范和化解银行业风险，保护存款人和其他客户的合法权益，促进银行业健康发展"①。

基于上述防控金融风险的宗旨，《中国人民银行法》（2003 年修正）规定："当银行业金融机构出现支付困难，可能引发金融风险时，为了维护金融稳定，中国人民银行经国务院批准，有权对银行业金融机构进行检查监督。"② 同时，《银行业监督管理法》规定了许多具体制度，包括对金融机构风险的监管、预警、处置等制度，以及加强风险管理和内部控制的制度。③ 与上述制度类似，《商业银行法》规定，银行以安全性、流动性、效益性为经营原则，自担风险，要建立、健全本行的风险管理和内部控制制度。至于《证券法》《保险法》等法律，更是规定了大量的风险防控制度。

除了上述各类直接而具体的风险防控制度④以外，在经济法的具体立法中，还有许多实质意义上的风险防控制度，例如，《预算法》中的预备费等制度，《中国人民银行法》中的存款准备金制度，《价格法》中的重要商品储备制度、价格监测制度、价格干预制度等。⑤ 类似的制度在各类现行立法中比比皆是。而国家设立上述风险防控制度的重要考虑，就是要"未雨绸缪"，做到"居安思危，思则有备，有备无患"。

透过以上简要列举的立法例，不难发现风险防控制度在经济法立法中具有一定的普遍性。这些制度对于有效降低各个领域的风险，防范和化解因风险积聚而产生的危机，确保经济安全，发挥着重要作用，其中蕴含着

---

① 《中国人民银行法》（2003 年修正）第 2 条以及《银行业监督管理法》（2006 年修正）第 1 条。
② 《中国人民银行法》（2003 年修正）第 34 条。
③ 参见《银行业监督管理法》（2006 年修正）第 13 条、第 21 条、第 23 条、第 24 条、第 27～29 条、第 38 条等。
④ 参见《商业银行法》（2015 年修正）第 4 条、第 59 条、第 64 条等。
⑤ 参见《价格法》第 27～32 条。

风险、危机与安全的内在关联，有必要进一步探讨。

五、经济法上的风险、危机与安全

各类主体纷繁复杂的博弈充满了不确定性，从而使各类主体的风险大增。市场失灵和社会失衡，既是风险的体现，又会进一步加剧风险。在高风险的社会环境中，努力降低风险，防止由于风险过大而产生危机，确保经济安全和社会安全，已成为经济法调整的重要目标。

从风险、危机与安全及其关联的维度来看，经济法在宏观调控和市场规制方面的制度安排，就是为了防控经济运行过程中的各种风险。此外，在风险积聚引发经济危机的情况下，经济法制度中内含的或预留的危机解决对策，还有助于危机的化解。正因为经济法可以防控风险，化解危机，保障经济安全和社会安全，所以可以将经济法称为风险防控法、危机对策法和安全保障法。[1] 这是从风险、危机与安全的关联的维度所作出的解析。

经济法作为新兴的现代法，其防控风险和化解危机的功能，与其调制目标直接相关。事实上，追求经济的稳定增长，由此保障经济安全，进而促进经济与社会的良性运行和协调发展，是经济法宗旨的应有之义。以往学界在研讨经济法宗旨的过程中，曾提出过经济法调整所欲实现的诸多重要目标，但往往缺少从风险、危机与安全维度的进一步解析。如从风险维度深入思考，则对于全面理解经济法的宗旨、价值等问题无疑甚有裨益。

2008年以来的全球性经济危机，不仅为全面理解经济法的性质、功能、宗旨、价值等诸多理论提供了很好的契机，同时也提醒人们要从风险、危机与安全及其关联的维度对各个领域的具体制度加以解析。

---

① 关于危机对策法的提法久已有之，但从与危机相关联的角度提出的风险防控和安全保障法尚未发现，因而还有待深入研究。

从具体制度来看，财政法领域的财政风险、财政危机与财政安全，税法领域的税收风险、税收危机与税收安全，金融法领域的金融风险、金融危机与金融安全，产业法领域的产业风险、产业危机与产业安全，竞争法领域的竞争风险、竞争危机与竞争安全等，都是经济法调整要解决的极为重要的问题。上述风险无论是宏观的整体层面的，还是微观的个体层面的，都可能积聚演化为危机，并影响整体安全。① 现实的经济法制度，有些已经关注了上述的风险、危机与安全问题，但有些领域体现得还不够，这有助于明确制度完善的方向和具体领域。

例如，基于上述的风险、危机与安全的维度，在财政法领域，尚需强化预算平衡与预算调整、赤字规模与债务规模的控制等制度，使预算的编审与执行，以及国债的发行与回收等制度安排更加规范化；在税法领域，课税努力与税负公平，影响着国家征收方面的税收风险，以及国民因不遵从税法而导致的税收风险，需要进一步增强税法制度的合理性与合法性；在竞争法领域，企业的竞争风险，特别是违法竞争的风险（如不正当竞争的风险以及垄断的风险）层出不穷，在规范市场秩序方面，仍然需要细化各类监管制度。此外，金融法领域尽管已有大量金融风险的防控制度，但金融危机的发生已表明，现行制度及其与其他制度的配合还存在诸多不足，完善金融风险防控制度仍任重而道远。

在上述各类具体的风险防控制度中，如何有效界定相关主体在风险防控方面的权力与职责，如何规定相关主体的协助义务或配合义务，如何建立有效的问责制，如何建立相关的风险预警、监测、控制、化解的机制，是具有一定共通性的问题；同时，如何加强制度之间的配合，如加强财政

---

① 例如，赤字和债务不仅带来了多方面的经济影响，还产生了多方面的政治影响。相关分析可参见［美］彼得斯：《税收政治学：一种比较的视角》，郭为桂、黄宁莺译，128～133 页，南京，江苏人民出版社，2008。

制度与金融制度的有效配合，尽量避免金融危机总由财政来买单的问题[1]，真正降低系统性风险等，同样是制度完善的重要方向。结合上述的制度实践，应不断总结经济法上的风险防控原理，进而提炼经济法上的风险理论。

六、经济法上的风险理论

经济法上的风险理论，是有关风险的存在及其经济法解决的一般理论。基于对经济法上的风险问题、风险类型、具体的风险防控制度及其中蕴含的风险、危机与安全的关联的认识，经济法学界提炼风险理论不仅是必要的，也是可能的。

风险理论不仅对于金融法等部门法至为重要，对于整个经济法亦甚有价值。它有助于从一个侧面，即从风险的维度，说明经济法的产生、宗旨、价值、手段等诸多问题，也有助于揭示经济法的具体制度结构，说明经济法为什么是风险防控法、危机对策法和安全保障法，并对危机对策法的理解作出拓展。[2]

如前所述，金融危机或经济危机促使人们进一步思考风险、危机与安全等相关问题。如果在经济法上能够有效地提炼风险理论，用以指导具体的风险防控制度的构建，在具体制度设计上考虑可能存在的风险点、风险发生与扩展的路径，并有效运用制度提供的防控手段，则经济法上存在的各类风险问题应当能够在一定程度上得到解决。

---

① 参见刘尚希等：《宏观金融风险与政府财政责任》，11页，北京，中国财政经济出版社，2006。

② 危机对策法的提法，学界久已有之，但在解释上相对较狭。如果与风险、安全维度相结合，则对危机对策法的理解即可得到拓展。事实上，与风险防控相关联，经济法制度中一直内含着危机对策措施。

从总体的理论来看，风险是客观存在的，并且会表现为各类风险问题，形成不同的风险类型；经济法主体及其行为涉及的各类风险，无论是宏观的、整体的、公共的风险，还是微观的、个体的、私人的风险，都可能导致、加剧市场失灵，或者造成政府失灵，影响经济的稳定和有效运行，甚至形成系统性危机，造成巨大的负面影响。为此，在经济法上需要构筑各类风险防控制度，防范经济法上的各类风险，化解各类风险积聚而可能产生的经济危机，以确保经济安全，实现经济法的总体调整目标。

经济法上的风险理论应当有丰富的内容。其中，狭义的风险理论至少应包括风险类型理论，以在一般的风险理论的基础上，提出经济法上特殊的风险类型，从而为具体的制度构建奠定基础；同时，还应包括风险防控机制理论，揭示经济法领域风险防控机制的特殊性；此外，还应当有风险防控的规范理论，即从主体到行为、从权义结构到法律责任等多个方面的制度规范的理论；等等。广义的风险理论，则涉及风险与经济法的产生、性质、宗旨、功能、价值等诸多方面的理论。

此外，风险理论与信息理论具有内在关联。当今的信息社会同时也是风险社会。为了解决信息的不确定所带来的风险，在经济法上就需要确立许多信息披露制度，以保护各类主体的知情权，包括纳税人的知情权、投资者的知情权、消费者的知情权，以及调制主体的知情权，等等。加强信息披露，对于防范和化解风险具有重要作用。这也是信息披露制度成为一类通用制度，并贯穿于各类经济法制度的重要原因。因此，在研究经济法上的风险理论的同时，还应当加强经济法上的信息理论的研究。[1]

---

[1] 信息维度同样是观察经济法的重要维度，有些研究成果已对此作出重要努力，如应飞虎、涂永前：《公共规制中的信息工具》，载《中国社会科学》，2010 (4)；谢贵春、冯果：《信息赋能、信息防险与信息调控——信息视野下的金融法变革路径》，载《北方法学》，2015 (6)；等等。

七、小结

无论是经济法的制度建设抑或是法学研究，均可从风险维度来观察解析。由于风险直接影响主体的利益得失，因而风险维度可以成为非常基本的维度。提出经济法上的风险问题和特殊的风险类型，考察现实的风险防控制度，发掘风险、危机与安全在制度层面的内在关联，对于进一步提炼经济法上的风险理论，应当有基础性意义。

和分配一样，风险也是贯穿经济法理论和制度的一条重要主线。在经济法领域，大量制度都与风险的防控有关。只有做好平时的风险防控，才能尽量避免风险积聚所导致的危机，才能在发生危机时更有效地应对。由于风险防控历来是各类宏观调控和市场规制要关注的核心问题，因而在宏观调控法和市场规制法的制度建设方面，都应当把风险防控作为制度建设的重点，在此基础上，学界可以结合经济法的制度实践，进一步系统提炼风险理论，这对于防范和化解经济危机尤为重要。

第二节　金融危机的经济法解析

2008 年爆发的号称"百年一遇"的全球性金融危机，是金融风险积聚的结果，因其影响之深刻和广泛，已成为万众瞩目的焦点。[①] 对于金融危机这样的"众矢之的"，如何从经济法的视角，对金融危机的发生、扩

[①] 对于此次危机，有人认为是"百年一遇"，危机影响之所以广泛而深刻，在于此次危机同样也是多个经济周期谷底的叠加。但也有人认为危机并没有那么严重。参见易纲、张帆：《前景无需太悲观》，载《财经》，2009（1）。但不管认识如何，各界对于危机及其影响都高度关注。

展、解决等问题进行解析，无疑是经济法学界的重要任务。事实上，金融危机涉及经济法各个部门法的问题，在金融法、经济法、竞争法等各个领域，都可以深入研究金融危机的相关问题。对此，已有不少学者正在研究，但从经济法理论的角度对金融危机进行的经济法解析还较为欠缺。为此，本节拟着重从经济法理论的角度，来解析金融危机的产生、扩展、解决等相关问题，从而说明经济法和经济法理论对于解决金融危机的重要价值。

一、从经济法视角看金融危机的发生

金融危机为什么会发生？发生的原因究竟是什么？为了防止金融危机发生，国家应当采取哪些经济和法律措施？这些措施应当体现何种价值？对于上述问题，已有许多见仁见智、莫衷一是的回答。从经济法理论的角度，可作如下解析：

（一）金融危机的发生源于"两个失灵"

"两个失灵"即市场失灵和政府失灵，是经济法得以产生、存续和发展的重要原因。因此，"两个失灵"是经济法理论中的重要分析框架，并且该分析框架或假设恰恰源于对现实问题的归纳。"两个失灵"是经济法所要解决的基本问题。①

金融危机之所以会发生，首先是市场失灵。各类金融机构以及一般的市场主体，都以利益最大化为目标，大量的金融创新、金融交易（特别是金融衍生品的交易）都是为了追求个体的营利性，因而它们不计社会成

---

① 参见张守文：《经济法学》，3 版，7 页，北京，中国人民大学出版社，2008。

本，不计系统风险，在"无知之幕"的遮蔽下盲目建设，最后的结果是大厦轰然倒塌。而对于市场主体的市场行为的盲目性和危害性，许多国家并非无知，只是人们在危机到来之前，更相信市场能够解决问题，更相信市场配置资源的效率，因而更加强调放松管制，更加放任金融大鳄们兴风作浪，于是，信息偏在、外部效应等导致的市场失灵与政府监管缺位导致的政府失灵叠加，共同导致了金融危机的发生。[①]

可见，金融危机源于"两个失灵"。要解决"两个失灵"的问题，就必须关注在市场经济中普遍存在的个体营利性和社会公益性的矛盾。该矛盾作为经济法领域的基本矛盾，在金融危机的发生过程中体现得非常突出。如果在金融领域或整个经济领域只考虑个体营利性，只考虑市场机制的作用，则必然会产生市场失灵的问题，必然会加大金融风险，直至金融危机发生。为此，就必须考虑社会公益性，必须从公共物品提供的角度，从社会成本的角度，从金融安全、金融稳定以及经济安全、经济稳定的角度，来考虑金融问题。

（二）金融危机的发生凸显经济法调整的重要性

金融危机的发生体现了经济法调整的重要性。经济法调整的重要目标，就是通过不断地协调个体营利性和社会公益性的矛盾，来解决市场失灵和政府失灵的问题，因此，经济法的调整在相当大的程度上有助于防止金融危机的发生。中国在实行市场经济体制以后，重视和加强经济法的调整，在金融法领域制定并实施了许多重要的法律、法规，强化了金融监管

[①] 人们通常认为，金融机构的过度扩张、金融机构及评级机构缺乏自律、某些国家宏观经济政策失当、金融监管能力与金融创新不匹配等，是导致金融危机的重要原因。其中，前两个方面与市场失灵有关，而后两个方面则与政府失灵有关。

法律的执行①，这些对于避免1997年亚洲金融危机在中国的发生，对于减轻全球性金融危机对中国金融系统的不良影响，都产生了重要作用。此外，经济法的调整不仅有助于预防金融危机的发生，而且有助于在一国发生了金融危机以后，有效地化解危机。在经济法的调整方面，金融调控法的调整、金融监管法的调整，在相当大的程度上，有助于解决由金融危机所导致的诸多问题；同时，经济调控法的调整，以及产业政策法、价格调控法、投资规划法等诸多方面的法律调整，有助于进一步解决金融危机及其所带来的诸多问题。

可见，无论是为了预防危机发生，还是为了解决危机所导致的问题，都需要加强经济法的调整，都需要经济法上的调制主体依据经济法实施调制行为。全球性金融危机的发生，使人们再次清醒地认识到国家或政府在应对危机方面的重要作用②，使不同国家的人们再次看到经济法的重要调整目标和作用，从而有利于经济法的制度发展和法学研究。

从经济法调整的角度看，无论是防止金融危机发生，还是解决危机带来的问题，都需要依法进行宏观调控和市场规制：一方面，要进行金融调控，同时要进行整体上的各类宏观调控，包括经济调控、产业调控、价格调控等；另一方面，要加强市场规制，尤其应加强特别市场规制，加强金融监管，协调好金融创新与金融监管的关系。③ 实现适度创新与适度监管，更好地体现适度原则，这就涉及经济法的价值问题。

---

① 我国在1992年秋确立实行市场经济体制以后，1993年春修改宪法，规定国家加强经济立法，完善宏观调控；此后，为了推进市场经济的发展，于1994年进行了财税法律制度的大变革，1995年则大大加强了金融立法，建构了系统的中央银行法律制度、商业银行法律制度等。

② 美国和欧盟的许多国家纷纷采取大规模的救市措施，一些措施（如国家直接向金融机构注资，购买某些金融机构的股份等）甚至被认为具有国有化的性质，据此，有人认为这是"大政府时代"到来的体现。

③ 处理好金融创新与金融监管的关系，也就是要处理好市场与政府的关系，这一关系也体现了经济法上的主体二元结构。与此相关，防范和化解金融危机，还要处理好储蓄与消费的关系、虚拟经济与实体经济的关系，这也需要经济法的综合调整。

（三）金融危机的发生彰显了经济法的价值

经济法的价值包括内在的功用价值和外在的评判价值。金融危机的发生，从一个侧面进一步彰显了经济法的重要价值。

首先，金融危机的发生，表明在一些国家没有充分发挥经济法的内在的功用价值，即经济法所具有的宏观调控和市场规制的职能没有得到有效发挥。事实上，金融危机较为严重的国家，正是金融调控、金融监管较为欠缺的国家，这些国家过于相信市场的力量而过于轻视或蔑视政府的力量，没有很好地、适度地把两种力量形成有效的合力，因而在金融竞争、金融秩序等方面，更强调放松管制或不干预。[①] 金融危机的发生，使人们更加清晰地认识到，一个国家，不管是否有形式意义上的经济法，其实质意义上的经济法是普遍存在的，而且必须要重视这些实质意义上的经济法的重要功用，必须体现经济法对于保障总体上的经济秩序的稳定，保障经济稳定增长的重要价值。

其次，金融危机的发生，使人们进一步认识到传统部门法的局限性，认识到要保障一个国家经济的良性运行和协调发展，传统法与经济法就必须紧密配合，这种配合不仅有助于预防金融危机发生，而且有助于在危机发生后化解危机。从经济学的角度，人们在反思如何在危机后重构经济学理论，特别是宏观经济学理论；而从法学的角度，人们的反思似乎还很不够。应当对原来不够完整的法学理论全面重构，因为一般的法学理论主要是融合了传统部门法的理论，而对于新兴的经济法理论则很少体现，这使得法学理论很难有效地指导部门法的发展，也很难指导发展中的法治实

---

① 放松金融管制，曾一度是世界范围内金融变革的潮流，与金融创新、技术进步彼此交错，相互作用，并与公共利益、私人利益、政治过程等都密切相关。参见［英］多德等主编：《金融与货币经济学前沿问题》，陈雨露等译，153～156 页，北京，中国税务出版社，2000。

践。只有肯定并强调经济法在当代法律体系中的重要价值，才能更好地推进法治建设，提高法治水平。

最后，金融危机的发生，使人们进一步认识到经济法的外在评判价值。通常，法律的外在评判价值，是人们希望法律调整所能够实现的目标，如公平、效率、安全、秩序、正义等。经济法的调整同样也要追求这些价值目标。这在金融危机方面体现得也非常突出。如果经济法的调整，能够很好地解决个体营利性和社会公益性的问题，能够兼顾效率与公平，则市场失灵的问题就能够在很大程度上得到解决，发生金融危机的概率因此也就会大大降低；如果经济法的调整能够解决好市场秩序和经济安全的问题，尤其是能够解决好金融秩序与金融安全的问题，则有助于防范和化解金融危机。[1]

可见，无论从防止金融危机发生的角度，还是从解决金融危机的角度，经济法的调整都具有重要价值。经济法的调整有助于在保障金融机构和其他市场主体的利益的同时，保障社会公共利益，兼顾个体的效率与整体的公平，协调个体营利性和社会公益性，因而有助于形成经济法秩序，确保国家的金融安全和整体的经济安全，从而更好地实现经济法促进经济和社会稳定发展的目标。因此，在经济法领域，在涉及金融危机的问题上，要求经济法同时兼顾多种价值，包括公平、效率、秩序与安全。金融危机的发生彰显了经济法的价值，说明经济法对于预防危机的发生具有重要作用；但同时也要看到，金融危机的解决同样要体现经济法的价值，其

---

[1] 为了保障金融安全，维护金融秩序，最高人民法院于 2008 年 12 月 3 日专门印发了《关于为维护国家金融安全和经济全面协调可持续发展提供司法保障和法律服务的若干意见》，强调依法保障国有金融债权，大力打击金融违法行为，整顿和规范金融秩序和经济秩序，依法保障企业发展，全力维护社会和谐稳定，促进经济全面协调持续发展。但是，在实践中，有些司法机关的具体做法已经脱离了"依法""平等保护"的法治轨道，因此，在经济危机时期，如何摆正司法机关的位置，正确履行法定职能，确实值得深思。参见季卫东：《经济危机中的司法责任》，载《财经》，2009（2）。

中，秩序价值和安全价值尤其重要。

从各国的情况来看，往往都是金融秩序出现了问题。由于金融领域的过度创新、过度竞争，加之国家的金融监管较为宽松，金融领域的秩序是有问题的，从而形成了较高的金融风险，进而演变成了金融危机。因此，从经济法的价值来看，应当强调秩序价值和安全价值。在我国，尤其应当吸取亚洲金融危机和全球性金融危机的教训，规范金融秩序，尤其应当解决好违法进行利率调整、非法集资、高息揽储等问题；同时，应当规范房产市场、土地市场、证券市场等多个市场的交易行为，形成规范的市场秩序；另外，还应解决好金融衍生品、资产证券化等方面的问题，这样才能更好地保障金融秩序，降低金融风险和社会成本，确保国家的金融安全和整体的经济安全。在开放经济条件下，世界各国的经济联系越紧密，金融秩序和金融安全就越重要，维护金融秩序和金融安全的难度也就越大。

二、从经济法视角看金融危机的扩展

金融危机的扩展主要体现在两个方面：一方面是地域上的扩展，即从一个国家或地区扩展到其他相关国家或地区；另一方面是经济类型或行业形态上的扩展，即从虚拟经济扩展到实体经济，从金融业扩展到其他各业。对于金融危机的扩展，可以从经济法上的二元结构理论的角度来予以解析。

（一）从"二元结构"理论看金融危机的扩展

经济法上的"二元结构"理论强调，基于客观存在的差异性[①]，现实

[①]　差异性原理是经济法学的重要原理，也是二元结构理论的重要基础。正是因为存在差异性，才可能存在二元结构，从而才可能提炼出二元结构理论，并由此确立经济法理论的基本分析框架。参见张守文：《经济法原理》，8～10页，北京，北京大学出版社，2013。

中存在着大量的经济层面的二元结构，它们会直接导致制度层面的二元结构，对此应考虑制度上的一体化解决。从经济层面来看，存在着国内经济与国外经济、内部经济与外部经济、实体经济与虚拟经济等多个层次的二元结构。金融危机的扩展与上述经济层面的二元结构直接相关。

例如，在国内经济与国外经济的二元结构中，金融危机从一国扩展到其他国家，体现了在经济全球化的背景下国内经济与国外经济的紧密关联，即一国的国内经济不可能脱离开国外经济而发展，特别是在金融领域，国外的金融动荡会迅速波及一国的国内经济，为此，一国经济法的调整必须以国内经济与国外经济的关联为基础，结合经济全球化所带来的突出问题，运用法律化的宏观调控和市场规制的工具，来防范和化解相关的风险或危机。可见，对于原来对应于国内经济与国外经济所形成的两套制度，必须综合考虑，以便于一体化地解决国际金融危机。事实上，这个方面的制度整合，既涉及国内经济法与国际经济法，也涉及所谓本国经济法与外国经济法。

又如，在实体经济与虚拟经济构成的二元结构中，金融危机正在从虚拟经济向实体经济蔓延，这对于中国经济尤其会产生重要影响。事实上，在实行市场经济体制后，我国高度重视经济法，金融调控法律制度和金融监管法律制度日益健全，并得到了有效的应用，因此，中国的金融体系在总体上并没有受到很大的冲击，相对于许多发达国家的金融系统，可谓"风景这边独好"，但是，我国的实体经济却受到了国际金融危机的很大冲击，且影响渐深渐广，这与我国经济的外向型经济比重过大、对外依存度过高直接相关。基于这样的现实情况，我国避免金融危机扩展的重点，就应当放在实体经济方面，即在确保金融秩序和金融安全的基础上，通过经济法以及其他相关法律的调整，着力解决好实体经济出现的问题，包括通过经济法的实施来调整产业结构，促进经济结构优化，解决失业、破产问题，解决价格波动、通货不稳、国际收支失衡等问题。可见，把握二元结构中的主要矛盾和矛盾的主要方面，对于有效解决金融危机扩展中产生的各类问题，都是非常重要的；并且，要把解决实体经济问题的制度与解决虚拟经济问题的制度有机地结合起来，以避免和防止顾此失彼，以及制度不协调等问题。

除了上述的两类二元结构以外，内部经济与外部经济所构成的二元结构也值得关注。通常，人们对于独立的市场主体之间的交易活动所构成的外部经济相对较为重视，但对于大量的关联企业之间所形成的内部经济则可能关注不够。事实上，大量的内部经济，如由跨国公司或企业集团等所构成的内部经济，已构成了令人瞩目的经济力量，对于经济的稳定发展可谓利弊共存。金融危机的发生和扩展，往往与内部经济直接相关。例如，当某个关联企业的核心部分出现问题时，就会影响到经济链上的其他关联企业，产生连锁反应。美国的几大投资银行的破产以及由此产生的联动效应，恰恰说明了这一点。[1] 可见，对于关联企业所形成的内部经济，需要通过经济法的制度建设来很好地解决，特别是对于金融机构所形成的内部经济，更是需要有专门的经济法制度。这样，把有关外部经济的经济法制度与有关内部经济的经济法制度加以整合，才能更好地解决金融危机的发生和扩展等问题，才能更好地解决由金融危机扩展而产生的大量的失业、物价上涨、国际收支不平衡等问题。

（二）对金融危机扩展的进一步思考

金融危机的扩展体现了经济系统的复杂性和连带性。观察金融危机扩展的路径，不难发现，一个国家或地区的经济自由度越高，对外开放度越

---

① 相关分析可参见王自力：《道德风险与监管缺失：美国金融危机的深层原因》，载《中国金融》，2008（20）。

高，对外依存度越高，则受金融危机冲击的可能性就越大，金融危机的扩展可能就越快。因此，从经济法的角度看，如何处理好自由与管制，如何适度开放，如何用好两个市场，解决好多种二元结构所产生的多种复杂问题，都是非常重要的，也是需要通过有效的制度安排来加以保障的。① 否则，如果不能通过经济法以及其他相关部门法进行有效的调整，则金融危机就会迅速扩展，不仅可能导致企业市值的缩水、经济的下滑、大量的破产和失业、社会的动荡等问题，还可能带来政治和法律方面的危机。

从哲学或理论上看，金融危机的发生和扩展，与自由放任的哲学思想，以及新自由主义经济学理论的影响直接相关，同时，也与各国政府根据上述崇尚自由放任的思想和理论所采取的普遍放松管制、过于重视市场机制的政策和制度直接相关。这在金融危机的发源国以及重要的受害国，都可以得到大略的验证。而从经济法的角度来看，对经济运行的调控，对市场主体行为的规制，都是应当强调"辨证施治"的，因而在经济法上并不认同新自由主义过于强调市场重要作用的主张。经济法的重要特征之一就是规制性，强调把积极的鼓励促进和消极的限制禁止相结合，强调把国家的宏观调控与市场规制，同市场对资源的配置相结合，强调要"双手并用"，强调要很好地解决"两个失灵"的问题②，因而经济法理论对市场失灵的认识是很深刻的，这恰恰是经济法经历了危机对策法的阶段而发展过来的结果。因此，为了避免发生大的金融风险或金融危机，在经济法上不仅通过中央银行法、商业银行法等相关法律作出规定，而且通过证券法等作出特别金融监管。

---

① 相关探讨可参见周小川：《金融政策对金融危机的响应——宏观审慎政策框架的形成背景、内在逻辑和主要内容》，载《金融研究》，2011 (1)。

② 由于政府拥有全体社会成员和强制力，它拥有征税权、禁止权、处罚权等权力，因而在纠正市场失灵方面具有明显的优势。参见 [美] 斯蒂格利茨：《政府为什么干预经济——政府在市场经济中的角色》，郑秉文译，74～77 页，北京，中国物资出版社，1998。

在"辨证施治"方面，经济法融入了中国的道家和儒家思想，它既关注把握矛盾的两个方面，强调辩证地或者一分为二地看问题，又强调在分清主要矛盾和次要矛盾、矛盾的主要方面和次要方面的基础上，要中庸地、适度地、有效地实施治理。在治理的过程中，国家在公共物品的提供方面要强调"仁"，在宏观调控和市场规制的措施采行方面，要强调"治大国若烹小鲜""不折腾"。可见，研究金融危机问题，也有助于进一步增进人们对经济法哲学的认识。①

三、从经济法视角看金融危机的解决

如何解决已经发生并在不断扩展的全球性金融危机，是世界各国都要思考的至为重大的现实问题。从经济法的角度来看，除了人们关注较多的解决危机的经济法对策以外，尤其需要明确解决金融危机应当遵循的基本原则以及法律责任的承担问题，特别是政府的责任承担问题。

（一）解决金融危机应遵循的基本原则

经济法的基本原则，即法定原则、适度原则和绩效原则②，对于金融危机的解决同样是适用的，即经济法的三大基本原则在解决金融危机方面也是必须遵循的。

首先，按照法定原则的要求，解决金融危机的各类问题，都必须依法办事。例如，在危机发生后，尽管情势紧急，但各个法治较为发达的国家都很注意依法办事。美国政府最初运用财政支出手段，提出 7 000 亿美元

---

① 由于经济法的发展较为晚近，经济法哲学的研究明显不足。随着对经济法学的各个分支学科的认识的不断深入，经济法哲学的研究也会受到重视，并能够更好地指导经济法学的各个分支学科的研究。

② 参见张守文：《经济法学》，63～65 页，北京，中国人民大学出版社，2008。

的救市方案，就是经过了国会的反复审议，而不是由美国政府直接作出预算支出决定，这是强调法定原则的最简单的实例。此外，法定原则要求不仅在相关的实体权益上要法定，也不仅在相关主体的职权与权利、职责与义务方面要法定，而是还强调要"程序法定"。这在应对金融危机的宏观调控和市场规制过程中显得尤为重要。

程序法定与实体法定一样，都是法定原则的应有之义。依据程序法定原则的要求，所有危机事项的解决，即使是应急性的，也要按照法定的应急程序办理；同时，非应急的事项的处理，则应该按照法定的一般程序去办。只有各类事项的处理都按照法定程序办理，才能使危机处理具有基本的合法性基础，才不至于在金融危机之上产生法治危机。

同样，考虑到法定原则，我国在确定和采行各类救市方案时，也要确保合法性。例如，我国决定用 4 万亿元的资金救市，相关财政资金的动用方案，是否要经过人大或人大常委会来审批？对此自始就有人存疑。① 此外，增值税的转型、消费税的调整（特别是成品油的税收制度的调整）等，是否要进行听证，是否要广泛征求民众意见，甚至是否要由人大而不是国务院作出制度调整，也是需要认真研究的问题。② 事实上，涉及金融危机的每一项调控措施都涉及公共利益，都需要认真贯彻法定原则。

其次，金融危机的解决也要遵循适度原则，这对于危机的有效解决非常重要。任何一项调控措施的出台、任何一类法律制度的出台或调整，都

---

① 严格说来，扩大支出，实行积极的财政政策，是危机的应对之策，但从法律上说，涉及情势变更下产生的预算调整，而预算调整是需要经过立法机关审批的，而不能仅由国务院的常务会议来决定。对此，可以比较 2024 年 11 月的《全国人民代表大会常务委员会关于批准〈国务院关于提请审议增加地方政府债务限额置换存量隐性债务的议案〉的决议》。

② 增值税由生产型转为消费型，成品油的消费税调整，都在一定程度上有助于应对金融危机，这些调整不仅是解决危机的对策，同时也关系到税法制度的变迁，按照严格的税收法定原则，也都需要贯彻法律保留原则。有关税收法定原则的探讨，可参见张守文：《论税收法定主义》，载《法学研究》，1996（6）。

会涉及不同主体的利益，都会对市场主体的选择产生重要影响，从而也会影响危机中各类问题的解决。此外，金融危机本来就是"危"与"机"并存的，各项调控措施的采行不能矫枉过正，因此适度非常重要，要防止过犹不及。

要遵循适度原则，尤其应注意找准问题，遵循规律，不要给各类主体带来额外负担，特别是调控措施的力度、向度、强度，都要适度：减税的数额、出口退税率的调整等各类优惠的确定，国债的发行，进出口规模的调整，以及利率、汇率、存款准备金率的调整，等等，都要注意适度的问题。[①]

此外，即使是在解决危机的时候，也要兼顾环境问题，兼顾经济和社会的可持续发展。不能因为眼前要解决危机，就其他全然不顾，还必须要注意经济的良性运行问题，不能为解决危机而再次把 GDP 看得太重，仍然必须看实质，看经济发展的质量和效益，在化解危机的过程中优化和调整结构，解决原来不易解决的问题。因此，强调高质量发展非常重要。

最后，除了上述的法定原则和适度原则，金融危机的解决还要关注绩效原则。事实上，上述两类原则已经隐含了对绩效的考虑。依据法定原则作出的调控和规制，是对绩效的重要保障；而依据适度原则进行的调控和规制，在强调对各类主体权益的均衡保护的同时，也隐含着对绩效的保障。从这个意义上说，三个原则是紧密地联系在一起的。

按照绩效原则，解决金融危机要看各类调控和规制的实绩和效果。金融危机首先是经济问题，但同时也涉及其他许多方面，因此，经济法上的

[①] 在金融危机发生后，我国曾多次调整出口退税率，同时，也多次调整利率和存款准备金率，以应对进出口的平衡问题，降低金融风险，拉动内需。其调整次数之多，较为罕见。对于这些做法是否适度，也存在着不同的认识。可参见白重恩等：《出口退税政策调整对中国出口影响的实证分析》，载《经济学（季刊）》，2011（3）。

各类调控或规制措施的采行，既要注意经济实绩和效果，同时也要注意社会乃至政治等方面的绩效，特别是法律的实效。只有这样，才能更好地有效解决金融危机。

按照绩效原则，不仅要注意眼前绩效，还要注意长远绩效；不仅要关注经济绩效，还要关注社会绩效等其他领域的绩效。如果只关注眼前绩效，只关心眼前的危机的解决，而置长远绩效于不顾，则绝非明智之举，也不符合科学发展的精神。但从现实的情况来看，在遇到危机等情势危急的情况时，人们很容易只顾眼前，而可能对长远的绩效考虑不够，这就需要在整体利益上作出综合判断，需要广开言路，集思广益，群策群力。此外，不仅要关注经济绩效，还要关注其他领域的绩效（如社会效益、环境效益等），并且这些绩效也往往与长远绩效紧密相关。

（二）解决金融危机应注意的责任问题

金融危机的解决涉及积极和消极两个方面。从积极的方面看，应当很好地解决发展的问题，通过促进发展来化解危机，减少危机带来的不利影响；从消极的方面看，则应解决好责任的承担问题。通过明晰相关主体的义务和责任，通过具体的责任的承担，来起到惩戒和补偿等多方面的作用，并以此防止或减少金融危机所带来的负面影响。其实，上述的积极方面和消极方面，恰好体现了经济法能够把积极的鼓励促进和消极的限制禁止相结合的特性，因此，在解决危机问题时，应该两个方面都注意到。

从法律的角度看，人们对于消极方面的责任追究往往更为关注。为此，应注意解决责任的归属问题。在各种可能承担的责任形式中，有些责任是经济性责任，有些是非经济性责任；有些是政府的责任，有些是市场主体的责任。这些责任都需要加以明晰。

例如，在解决金融危机的过程中，分清相关主体的经济性责任是非常重要的。一些金融机构以及相关的其他市场主体，都可能承担相应的经济性责任，这些责任的承担，无论是惩罚性的还是补偿性的，对于保障相关主体的权益，对于保障正常的金融秩序，会具有一定的作用。

在解决金融危机的过程中，一些责任形式非常重要，如经济法上的信用减等、资格限免等。许多有问题的金融机构在危机发生前的信用评级较高，这对于防止危机的发生产生了不良的影响。因此，信用评级过高问题已经受到了较多的质疑。[①] 对于那些有问题的金融机构就必须对其进行信用减等，这也是追究其法律责任的一种方式。与此同时，资格限免也很重要。限制、免去相关主体的金融从业资格，对于一些市场主体来讲，无疑是很重的法律责任。因此，这些责任形式都是很受关注的[②]。

除了大量的惩罚性责任外，在解决金融危机的过程中，必然会涉及许多赔偿性责任。只不过由于危机的发生，不少市场主体的赔偿能力会相对下降，因而许多情况下的赔偿不能做到等额赔偿，而只能按照一定规则进行少额赔偿。在这种情况下，赔偿还会涉及优先受偿权等问题，涉及多种利益的兼顾问题或排序问题，特别是涉及国家利益、社会公益、私人利益等。

解决金融危机所涉及的责任，不仅包括私人主体的责任，也包括国家的责任。事实上，金融危机是市场失灵的突出体现，金融危机是市场机制所不能解决的，恰恰需要政府援手，需要政府运用多种手段来加以解决。为此，就需要解决好政府和市场的关系这一非常基本的问题，同时，这也是一个依宪治国的问题。需要特别注意的是，金融危机会带来财政负担，金融危机往往需要由财政买单，金融危机所具有的突出的公共危害性对公

---

① 金融机构及评级机构缺乏自律，致风险信息和资产定价失真，这是导致金融危机发生的重要原因，因此，有人对于信用评级产生了很多质疑，甚至涉及追究其法律责任的问题。可参见倪受彬等：《金融危机背景下信用评级机构的法律责任问题初探》，载《社会科学》，2009（8）。

② 参见张守文：《经济法新型责任形态的理论拓撅》，载《法商研究》，2022（3）。

共利益所产生的较大负面影响，使得政府非但不能袖手旁观，往往还要勇于出手并成为救市的重要力量。政府的上述角色使得金融危机不仅会大大增加财政风险，还可能会引发财政危机。金融危机所导致的冰岛的国家破产，就是其政府的财政危机的重要体现。[①] 这确实是一个值得深思的问题。而政府财政出钱救市，又涉及纳税人所缴纳的税款如何使用，以及是否应当让广大纳税人为个别的市场主体的失当甚至违法行为买单的问题，同时，也可能涉及国家的调控责任或监管责任等问题。这些都使责任的承担更为复杂。

（三）金融危机与经济法的综合调整

从经济法的体系理论来看，经济法各个部门法的协调和综合调整，有助于更好地发挥系统的功能。要从根本上解决金融危机，同样应强调经济法各个部门法的综合调整，以推进经济与社会的协调发展。事实上，经济法的各个部门法都是在从不同角度解决宏观调控和市场规制的诸多问题，这些问题的解决有助于金融危机的防范和化解。

金融危机所带来的问题是多方面的，包括外需锐减、产能过剩、经营艰难、失业剧增等，其解决需采取多个方面的措施，而相关措施的采行都离不开经济法的支撑和保障。例如，在解决金融危机的过程中，要依法调整产业结构，就需要产业法；要依法规范投资计划行为，就需要计划法；要依法规制各类价格行为，就需要价格法；要依法加大预算投入，进行预算调整，就需要财政法；要依法实施税收优惠，就需要税法；要依法规制垄断行为，就需要反垄断法；要依法有效地制止不正当竞争行为，就需要

---

① 在冰岛国家破产的危机中，IMF扮演了重要的解救角色。但对于其中的成因，人们却有不同的看法。其中，有观点认为，危机是美元与欧元的对抗所导致的。诚如是，则国际金融竞争与法律协调是非常值得关注的。

反不正当竞争法；要依法加强消费者保护，解决金融机构破产倒闭所引起的消费者保护问题，就需要进一步完善消费者保护法；等等。上述对产业结构的调整，对投资行为、价格行为、预算行为、税收行为、竞争行为等诸多行为的规范，都是解决金融危机的现实要求，要满足这些现实要求，就需要经济法的各个部门法的综合调整。

事实上，金融危机的问题是涉及多个方面的重大问题，并非仅靠某个部门法的调整就能够解决。即使在经济法领域，也并非仅靠金融法一个部门法，而是需要经济法的各个部门法的协同调整。这样，才能对所采行的各类解决金融危机的措施起到规范和保障作用，同时，也才能更好地推进经济与社会的协调发展，从而在根本上解决金融危机问题。

当然，在经济法的诸多部门法中，就金融危机的解决而言，金融法的调整还是非常重要的。从经济法的角度看，金融法包括金融调控法和金融监管法，包括在具体的中央银行法、商业银行法、银行监管法、证券法、保险法、信托法、担保法等各类法律中所涉及的调控法规范和监管法规范，它们对于金融危机的解决具有直接而重要的作用。[①] 除此之外，金融领域的国际协调，相关的国际组织、国际条约的重要作用也不可小视，这些对于更好地解决金融危机扩展的骨牌效应，对于更好地从根本上解决全球化背景下的国际金融问题，都具有重要的意义。

上述对国内、国际层面的经济法综合调整的要求，需要有立法上的支撑，这也是前述法定原则等相关原则的基本要求。事实上，金融危机的防范和解决，需要在经济法上有效地配置权义，并据此加强调控和监管，依

[①]　其实，相关的金融调控和监管法律规范的作用是不应忽视的。例如，针对1929—1933年的大萧条，以及金融秩序特别是投资秩序的混乱，美国国会于1933年通过了《格拉斯-斯蒂格尔法》，即《1933年银行法》，强调对相关银行的业务的限制，形成了后来银行、证券和保险严格分业的格局。但1999年11月12日美国则通过了《金融服务现代化法》，废除了《格拉斯-斯蒂格尔法》，这实际上是弱化了金融监管。参见陈小敏等：《美国银行法》，54～56页，北京，法律出版社，2000。

据法定的权利义务安排来定分止争。此外，如前所述，要从根本上解决金融危机，尤其需要经济的稳定增长，其中包括稳定物价和国际收支平衡等，而要依法促进经济的稳定增长，则需要有实质意义上的或形式意义上的经济稳定增长法，等等。类似地，加强产业法、投资法等方面的立法，完善价格法、竞争法等方面的立法，对于防范和化解金融危机，都是很重要的。

上述立法，需要加强协调，使其真正成为立法的体系，同时，只有在经济法上进行综合调整，才能互相支持，相互协调，共同实现立法的总体目标。这不仅对于金融危机的防范和解决非常重要，对于其他的相关问题同样非常重要。这样才能实现真正的综合调整，从而不仅认清金融危机所体现的问题、矛盾等，也能针对这些基本的问题和矛盾找到应有的对策，在经济法上更好地理顺体制和机制，更好地配置权义，更好地分清责任，更好地促进各个法律直接的协调，促进经济和社会的良性运行和协调发展。

四、小结

金融危机所带来的问题是多方面的，需要从不同的角度展开研究，对其进行经济法理论的解析是非常必要的。本节着重从经济法理论的视角，对金融危机的发生、扩展和解决等问题进行了梳理和解析，从中不难发现：金融危机的发生源于"两个失灵"，透过金融危机的发生，可以看到经济法调整的重要性，以及经济法的重要价值；对于金融危机的扩展，可以通过国内经济与国外经济、实体经济与虚拟经济、内部经济与外部经济等多重二元结构展开分析，并进一步强调运用经济法"辨证施治"的重要性；在金融危机的解决方面，同样应当遵循经济法上的法定原则、适度原则和绩效原则等基本原则，注意危机发生后的责任确定和责任分担，并强调通过经济法的各个部门法的综合调整，从根本上解决经济和社会的协调发展的问题，从而从根本上防范和化解金融危机。

在上述问题的探讨过程中，始终强调的是经济法理论的视角，由此可以看到经济法理论在解释重大现实问题方面的解释力，以及同时也体现出来的指导力。限于篇幅，经济法理论中的许多重要内容还没有展开。如果能够全面地从经济法理论的角度作进一步的深入探讨，同时兼顾法学以及其他相关学科的其他理论，则对于防范金融危机的发生、扩展，对于有效解决金融危机所带来的诸多方面的问题，定会大有裨益。

第三节　经济危机与理论拓掘

随着金融危机（也包括之后的公共卫生危机引发的经济危机）阴霾的逐渐散去，各国经济开始进入平缓发展且充满不确定性的"后危机时代"。针对危机的成因及其所带来的各类问题，深受其害的世界各国都在深思。同时，对于后危机时代如何防范和化解新的经济危机，如何推动经济的复苏，如何在新的起跑线上展开国家之间的有效竞争，如何加强相关的经济法制建设，更需要认真研讨。而上述各类重要问题，都与经济法的调整直接相关，因而非常有必要从经济法理论的角度展开研究。①

事实上，在后危机时代，经济法调整所涉的领域非常广阔，需要对经济法理论进行多维度的拓展与深掘。其中，需要进行拓展研究的理论有很多，如风险理论（相关研讨可参见本书有关风险理论的研讨）、国家竞争理论、公共经济危机理论、情势变更理论等，同时，还需要对既有的经济

---

① 对于与经济危机相关的经济法制度的研究相对较多，但对后危机时代的经济法理论的反思，则相对较为欠缺。而后者对于丰富和发展经济法理论是非常重要的。

法的本体论、发生论、价值论等进行深入挖掘。而上述的拓展和深掘，对于经济法理论的丰富和发展，均甚有裨益。

基于上述考虑，本节先探讨几类需拓展研究的理论，在此基础上，再结合后危机时代的特点，提出应进一步挖掘的经济法理论。相信学界若能对这些理论展开深入探讨，不仅对于后危机时代的经济法理论和制度建设有益，而且对于经济法学和经济法制的长期发展，亦非常重要。

一、"国家竞争理论"的拓展研究

经济法理论中的"博弈行为分析框架"，强调经济法的理论研究须注意分析各类主体之间存在的大量复杂的博弈。[①] 针对国家与国家之间、国家与国民之间，以及国民与国民之间的博弈，以往的经济法理论更关注后两类，并形成了较为发达的竞争法理论，但对于国家与国家之间的博弈，则关注不够。

事实上，在经济全球化的时代，国家之间的博弈大多是通过国内法来实现的，因而国际博弈不仅是国际法学的研究对象，同样也是经济法理论研究中要考虑的重要问题。鉴于国家之间的许多博弈都离不开国内经济法上的制度安排，因此，在经济法领域，不仅要关注企业之间的竞争以及相应的竞争法，还要关注国家之间的竞争，要引入"国家竞争理论"[②]。

在后危机时代，为了解决危机所带来的诸多问题，尽快带动经济复

---

① 对于经济法理论中的"博弈行为分析框架"的具体探讨，可参见张守文：《经济法理论的重构》，154～162 页，北京，人民出版社，2004，以及《经济法总论》，10～11 页，北京，中国人民大学出版社，2009。

② 对于"国家竞争理论"，目前在经济法学界还没有展开系统的研究。其实，国家竞争不仅是国际经济法学界需研究的重要问题，同样也是经济法学的重要研究对象。

苏，国家之间的竞争非常激烈。本来，国家竞争是国际法领域更为关注的问题，但由于后危机时代的国家竞争在很大程度上依赖于国内法的调整，尤其离不开经济法的制度支撑，因而在经济全球化的背景下，经济法研究要关注国家竞争问题，并强化国家竞争的经济法规制。

为了尽快走出危机，重振经济，各国都采取各种手段，积极推动经济复苏，国家的作用日益凸显，国家之间的竞争也日益加剧。其中，财政竞争、税收竞争、金融竞争、产业竞争十分激烈。而各国在竞争过程中所运用的主要手段，恰恰是法律化的经济手段。

例如，在财政竞争方面，为了应对经济危机，各国纷纷扩大财政支出，大量发行国债，增加政府采购数量，加大转移支付规模，以求提高消费能力，拉动内需，刺激经济增长，解决国际市场需求不足的问题。与此相应，扩张性的财政政策（或称"积极的财政政策"）以及由此形成的相关制度，便成为危机时期和后危机时代各国进行财政竞争时普遍采取的手段。当然，随着经济的逐步复苏，财政竞争所导致的负面影响也已有所显现，需要综合研判，审慎调控。

在税收竞争方面，各国往往会实施大规模的"减税"，至少是所谓的"结构性减税"，以求激活和复苏经济。其实，税收竞争本来就是国家竞争经常采取的重要手段，尤其在引进外资等方面，大量的税收优惠以及调低税率的做法，都是国家竞争的惯用手法，而且有时还有一定成效。但是，一旦形成恶性的税收竞争，则对各个方面，尤其对国家利益会造成负面影响。[1] 因此，需要对税收竞争加以协调，以免各国为实现某些短期目标而纷纷通过降低公共物品的价格，来倾销公共物品。从根本上说，公共物品

---

[1] 国际税收竞争（International Tax Competition）的问题早已引起了国际社会的广泛关注，为了避免恶性的税收竞争，欧盟和经合组织早在1997年和1998年就通过了关于恶性税收竞争的报告，强调制定恶性税收竞争的判定标准和消除措施，以求最大限度减少其不利影响。

的倾销既可能损害纳税人利益，也会损害国家利益，严重影响国家之间的竞争秩序。

在金融竞争方面，包括汇率竞争（多国争相贬值本国货币）、主导货币竞争（反对美元主导货币地位，争夺货币主导权）在内的各类金融竞争，在后危机时代非常引人注目。与此同时，各国纷纷反思在金融调控和金融监管方面的不足，强化利率、存款准备金率等方面的调控，力图使货币供应量更加适度。由于金融竞争以及相关的金融调控和金融监管直接影响实体经济的发展水平和质量，关涉一国能否从危机的泥淖中跋涉而出，因而人们往往对金融竞争，特别是对"货币战争"关注更多，足见金融竞争对经济发展的重要影响。

在产业竞争方面，为了加快经济复苏，各国纷纷加强产业结构调整①，以实现整体经济竞争目标。事实上，危机过后，往往是新兴产业形成和发展的重要时期，一国只要及时调整产业结构，就可能在产业发展过程中占据主动地位。因此，在结构调整特别是产业布局方面，各国的竞争始终非常激烈②，并且在相应的立法或制度设计上，通常会协调并用财政、金融、计划等多个领域的法律手段。

上述各类竞争都会带来很多问题。例如，以扩大预算支出为主要特点的财政竞争，可能会产生大量赤字；而赤字的增加，不仅会带来公共经济的突出问题，还会导致相关群体的收入紧缩，从而导致抗议、罢工，以及

---

① 产业结构调整只是经济结构调整的一个非常重要的方面。其实，我国在后危机时代非常重视整体的经济结构的调整，尤其是对产业结构、投资结构、分配结构、消费结构、地区结构等诸多结构进行调整，以保持国家竞争的优势。

② 依据波特提出的著名的国家竞争优势理论，一国的价值观、文化、经济结构和历史都成为竞争优势的来源。因此，在经济结构中具有重要地位的产业结构的调整，必然在国家整体竞争力的提高中起着重要作用。参见［美］迈克尔·波特：《国家竞争优势》，北京，华夏出版社，2002。

政府的强制执行能力的下降和合法性的危机[1]，并进一步加剧经济危机、社会危机和政治危机。

在国家竞争方面，值得研究的问题颇多。例如，国家竞争与国家能力或国家竞争力直接相关。一国如何把自己的意志转化为现实？国家之间的哪些竞争属于正当竞争，哪些属于不正当竞争？一国对汇率的调低能否构成变相的补贴，与出口有何关联？与经济结构的调整是否存在互补性？此外，国家竞争的秩序很重要。各国之间如何形成规则，如何共同信守相关规则，如何防止其冲突甚至战争，等等，都是非常值得研究的重要问题。

国家竞争的重要目标之一，是促进或实现本国经济的稳定增长，这与一国经济法的调整目标是一致的。如何保持稳定，涉及就业、人口、环境、资源、能源、社保等许多问题，关乎经济法中的经济目标与社会目标的协调，需要从经济法的角度深入研究。

总之，在经济法理论中，需要对"国家竞争理论"进行拓展研究。考虑到各国都有其政治利益、经济利益等诸多利益，在一定程度上也被视为理性的"经济人"，因此，企业竞争的某些理论和原理对于国家竞争理论研究同样可以适用。在"国家竞争理论"中，不仅要研究竞争的类型、手段等基本问题，还要从经济法的视角，研究国家竞争的目标、手段、秩序、责任、权义等诸多问题，特别是竞争的公平性问题（例如，单方面要求人民币升值是否公平），等等。在研究这些问题的过程中，既可以经济法体系为依托，旁及各个领域，也可以经济法理论为指导，来探讨每个具体阶段的问题。

---

① 类似的问题在欧洲多个国家出现。为履行《稳定与增长公约》所规定的控制赤字的国际法义务，多个国家出现了影响经济稳定与社会和谐的诸多问题，尤以希腊等国家最为突出。

二、"公共经济危机"理论的拓展研究

经济可以分为私人经济和公共经济，因此，经济危机其实包括两个方面：一个是"私人经济危机"，一个是"公共经济危机"。以往人们往往更关注"私人经济危机"，而且经济危机通常也是从私人经济开始的。2008年由金融危机引发的经济危机也是如此。但是，在解决"私人经济危机"的过程中，也可能引发"公共经济危机"，并由此可能影响"私人经济危机"的进一步解决，或者导致新的"私人经济危机"的产生。

例如，2008年经济危机发生以来，各国纷纷通过公共经济政策的调整，通过公共经济的手段，来化解私人经济危机。无论是预算支出的扩大、国债的增发，还是税收的减免、转移支付的扩大、社会保障支出的增加等，都属于公共经济手段的运用。但与此同时，财政赤字也大幅度增加，这是引发"公共经济危机"的最为直接的动因。

赤字的增加，或者由此产生的各类债务危机，是各国都必须认真面对的问题。[①] 为了减少赤字，防止"公共经济危机"的发生，欧盟成员国试图严守《稳定与增长公约》，紧缩政府开支，从而也影响到对私人经济的投入，导致希腊、西班牙等国家经济增长乏力，罢工、游行等各类群体不满的事件此伏彼起。欧洲多国的债务危机引起了世界各国的广泛关注。[②]

其实，不只是欧洲，美国也同样受到了严重的债务危机的困扰，多个

[①] 我国在经济危机发生后，2009年和2010年的赤字规模比以往年度剧增，甚至超过万亿元。近几年，财政赤字持续增加，2016年的财政赤字为2.18万亿元，占GDP的3%，创历史新高，政府债务总额也由此进一步加大。

[②] 有的学者认为，爆发债务危机的根源，是过于廉价的资金和过度负债，因此，对于政府的过度负债及其引发的风险必须关注和警惕。参见 [德] 丹尼尔·施特尔特：《21世纪债务论》，胡琨译，95~96页，北京，北京时代华文书局，2015。

城市曾濒临破产。随着"公共经济危机"在后危机时代的显现和加剧，各国都面临着是否要加税、是否要增发货币，以及能否有效应对通胀等突出问题，这些问题都会影响公共经济的安全，需要从法律的角度加以审视，尤其需要从经济法的角度提炼出相应的"公共经济危机"的理论。

以往经济法学界更多地关注私人经济对公共经济的影响，强调私人经济的基础性地位或公共经济对私人经济的依赖性。而事实上，公共经济同样会对私人经济产生重要影响，在公共经济规模足够巨大的今天，它已成为影响私人经济的不容忽视的重要力量，这也是国家进行宏观调控和市场规制的重要经济基础。

基于公共经济对私人经济的重要影响，对公共经济领域的法律规制非常必要。其中，加强对政府预算支出的法律控制，特别是加强对国家投资、政府采购支出以及地方政府举债权的法律规制[①]，尤为重要。此外，无论在实体法方面抑或程序法方面，法律的规定必须明晰且可执行，这样才能更好地确保权利与权力的有效配置，实现对各类主体法益的综合保护。

三、"情势变更理论"的拓展研究

经济危机的发生，无论对私人主体的经济活动，还是对国家或政府的经济安排，都会产生重要影响。通常，对于各类主体的经济预期或经济安排来说，经济危机的发生是难以预见的，因而属于较为重大的情势变更。

基于情势变更对私人主体经济活动的影响，合同法等私法领域确立了

---

① 早在 1919 年，阿尔弗雷德·曼纳斯就强调应从经济与法律的角度研究债务问题，并在其所著《国家破产：经济与法律的反思》中认为，从长期看，国家债务的历史完全可以被称为一部国家破产的历史。参见［德］贝克、佩里兹：《为什么国家也会破产》，原龙译，1 页，北京，中国电力出版社，2013。

情势变更原则或制度；同样，由于情势变更会对国家或政府的经济安排产生重要影响，因而也需要在公法领域作出制度安排。鉴于政府的经济安排与经济法的调整密切相关，在经济法领域应当对情势变更原则或制度作出拓展研究。

例如，在经济法领域，经济危机的发生作为一类重要的情势变更，可能带来许多法律问题，包括预算的调整、预算优先权的变化、税收制度的变动、特别国债的增发等。各国为应对经济危机，主要运用经济手段救市，广泛采取扩大预算支出、减税等手段，从而使赤字激增，并产生了影响经济持续增长的诸多不稳定因素，因此，围绕情势变更所带来的诸多法律问题，非常值得研究。

经济危机的发生，作为一种情势变更，最为直接的影响就是使原来形式上收支平衡的预算变得失衡。依据相关法理，情势变更应当发生在预算审批生效后、执行完毕前，如果在预算编审时已经发生，则在编审阶段就应考虑到，而不应事后再调整；同时，情势变更应当是重大的变化，凡涉及中央级次预算调整的，通常是涉及全国的比较大的经济危机。

情势变更的发生，使各类预算主体再执行原来的预算或者不公平，或者难以执行。一方面，经济危机使预算征收主体的义务不能有效履行；另一方面，由于灾害或危机等原因，相关的缴纳主体的困难会大为增加，其完成纳税或缴费任务的基础已经发生了变化。在经济不景气影响税基，从而直接影响预算征收任务完成的情况下，调整预算的规模和结构，重新进行预算安排，无疑非常必要。这体现了"实质高于形式"的精神，即经济生活的实质高于最初预算平衡的形式。①

----

① 艾伦·希克（Allen Schick）认为，预算变化是政治、政策和程序（过程）的混合，这是有道理的。参见［美］艾伦·希克：《联邦预算：政治、政策、过程》，3版，苟燕楠译，前言，1页，北京，中国财政经济出版社，2011。与此相关联，预算调整方面的情势变更，都具有政治性、经济性和法律性。

总之，只要涉及经济活动，就可能存在情势变更的问题。经济活动作为一种重要的公共经济活动，同样会受到情势变更的影响。无论是私人契约的履行，还是国家预算计划的完成，都应考虑情势变更的发生。因此，应当对"情势变更理论"进行超越私法的扩展研究，更加关注情势变更的一般法理的广泛适用，以及情势变更对调控行为的影响。

在经济法领域对"情势变更理论"进行拓展研究，需要分析情势变更的法理，探究情势变更原理是否可以普遍适用于经济法的相关领域以及其适用是否具有特殊性，这更有助于推进经济法的理论发展，完善经济法的具体立法。

四、对既有经济法理论的深入挖掘

经济周期的循环往复已经成为经济运行的常态，经济法学界对后危机时代共性问题的研究，同样具有普遍意义。结合后危机时代的问题对既有的经济法理论进行深入挖掘，无疑有助于推进经济法理论的完善和发展。

经济法的既有理论包括本体论、发生论、价值论、规范论、运行论等诸论，前述需要拓展研究的几类理论与经济法的规范论、运行论等密切相关，是对规范论、运行论的进一步深化，因此，下面仅以经济法理论中的本体论、发生论和价值论为例，来简要探讨对既有经济法理论的深入挖掘。

第一，从经济法的本体论来看，此次危机的发生和蔓延，使人们更加清晰地认识到市场调节的局限性和政府调控的必要性；同时，解决危机的过程也使人们看到了政府作用的有限性。正是基于对市场失灵和政府失灵的认知，以及法律对于解决"两个失灵"的重要作用，人们才更加认识到经济法作为一个独立法律部门的重要性。

从经济危机的角度看，市场失灵会引发经济风险，导致经济失衡，并由此可能酿成经济危机，因此，为了解决经济失衡，防范经济危机，必须进行宏观调控和市场规制。从危机应对和后危机时代各国进行的调控和规制来看，依法调制非常重要。由于宏观调控和市场规制一旦脱离法律的轨道和法治的精神，就必定会引发更多的法律问题，因而规范调控和规制行为，便是经济法的重要任务和使命。从这个意义上说，经济法不仅是规范市场主体的相关竞争行为的法，同时也是规范国家实施的各类调制行为的法。

从经济法的特征看，经济法的调整手段具有突出的经济性和规制性，而具有此类特征的调整手段，恰恰有助于经济危机的解决。不仅如此，无论是在后危机时代，还是经济发展的其他阶段，都需要有效促进经济发展，都需要在经济法中增加大量具有鼓励和促进功能的规范，并形成大量的"促进型经济法"①。

与上述的经济法特征相联系，在实践中许多人常常容易把宏观调控理解为紧缩、压抑，特别是在房地产市场、资本市场的调控方面，加大调控力度往往都被理解为加大压抑或紧缩的力度，这其实是不全面的。事实上，且不说对某个行业和领域的调控是否属于本初意义上的"宏观调控"，仅就调控本身所包含的两个向度来说，每个市场的调控都要体现规制性，都应区别对待，这在后危机时代尤其重要。同时，这也才是对经济法调整的较为全面的理解。

第二，从经济法的发生论来看，经济法真正作为一个独立部门法的全面、完整确立，是在经历了 20 世纪 30 年代的经济危机，从而使现代意义的宏观调控法产生以后。在应对大危机的时期，宏观调控法是作为危机对

---

① 有关促进型经济法的具体分析，可参见张守文：《论促进型经济法》，载《重庆大学学报》（社会科学版），2008（5）。

策法存在的。但由于经济周期不可避免，甚至会频繁出现，只是波幅大小不同而已，因而宏观调控法已不再只是非常时期的危机对策法，而是变成了常态下的经济稳定运行的重要保障法。

与此同时，经济法的产生和发展的重要前提和基础，也被许多学者认定为现代市场经济。事实上，如果市场经济中的经济风险不至于引发经济失衡，靠市场机制的自发作用可以自行解决经济运行的重大问题，则经济法就没有产生的必要，也没有发展的可能；恰恰是现代市场经济条件下的纷繁复杂的经济生活，以及由此产生的周期性的经济危机（包括后危机时代的诸多问题的解决），才需要有更高层次的宏观调控和市场规制，才需要有不同于传统部门法的经济法。

另外，经济风险与社会风险通常是紧密相连的。经济法旨在解决经济风险和经济危机所带来的诸多问题，在经济法的全面产生和发展的同时，旨在解决社会风险和社会危机所带来的各类问题的社会法，也得到了全面的发展。研究经济危机发生和后危机时代的诸多问题，有助于更好地理解为什么经济法与社会法产生的基础具有内在的一致性，以及为什么两者的产生和发展存在着密切的关联。

第三，从经济法的价值论来看，此次经济危机更加凸显经济法宗旨的重要。经济法宗旨作为经济法价值的集中体现，强调促进经济稳定增长的目标，与经济法防范和化解经济危机的功用是内在一致的。基于经济法调整目标与制度功用的内在统一，在后危机时代，应当更加注重通过经济法的制度设计和有效实施，发挥其预防、化解经济风险的作用，努力解决可能出现的各类经济失衡，尽量防止严重的经济危机的频繁发生。

此外，无论是危机应对，还是后危机时代诸多问题的解决，都要严格贯彻具体体现经济法价值的三大原则，即法定原则、适度原则和绩效原则。从法定原则来看，我国在危机应对的过程中，违反法定原则的事例已经发生①，在后危机时代，涉及许多领域的重要调控和规制，更应严格执行法定原则。从适度原则来看，宏观调控和市场规制都必须适度，尤其应处理好政府与市场的关系，尊重经济规律，强调合乎法度；如果违反适度原则，则或者可能引发新的经济危机，或者会影响后危机时代诸多问题的解决。从绩效原则来看，经济危机导致经济运行非常"不经济"，它可能使多年累积的经济增长成果毁于一旦，而经济法调整的重要目标和功能，则恰恰是解决经济运行过程中发生的各类"不经济"的问题，增进整体的效率与效益。因此，无论是危机应对抑或是后危机时代诸多问题的解决，都应坚持绩效原则，运用经济法的诸多调整手段，依法调整经济结构，推进科学规划和发展，实现整体的经济效率和效益。

在后危机时代，为了增强调控和规制的有效性，解决现实的具体问题，有时也不能僵化地理解法定原则，恰恰需要对其作出整体的、动态的理解，才能综合体现三大原则的要求。此外，对与调控相关的法定程序的确定和维护，对于适度原则中的"度"的把握等，都需要在研究经济法的价值论时进一步深入挖掘。

五、小结

在后危机时代，各国都非常注重加强经济法的调整，采行经济法的多种调整手段，与此同时，实践的发展也要求对经济法理论作出拓展研究和深入挖掘。这种拓展和深掘对于经济法理论的丰富和发展，对于经济法制

---

① 如4万亿元投资涉及预算调整，按照《预算法》的规定是应当经过全国人大常委会审批的，但这一巨额投资始终没有经过法定的审批程序，对此各界人士已提出过许多批评。此外，有学者认为，4万亿投资计划是一个寄望于世界经济快速复苏的权宜之举，短期内有助于稳定经济和社会，但却牺牲了中国经济增长方式的优化，可能导致市场化改革理念的退步。参见王曦、陆荣：《危机下四万亿投资计划的短期作用与长期影响》，载《中山大学学报》（社会科学版），2009（4）。

度的完善，都具有重要价值。

从拓展研究的角度，本节简要探讨了经济法研究中应予关注的几类重要的理论，包括国家竞争理论、公共经济危机理论、情势变更理论等（由于风险理论非常重要，本书已列一节），对这些理论的拓展研究，非常有助于经济法理论（特别是经济法的规范论和运行论）的深化。此外，结合既有的经济法理论，本节简要探讨了经济法的本体论、发生论、价值论方面需要深入挖掘的一些问题。无论是上述的拓展研究还是深入挖掘，都会对经济法理论的丰富和完善起到重要的作用，也会使经济法理论更加全面，更加具有指导意义。

从全球经济的发展来看，经济风险、经济失衡、经济周期已经成为经济运行过程中的普遍现象和普遍问题，有关危机或后危机的相关理论研究，也必然成为经济法理论研究中的重要组成部分，并且，基于经济法自身的宗旨和原则，有关后危机时代的理论拓展和深掘，在整个经济法理论体系中的地位还将不断上升。为此，学界还应当对经济法理论作进一步的拓掘，努力发现其中的原理和规律，以更好地推进经济法理论特别是危机应对理论的深化，促进经济法制度建设的发展和经济法治水平的提升。[1]

第四节　危机应对与经济法的有效发展

一、问题的提出

发展是当代各国最重要的主题。一国的发展必须遵循规律，在整体上

---

[1]　在全球化时代，更需要提升中国的经济法治水平。相关探讨可参见张文显：《全球化时代的中国法治》，载《吉林大学社会科学学报》，2005（2）。

关注发展的协调性和可持续性，不断地防范和化解各类危机，以实现经济与社会的良性运行和有效发展；同时，一国的发展需要大量的公共物品的供给，因而离不开国家的宏观调控和市场规制，而调控和规制的法治化水平，则直接关涉经济与社会的全面、协调发展，影响人民的福祉和人权的实现。由此可见，对于一国的发展不仅应关注其协调性、有效性，还应关注其与经济法治、人民福祉等方面的关联性。

从发展的协调性和有效性来看，如何防范和化解经济危机、社会危机等各类危机，无疑是持续性的重要问题。2008年以来的国际性金融危机或经济危机，作为经济运行过程中积聚的诸多问题的集中爆发，不仅严重影响经济的有效发展，还可能引发政治、社会、法律等诸多领域的危机。面对危机，只有临危不惧，相机而动，辨证施治，才可能化险为夷，转危为安。

为了应对经济危机，各国普遍采行多种经济政策。例如，大量的预算支出、税收减免、国债增发、政府采购等财政政策工具的具体运用，在应对危机的过程中发挥了重要作用，厥功至伟。而上述各类经济手段的施行，则离不开经济法的有效保障。由此便产生了危机应对与经济法治、人民福祉等方面的内在关联。

事实上，基于法定原则，在预算、税收、国债等诸多领域，都需要严格依法行事，即使危机时分亦不得例外。正因如此，在各国应对危机的过程中，经济法的调整备受重视，经济立法得到了进一步的健全和完善。但与此同时，基于危机应对的应急性等诸多因素，背离法治精神的各类问题亦可能发生，从而使经济法制建设潜伏隐忧，如不及时调整，便可能形成经济法发展中的危机，影响经济法的有效发展。

有鉴于此，本节将着重分析我国在应对危机过程中所运用的各类经济手段，探讨其中存在的法律问题，并提出经济法的有效发展问题，强调在危机应对方面不仅要关注经济的有效发展①，还应重视化解危机的各类制度安排的合理性与合法性，尤其是作为应对危机的重要手段的经济政策和相关立法，更应符合法治精神，这样才能更好地实现经济法的宗旨。此外，本节还强调，危机的应对与经济法的有效发展，有助于经济法研究的深化；同时，经济法研究的进一步深入，则有助于促进经济法的有效发展，也有利于危机的防范和化解。为此，本节还特别提出了深化经济法研究应当进一步关注的若干经济法理论。

二、应对危机的主要经济手段解析

在应对金融危机、财政危机以及整体上的经济危机的过程中，各国广泛运用了经济手段，特别是预算支出和税收减免等经济手段。从我国的情况看，应对危机所运用的主要经济手段，包括预算手段、税收手段、国债手段、政府采购手段、转移支付手段等。对于这些手段，可以作进一步的具体解析。

（1）预算手段。危机发生后，我国重启积极的财政政策，扩大预算支出，通过政府公共资金的投入，来解决有效需求不足的问题。国家推出的在两年时间内投资 4 万亿元的计划，曾引起了国内外的广泛关注，它同美国提出的 7 000 亿美元的经济刺激计划一样，都是应对危机的直接而重要的手段。

（2）税收手段。我国为应对危机而实施的税收手段是非常丰富的，择要枚举如下：第一，在税率调整方面，国家为了促进资本市场的发展，调

---

① 危机毕竟只是一个阶段性的问题，因此，危机应对必须立足长远，不能为了解决危机的问题，而忽视经济的长期的、协调的、持续的、有效的发展；应当以危机为契机，进一步转变经济增长方式，优化结构，这已成为人们的普遍共识。

低证券交易印花税税率至 0.1%①；为了增加税收收入，实现引导消费的目标，调高白酒、香烟的消费税税率，等等。此外，国家还调整了一系列的"准税率"，如在增值税领域，将小规模纳税人的征收率调低为 3%，同时，调高出口退税率，以鼓励出口。② 第二，在税基调整方面，如实行消费型增值税，调整企业所得税的扣除项目或扣除范围，同时，进行成品油的"费改税"③，等等。第三，在税收优惠方面，实施了大量的减免税，如对个人所得税中的储蓄存款利息免税④，等等。

（3）国债手段。国债手段早已成为应对经济波动的重要措施⑤，我国在 2007 年就决定分期发行 1.55 万亿特别国债。此外，在我国实施的 4 万亿元投资计划中，有相当部分资金来自国债的发行。在应对经济危机的过程中，无论是赤字的弥补⑥还是对内需的拉动，国债手段都具有重要作用。

（4）采购手段。政府的公共采购直接影响到广大市场主体的利益，以及市场整体的繁荣和复苏。采购手段的运用不仅关系到微观主体权益，也关系到国家利益和本国经济的发展，它能够在一定程度上起到宏观调控的作用。是否可以优先采购国货⑦，采购的规模、比例、数量如何等，不仅

---

① 2008 年 9 月 18 日，财政部、国家税务总局宣布，决定从次日起，调整证券（股票）交易印花税征收方式，将现行的对买卖、继承、赠与所书立的 A 股、B 股股权转让书据按千分之一的税率对双方当事人征收证券（股票）交易印花税，调整为单边征税，对受让方不再征税。

② 2008 年 10 月 21 日，财政部、国家税务总局联合发出《关于提高部分商品出口退税率的通知》，适当提高纺织品、服装、玩具等 3 486 项商品的出口退税率，约占海关税则中全部商品总数的 25.8%。

③ 2008 年 12 月 5 日，国家发展改革委、财政部、交通运输部和税务总局联合发布《成品油价税费改革方案（征求意见稿）》。该方案明确，原来征收的公路养路费等六项收费改为征收成品油消费税。成品油价税费改革已自 2009 年 1 月 1 日起实施。

④ 国务院公布，自 2008 年 10 月 9 日起，对储蓄存款利息所得暂免征收个人所得税。

⑤ 特别是在 1998 年因金融危机和洪涝灾害而使赤字大增的情况下，我国开始大量增发国债，用以应对经济波动，拉动内需。

⑥ 由于经济危机等诸多因素，我国在 2009 财年安排的赤字达到空前的 9 500 亿元，其中中央财政赤字为 7 500 亿元。如此庞大的赤字规模，构成了国债发行方面的巨大压力；同时，关于国债的合理规模、地方债的发行等问题，又引起了各界的广泛关注。

⑦ 美国为应对危机曾提出优先采购本国货物，引起了国际社会的广泛关注。

是国内法上的重要问题，甚至还涉及国际经济和法律的协调。①

（5）转支手段。政府采购和转移支付，虽然同为预算支出的重要形式，但其性质、领域等毕竟不同。在危机应对方面，既要有直接影响市场主体的生产经营的政府采购，也要有最终对广大居民的生存和消费产生重要影响的转移支付。因此，国家在社会保障和相关补贴等方面的转移支付，是应对危机、拉动消费的一个重要举措。我国政府已经在社会保障方面投入很多，仅在医疗保障方面，国家就提出了拟投入 8 500 亿元的计划。此外，养老保险的统筹层次的提高，以及保障覆盖面的进一步扩大等方面，都需要国家的大量投入。

上述几类手段都是非常重要的经济手段，与其他许多经济政策工具也都存在直接或间接的关联。例如，为了应对危机，我国提出了十大产业的调整和振兴规划②，这些规划看似产业政策或规划手段，但都离不开经济手段的支持。即使是货币政策，也需要与财政手段相协调。可见，各类经济手段的协调配合对于应对危机确实非常重要。

从上述简要列举的各类手段来看，我国应对危机所采行的经济手段是丰富多彩的，其中既涉及预算、税收等经济手段，也涉及金融、产业、规划等相关手段。因此，对于各类经济手段的具体运用及其化解危机的重要作用，还需全面、客观地分析和评价。

在强调法定原则的情况下，上述各类经济手段的采行，都离不开法律的确认和保障；上述各类手段的运用过程，同时也是经济法实施的过程。

---

① 政府采购涉及许多行业和领域，因而政府采购法与许多行业法密切相关，涉及与《铁路法》《公路法》《建筑法》《国防法》等许多法律的协调。同时，在经济全球化的背景下，WTO 成员方之间有关政府采购的国际协调亦非常重要。

② 钢铁、汽车、电子、纺织、物流、有色金属、装备制造、石化、轻工、船舶等十大产业的"调整和振兴规划"的实施，都直接或间接地与财税政策相关。财税政策对于上述十大产业以及相关产业结构调整所起到的重要作用正日益显现。

因此，研究上述各类措施的实施问题，有助于透过危机的应对，发现在经济法制建设方面存在的问题，从而有助于探寻其未来完善的路径。

三、从危机应对看我国经济法制建设存在的问题

考察上述为应对危机而采行的各类经济手段，可以发现我国经济法制建设方面存在的突出问题。尽管对此已有人关注，但学界和实务界仍需进一步予以梳理和深化。在我国经济法制建设领域存在的诸多问题中，下列问题尤其值得关注。

（一）立法体制问题

经济立法体制问题是人们探讨多年的老问题，但也是历久弥新的重要论题，其核心是经济立法权的配置问题。依据严格的法定原则，按照"法律保留"和"议会保留"的要求，经济立法权应主要由立法机关行使，政府经由法律或立法机关的授权，方可行使部分立法权，且不应成为经济立法权最重要的享有者。即使考虑现实的调控需要以及危机的应对等问题，并因而提倡"动态"的法定原则，也必须注意对政府经济立法权的限定①，并使"动态"变易处于辅助地位，这样才能使经济法上的法定原则既能保持其合理内核，又能与时俱进；既能够解决经济生活中亟待处理的问题，又能够符合法治精神的基本要求。

---

① 2009 年 6 月 27 日，全国人大常委会通过了《全国人民代表大会常务委员会关于废止部分法律的决定》，其中包括 1984 年 9 月 18 日通过的《全国人民代表大会常务委员会关于授权国务院改革工商税制发布有关税收条例草案试行的决定》，但是，全国人大常委会 1985 年的授权决定仍然有效。1985 年的《全国人大常委会授权国务院在经济体制改革和对外开放方面可以制定暂行规定或者条例的决定》，使国务院的税收立法权进一步扩大，尽管更多地体现了"动态"的法定原则，但却缺乏对财税立法权的必要限定。

从危机应对所采取的各类手段来看，政府在经济立法权方面的强势地位非常突出，这与历史上政府立法权过大，以及现实中应对危机的需求急迫均有关联。无论是税收减免的安排，还是税基、税率调整等，对于各类课税要素的变动本来都应实施"法律保留"，但由于历史和现实的双重因素影响，实践中往往由国务院甚至其职能部门直接操作。长此以往，经济法的有效发展必受影响。

因此，尽管为应对危机而采行的经济手段具有一定经济合理性，但有些措施并不符合法治精神和法律规定，不能将其长期化、固定化。只有从根本上解决立法体制的问题，明确界定和配置相关主体的立法权，并确保依法行使，才能更好地推进经济法自身的发展。

（二）权力行使问题

在应对危机过程中所采行的各种经济手段，涉及多种权力的行使，其中较为重要的有预算支出权、预算调整权、税基税率调整权、税收优惠决定权、国债发行权、采购调控权、转移支付权、金融调控权等。上述权力的配置，在立法上已有基本规定，但在具体行使时，却可能存在越权、滥用权力等问题，导致某些主体的权力行使不充分、不完整、不及时，并因而产生许多负面影响。

例如，在上述的4万亿投资计划中，中央政府要增加支出1.18万亿元，由此使原来收支较为平衡的预算失衡，导致中央预算的赤字大增，从而涉及巨额预算调整。由于4万亿的投资计划如此重大，且涉及两年共计1.18万亿元的预算调整，因而无论是从重大投资计划的角度，还是从预算调整的角度，都应由全国人大常委会依据其预算调整审批权进行审批。但实际情况却是此次投资计划的出台和预算调整，仅由国务院常务会议作出决定，并未经过全国人大常委会审批，其在权力行使上的问题是显见的。这也是 4 万亿投资计划推出不久，即在法律上广受诟病的重要原因。其实，如果全国人大常委会能够及时、充分地行使预算调整的审批权，则可使如此重要的危机应对措施在形式上具有合法性，并由此得到更好的遵从。

4 万亿的投资计划同国债发行权的行使也有密切关联，在因扩大预算支出而使赤字大增的情况下，国债必然会成为弥补赤字的至为重要的手段。如前所述，早在 2007 年，我国就决定发行 1.55 万亿元特别国债，因发行规模大且跨越数年，当时全国人大常委会曾专门予以审批①，使其至少在形式上符合国债发行审批权的行使要求。通常，依据国债法定原则，为了更好地体现监督，所有的国债发行，无论是否用于应对危机，都应由国家立法机关行使国债发行审批权，政府部门不得越权自行批准，否则即违背法治的基本精神。

4 万亿的投资计划与采购调控权也密切相关。国家制定巨额投资计划，就是为了拉动内需、调整结构、恢复经济，而投资计划的重要实现形式则是政府采购。由于政府采购向哪些领域倾斜，以及国货是否享有优先购买权等，会影响不同行业、不同地区、不同国家的产品销售以及经济复苏，因而采购调控权同样非常重要。

4 万亿的投资计划只是我国应对危机的一种手段，其中涉及的诸多经济法问题，特别是权力行使问题，确实值得深思。例如，对于上述的预算调整审批权，我国《宪法》和《预算法》的规定非常明确，但却存在权力主体行权落空或行权不到位的问题。又如，国债的发行审批权同样应由立法机关来行使，并且在历史上已由其行使，但在应对危机时似乎行权不

---

① 根据《全国人民代表大会常务委员会关于批准财政部发行特别国债购买外汇及调整 2007 年末国债余额限额的决议》，财政部发行 1.55 万亿元特别国债，这是自中华人民共和国成立以来我国发行数额最大的一笔特别国债，主要用于配合解决金融领域存在的流动性过剩等问题。

畅。至于上述的采购调控权，则在总体上尚未完全将其作为相对独立的权力来对待，因而还缺少宏观或整体上的行权机制。而这些不足，无论是对于整体的危机应对，还是对于经济的有效发展，最终都会产生负面影响。

此外，我国为应对危机而采取的诸多税收措施，包括所谓的结构性减税、增值税转型、消费税调整、产业调整与振兴规划等，涉及税收优惠决定权、税基确定权、税目税率调整权等经济法上的重要权力。对于上述权力的行使，法律已有基本规定，但在具体行使上仍存在一些问题。如前所述，目前这些权力主要由国务院及其职能部门行使，尽管便于及时应对经济领域出现的问题，但与法治精神的要求相距甚远。此外，由于经济危机使税收减收因素增加，而税收增收需求加大，因而依法征管的问题会日益突出，对税收征管权的行使必须作出应有的限定。

上述各类经济法上的权力为法定职权，各类有权主体必须积极行使，既不能放弃，也不能超越或滥用。只有各司其职，各依其轨，既有监督，又有协调，依法行权，才能实现经济法制的基本目标。

（三）透明度问题

透明度直接影响相关主体的信息权。经济法的法治透明度直接关涉公民权利、纳税人权利。经济法的立法与执法的透明度，因其与相关主体的基本权利直接相关，历来备受瞩目。无论是正常状态还是危机时分，都必须保持经济领域基本的透明度。[①]

从现实情况看，我国经济法立法的透明度迫切需要进一步提高。经济法的立法涉及国民的基本财产权，直接影响国家利益、社会公益和私人利益，因而不可不慎。从一定的意义上说，经济法的立法要体现国家与国民

---

① OECD 国家和 IMF 等国际组织对财政透明度非常关注，并注重以多种立法形式加以规范。可参见国际货币基金组织编著：《财政透明度》，北京，人民出版社，2001。

之间的利益协调与平衡，如果把经济法立法视为国家与国民之间的一种广义上的"协议"，则由于此类"协议"影响至为深远，因而必须透明，尤其应让公众知道某种立法为什么要出台，立法背景是什么；同时，该立法的基本内容要通过广泛征求意见，充分协调各方利益诉求，这样才能使经济法立法更好地体现民众的意志和国家的意志，才更加具有执行力和可操作性。

在应对危机的过程中，我国对经济法的立法透明度亦时有关注。例如，在进行成品油的"费改税"的过程中，曾广泛征求社会各界的意见，至少在形式上注意了透明度，只不过当时征求意见的时间较短，以至于有人认为过于"形式主义"。但类似的"形式主义"的立法参与也并不普遍。例如，非常重要的增值税、消费税等税收暂行条例的修订，就没有广泛征求意见。其他税收立法领域的"神秘主义"，亦屡见不鲜。

上述经济法的立法透明度较弱的问题，会在很大程度上影响执法的依据和效果。例如，转移支付的数额、方向、绩效等执行中的不透明问题，因危机而在税收征管领域征收"过头税"的问题，等等，都已引起人们的关注。至于各级预算支出的透明度不够等"老问题"，仍未完全解决。[1] 如果能够增强经济法的执法透明度，加大各个方面的监督力度，则执法方面的许多问题将会得到更好的解决。

我国目前实施的《政府信息公开条例》对于增进立法和执法的透明度有一定的促进。依据该条例，有关经济法制建设方面的诸多信息，都应依法公开[2]，这无疑有助于推进经济法制建设的进一步完善。

----

[1] 从2010年中央部门首次向社会公开部门预算开始，到2016年，部门预算公开部门的数量由75家增加到102家，公开范围由一般预算拓展到政府性基金预算、国有资本经营预算，此外，还单独公开"三公"经费预算。

[2] 2009年1月7日，上海律师严义明分别向国家财政部和发展改革委提交了信息公开的申请，其内容包括财政预算和决算的信息的公开以及4万亿元经济刺激计划进展情况的公开。这体现了对财税透明度的关注。

（四）程序保障问题

无论是立法分权还是权力行使，无论是法治透明度的提高还是公众参与域的扩大，都离不开程序保障。经济法的重要性和现代性，要求把实体法规范与程序法规范"熔于一炉"，因此，在经济法立法中会涉及大量的程序法规范。尽管如此，程序保障问题仍然较为突出。

例如，在发生金融危机等紧急状态下，应该有政府进行宏观调控的应急程序。例如，在经济调控方面，应当明确在什么情况下，由哪个主体启动应急程序，由哪个主体提出应急预算支出方案，由哪个主体审批，由哪个主体执行，由哪个主体监督，等等；具体的应急委员会如何组成，如何讨论，如何决策，等等，都需要有程序保障。上述的 4 万亿投资计划的出台，也涉及程序保障问题。[1] 如果 4 万亿投资的程序不明，或有程序不遵守，就会导致"跑部钱进"之风愈演愈烈，从而严重影响资金的使用效益。

此外，各类主体的宏观调控权的行使，也都需要程序保障。无论是货币、国债的发行调控，还是税基、税率的调整；无论是税收优惠的确定，还是转移支付的施行，等等，均须臾也离不开程序保障。但从现实实践看，上述宏观调控行为的实施，尚缺少公开、细致的程序安排，因而不可能做到全面地依法调控，这与经济法治的要求还有一定的距离。

上述的程序保障直接影响经济法的立法和执法，影响各类宏观调控权和市场规制权的行使，进而影响经济法的法治透明度。如果经济法的法制建设的各个环节都能够按照公开、细致的程序展开，则不仅有助于提高法治透明度，也有助于更好地保障公众的知情权、参与权、监督权等重要的宪法性权利。

---

[1] 依据《政府投资条例》（自 2019 年 7 月 1 日起施行）第 4 条的规定，政府投资应当遵循科学决策、规范管理、注重绩效、公开透明的原则。

可见，程序保障对于更好地进行经济法的立法和执法，对于各类主体有效行使各类宏观调控权和市场规制权，提高法治透明度，保障公众的各类相关权利，都至为重要。唯有切实提高程序保障水平，才能更好地推进经济法自身的有效发展。

（五）法律意识与法治观念问题

随着国家法治建设的日益完善，社会公众的法律意识和法治观念也在不断提高和增强，这无疑是重要进步。但与此同时，还要结合应对危机过程中存在的问题，审视目前在法律意识和法治观念方面存在的不足。

例如，各类宏观调控权和市场规制权的行使，不仅要求社会公众有较强的法律意识，还尤其要求行使调控权的国家机关的领导及工作人员有较强的法律意识。正确的法律意识对于形成法治观念非常重要。能否真正地依法办事，能否把一切调控行为纳入法治的轨道，对于实现调控目标无疑非常重要。如果能够把部门利益、地区利益与国家全局的整体利益统一起来，如果在行使各类宏观调控权和市场规制权时，能注意均衡保护各类主体的权益，则经济法调整的整体效果会更好。

总之，上述经济法治建设方面的诸多问题在未发生危机时也存在，只不过有些问题在危机应对的过程中体现得更为突出。只要针对上述问题的成因不断完善经济立法体制，解决好各类宏观调控权和市场规制权的配置和行使问题，不断增强经济法治的透明度，并加强程序保障，提高法律意识和增强法治观念，就会大大有助于解决经济法发展中的问题，避免发生法律危机，就能够通过加强经济法的法治建设，促进经济法的有效发展。[①]

---

① 有学者认为，实施经济法治战略的本质要求是要用法治约束政府的权力，规范政府的经济管理行为，保证市场充分发挥配置资源的作用。参见顾功耘：《论重启改革背景下的经济法治战略》，载《法学》，2014（3）。

四、推进经济法的有效发展

经济法的"有效发展"，是一个值得关注的重要命题。[①] 经济法作为一国法律体系中的重要法律部门，如何发展，如何有效地发展，对于整体的法制建设，对于相关领域的学术研究，都有重要意义。为此，前面已经结合应对危机所采取的经济手段，探讨了影响经济法有效发展的具体问题，下面，有必要结合前述问题，对"有效发展"作进一步提炼，明确"有效发展"的内在要求和重要价值，从而更好地推进经济法的有效发展。

在"有效发展"方面，所谓"有效"，一方面强调经济法必须符合规律、符合民意、符合法治精神，从而使其合法有效；另一方面，也强调经济法的发展必须关注经济法的整体，考虑经济法系统内部的协调，重视经济法自身的可持续，从而使其发展更有效率，也更有效益。

在"有效发展"方面，所谓"发展"，强调的不仅是数量的增长，更是质量的提高。因此，经济法的立法并非越多越好，而是应着力解决前述各类问题，包括：第一，立法体制要协调。立法权的分配要协调好，各级各类立法主体依法行使各自的立法权，有助于经济法体系的内在和谐统一。第二，各类权力配置要和谐、得当。只有各类权力，尤其是各类宏观调控权和市场规制权配置得当，相关主体充分、及时、完整地行使权力，才能有效地实现经济法的目标。第三，要增强经济法的透明度。透明度体现的是相关主体之间的沟通，经济法制系统只有能够有效地输出、反馈，并加强系统输入，才能可持续地运转。第四，要加强程序保障。没有程序保障，经济法的制定和实施就会出现失序和失范；同时，在程序保障之

[①]　与此相关的"经济法理论"的有效发展问题，同样非常值得关注。可参见张守文：《论经济法理论的"有效发展"》，载《法商研究》，2005（1）。

下，经济法的运行会更有效率，也更有效益。第五，要提高法律意识，增强法治观念。法律意识和法治观念对上述各类问题的解决都非常重要，直接影响着经济法的有效发展。

依据"有效发展"的上述内在要求，可以分析经济法制度建设诸多方面的得失。例如，近些年来，国务院及其职能部门制定了大量的经济法规、规章，同时，在其他法律中亦隐含大量的经济法规范，经济立法的总体数量不可谓不多。但是，单纯的立法数量并不必然意味着经济法的发展，更不意味着经济法的"有效"发展。因为这些立法的系统性还不够，经济法系统在所应有的结构、层级、功能、协调性等方面还存在很多不足，高层次的立法还不多，有些重要的立法甚至尚付阙如；不同层级以及相同层级立法之间的协调性还不够，立法上的交叉、重叠、抵牾、冲突等还时有发生①，经济法系统整体功能的发挥尚存很大空间。上述问题的存在表明经济法的有效发展尚需进一步推进。

推进经济法的有效发展，在经济、法律等各个领域都有重要价值。一方面，经济法的有效发展，有助于促进经济的有效发展，特别是大量经济调控措施的依法推出。各类经济调控权的有效行使，都有助于防范和化解经济危机，并且，在应对经济危机（特别是金融危机和财政危机）的过程中，经济法自身也能够得到进一步的发展。另一方面，经济法自身的有效发展，推动了经济法制的健全和完善，使经济法的运行更加符合法治的基本精神，从而有助于解决经济法发展中可能产生的各类突出问题，化解可能产生的各类危机，因而其对于整体的法制完善，以及有效实现法治，也具有重要价值。

要推进经济法的有效发展，应解决好量与质、形与神等诸多方面的关

---

① 在这个意义上，在经济法领域需要更多的"良法"。对于何谓良法，有的学者认为，良法应具有真善美的品格。可参见李步云、赵迅：《什么是良法》，载《法学研究》，2005（16）。

系问题。在量与质的关系方面，不能单纯重视立法数量，还尤其应注意提高立法质量；在形与神的关系方面，不仅要使许多经济立法具备一般的法律外观，还尤其应使其在实质上体现法治精神，确保经济法是合法有效的。因为违反法治精神的恶法，数量越多，危害越大。

要推进经济法的有效发展，不断提高经济法的立法质量和执法水平，还应当注意"全面、协调、可持续"①，从经济法整体的角度考虑其发展。只有基于经济法系统的整体，才能更好地考虑协调的问题，做到主要法律齐备，各类立法配套，相互之间互补而不冲突，且能形成整体合力。同时，只有体现法治精神，反映民众诉求，体现经济规律，经济法的发展才是可持续的，才能得到有效发展。

五、经济法的有效发展与经济法研究的深化

如前所述，只有不断地防范和化解经济危机，才能更好地促进经济与社会的协调发展与有效发展，而在应对经济危机过程中所采取的各类经济手段，都需要经济法的保障。事实上，经济法的有效发展、经济法治水平的提高，非常有助于防范和化解经济危机，也有助于经济法研究的进一步深化。同时，经济法研究的深化会进一步促进经济法的有效发展，并更好地防范和化解经济危机。

前述在应对危机过程中所显现出的经济法治建设方面的诸多问题，都需要进一步深入探讨，这对于经济法研究的深化非常重要，其中涉及的如下几类经济法理论，尤其需要进一步深入研究。

---

① 有效发展与科学发展是内在一致的，都是运用系统分析方法必然提出的要求。经济法作为法律系统的重要组成部分，"其所有的运作始终是在社会中的运作"，当然也要遵循系统良性运行的基本要求。参见［德］卢曼：《社会的法律》，郑伊倩译，14～15页，北京，人民出版社，2009。

（一）风险防控理论

如前所述，从风险防控的角度说，经济法是重要的风险防控法。经济法之所以能够防范和控制经济社会运行过程中的风险，是因为经济法具有特定的功能。经济法能够通过保障收入的有效分配，使国家、企业、个人等各类主体各得其所，来保障经济公平和社会公平；通过保障资源的有效配置以及有效的宏观调控，来促进经济和社会的良性运行；通过兼顾公平与效率，保障基本人权，促进企业等各类主体的发展，来增进经济与社会的协调和稳定发展，从而在一定程度上防范和化解经济风险和社会风险等诸多风险。因此，经济法是重要的风险防控法。

不仅整体上的经济法对于经济运行过程中的相关风险具有防控功能，而且具体的经济法制度也能够防控具体的经济风险。通常，经济风险具体包括财政风险和金融风险等，而财政风险又包括预算风险、税收风险、国债风险、采购风险、转支风险等，这些风险都需要通过经济法上的相关具体制度来加以防控。

其实，如同私人经济主体一样，国家作为公共经济的主体，也需要防范风险和危机。例如，在经济法领域，财政法上的财政风险，与预算支出过大、债务负担过重、税负过重或税收不足等有直接关联，因此，有效地解决赤字规模过大、债务依存度过高的问题，有效解决税负不公以及由此产生的征收不可持续等问题非常重要。在制度建设上，尤其应当关注收支平衡，特别是转移支付和政府采购规模，以及征税和发债规模等问题，通过优化税法、国债法、收费法等制度设计，确保形成良性的"取予关系"。

基于上述理论认识和现实需要，在未来的经济立法中，结合已修订的《预算法》和未来"国债法"的制定，结合多部出台的税收法律，需要进一步强化预算平衡与预算调整、赤字与债务规模控制等制度，使预算的编

审与执行，以及国债的发行与回收等制度安排更加规范；此外，由于课税
努力与税负公平影响着国家的征收和国民的遵从及其引致的税收风险，因
而需要进一步关注税法制度的合理性与合法性，关注税法上的可税性
理论。

（二）信息披露理论

众所周知，当今的风险社会在很大程度上与信息的不充分、不确定直
接相关。为了解决信息的不确定所带来的风险，在经济法的许多领域都需
要确立信息披露制度，以保护各类主体的知情权，如纳税人的知情权、投
资者的知情权、消费者的知情权，以及管理者的知情权，等等。加强信息
披露，对于防范、化解各类风险和危机具有重要作用。因此，无论是研究
危机的应对，还是研究经济法的发展问题，都应关注信息披露理论。[①]

经济法上的信息披露，包括国家向国民的信息公开，也包括国民向国
家的信息报告，其核心是国家或国民的知情权问题。通常，人们更加重视
国民的知情权。例如，在预算法领域的预算知情权问题，一直引人注目，
对此前已述及；此外，在纳税人权利方面，通常也把纳税人的知情权作为
一项重要权利。[②] 至于在国债的发行、使用方面，以及转移支付、政府采
购、政府收费等方面的知情权，同样非常值得重视。

除上述国民的知情权以外，为了加强管理，国家也需要获取相关信
息，因此，在许多制度中，对国家的知情权也有大量规定，尤其要求企

[①] 从这个意义上说，信息维度同样是研究经济法的重要维度，相关探讨可参见张守文：《消费者的获取信息权及其法律保护》，载《中外法学》，1996（1）；应飞虎：《从信息视角看经济法基本功能》，载《现代法学》，2001（6）；等等。

[②] 无论是我国还是其他一些国家，都比较重视纳税人的知情权，这是纳税人行使其相关权利的重要基础。为此，在国家税务总局于2009年11月6日发布的《关于纳税人权利与义务的公告》中，也将纳税人知情权作为第一项重要的权利加以明确。

业、个人等主体应当对其经济活动、收益情况以及其他相关情况进行申报、报告，从而使国家可以在征税、收费、发债等方面作出判断，同时也可以在财政支出方面作出安排。

需要注意的是，对国民的知情权一般是从权利的角度加以规定的，而对国家的知情权，往往是从国民信息义务的角度加以规定的。例如，我国现行税法规定的纳税人的知情权，主要是了解国家税收法律、行政法规的规定以及与纳税程序有关的情况的权利，具体包括办理税收事项的时间、方式、步骤以及需要提交的资料，应纳税额核定及其他税务行政处理决定的法律依据、事实依据和计算方法，发生争议时可以采取的法律救济途径及需要满足的条件，等等。

与上述知情权相对应，现行税法制度还规定了纳税人的信息义务，包括及时提供信息的义务，即纳税人除了通过税务登记和纳税申报提供与纳税有关的信息外，还应及时提供其他信息，如经营情况变化、遭受各种灾害等特殊信息。此外，纳税人还有报告其他涉税信息的义务，包括与关联企业之间的转移定价信息的报告义务，对抵押权人、质权人的欠税情况说明义务，企业合并、分立的报告义务，全部账号的报告义务，处分大额财产的报告义务，等等。

无论是哪类主体的知情权，都需经由充分的信息披露才能实现。为此，需要对经济法上的信息披露实体制度和程序制度加强研究，并提炼出较为系统的信息披露理论。[①]

（三）情势变更理论

对于情势变更理论，前面已有相关讨论。金融危机或经济危机带来了

---

① 对于信息披露问题，需要从经济法学和信息法学的视角展开交叉研究。参见张守文、周庆山：《信息法学》，63页，北京，法律出版社，1995。

重大的情势变更，它不仅严重影响私人契约的履行，也会使原来形式上收支平衡的预算发生失衡，从而影响国家预算的实施。因此，不仅要关注情势变更的法理在私法领域的运用，同样也要考虑其在经济法等公法领域的运用，并提炼经济法领域的情势变更理论。

情势变更所带来的经济法问题是多方面的，如预算调整问题、预算支出优先权的变化问题、税收制度的微调应对问题、特别国债的发行问题、经济程序法的完善问题等。这些问题涉及经济法的许多重要领域，是经济法制度建设的重要内容，需要进行深入研究。

研究经济法领域的情势变更理论和制度问题，要考虑情势的重大性、变更的不可预见性、整体的情势变更的广泛性等诸多因素，并基于经济法所具有的实体法和程序法紧密相关的自足性，提出情势变更的构成要件，分析经济事项变更的程序、权义调整、责任分担等问题，以进一步丰富经济法理论。

（四）调控和规制理论

在危机应对和经济法的发展过程中，宏观调控和市场规制无疑是非常重要的问题。但从总体上说，有关宏观调控和市场规制的理论和制度的研究都还很不够，需要基于经济法、社会法等现代法的视角，推进相关研究。无论从各国的制度实践，还是从经济法理论拓展的角度，都需要进一步加强调控和规制理论的研究。

六、小结

本节着重对危机应对过程中所采用的各类经济手段进行了解析，并针对这些经济手段的法律保障，提出了我国在经济法制建设方面应予关注的五类重要问题，这些问题若不能有效解决，就会影响经济法的有效发展，甚至会引发经济法的危机，因此，必须高度重视并着力解决。

应当承认，在危机应对的过程中，经济手段确实有特别重要的作用，但其作用的发挥离不开经济法的有力保障。只有解决好立法体制问题、权力行使问题、透明度问题、程序保障问题，以及法律意识和法治观念问题，不断提升经济法制度的合理性与合法性，才能推进经济法的有效发展，解决好经济、社会、政治、法律等领域的相关问题，防范和化解可能发生或已经发生的各类危机。上述认识尤其有助于提炼经济法中的危机理论和具体的危机应对理论。

危机应对与经济法的有效发展之间存在着密切关联：一方面，危机应对为经济法的有效发展提供了重要契机，有助于人们进一步明确何谓有效发展，为什么要有效发展，以及如何有效发展等问题；另一方面，经济法的有效发展，客观上为经济、社会等领域的有效发展提供了重要的法律保障，有助于防范和化解经济危机、社会危机等各类危机，对于解决经济法发展中的问题，以及可能发生的法律危机，尤其具有直接而重要的作用。

无论是危机应对还是经济法的有效发展，都有助于推动经济法理论的深化；同时，经济法理论研究的深入发展又会进一步推动经济法的法治化水平，促进经济法的有效发展，并进一步推进经济与社会的良性运行和协调发展，从而有助于防范和化解风险和危机。从危机应对、经济法有效发展及其与经济法理论研究的关联来看，在经济法理论研究方面，应当进一步加强风险防控理论、信息披露理论、情势变更理论、调控和规制理论的研究，这对于推进经济法理论的整体发展意义甚巨。

总之，对于应对经济危机的经济手段及其法律问题的解析，有助于更加清晰地认识加强经济法治、推进经济法的有效发展，从而促进经济与社会良性运行之必要；同时，危机应对与经济法的有效发展，也对经济法理论研究的深化提出了要求并指明了方向。经济法学界应当以此为契机，更加重视经济法的理论创新，不断提高经济法理论的解释力和指导力，这也是新时期经济法学研究的重要使命和必由之路。

第六章　经济立法与法治理论

前述各章所讨论的内容，无论是"三大关系"的有效处理还是其中潜藏的相关体制问题的处理，无论是协调发展理念的落实还是经济法对发展的促进，无论是分配问题的解决还是风险防控与危机的应对，无论是发展理论、分配理论的深化还是风险理论、危机理论的提炼，最终都与经济法的具体制度、相关立法或法治建设直接相关。因此，加强经济法的立法，不断提高立法质量，切实提升经济法的法治水平，并提炼相应的经济法治理论，尤为重要。

在经济法的立法领域，有许多亟待解决的问题，如立法试点会带来立法的分散，而立法统合则在一定程度上有助于解决分散立法的问题，如何平衡立法的统一和分散，不断提升经济法的法治化水平，就是一个非常重要的问题。而上述问题的解决，无疑要坚持法定原则，并在法治框架下，确保相关主体的权利。例如，我国在推进"结构性减税"或"减税降费"的过程中，如何贯彻税收法定原则，确保纳税人的权利和国家征收权的平衡，就非常值得探讨。此外，如何通过经济法的路径提升治国能力，也是加强经济法治应关注的重要问题。而在上述各类问题的探讨过程中，其实都涉及法治原则，也涉及法治理论的提炼。

有鉴于此，本章首先从立法的集中与分散的角度，分别讨论经济法的立法统合与试点立法的问题；其次，以"结构性减税"中的减税权问题为例，说明坚持法定原则，加强经济法治的重要性；最后，通过探讨提升治国能力的经济法路径，进一步强调经济法的调整对于国家整体经济法治的重要价值，以及推进中国经济法治建设的可能性。

第一节　经济法的立法统合

一、背景和问题

在全面深化改革和推进法治建设的大背景下，诸多领域的制度统一和整合正渐次展开。由于各类改革都要"于法有据"，切合法治精神，因而在国家构建法治体系的过程中，完善立法亦被置于首位，由此形成了令人瞩目的新一轮立法热潮。[①]

基于经济法与民法、行政法的紧密关联及其对于整体法治建设的特殊价值，对三法的立法历程展开比较研究[②]，揭示其立法层面的共性和规律，无疑甚有裨益。回望三法的发展路向，不难发现，虽然同受"建构主义立法"思路影响，但各类立法的统合程度各不相同：在民事立法领域，

---

① 中国在 20 世纪 90 年代实行市场经济之初，曾大规模推进市场经济立法。时隔 20 年，随着 2013 年"改革决定"和 2014 年"法治决定"的推出，国家法律的立改废释再度全面提速，并由此形成了一轮新的立法热潮，其中也凝聚了经济法学界的诸多共识。可参见张守文：《〈改革决定〉与经济法共识》，载《法学评论》，2014（2）。

② 在经济法研究中，许多学者惯于将民商法、行政法与经济法进行对比研究；同样，在是否推进法典化的道路上，三大部门法能否以及在多大程度上存在一致性，其他部门法的发展路径对经济法是否有参照意义，都甚值研究。

国家先是制定《民法通则》，继而进行分散立法，其后完成民法典的编纂；在行政法领域，则尚未进行整体的统一综合立法，各类法律均通过分散立法完成。与行政法类似，经济法领域的骨干立法亦分散展开，其体系化程度与行政立法尚有差距，较之民事立法更是"弗如远甚"。尽管如此，在国家全面启动法治体系建设之前，三大部门法均采行"分散立法"，这体现了立法模式上的共性或一致性。

上述"分散立法"的路径之所以成为历史选择，与各领域的立法难度、共识程度、发展阶段等因素都有关联。目前，经济法各主要领域基本都有代表性法律①，并且随着经济法治的不断完善，这些重要法律也将日臻完备。在上述"分散立法"已有相当积累的基础上，在国家全面推进法治体系建设的新时期，是否需要以及应在什么层级和范围推进经济法立法的统一、整合或综合，以实现更高层次的"立法统合"，已成为经济法的法治建设和法学研究都应关注的重要问题。与此同时，随着行政法领域单行立法的逐渐完备，制定"行政基本法"或"行政法总则"的呼声日渐高涨②，这又会进一步激发学界关于推进经济法立法统合的思考。

尽管有关经济法立法统合问题的研讨一直绵延未绝③，但对于其中涉及的多个重要问题，仍需结合新时期的法治发展和理论进步展开深入研讨。例如，经济法的立法统合是否确有必要？对立法统合的形式、范围、

---

① 例如，在宏观调控法方面，有财政法领域的《预算法》《政府采购法》等，税法领域的《企业所得税法》《税收征收管理法》等，金融法领域的《中国人民银行法》《银行业监督管理法》《证券法》《保险法》等；在市场规制法方面，有《反垄断法》《反不正当竞争法》《消费者权益保护法》《产品质量法》等诸多法律。

② 有关制定民法典的大量观点自不待言，对于制定统一的行政法典亦有相关讨论。可参见江必新：《迈向统一的行政基本法》，载《清华法学》，2012（5）。

③ 例如，20世纪60年代，一些苏东国家就曾进行经济法立法统合的尝试；在我国，20世纪80年代中期也曾起草《经济法纲要》，并在90年代后期对起草《经济法纲要》问题进行过广泛研讨；此外，有关《经济基本法》《经济法典》等方面的讨论也时断时续，经久未歇，这些都为今天的立法改进提供了重要基础。

层次等应如何界定？如何统合才有可行性？针对确有必要也切实可行的那些立法统合，还应在理论支撑和制度建构方面解决哪些问题？等等。

在研讨上述问题的过程中，难以绕开建构主义与演进主义、整体主义与个体主义、理性主义与经验主义、体系思维与实用思维之争。[①] 从建构主义、整体主义、理性主义、体系思维的角度看，推进立法统合无疑是必要的；而从演进主义、个体主义、经验主义、实用思维的角度看，在一定的时期和阶段则更应注重分散立法。上述各类主义或思维方式各有其合理性，但不能仅执一端，而应结合不同国家、不同时期的法治建设实际，研判是否以及应在多大程度上推进立法统合。事实上，统合与分散是相对的，其具体取舍应以提升立法质量和确保法律的有效实施为标尺，而不应为了统合而统合。

基于上述考虑，针对目前学界关注的经济法的统一、综合立法问题，本节着重从需要与可能的角度，对经济法的立法统合问题略加探讨，其中会涉及有关经济法立法理论的思考。尽管学界早有人提出法学研究应从立法论转向解释论，但可能未顾及每个部门法的差别——就经济法而言，立法论的研究仍尚待深入，这对于丰富经济法的运行论亦甚为重要。

二、对立法统合的多维需要

如前所述，随着中国法治建设的全面推进，经济法已开启新的发展阶段。在新的历史时期，是否要推进经济法的立法统合，或者统合的必要性

[①]　例如，历史上对于英国普通法是否应当法典化，曾存在不同观点，其中，培根、边沁等是倡导者，而布莱克斯通、梅因等则是反对者。此外，蒂堡与萨维尼关于德国是否应编纂统一民法典的论战，更是非常著名。可参见薛军：《蒂堡对萨维尼的论战及其历史遗产——围绕〈德国民法典〉编纂而展开的学术论战述评》，载《清华法学》，2003（2）。在他们的论战中，已经体现了上述两类不同思想的碰撞和对抗。

如何，是首先需要回答的问题。对此，下面拟从法制变迁、功能实现、学术积累等相互关联的维度对其加以审视，以期发现和揭示推进立法统合的内在需要。

（一）法制变迁的维度

改革开放伊始，我国就较为重视经济法的制度建设。从法制变迁的维度看，在 1992 年国家确立实行市场经济体制前，经济法的立法体系尚处于初创时期；而从 1993 年起，以"市场经济入宪"为标志，随着作为经济法立法之基的经济宪法条款更加完备，经济法各领域的立法得到迅猛发展，且与市场经济体制要求渐相适应。我国通过连续三年的集中经济立法，即 1993 年的市场规制立法①、1994 年的经济立法②、1995 年的金融立法③，确立了经济法体系的基本框架。经过其后二十年的发展，面对经济社会发展积聚的大量问题，国家开始强调在法治框架下全面深化改革，明晰市场和政府两大资源配置系统的功能④，从而开启了经济法立法的新阶段。诸多经济法规范的立改废释，使经济法立法统合的必要性及其"高级法"的特征日益凸显。

回顾我国改革开放以来的经济法制变迁，不难发现，这是现代经济法从无到有、从少到多、从低级到高级、从分散到统合的过程，并且在经济法的各个领域都不同程度地有所体现。

例如，在经济法领域，就曾存在和正经历着大量的立法统合。其中，

---

① 当时最具代表性的立法是《反不正当竞争法》（其中已包含反垄断法的内容）、《消费者权益保护法》《产品质量法》等，它们构筑了今天的市场规制法的基本骨架。

② 当时最具代表性的立法是《预算法》《关于实行分税制财政管理体制改革的决定》以及十多部税收法律和税收暂行条例，它们奠定了现时财税法的基本架构。

③ 当时最具代表性的立法是《中国人民银行法》《商业银行法》《保险法》等，它们构成了当前金融法的重要内容。

④ 参见张守文：《政府与市场关系的法律调整》，载《中国法学》，2014（5）。

内外有别的两套税制最终得以统一和整合，尤为引人瞩目。特别是《企业所得税法》《个人所得税法》《车船税法》的立法统合，不仅结束了内外有别的分散状态，还实现了立法级次的提升。① 此外，"营改增"、房地产税制改革等，其实都是立法从分散走向统合的过程。② 至于《预算法》的修改、《政府采购法》的制定等，也都是立法统合的重要体现。③

上述立法统合均局限于经济法的某个领域。从法制变迁的一般规律看，各个领域的法律发展都是从低级到高级、从分散到统合的过程，这是法治现代化的内在需要。从统合层次看，经济法的立法究竟应统合到"亚部门法层次"，还是宏观调控法和市场规制法的"规范群层次"，甚至"全系统层次"？对此还需具体分析。例如，学界曾推动的"宏观调控法"的制定，就是在"规范群层次"的立法统合；而未来如欲制定"经济法典"，则涉及"全系统层次"的立法统合。

基于大陆法系国家的一般传统，立法的体系化或法典化更受重视。即使在英美法系国家，制定法的大量增加或"成文法化"，也是一种不可忽视的趋势，并且建构主义、理性主义对经济立法的影响相对更大。④ 从动态的法制变迁的维度看，加强立法统合是法制体系化的内在需要。各国经济法的立法从分散走向综合的历程表明，"适度的"立法统合是必要的，符合法制变迁或法治现代化的基本方向。

---

① 企业所得税法涉及内资企业与涉外企业两类所得税制度的统一；个人所得税法涉及原来的个人所得税、个体工商户所得税以及个人收入调节税三类制度的统一；车船税法则涉及车船使用税和车船使用牌照税两类制度的统一，并且，上述的立法统合最终以法律形式体现。

② "营改增"实质上是增值税制度"吸收合并"营业税制度，是国内商品税领域的重大立法统合；而房地产税制度改革则涉及房产税与城市房地产税的制度整合，以及房产税制度与地产税制度的统一，因而亦属重要的立法统合。

③ 修改后的《预算法》尽管存在一些问题，但它将四类预算的相关制度统合于一部法律中，仍在一定程度上推进了立法统合；《政府采购法》出台前，全国多地已有相关地方性法规，在《政府采购法》的立法过程中，地方性法规的内容也得到了相应的整合。

④ "立法者在变更现有法律时，或会受到强有力的国家理性的影响"，这在经济立法领域更为突出。参见［德］萨维尼：《论立法与法学的当代使命》，14页，北京，中国法制出版社，2001。

（二）功能实现的维度

上述制度变迁的重要动力，是经济社会发展对法制功能的现实需求。我国在全面深化改革和推进法治建设的新时期，对保障公平竞争，促进统一市场和统一法治体系的形成，都提出了更高的要求，而相应的顶层设计和立法统合，则会直接影响经济法制度功能和目标的实现。

在经济法的各类主要渊源中，不仅法律、行政法规数量众多，部门规章亦层出不穷，它们对法治体系建设的作用直接而巨大。但由于上述渊源系分散生成，基于种种原因，有时可能对经济法的整体价值、宗旨、原则等体现得不够全面，从而影响经济法体系的整体协调性，不利于发挥经济法规范作为行为规则和裁判规则的功用。因此，要更好地保障市场机制和政府机构的有效运作，就需要在提炼经济法的原理、原则、规则的基础上，推进立法统合，以便针对复杂的经济社会问题，运用统一的经济法规则，进行更符合法治精神的综合规制或兜底调整，从而弥补原来分散制定的法律、法规、规章的调整不足，更好地实现经济法的制度功能。

经济法不仅具有法律一般的保障功能和规范功能，还尤其具有特殊的调控功能和规制功能，只有对相关经济法制度进行有机整合，使各类法定的调制手段更为协调，才能有效防止调制冲突，解决复杂的经济和社会系统"涌现"出的"复杂性问题"，减少因各类单行法律法规单兵突进而带来的互补性和协调性欠缺的问题。可见，加强立法统合是实现经济法功能的内在要求，是解决复杂的经济问题和社会问题的现实需要。

此外，在立法统合的过程中，是应更多侧重于司法审判抑或政府调制？相对说来，民商法更强调为司法审判提供裁判规则，而经济法则不仅要提供裁判规则，还要为政府履行经济职能提供调制规则。尤其对于那些具有共通性的经济体制、机制方面的规则，只有加强立法协调和统合，才能更好地实现经济法的整体功能。在这方面，行政法与经济法具有相近的一面。[①]

(三) 学术积累的维度

我国自实行市场经济体制以来，经济法理论研究的共识度大为提升[②]，尤其是关于经济法的调整目标、调整对象、基本原则、主体形态、行为模式、权义结构、责任类型等基本理论的探讨，为经济法的立法统合提供了重要理论支撑，并使经济法的制度提炼和整合比以往具有更大的可能。

与此同时，推进经济法的立法统合，不仅有助于检验学界业已取得的各类成果，并将学界公认的理论真知积淀下来，从而增进学术积累，避免低水平重复建设，也有助于进一步发现经济法理论的诸多深层次问题，并由此推动理论进步和学术发展，从而实现更高层次的学术积累。

从历史上看，各个领域的立法统合其实都是对学术研究的一次"大检阅"，有助于推进学术积累。例如，在编纂民法典的过程中，涉及民法理论和实践诸多问题的探讨，这无疑有助于推动民法理论的发展。[③] 同样，推进经济法的立法统合，至少对于检视经济法研究的学术成就和现存问题，明晰未来的发展方向，增进学术积累，尤其具有重要意义。

总之，有关立法统合问题的研究和实践，不仅可以检验既有的理论共

---

① 毕竟，政府是实施经济法和行政法的非常重要的主体，经济法与行政法在某些领域适用共通的原理和原则，两者在制度功能实现方面有共同的需求。

② 可参见邱本：《论经济法的共识》，载《现代法学》，2013 (4)。

③ 例如，在制定民法典的过程中，民法学界开始重新探讨民法的调整对象、基本原则等最基本的问题，这些研讨对于经济法的理论深化也有借鉴意义。可参见蔡立东：《"平等主体关系说"的弃与留——未来〈民法典〉调整对象条款之抉择》，载《法学论坛》，2015 (2)。

识，还能在更高层次上推进学术积累，并使相关理论研究更加贴近现实的制度建设，提升经济法理论的现实解释力和指导力，从而为进一步的立法统合奠定更为坚实的基础。因此，从检验和发展经济法理论，增进学术积累的角度，也有必要推动经济法的立法统合。

（四）三个维度的统合

尽管探讨经济法立法统合的必要性还可以选取其他维度，但上述三个维度至少有助于从基本面上理解为什么需要推进经济法的立法统合。其中，从法制变迁的维度看，法制系统化水平的不断提升是法治发展的一般趋势，经济法的立法统合是法治建设的内在需要；从功能实现的维度看，现实的经济和社会发展，迫切需要通过立法统合，解决制度不统一、不协调和结构不合理等所带来的功能受限或受损的问题，以有效实现经济法的调整目标；从学术积累的角度看，研究和推进经济法的立法统合，有助于增进经济法的学术积累，提升经济法理论的解释力和指导力。因此，从历史到现实，从宏观到微观，从结构到功能，从制度建设到学术研究，都需要推进经济法的立法统合。

此外，还应看到上述三个维度的密切关联：法制变迁是从历史的、动态的视角，来揭示各类部门法进行立法统合的趋势和方向，强调经济法的发展也要符合法制变迁的基本规律；同时，法制之所以会如此变迁，其实与现实的经济社会发展对法制功能的需求有关，只有不断推进立法统合，不断增进系统的协调性，才能更好地实现制度功能，解决现实问题；而制度功能的有效实现，则需要理论的反思与前瞻，尤其需要有相应的理论共识作为顶层设计的基础，并在此过程中进一步推进学术积累。对上述密切相关的三个维度的"统合"认识，更有助于说明为什么需要推进经济法的立法统合。

三、立法统合的现实可能

经济法的立法统合既要有充分的理论准备，也要有制度实践的基础或参照，还要把相关的理论共识和制度实践有机结合起来。如前所述，经过多年努力，我国在经济法的重要基础理论方面已取得大量共识，可为立法统合提供重要理论支撑；同时，经济法领域的大量立法实践积累的丰富经验，也为立法统合提供了制度可能，这些都大大提升了立法统合的可行性。

上述立法统合的可行性，需要从立法模式、立法形式、立法内容、立法时机等多个维度加以落实，由此会形成立法统合的多种选择，其中蕴含的多种现实可能性需要进一步关注和研讨。

（一）立法模式的相容

经济法的立法素有分散与综合（或统合）两种模式，许多国家在形式上是以分散立法为主，但与此同时，也生成了一种不断走向综合立法的趋势，只不过综合的领域和程度不同而已。这既与各国不同历史时期的特殊情势有关，也是不同法律领域发展的非均衡性的体现。例如，在反垄断法领域，美国的反托拉斯法虽不以单一的综合法典形式呈现，只是按时间先后展开的纵向的分散立法，但前后相继，相互协调，融为一体；而在德国、日本、俄罗斯等大陆法系国家，其反垄断立法都是相对综合的立法。又如，在税法领域，由于税收法定原则备受推崇，各国的法典化程度更高。美国的《国内税收法典》就是采行综合的法典形式，而德国的《税法通则》、韩国的《国税基本法》等，无论其名为"通则"还是"基本法"，也都可归于综合立法的模式。此外，历史上著名的捷克斯洛伐克的《经济法典》，则是层次更高、综合性更强的经济法的"法典"①。而无论是哪个层次的综合立法，都有助于弥补分散立法可能产生的罅漏，从而展开更为有效的法律调整。

从不同立法模式的利弊看，分散立法通常更加灵活，可以成熟一个制定一个，法律的修改也可以单独进行，但有时可能存在整体性和协调性不足问题，由此导致的法律调整罅漏会影响公平和效率价值的实现，而综合立法则正好与其相反。因此，应当结合经济法所需解决问题的差异性、特殊性和复杂性，把两类立法模式加以融合，先单独分散立法，在分散立法发展到一定阶段时，再探寻更高层次的共性规则，对相关分散立法进行适度统合，以弥补原有立法的缺失和不足。

推进经济法的立法统合并非排斥既有的分散立法，而是可以根据不同情况，分别实现统合目标。例如，一方面，可以对原有立法进行"改建、扩建"②，即保留以往立法成果的合理部分，对于其规定存在缺失、不足或偏颇的部分进行补足、校正和补漏，同时，对相关规范进行整合和扩展，以形成一般条款或共通规范；另一方面，也可以进行"新建"，即在保留原有立法的同时，另起炉灶，推出作为原有立法上位法的"通则性立法"或"基础性立法"，以便原有的分散立法与后续的统合立法能够融为一体，从而更好地应对纷繁复杂的经济生活，解决经济法调整不足的问题。

可见，即使分散立法在实践中大量呈现，也并不排除综合立法，两类模式可以并行不悖，互通相容，立法统合是完全可行的；同时，在经济法的分散立法达到一定规模、积累一定经验的基础上，推进立法统合更有其

---

① 可参见《捷克斯洛伐克社会主义共和国经济法典》，江平译，北京，中国社会科学出版社，1981。

② 一部法典的内容是双重的，即一部分由现行法律所构成，另一部分则包含了新的法律规定。参见［德］萨维尼：《论立法与法学的当代使命》，15页，北京，中国法制出版社，2001。

现实可能性。

（二）立法形式的选择

基于上述综合立法模式的可行性，需要进一步选择立法形式。对此，学界提出的具体形式包括经济法纲要、经济法通则、经济基本法、基本经济法、经济法典、经济法总则等。由于不同的立法形式会导致立法的具体内容的差别，因而需要重视"立法体裁"与"立法题材"的关系，对立法形式作出适当的选择。

对于"经济法纲要"的立法形式，国内外都有学者主张，其相关研究由来已久。[①] 早在1985年，我国就有多位著名经济法学家建议制定《中华人民共和国经济法纲要》，并在1986年《民法通则》出台前，完成了《中华人民共和国经济法纲要（起草大纲征求意见稿）》。[②] 从1997年至1999年，有多位学者连续三年在全国经济法学年会上讨论《经济法纲要》的起草等问题[③]，此后，一直有学者关注该领域研究。[④] 应当说，将"经济法纲要"作为经济法立法统合的重要形式，曾长期受到关注。

除上述"经济法纲要"的形式外，也有学者主张采取"基本经济法"

---

① 参见任斯·海尔、居特·克灵格：《德意志民主共和国经济法纲要》，余叔通、张尧、陶和谦、马清文译，林克美校，载北京政法学院经济法教研室1981年编辑的内部资料《外国经济法学资料选编》（经济法资料汇编之四），1～81页。

② 1986年2月25日至3月3日，由国务院经济法规研究中心发起，杨紫烜、刘文华、徐杰、李昌麒等全国近20位经济法学家在中共中央党校草拟了《中华人民共和国经济法纲要（起草大纲征求意见稿）》，共计10章54条。

③ 相关探讨可参见程信和、王全兴、张守文、单飞跃、陈乃新、孔德周、何文龙七人研究小组：《〈经济法纲要〉的法理与设计》，载《法治研究》，6～21页，杭州，浙江大学出版社，2000。

④ 例如，杨紫烜：《建立和完善适应社会主义市场经济体制的法律体系与〈经济法纲要〉的制定》，载《经济法研究》第二卷，北京，北京大学出版社，2001。陆三育、李德庆：《试论〈经济法纲要〉的立法价值》，载《法商研究》，2000（1）。

或"经济基本法"的形式。① 从一些国家（地区）的立法实践看，采取"基本法"形式的立法，往往是宪法或宪法性法律，例如，《德意志联邦共和国基本法》《香港特别行政区基本法》等。我国在 20 世纪 90 年代还曾起草"税收基本法"，虽数易其稿，但至今仍未出台。其中的一个重要原因就是，对于税法可否采取"基本法"的立法形式，一直有人存疑，于是后来又有学者建议改为制定"税法通则"。如果在经济法的立法统合过程中拟用"经济基本法"之类的称谓和形式，也会遇到与制定"税收基本法"类似的问题。因此，在制定基本法条件尚不成熟的情况下，制定通则也许更具有现实可行性。

与上述"经济基本法"密切关联的另一种形式，是"经济法典"。1964 年的《捷克斯洛伐克社会主义共和国经济法典》曾被一些学者奉为典范②，事实上，苏联和我国的学者也起草过经济法典，只是都未能进入立法层面。③ 毕竟，法典是立法统合的最高形式，对各方面条件的要求更高，因此，现阶段能否制定经济法典，尚需全面评估。④

萨维尼曾将法律发展分为三个阶段：第一是存在于民族共同意识中的"习惯法"或"自然法"阶段；第二是存在于法学家意识中的"学术法"阶段；第三是把自然法与学术法结合起来的"法典编纂"阶段。萨维尼认

---

① 参见李昌麒：《关于制定〈中华人民共和国基本经济法〉的几个问题》，载《当代法学》，1991（4）；袁达松、朱成林：《论经济法治的顶层设计——兼重提经济基本法的制定》，载《中山大学法律评论》，2014（3）。

② 可参见《捷克斯洛伐克社会主义共和国经济法典》，江平译，北京，中国社会科学出版社，1981。

③ 1969 年，苏联科学院就开始委托经济法学者起草《苏联经济法典》（草案）；1985 年以拉普捷夫为首的委员会完成了《苏联经济法典》（草案）的起草工作，但最终未能提交立法机关审议。几乎与捷克斯洛伐克同时，我国在 1963 年 3 月，亦有学者起草《中华人民共和国经济法（草案）》，但亦未能进入立法层面。参见何勤华：《20 世纪外国经济法的前沿》，584~593 页，北京，法律出版社，2002。

④ 对于此类问题的相关探索，可参见"编撰经济法典第二研究小组"：《我国编撰经济法典的评估》，载《南华大学学报》（社会科学版），2015（1）。

为当时的德国处于第二阶段。同样，我国的经济法目前是否也处于"学术法"阶段？学者对经济法的认识能否与社会公众的基本共识和社会需求相融合？这些是制定"经济法典"需要研究的重要问题。

我国自 1954 年以来，已经历五次《民法典》的起草，尤其在最近两次起草过程中，更是歧见纷呈。考虑到即使像民法这样历史悠久、理论和立法相对更为成熟的领域，推进高层次的立法统合亦殊为不易，对经济法的法典化可能遇到的困难就更应有充分认识。此外，行政法学界有关制定"行政法典"的探讨①，所涉及的问题与经济法的更为接近，因而也值得关注。

总之，上述几种立法形式都是目前可能的选择，需要结合立法统合的层次和范围以及各个方面可能形成的共识，进一步加以明确。考虑到国家立法机关的一贯态度，目前制定"基本经济法"或"经济基本法"的时机可能尚未成熟；在经济法各领域的基本法律尚未全部完成的情况下，在可预见的时间内，"经济法典"的制定恐难列入立法规划。因此，"经济法纲要"、"经济法通则"以及"经济法总则"这三种立法形式可能更易被接受。

但是，从既有的立法看，纲要的形式一般用于计划类或规划类的立法，如全国人大批准的八五、九五、十五计划的《纲要》，十一五、十二五、十三五、十四五规划的《纲要》等，以及国务院发布的《全面推进依法行政实施纲要》（国发〔2004〕10 号）、《国家知识产权战略纲要》（国发〔2008〕18 号）等。而以往制定的基本法律尚未采用过纲要的形式，这对"经济法纲要"的制定可能会产生一定的不利影响。

相对说来，"经济法通则"的形式受到了不少学者的肯定。此外，"经

---

① 在行政法学界，也存在将"行政程序法"等同于"行政法通则"或"行政法典"的看法。参见姜明安：《制定行政程序法应正确处理的几对关系》，载《政法论坛》，2004（5）。

济法总则"也被认为是可供选择的一种重要形式，它可以在不打破原有立法格局的情况下，综合提炼各类分散立法的共通制度，对于提升经济法的体系化水平无疑很重要。事实上，我国编纂民法典的步骤之一就是先起草《民法总则》，行政法领域也有先制定"行政法总则"的主张。① 相对于其他立法形式，制定"经济法总则"也许是目前成本较低、阻力较小、效益较高、技术上较为可行的选项。

从既往的立法形式选择看，制定"宏观调控法"或"宏观调控基本法"的努力，最接近立法程序的启动②，相关研究至今仍在持续。此外，也有人提出过"中华人民共和国经济法"的立法议案③，但至今尚未取得实质性进展。上述各类尝试对于未来立法形式的选择都有借鉴意义。

（三）立法内容的取舍

在明确了立法模式和立法形式的基础上，在立法统合的过程中，尚需对立法内容作出取舍。通常，立法形式以及统合层次、统合范围等会影响立法统合的内容，但无论采取哪种立法形式，都可能涉及一些最基本的内容。由于立法统合要探寻和提取最大公约数，因而需要对最基本的立法内容加以取舍，这也会影响立法的基本结构或体例。

首先，无论是"经济法总则""经济法通则"，还是"经济法纲要""经济法典"，都必须先对其立法宗旨、调整对象或调整范围、基本原则等作出"一般规定"，而对上述内容的具体规定，则取决于对经济法的调整

---

① 以往行政法学界的主流观点也是认为行政法难以法典化，但随着荷兰《行政法总则》的通过和实施，随着人们对行政法典化认识的转变和深化，已有一些学者开始重新审视这个问题，认为中国行政法典化亦存在可能，并应先制定《行政法总则》。

② 2001年，全国人大代表杨紫烜、赵学清、王坚、李浩分别领衔，在各自的代表团提出了《关于制定〈中华人民共和国宏观调控法〉的议案》。

③ 2012年，黄河等30位全国人大代表提出了《关于制定〈中华人民共和国经济法〉的议案》，以期制定我国的基本经济法。

目标或宗旨、经济法的调整对象、基本原则、经济法的价值等诸多理论问题的认识。

其次，由于经济法是经济宪法的具体化[①]，与经济宪法相关的体制安排或权力分配对于经济法的制度建构具有基础性意义，因而体制法或组织法规范是经济法各类立法中不可或缺的内容。为此，经济法的立法统合无论采取何种形式，都须明确相关基本体制，以有效厘清政府与市场的边界，明晰相关国家机构之间的关系。

再次，无论是哪个层次的立法统合，经济法的实体法制度都是核心内容。为此，各类立法统合都需要明确规定经济法的基本主体及其架构，对其行为类型（包括不得从事的行为）作出界定，并在此基础上明晰相关主体的职权与职责、权利与义务，以及相应的法律责任等。上述的立法统合，尤其有助于推进经济法规范论的发展和完善。

最后，与上述实体法制度相对应，经济法的程序法制度亦不容忽视。无论是调控程序还是规制程序，对于规范相关调控行为和规制行为，保障调制受体的相关权利都尤为重要。此外，相关的责任追究程序或权利救济程序等亦不可或缺。

以上是各类高层次的经济法立法统合都应包含的最基本内容。当然，与上述各类制度相配合，在立法技术上还可规定其他相关内容，如有关法律的解释权、生效日期、管辖权冲突等"制度协调规则"，以及有关行为的时间与地点、时效或空间效力、经济法与国际条约的关系等，都应在高层次的立法统合中加以规定。

（四）立法时机的把握

上述立法模式、立法形式和立法内容的最终落实，都离不开立法时机

---

① 相关探讨可参见张守文：《论经济法与宪法的协调发展》，载《现代法学》，2013（4）。

的把握。通常，对于某项立法统合，经济社会发展是否真正迫切需要，立法者和社会公众对该立法是否达成了足够的共识，法学理论的相应准备是否较为充分等，都是把握立法时机的重要参考因素，而上述条件是否成就，会直接影响经济法立法统合目标的实现。

从经济社会发展的迫切需要看，全面深化改革，推进统一的法治体系建设，需要加强各个领域的立法统合。在经济法领域，相关的经济体制、金融体制、投资体制、竞争体制等都在进行改革，这些体制变革都需要立法统合；与此同时，在一些特殊的综合改革领域，如自贸区、公私合作（PPP）的制度建设等，都涉及经济法的大量制度统合。① 无论是确认各类改革已取得的成果，还是回应全面深化改革的迫切需要，都要求将经济法制度的最新发展加以整合，从而更好地提升制度的协调性，增进效率、公平和可预见性，体现经济法治的内在要求。

针对经济和社会发展的迫切需要，立法者以往更重视在相关领域的"先行先试"，"分散立法"十分普遍。② 而在全面推进依法治国的今天，对于在立法方面应加强顶层设计，推进法制统一，立法者和社会公众已有更多共识。在此基础上，提炼以往立法的共性问题，弥补其调整空白，推进有效的立法统合，便有了更大的可能性。此外，学界对经济法综合立法问题的长期研究，也为立法统合提供了重要的理论准备。因此，从总体上说，推进经济法立法统合的时机比过去更为成熟。

当然，立法时机的具体把握历来都是较为复杂的问题。萨维尼曾提出，只要一个民族的法律处于积极的演进中，就没有必要制定法典，即使

---

① 我国在这些领域发布了大量规范性文件，其中包括财政、税收、金融、产业、投资、竞争等多方面的经济法制度，因此，上述综合改革领域其实涉及大量经济法制度的统合。

② 我国在税收立法乃至整体的经济立法领域已形成了试点模式。可参见张守文：《我国税收立法的"试点模式"——以增值税的立法"试点"为例》，载《法学》，2013 (4)。

在最适合编纂法典的时候。[1] 与此相关联，我国的法律特别是经济法是否仍处于积极的演进之中？演进之中的法律是否就不能进行立法统合？这些关乎立法时机的重要问题，都需要学界进一步研究并作出回答。

四、小结

经济法的立法统合是一个过程，从法制变迁的方向、制度功能的实现，以及有效的学术积累的角度看，推进经济法的立法统合是需要的和必要的；在立法模式、立法形式、立法内容、立法时机等方面，存在着立法统合的多种可能或多种选择。如何针对上述需要对各种可能性进行有效选择，对立法者和研究者都是很大的考验。上述的需要与可能，要求在立法统合方面综合考量多种因素，将不同的"主义"或"维度"所蕴含的合理因素加以融会，以使立法统合更具有综合性、整合性，由此也要求立法者和研究者应具备历史素养和系统眼光。[2]

立法统合可以是分层次、分领域的，而并非一概都是高层次的"法典化"。因此，针对不同的领域，需要研究不同类型的立法统合问题，这样才可能使经济法的立法统合既符合国情，又能不断提升立法的质量和水平，从而为执法和司法提供更多的保障。

从这个意义上说，不断推进高质量的立法统合，至今仍是"立法和法学的当代使命"（在此借用萨维尼的书名）。立法统合作为立法的当代使命自不待言，但为什么也是法学特别是经济法学的重要使命？这至少是因为，在立法统合的过程中会涉及诸多重要的经济法理论，如体系理论、渊

---

[1]　参见张乃根：《西方法哲学史纲》，210页，北京，中国政法大学出版社，1993。

[2]　萨维尼认为，"法学家必当具备两种不可或缺之素养，即历史素养和系统眼光"。［德］萨维尼：《论立法与法学的当代使命》，37页，北京，中国法制出版社，2001。其实，上述两个方面对于法学家和经济法的立法统合，都尤为重要。

源理论、宗旨理论、对象理论、原则理论、主体理论、行为理论、权义理论、责任理论、程序理论、立法理论等。经济法学要为立法统合提供重要的理论支持，并且其理论共识度对于立法统合的目标实现非常重要。因此，解决立法统合的诸多理论问题，本身就是经济法学研究的重要任务或重要使命。

此外，由于立法统合需要在法制变迁、功能实现的维度上考量，因而前述的"历史素养"和"系统眼光"也要体现在研究方法上。其中，历史分析的方法、系统分析的方法（特别是结构功能分析的方法）以及比较分析方法，自然应当成为立法统合研究需要关注的重要方法。据此，古今中外的比较分析和综合考量，亦应贯穿经济法的立法统合全过程。

任何一个伟大的时代都离不开立法统合。无论是自由竞争时期的《法国民法典》，还是从自由竞争走向垄断时期的《德国民法典》，都是立法统合的重要范本。在政府职能不彰的近代社会，民法典是立法统合的重点，但随着现代市场经济体制的建立和发展、国家经济职能的日益凸显，更需要加强经济法的立法统合，甚至在未来条件成熟时也可能出台《经济法典》，这本身也是人类制度文明进步的重要体现①。

第二节　经济立法的"试点模式"

中国自改革开放以来，经济立法渐受重视，尽管缺漏尚存，但已蔚为大观。在经济立法中，税收立法甚为重要且极具代表性。② 毕竟，涉外领

---

① 参见程信和：《经济法通则原论》，载《地方立法研究》，2019（1）；张守文：《经济法的立法路径选择》，载《现代法学》，2023（1）。

② 我国的改革开放与经济立法几乎是同步展开的，两者存在良性的互动关系。其中，税收立法作为改革开放以来最早的经济立法，可谓作用甚巨。每次深化改革或宏观调控的展开，大抵也与税收立法直接相关。

域的所得税立法，作为改革开放后最早的经济立法，为税收法治乃至整体的经济法治奠定了重要基础①；同时，每个周期的大规模经济立法，都是税收立法先行。尽管当前税收立法的基本框架已告形成，但税法体系不合理、结构不完善的问题依然存在②，因而对于税收立法的诸多问题仍有必要深入探析，这对于推进整体的经济立法亦甚有裨益。

纵观改革开放以来的立法进程，不难发现，始终高度重视立法"试点"，是我国税收立法的一个重要特点。例如，早在改革开放之初，国务院就公布了一系列税收条例（草案）予以"试行"③；随着改革开放的深入，许多税收立法虽已不再"试行"，但至今仍在"暂行"④。近几年来，在增值税、房产税、资源税等领域，都进行过"税改试点"，而其中涉及的课税要素调整或税收征管改革，最终都要在立法层面落实，因此，上述"税改试点"实质上都是"立法试点"。长期、大量、频繁的立法试点，作为我国税收立法领域普遍而重要的现象，非常值得关注和研究。

事实上，"先试点"或"先行先试"，作为立法者的一种思维定式，被广泛运用于诸多立法领域，且已形成一种"试点模式"，人们对此已习见习闻。立法机关看重"试点"固然有诸多考虑，如在某些领域通过"试点"来积累立法经验，有助于发现原来制度设计中存在的缺失，从而可以

---

① 改革开放以来，我国在经济立法领域最早制定的法律，就是所得税方面的《个人所得税法》（1980年）和《外国企业所得税法》（1981年）。作为由国家立法机关通过的法律，其位阶高于后来普遍制定的税收暂行条例。

② 尽管我国全国人大已宣布法律体系形成，但在税收立法方面仅有基本框架，许多重要的立法尚未出台，且结构仍在改进之中。

③ 国务院于1984年9月18日在批转了财政部《国营企业第二步利改税试行办法》的同时，依据全国人大常委会1984年的授权立法决定，发布了有关税收条例（草案），其中包括《产品税条例（草案）》《增值税条例（草案）》《营业税条例（草案）》《盐税条例（草案）》《资源税条例（草案）》《国营企业所得税条例（草案）》等。

④ 依据全国人大1985年的授权立法决定，国务院制定和实施了一系列税收暂行条例，从而结束了税收"条例（草案）"试行的历史，目前我国大部分税种领域的立法都是由国务院制定的税收"暂行条例"。

进一步改进制度，降低实施成本，等等。应当说，上述考虑无疑有一定道理，还可能被认为与著名科学哲学家波普尔（Karl Popper）的"试错法"较为相合，并由此显得更为"科学"。因此，"先试点再推广"已成为我国许多制度的重要形成路径。

但是，要进行立法"试点"，则要事先明确哪些方面需要"试"或能够"试"，以及"试点"能否解决立法者考虑的上述诸多问题，从而真正改进制度设计的缺失，降低法治的成本。如果一种立法"试点"反而会增加成本，带来新的混乱，无益于推动制度的完善，则该"试点"就是不可取的。

不仅如此，"试点"尚须考虑依据、可行性、必要性和合理性，关注公平与效率的价值目标。如果"试点"没有足够的法律依据，或者可能影响相关主体之间的公平以及制度运行的效率，那就不应进行。据此，具体的税收立法"试点"必须符合法定原则、公平原则和效率原则，这是检验其合法性、合理性和必要性的重要标准；同时，上述原则或标准也是研究税收立法"试点模式"的重要维度。

考虑到增值税是我国第一大税种，具有重要的典型意义，下面拟以增值税的立法试点为例，讨论税收立法或经济立法"试点模式"的合法性和合理性等问题，从而揭示其利弊得失，以期促进整体的税收立法乃至经济立法的完善。

一、长期"试点"的增值税制度

作为诸税之首，增值税征收范围广阔，不仅涵盖货物销售、提供应税劳务和进出口等领域，而且在通过"试点"进行"扩围"。由于增值税收入一直占整个税收收入的1/3以上，对国家与国民的税收利益和财富分配影响巨大，因而其立法的合理完备、相对稳定无疑非常重要，但我国的增值税制度却几乎一直处于"试点中"。下面拟透过增值税立法试点的历程，观察和解析其背后的法律问题，以通过典型剖析来发现税收立法"试点模式"存在的共通问题。

从增值税制度的发展历程看，我国在改革开放初期，产品经济的色彩非常浓厚，工商税或产品税曾一度占据要位，增值税作为后来替代产品税的税种，彼时刚刚萌芽。为了解决征收产品税导致的重复征税问题，当时的经济部门在相关行业进行开征增值税的"试点"①，考虑到国务院并无税收立法权，全国人大常委会于1984年9月18日专门通过决定，授权国务院"在实施国营企业利改税和改革工商税制的过程中，拟定有关税收条例，以草案形式发布试行，再根据试行的经验加以修订，提请全国人民代表大会常务委员会审议"②。据此，国务院在获取授权的当日便发布《增值税条例（草案）》③，共"试行"了十年，直到1993年国务院制定的《增值税暂行条例》出台。尽管后来的《暂行条例》不再以草案形式"试行"，但增值税制度事实上一直变化频仍——财政部、税务总局制定的大量用以补漏的规范性文件使《增值税暂行条例》面目全非，许多规定名存实亡。至21世纪初，增值税制度虽相对成熟趋稳，但旨在探索增值税从"生产型"转为"消费型"的"转型试点"又于2004年自东北开始，逐步推至

---

① 1980年3月，财政部国家税务总局在柳州市进行增值税的调查测算和方案设计，其后在柳州、上海等地的机器机械行业进行征收试点。1981—1982年，财政部先后选择机器机械、农业机具两个行业和缝纫机、自行车、电风扇三项产品试行增值税，并发布了《增值税暂行办法》。参见《中国增值税制度的建立与发展》，载《中国税务报》，2012-02-15。

② 1984年9月18日全国人民代表大会常务委员会《关于授权国务院改革工商税制发布有关税收条例草案试行的决定》。

③ 该条例（草案）规定：增值税的纳税人为在中国境内生产和进口应税产品的单位和个人，税目分为甲、乙两个类别，共设12个税目，包括机器机械、汽车、农业机具、钢材、自行车、缝纫机、电风扇等，税率从6%至16%不等。后在试行过程中，财政部陆续发布了一系列关于扩大增值税征税范围的文件，逐步增加了化学纤维、纺织品、服装等税目共计31个，税率从8%到45%不等。

中部地区，并最终在金融危机的压力下，于 2009 年推向了全国，此时将《增值税暂行条例》升格为"法律"的呼声亦不断高涨。只是提升增值税立法级次的努力尚未实现，新的试点又开始了：从 2012 年开始，我国先在上海，继而又在北京等多个省市，推行营业税改征增值税的试点（或称"扩围试点"），该试点已成为"十二五"时期整个税制改革的重点。

通过上述对增值税立法"试点"历程的简要回顾，不难发现，增值税制度实际上一直处于变动不居的"试点中"。这种局面的形成固然有诸多客观原因，如社会经济关系的多样化、复杂化，经济体制从计划经济到有计划的商品经济，再到市场经济的不断变化，这些都要求税法制度随经济体制的变化而相应调整；与此同时，也包括许多主观原因，如立法者对增值税及其制度的原理认识不够，对国家经济社会发展的趋势和速度认识不深，立法的技术和能力不足，等等。但不管怎样，从应然的角度说，增值税要求"链条完整"的特性，需要增值税制度在全国普遍适用，因而一直处于"试点中"的增值税制度必须相对稳定下来，成为通行全国的直接影响整体经济发展的重要制度。

增值税制度的变动不居，从法律应有的稳定性以及税法应有的普适性来看，都有一定的问题。[①] 如何在稳定性与变易性之间作出适度的平衡和协调，对于税收法治尤为重要。

如前所述，我国近年来在房产税、资源税等领域都进行过制度改革的试点[②]，"先试点再推广"是我国在经济改革和经济立法领域惯用的做法，这种"试点模式"的合理性缘于人类理性的有限性，特别是政府对经济管理经验的缺乏，以及立法者对经济立法的原理、技术、效果的认识不足。

---

① 对于包括增值税制度在内的各类税法应有的稳定性或普适性的探讨，可参见张守文：《论税法的普适性及其局限》，载《中外法学》，2001（5）。

② 近几年来，我国税收立法越来越频繁地采取"试点模式"，除京沪等地的增值税"扩围试点"外，还有沪渝的房产税试点、新疆的资源税试点、湖北的环境税试点等。

在改革初期，由于对经济转型、体制变革以及上层建筑或顶层设计的把握不够，经济理论、法治理论相对欠缺，因而强调"先试点"确有必要。但是，在市场经济和法制建设已取得长足发展，有成熟市场经济国家以及新兴市场经济国家大量可资借鉴的经验，且本国业已积累大量经验的今天，是否还应推行"试点模式"，持续、大量地进行立法"试点"？"试点模式"是否具有合法性，其对公平与效率的影响如何？这些问题都非常值得研究。对此，下面将以增值税的立法"试点"为例着重进行探讨。

二、立法"试点"的合法性观察

无论哪个领域的立法"试点"，都必须"于法有据"，这直接关乎立法"试点"的合法性，以及立法是否有效的问题；在授权立法的情况下，则涉及授权的合法性以及授权立法的有效性问题；同时，还与立法的稳定性与变易性直接相关。[①]

如前所述，我国的增值税制度曾长期处于频繁的"试点"状态。在改革开放之初，刚刚认识到工商税存在重复征税弊端的国家经济部门，就开始考虑引进法国的增值税制度，并在少数城市的少数行业进行试点。为了解决国务院进行工商税制改革的合法性问题，全国人大常委会于1984年9月18日通过了国务院可以进行相关立法的"授权决定"，批准了国务院提出的工商税制改革方案，国务院据此发布了包括《增值税条例（草案）》在内的6个"条例（草案）"予以试行，从而使增值税立法至少在形式上具有了合法性。

在《增值税条例（草案）》试行期间，国务院曾不断扩大增值税的征

[①]　由于税法具有分配收入、宏观调控等多种功能，因而其变易性亦值得关注，相关研讨可参见张守文：《宏观调控法的周期变易》，载《中外法学》，2002（6）。

税范围，将原来规定的 12 个税目扩大为 31 个税目。对于如此"扩围"，国务院既未依据 1984 年的"授权决定"修改"条例（草案）"，也未依据 1985 年全国人大对国务院的"授权决定"制定"暂行条例"，因而其"扩围"的合法性令人存疑。

作为对《增值税条例（草案）》的替代、完善和补充，国务院制定的《增值税暂行条例》于 1994 年开始实施，而该《暂行条例》的立法依据，则通常被认为是 1985 年的"授权决定"，其核心内容是全国人大"授权国务院对于有关经济体制改革和对外开放方面的问题，必要时可以根据宪法，在同有关法律和全国人民代表大会及其常务委员会的有关决定的基本原则不相抵触的前提下，制定暂行的规定或者条例"①，因为唯有以此为依据，才能使其合法性问题在一定程度上得到解决。

但是，如果以 1985 年的"授权决定"作为《增值税暂行条例》的立法依据，就必须符合全国人大对立法领域、必要性、合法性等方面作出的限定，否则其立法依据或合法性仍然存在问题。针对上述限定，需要考虑的是：增值税立法是否属于经济体制改革和对外开放方面的问题？由国务院立法是否必要？国务院的增值税立法与法律或国家立法机关有关决定的基本原则是否相抵触？

如果对"经济体制改革和对外开放"作宽泛解释，将税制改革和相关的税收立法归入国务院按"授权决定"进行立法的领域，似乎亦无可厚非，这也是人们对此未予深究的重要原因。但严格说来，全国人大的"授权决定"应当是明确、具体、有期限的，而非模糊、过于宽泛、无限期的，否则就可能近乎"空白授权"。事实上，在全国人大的"授权决定"中，"有关经济体制改革和对外开放方面的问题""必要时"等用语都比较

---

① 1985 年 4 月 10 日六届人大三次会议通过的《全国人民代表大会关于授权国务院在经济体制改革和对外开放方面可以制定暂行的规定或者条例的决定》。

宽泛模糊①，由此使国务院获得了极大的立法空间，导致各领域的"暂行条例"大量涌现，虽然在较短时间内的确实现了法制建设的提速，但"授权决定"本身是否合适，尚值得深思。

此外，"授权决定"还要求"根据宪法"，且与法律不相抵触，但人们对于国务院的税收立法是否违反法律及其基本原则，则关注甚少。根据《立法法》的规定，依据税收法定原则，凡涉及税收的基本制度或基本课税要素的内容，都应坚持"法律保留"原则，制定税收法律。尤其在增值税制度试点多年，且有国外大量经验可借鉴的情况下，更应当提升其立法级次。

基于上述诸多因素，在增值税领域应尽快由国家立法机关制定法律，而不宜长期固守 1985 年的"授权决定"，由国家行政机关担当税收立法的主要主体。无论是增值税的"转型试点"还是"扩围试点"，都不应成为不断延宕全国人大直接立法的理由，这样才更符合《立法法》和税收法定原则的要求，才有助于更好地解决增值税立法的合法性问题。

按照税收法定原则的要求，课税要素必须法定，因此，每次增值税立法"试点"所涉的重要课税要素的调整也必须严格法定。其实，无论是改革开放之初增值税的"开征试点"，还是《增值税条例（草案）》的"试行"，以及增值税"扩围试点"等，都涉及税目、税率的变化；而增值税"转型试点"则涉及纳税人抵扣权的行使，直接影响税基的调整。上述课税要素的变动或调整，唯有严格遵循税收法定原则，才能保障"试点"的合法性。

---

① 与此类似，《美国宪法》第 1 条第 8 款授予国会以征税、开支、调节国际贸易和州际贸易等权力，并授权国会"为执行上述权力，制定所有必要与合适的法律"，但"必要与合适"的用语一直因存在模糊性而备受争议，经由马歇尔大法官等不断作出宪法解释，联邦的权力得以不断扩张。可见，无论是宪法授权还是立法机关授权，都可能存在模糊的问题，但中美两国接受授权的主体明显不同。

例如，"扩围试点"扩大了增值税的征税范围，直接影响以"商品与劳务"的二元划分为基础的税制结构；同时，作为跨税种的系统调整，它不仅影响营业税，也影响城建税等附加税，不仅关系到增值税的理念，更关系到增值税制度的实效。因此，对于"扩围试点"的合法性必须高度重视。

当然，增值税的"扩围"还涉及税基、税率的调整，对于纳税人的实体权益影响甚巨；同时，由于营业税的部分税目被纳入增值税会产生税负下降的效应，因而"扩围"一直被视为"结构性减税"的要举。但无论是所谓的"结构性减税"，还是其他税收调控措施，其合法性往往被忽视，这是我国税法领域长期存在且饱受批评的突出问题。对此，须从法治政府建设的高度来认真加以解决。

总之，从产品经济到商品经济以至市场经济时期，我国的增值税制度一直处于频繁的"试点"中，与法定原则的要求相去甚远，严重影响了制度的稳定性。尽管经济体制和制度的变迁使大量新型交易行为得以生成并日益复杂，为增值税的征收提供了重要基础，但同时也使增值税制度变动不居并呈现突出的"变易性"①，因此，在税法制度的稳定性和变易性之间加强平衡协调至为重要。即使不能要求税法像某些传统法那样具有更高程度的"安定性"，但至少要强调其必须具有相对的稳定性。尤其增值税作为最大税种，其制度变革直接关涉企业的经营自由和国民的财产权，因而更需确保其基本的稳定性和可预见性，并且基于稳定性而产生的"确定

---

① 例如，在确立实行市场经济体制以后，虽然《增值税暂行条例》及其《实施细则》已有许多具体规定，但财税部门仍要出台大量规范性文件以补充其不足，这与经济活动的复杂性直接相关，同时，也凸显了增值税制度的变易性。

性”更为重要。①

另外，还有一个值得重视的问题，全国人大 1985 年的"授权决定"曾要求，已颁布实施的条例"经过实践检验，条件成熟时由全国人民代表大会或者全国人民代表大会常务委员会制定法律"，即仍然要强调和坚持"法律保留"原则。但在既往的实践中，往往只关注"授权"，而没有关注立法机关所享有的最终立法权和所担负的最终责任。因此，必须纠正以往对"授权决定"有失偏颇的理解。从确保合法性的角度而言，全国人大及其常委会必须担负起"制定法律"的职责，推进增值税立法级次的提升。

三、立法"试点"中的公平问题

增值税的立法"试点"不仅涉及合法性问题，还涉及相对更易被感知的公平问题。事实上，各类立法"试点"大都是针对某种不公平问题而进行的制度变革。如增值税的"转型试点"是为了解决抵扣上的不公平问题，"扩围试点"是为了解决重复征税或税负不公平问题②；而房产税改革试点的其中一个重要目标，则被认为是解决收入分配或房地产资源分配上的不公平问题③；等等。正由于各类立法"试点"都涉及公平价值，且旨在解决某种不公平问题，因而立法"试点"也由此获得了一定的合理性。

各国推行增值税制度的重要目标，是解决因重复征税而带来的不公平

---

①　在今天，增加税法的确定性非常重要。当然，"尽管增加确定性（certainty）是法律的目的，但是法律能够根除的只是不确定性的某些根源"。［英］哈耶克：《法律、立法与自由》第二、三卷，213 页，北京，中国大百科全书出版社，2000。

②　参见财政部、国家税务总局于 2011 年 11 月 16 日发布的《营业税改征增值税试点方案》，该方案强调要"规范税制，合理负担"，以及"基本消除重复征税"。

③　在 2011 年 1 月 28 日同时实施的《上海市开展对部分个人住房征收房产税试点的暂行办法》和《重庆市人民政府关于进行对部分个人住房征收房产税改革试点的暂行办法》都规定，对部分个人住房征收房产税试点的目的是"调节收入分配、引导住房消费、有效配置房地产资源"。

问题；增值税作为典型的"中性"税种，不应给纳税人带来额外损益。但由于种种原因，上述原理并未充分体现于制度中，由此形成了制度上的不公平。为此，无论是一步到位的全面修法，还是逐步渐进的立法"试点"，都应注意贯彻公平原则。此外，立法"试点"可能导致的不公平，以及在解决公平问题方面的局限性往往易被忽视，为此，在增值税的立法试点方面尤其应注意以下问题：

首先，立法"试点"可能会导致新的不公平。各类"试点"都是在某个局部的"点"上来"试"，从而会与"普适性"原则发生抵牾。仅在个别地区或行业进行的"试点"，因其法律适用较为特殊，有时会形成所谓的"洼地效应"，直接影响不同地区、行业的不同主体的利益，以及公平价值的实现。例如，从实质公平的角度看，尽管 2004 年在东北地区进行的增值税"转型试点"确有必要，且所涉行业和数额甚少，但毕竟形成了与其他地区和行业的差异，从而使其他地区或行业感到有些"不公平"，这也是国家将制度的适用扩展至中部地区乃至全国的重要原因之一。此外，增值税制度越"普适"，解决重复征税的效果就越好，越有助于保障公平，而仅在个别行业或地区"试点"，则不仅无助于解决重复征税问题，甚至还可能引发新的不公平。例如，在增值税的"扩围试点"过程中就发生过因相关行业税收链条不连续而影响税负公平的问题，对此应予特别关注。

其次，立法"试点"不能解决不同类型纳税人的税负公平问题。增值税征税范围非常广，纳税人千差万别，但作为"对物税"，它并不像"对人税"那样更关注主体之间的差异和公平，因此，无论立法"试点"如何推行，都不能解决内部主体多样化所带来的差异，以及由此造成的制度设计和实施方面的不公平。[①] 例如，在增值税专用发票的使用以及具体的抵

---

① 在"营改增"试点过程中，一个较为普遍的问题是资本有机构成相对较低的纳税人，其税负可能会增加，物流企业的税负增加就是一例。

扣标准和实际税负方面，一般纳税人和小规模纳税人的税法待遇各异，对此虽然持续有立法上的"帕累托改进"（Pareto improvement），但仍未能实现纳税主体在税法待遇和地位上的统一。无论是增值税的"转型试点"抑或是"扩围试点"，都未能解决纳税人身份、地位不同所导致的税负不公平问题。尽管增值税更强调"中性"或"无差异"，但纳税主体自身的差异以及制度设计的问题，会使各类主体的权利行使或税负有所不同，并带来纵向不公平。

最后，立法"试点"难以解决税收收入的公平分配问题。一方面，增值税作为商品税，与商品的销售地关联密切①，更强调属地管辖，因而与地方税收利益直接相关；另一方面，增值税又是典型的共享税，因而还涉及中央的税收利益，其收益的公平分配甚为重要。其实，"营改增"的设想早已提出，只因涉及地方核心利益而久未实施。因此，国家在推行"扩围试点"时才特别强调不能影响地方税收利益。② 只要中央与地方的利益差异存在，两套税务机构所代表的利益就会存在难以弥合的"永久性差异"。

可见，增值税的立法"试点"会涉及诸多公平问题，有时甚至可能带来新的不公平。其中，存在于试点与未试点的区域或行业之间的不公平，与市场经济所要求的"法治统一""税制统一"相背离，会影响企业之间的公平竞争，这是必须着力解决的问题。

---

① 费肯杰认为，某一课税事实是否可以被征税，取决于税法上的连接点。参见［德］费肯杰：《经济法》，张世明等译，32 页，北京，中国民主法制出版社，2010。其实，销售地就是对增值税以及其他各类销售税行使税收管辖权的重要连接点。

② 根据《营业税改征增值税试点方案》，试点期间保持现行财政体制基本稳定，原归属试点地区的营业税收入，改征增值税后收入仍归属试点地区，税款分别入库；因试点产生的财政减收，按现行财政体制由中央和地方分别负担。这样，就不会对地方的税收利益产生额外影响。

四、立法"试点"的效率考量

各类税收立法"试点"除涉及上述的合法性和公平问题以外，还都涉及效率问题。如沪渝两地的房产税立法"试点"，就试图推进房地产市场健康发展，以防经济过热和泡沫破裂影响整体经济效率；海南离岛免税的立法"试点"则试图探索拉动内需的途径①，以促进经济效率的提升；等等。从效率的维度看，无论哪类立法"试点"，都要符合经济效率原则和行政效率原则的要求。

依据经济效率原则，增值税的立法"试点"应有助于促进经济的发展。事实上，无论是旨在防止或减少重复征税的"扩围试点"，还是旨在扩大抵扣范围的"转型试点"，其重要目标都是激发企业活力，提高经济运行的效率，促进经济的发展。从这个意义上说，上述两类"试点"都符合经济效率原则。

此外，增值税作为典型的间接税，其"扩围试点"会使原来缴纳营业税的某些主体的税负下降，由此对物价以及最终承担税负的主体会产生一定的影响，从而在总体上有助于减轻企业和居民的压力，促进经济的发展，这也是其符合经济效率原则的重要体现。

从行政效率原则的要求看，立法"试点"应当尽量降低征税机关的征收成本或纳税人的服从成本，因为这些成本最终都是由纳税人承担的。征税成本的提高，不仅是征税机关行政效率低下的体现，也会因加大纳税人负担而进一步影响经济效率。此外，还有必要重视整个税务系统的征税成

---

① 参见 2011 年 3 月发布的《财政部关于开展海南离岛旅客免税购物政策试点的公告》（2011 年第 14 号），以及 2012 年 10 月发布的《财政部关于调整海南离岛旅客免税购物政策的公告》（2012 年第 73 号）。

本，尤其是税务机关之间的协调成本。[①]

例如，"扩围试点"直接涉及两套税务机构之间的协调（当时全国仅有上海是一套税务机构），对此应依据效率原则，从成本—收益分析的角度，全面考量协调成本或改制成本的问题，尤其应进一步思考国税与地税两套机构分设的合理性问题。众所周知，如果没有两套机构的分设，则无论是征税机关的征税成本还是纳税人的奉行成本，无论是协调成本还是改制成本，都会相应降低。如果将两套机构合二为一，只要制度安排合理，真正做到税权、税种、税收收益的有效界分，同样可以解决好中央与地方的收益分配问题。否则，即使分设两套机构，但如果对税收收入分配没有稳定的制度安排，则同样会存在突出的央地关系问题。如果地方政府所获取的税收收益不足以支撑其事权行使或职能履行，则无疑会增加地方的财政压力，"土地财政"、"收费财政"或其他"非税收入财政"的问题必然难以遏制。因此，关键还是税收收益的分配要合理，政府的职能要真正转变，而这些问题并非单靠税务机构的设置所能解决，必须优化税权配置，真正从根本上理顺各类"体制"。正是基于上述考虑，我国在 2018 年将国税与地税两套机构合并，推动了税收征管体制的重要改革。

五、对立法"试点模式"的进一步思考

上述增值税立法"试点"所涉及的合法性、公平、效率等问题，在各类税收立法乃至整个经济立法中都普遍存在。要解决上述问题，就必须坚持法定原则、公平原则和效率原则这三大基本原则。由于增值税的立法"试点"非常具有典型性，因而其涉及的问题对于研究整体的经济立法的

---

① 有关服从成本和协调成本的具体探讨，可参见［德］柯武刚、史漫飞：《制度经济学：社会秩序与公共政策》，韩朝华译，152～156 页，北京，商务印书馆，2000。

"试点"模式问题亦具有典型意义。结合前面的探讨，在国家推行经济立法"试点模式"的过程中，需进一步思考和关注如下问题：

第一，立法"试点"应关注多个层面的合法性。

无论是常规的经济立法，还是作为改革探索的立法"试点"，都应当强调合法性。前面对增值税立法"试点"合法性的探讨，其实已折射出税收立法乃至整个经济立法的共通问题。长期以来，我国一直处于改革、转型的进程中，如果持续以1985年的"授权决定"为依据，则只要实质上或形式上"经国务院批准"，就可能较为容易地在绝大多数税种领域进行"试点"或"修法"，此类做法的合法性已遭到诸多质疑。与此相关，继续将1985年的"授权决定"作为"试点"依据的合法性也会受到质疑。上述问题的存在对于经济立法的严肃性和遵从度以及经济法治的发展，都会产生深远影响。

鉴于《立法法》对于经济立法的权限、层级等实质上已有规定，是否应废止改革开放初期作出的"授权决定"，是否应设置结束授权立法状态的过渡期，已非常值得探讨。从总体发展趋势看，无论从当时授权模糊、失之过宽，抑或从强化法定原则或"法律保留"原则的角度，都应当考虑适时废止早期的"授权决定"①。

遍及多个税种的立法"试点"，无不以改革现行制度为主要目标，有时可能重视税收调控和税款征收，而忽视经营自由和财产权保护。如何有效平衡上述两个方面，始终是经济法治建设方面的重要任务。为此，针对实践中屡见不鲜的课税要素法定原则未能严格遵守的问题，必须强调全面遵循税收法定原则，以更好地实现经济法治目标。

强调经济立法"试点"的合法性，不仅需关注上述在立法依据、制度

---

① 有关授权立法的问题及其违反税收法定原则的具体研讨，可参见张守文：《论税收法定主义》，载《法学研究》，1996 (6)。此外，近年来许多学者对加强人大的立法权已发出了更多的呼吁。

调整方面对法定原则的遵循，还应重申立法"试点"必须符合宪法原则，切实保障国民的根本利益。从更高层面的合法性要求来看，经济立法"试点"绝不能侵害国民的整体利益，损害国民的长远利益，否则就会失去其正当性或合法性。据此，房产税的改革试点不仅要符合基本的法定原则，也要符合国民的整体利益和长远利益，当然也要保障纳税人的个体利益，这对于确保经济立法的实效非常重要。[①]

第二，立法"试点"应兼顾公平与效率。

由于经济立法"试点"会影响国民的财产权、经营权，可能给纳税人带来额外负担，影响税负公平；同时，不公平的经济立法会产生扭曲效应，从而对效率产生负面影响，因而好的经济立法必须关注公平与效率价值的密切关联，在制度设计上切实兼顾效率与公平，严格遵循公平原则和效率原则，进而使相关的秩序、正义等价值得到保障。在经济立法实现其规范功能和分配功能的过程中，既要防止立法"试点"可能带来新的不公平，又要努力在效率上实现"帕累托改进"。

其实，无论是公平问题还是效率问题，都与相关财政体制、税收体制、金融体制等经济体制直接相关，因此，宏观调控权和市场规制权的合理划分、经济体制的改革与完善，对于经济立法"试点"更为重要。

第三，"试点模式"的未来走向。

基于在立法"试点"过程中存在的合法性、公平与效率等问题，还应当进一步思考如下问题：广泛推行的经济立法的"试点"模式是否应当持续？应如何看待"试点"带来的负面效应？可否通过其他办法来替代"试点"？等等。

如前所述，在改革开放之初推行"试点模式"确有其必要性和合理

---

① 参见张守文：《关于房产税立法的三大基本问题》，载《税务研究》，2012（11）。

性，但在我国已有多年立法和征管经验，且有国外大量可借鉴经验的今天，是否要频繁、普遍地"试点"，是应当反思的。其实，如果对立法实效能够作出较为准确的预判，就未必要通过立法"试点"来验证，更何况如果"试点"方案选择失当，还会影响立法的全局。

随着法治建设的发展，在原理和制度较为清晰的情况下，应当强调构建稳定的制度框架，而不能也无须一切都"试"。例如，也许有人认为"结构性减税"是应对危机的临时性措施，因而"试点"也无妨；但从法律的角度看，无论减税被冠以何种名目，都是严肃的法律问题，事关国民的财产权等基本权利，不可不慎。因此，即使"营改增"是"结构性减税"的重大举措，也不应将其"试点"常态化。2024 年 12 月 25 日，全国人大常委会通过了我国首部《增值税法》，该法自 2026 年 1 月 1 日起施行，这无疑有助于解决上述增值税制度"试点"所带来的诸多问题。

六、小结

经济立法牵扯复杂的利益分配，调整范围广，实施环境千差万别，这些使"先试点再推开"的合理性得以显现并被广泛运用，从而形成了经济立法的"试点模式"。尽管"试点"的目的往往是力图解决现行制度的问题，但也必须注意在"试点"过程中可能存在的合法性缺失，以及对公平和效率等产生的负面影响。因此，对于试点方案或制度设计的缺漏，以及"试点模式"存在的不足，必须正视并深入研究。

基于增值税立法"试点"的重要性和典型性，本节着重对其中存在的问题进行解析，提出了各类税收立法乃至整个经济立法的"试点"都可能涉及的共通问题，包括合法性问题，以及在公平、效率方面所体现的合理性问题。第一，在合法性方面，经济立法"试点"在立法依据或具体制度设计以及权利保障方面的合法性问题尤其值得关注；在经济立法领域，授权立法问题体现得最为突出，必须适时取消全国人大的"授权决定"，真正按照《立法法》的规定进行相关的税收立法；同时，各类具体的制度设计必须严格遵循法定原则，在此基础上，还必须考虑社会公共利益和国民的长远利益，保障市场主体的基本权利。第二，在合理性方面，经济立法"试点"的合理性不仅要体现在通过经验的积累来推进制度的完善方面，还要体现在公平、效率等重要价值的融入方面。在满足合法性要求的基础上，经济立法"试点"必须尽可能解决原来存在的不公平问题，并尽量避免带来新的不公平；同时，还要真正增进经济效率和行政效率。为此，在经济体制等方面的体制问题都要进一步解决。

基于"试点模式"存在的必要性和合理性，尤其应关注其可能存在的诸多不足，并要考虑"试点"的条件和代价。从总体上说，在经济和社会有了长足发展的形势下，在立法经验和经济管理经验不断丰富的背景下，基于法治精神，除非特别必要，还是应当尽量减少"试点"，努力消除可能存在的制度差别，实现基本法制的统一，不断提升经济法治的水平。

第三节 "结构性减税"与经济法治

一、背景与问题

作为应对经济危机和政治危机的重要手段，减税措施在各国的运用非常频繁而广泛。[①] 我国自 2008 年金融危机发生以来，各类成本居高不下，

[①] 2008 年金融危机发生后，美国、德国、英国、日本、澳大利亚等诸多国家纷纷减税。其中，美国通过的《2008 年紧急经济稳定法案》《2008 年能源促进与（优惠）延长法案》和《2008 年延长税收（优惠）与最低选择税减免法案》涉及逾千亿美元的减税额度，影响尤为巨大。

民生压力巨大；企业负担更显沉重，已直接影响其发展权和竞争力。[①] 在此背景下，亟待调整经济结构，降低国民负担，激发市场活力，因而"适度减税"渐成共识。

为推进"适度减税"，我国力倡"结构性减税"[②]，即所谓"为实现特定目的而针对特定主体、特定领域实施的减税"，它不同于整体并行的大规模减税，而是有差别的"适度减税"。上述对"结构性减税"的通常概括，更强调减税的"特定性"或"特殊性"，而对其"结构性"特征并未特别关注。事实上，所有的减税均与结构有关，既有赖于现行税法结构，又会影响税法自身的结构变化，同时还会影响宏观层面的经济结构、财政结构、税收结构、分配结构等，只是学界对上述各类影响的研究还较为薄弱，因此，对"结构性减税"产生的诸多"结构性"问题，尚有深入研究之必要。[③]

问题远不止于此。通常人们大都从经济视角来研究"结构性减税"问题，对其政策性、必要性、合理性关注较多，但缺少从法律和法学视角对减税的合法性问题的研讨，特别是对减税的主体和权力基础、减税所涉及的权利保障、减税的正当程序等问题关注不够，已影响到"结构性减税"的立法和有效实施。而产生这些问题的重要原因，则是对至为重要的减税权的严重忽视。

其实，拥有减税权是减税的重要前提；能否减税、如何减税，都要受

---

① 减税与市场主体的经济发展权直接相关，从经济法视角展开的相关探讨，可参见张守文：《经济发展权的经济法思考》，载《现代法学》，2012 (2)。

② 从 2009 年正式提出实行"结构性减税"至今，国家已将"结构性减税"作为解决经济和社会问题的重要手段，重视程度亦不断提高。此前，学界对于"结构性减税"已有关注，且有学者强调应将其作为战略选择。参见安体富、王海勇：《结构性减税：宏观经济约束下的税收政策选择》，载《涉外税务》，2004 (11)。

③ 有学者探讨了"结构性减税"与税制结构优化的关系，这表明已经认识到了"结构性减税"所涉及的"结构性"问题。参见安体富：《论结构性减税的几个问题》，载《税务研究》，2012 (5)。

到减税权的约束。减税权的有无、大小、强弱，都会对"结构性减税"产生实质影响。考虑到减税权是影响"结构性减税"的关键因素，本节拟着重探讨"结构性减税"中的减税权问题，从而说明我国的经济法治存在的问题和完善的路径。

尽管我国有关税权基本理论的研究成果日丰，但对于减税权这一具体税权的研究还相当不够。[①] 而对减税权的探讨，尤其有助于回答"结构性减税"乃至近些年实施的"减税降费"措施的合法性等问题，从而有助于丰富和发展税权理论，推进税法理论的发展和税收法治建设，进而推进经济法理论的深化和经济法治理论的提炼，因而加强研究甚为必要。

有鉴于此，本节将结合我国的制度实践，分析和梳理"结构性减税"的具体路径，提出其中蕴含的减税权问题，强调减税权法定及其对减税要素调整的影响，探讨减税权如何依法正当行使等问题，以对我国"结构性减税"的合法性问题、立法主体问题、行权规则问题等作出回应。在此基础上，本节还将结合增值税制度改革所涉及的减税权问题展开更为具体的分析，从而揭示其中存在的经济法治问题。

通过上述分析，本节试图说明"结构性减税"并非仅是一个政策问题或经济问题，更是一个法律问题；"结构性减税"与税法结构的调整密不可分，必须以税法上的减税权为基础，认真解决实践中存在的违法或不当行使减税权的问题，这样才能在经济法治的框架下实现"善治"[②]。

---

① 目前，税法学界普遍较为关注税收立法权、税收征管权和税收收益权这三项基本税权，而对于更为具体的减税权还缺少专门的系统研究；此外，税收学界有些学者将税权分为税收立法权、税收执法权和税收司法权，这与税法学界的普遍理解有所不同。参见许善达：《中国税权研究》，3页，北京，中国税务出版社，2003。

② 尽管人们对美国最高法院马歇尔大法官所说的"征税的权力事关毁灭的权力"可能有不同的理解，但学者普遍更重视对征税权这种"索取权"的法律或宪法约束。参见［澳］布伦南、［美］布坎南：《宪政经济学》，冯克利等译，6～10页，北京，中国社会科学出版社，2004。

二、从"结构性减税"的路径看减税权

对于"结构性减税"的内涵和肇端，学界的认识并不相同。通常，人们大都认为"结构性减税"是应对 2008 年金融危机的重要措施，但如果强调"结构性减税"是基于财政收支结构、税法结构的调整和完善而进行的减税，则可以认为，在我国"入世"以后，随着财政领域"两个比重"下降问题的解决①，我国自 2004 年以来即已开始实行"结构性减税"②。从税法结构的变化以及对"结构性减税"的"特定性"的强调来看，这一判断是符合实际的。因此，考察我国本世纪初特别是 2004 年以来的相关税法制度的变迁及其具体路径，会有助于更好地发现其中存在的减税权问题。

事实上，我国在加入 WTO 以后，随着市场经济体制的进一步完善，无论是 GDP 总额，还是进出口总额、财政收入总额等，增速都可谓全球瞩目，但影响宏观经济的各类结构问题却日益突出，如何有效优化结构，尤其是通过完善财政收支结构、税法结构来缓释"民生压力"，保障和改善民生，增强企业竞争力，增进社会分配的公平，已迫在眉睫，直接涉及国家目标。③ 正是在此大背景下，我国一直在通过调整和优化税法结构，施行实质上的"结构性减税"。而"结构性减税"的具体路径则主要有二：

---

① 我国 1994 年全面实行分税制并进行大规模税法变革的重要动因，就是财政收入占 GDP 的比重下降，以及中央财政收入占整体财政收入比重下降，"两个比重"下降会严重影响国家的宏观调控能力和有效规制。改制以后，我国税收收入的增速多年持续大大高于 GDP 增速，但市场主体税负过重的问题已引起人们的普遍关注，减税呼声不断高涨。

② 较为清晰的"结构性减税"试点主要始于 2004 年，个别的探索还可能更早。如早在 2000 年我国就对固定资产投资方向调节税暂停征收（停征也是"结构性减税"的一种路径，对此在后面还将谈到），只不过那时对"结构性减税"的认识还不是特别清晰。

③ 减税对于缓解和释放"民生压力"非常重要，相关探讨可参见张守文：《缓释"双重压力"的经济法路径》，载《北京大学学报》（哲学社会科学版），2012（5）。

一是整体的税种调整，具体体现为税种的"废、停、并"；二是某个税种内部的课税要素调整，具体体现为税目、税基、税率等要素的变动。

（一）从整体的税种调整看减税权

基于税种或税类的划分，我国的税法体系曾长期由工商税法、农业税法和海关税法三类规范构成，这种"三元结构"的形成，同税务机关、财政机关和海关分享税权（特别是征管权）的税收征管体制，以及工商业与农业、内国与涉外等多重划分标准有关。但上述的多重划分标准和征管体制，带来了税权界定不清晰、税法结构不合理等问题，需要通过征税主体的税权调整和"结构性减税"来加以解决。由于农业税法本来就属于内国税法，且在广义的农业税体系中，农业税、牧业税已被废除，目前仅存的耕地占用税和契税的征收主体已由财政机关变更为税务机关[①]，从而使原来意义上的农业税法不复独存，因此，对税法体系可作出更为严谨的"内国税法"与"涉外税法"的"二元"划分。这样，通过"结构性减税"和税收征管权的调整，我国税法体系和征收主体的结构都从"三元"变成了"二元"（见表6-1）。

表 6-1 "结构性减税"带来的税法体系变化

原来税法体系的"三元结构"	现时税法体系的"二元结构"	现时征税主体的"二元结构"
工商税法	内国税法	税务机关
农业税法		
海关税法	涉外税法	海关

---

① 根据财政部、国家税务总局《关于加快落实地方财政耕地占用税和契税征管职能划转工作的通知》（财税〔2009〕37号），在2009年12月31日前，完成两税征管职能由地方财政部门划转到地方税务部门的各项工作。

在我国的税法体系由"三元结构"向"二元结构"转变的过程中，通过"结构性减税"来废除农业税等税种是非常重要的环节。早在 2004 年中央政府宣布黑、吉两省免征农业税后，各省就纷纷效仿，终使全国人大常委会正式通过了废止农业税条例的决定，并于 2006 年 1 月 1 日开始实施[1]，尽管对于农民的实际税负是否可由此真正减轻或可存疑，但这确是"结构性减税"的重要步骤，并在总体上推动了税法结构的调整和优化。[2]而废除农业税的权力作为一种减税权，究竟应如何或是否被依法正当行使，却很值得研究。

当然，我国被"废除"的税种不只是农业税，还有曾产生过一定影响的屠宰税和筵席税等税种。继 2006 年《屠宰税暂行条例》被废止后[3]，《筵席税暂行条例》也于 2008 年年初被废止。[4] 这些调整既有经济、社会等因素的影响，也有征收效率的考虑。对于被废税种所涉领域的特定主体而言，其"减税效应"均较为突出。

此外，在"结构性减税"的具体路径方面，我国还采取过"停征"的方式，即通过对某个税种的停止征收来体现减税的精神。例如，固定资产

---

[1] 《全国人民代表大会常务委员会关于废止〈中华人民共和国农业税条例〉的决定》已由中华人民共和国第十届全国人民代表大会常务委员会第十九次会议于 2005 年 12 月 29 日通过，第一届全国人民代表大会常务委员会第九十六次会议于 1958 年 6 月 3 日通过的《中华人民共和国农业税条例》自 2006 年 1 月 1 日起废止。

[2] 客观地说，立法者当时可能未考虑到这是实质的"结构性减税"的重要步骤，也没认识到这对于优化和完善税法结构可能具有的重要意义。毕竟，税法体系的优化或总体设计在当时尚未受到重视，而解决"三农"问题，减轻农民负担，才是当时最直接的想法。

[3] 国务院令（第 459 号）规定，1950 年 12 月 19 日政务院发布的《屠宰税暂行条例》自 2006 年 2 月 17 日起废止。

[4] 2008 年 1 月 15 日，国务院发布了《关于废止部分行政法规的决定》，认为《中华人民共和国筵席税暂行条例》的"调整对象已消失，实际上已经失效"，故决定宣布该条例即日起失效。但"调整对象消失说"似并不确切。

投资方向调节税就曾于 2000 年"暂停征收"①。采取"停征"的措施，固然有税收效率原则的要求，也有不同时期经济社会发展需要的考虑，但上述税种的"暂停征收"并无法律或行政法规的规定，仅在相关"停征"文件中冠以"经国务院同意"或"国务院决定"之类的句子，是否能够在效力上相当于"行政法规"，大可存疑。毕竟，对行政法规的制定程序，立法上有较为严格的要求。② 如果国务院的某个职能部门或直属机构下发的文件只要加上一句"经国务院同意"，就可以像行政法规一样通行全国，则不仅与既有规则不符，亦与法治的形式上的基本要求相距甚远。依据税权理论，税种的开征权和停征权都是重要的税收立法权，需从税收立法的高度来认识停征权的行使；同时，按照现行法律规定，税种的停征也要遵循法律的规定，即使有法律授权，也要有行政法规的规定。③ 由此可见，按照现时的法律要求，涉及停征权的规定的效力级次无论如何也不能低于行政法规的，当年固定资产投资方向调节税的停征依据是存在问题的。

　　除了上述对某些税种的"废除"或"停征"，我国还专门对一些税种予以"归并"。"归并"与"废除"直接相关，它是通过废除相关的税种，废止相关的税法规范性文件来实现的，其目的主要是基于国民待遇原则，解决"内外有别"的"两套税法"的问题。例如，现行的企业所得税，就由对内资企业和涉外企业分别征收的两个所得税税种"归并"而成④，类似于"新设合并"；而现行的房产税、车船税等，也都由原来体现"内外

---

① 依据 1999 年 12 月 17 日财政部、国家税务总局、国家发展计划委员会发布的《关于暂停征收固定资产投资方向调节税的通知》，自 2000 年 1 月 1 日起，暂停征收固定资产投资方向调节税。依据 2012 年 11 月 9 日公布的《国务院关于修改和废止部分行政法规的决定》，《中华人民共和国固定资产投资方向调节税暂行条例》被废止，该决定自 2013 年 1 月 1 日起施行。

② 我国自 2002 年 1 月 1 日起施行的《行政法规制定程序条例》对行政法规的制定程序已有严格规定。

③ 《中华人民共和国税收征收管理法》第 3 条对此有明晰的规定，对此在后面还将进一步探讨。

④ 这两个税种一个是"企业所得税"，另一个是"外商投资企业和外国企业所得税"。统一的《中华人民共和国企业所得税法》由十届全国人大五次会议通过，自 2008 年 1 月 1 日起施行。

有别"精神的两个税种"归并"而成，但因其保留了原来的税种名称和相关制度，所以更类似于"吸收合并"①。这些"归并"同样会对税法结构产生直接影响，其减税效果虽不像税种的"废除"和"停征"那样直接且突出，但对相关主体仍会产生一定的减税效果。毕竟，在原来"内外有别"的税制下，税法上待遇各异的主体，其税负自然不同，而通过税法的统一、税种的"归并"，则不仅可减少税收体系中的税种数量，而且按照"就低原则"进行的税率调整，还会使某些主体的税负降低，从而产生"减税效应"。例如，在企业所得税方面，过去内资企业虽然与涉外企业的法定名义税率都是33%，但其实际税负却往往会高于涉外企业税负，而通过统一税法，"归并"税种，内资企业的名义税率至少可以降为25%，有些企业甚至还会更低，这就是"归并"税种所带来的"减税收益"。

上述三种减税的具体路径对应于不同的减税领域，同时行使减税权的主体也各不相同，基本情况如表6-2所示：

表6-2 减税的路径、领域与行权主体

减税的具体路径	减税领域	行使减税权的主体
废除税种	2006年废除农业税 2006年废除屠宰税 2008年废除筵席税 2013年废除固定资产投资方向调节税	全国人大常委会 国务院 国务院 国务院
停征税种	2000年暂停征收固定资产投资方向调节税 （至2013年由国务院废除）	财政部、国家税务总局、国家发展改革委
归并税种	2008年统一企业所得税 2009年统一房产税 2007年统一车船税	全国人大 国务院 国务院

---

① 原来对涉外企业和外籍个人征收的城市房地产税、车船使用牌照税，被要求与内资企业一样征收房产税（2009年1月1日）、车船使用税（2007年1月1日，后更名为车船税），从而实现了房产税和车船税的统一。

上述税种的"废除""停征"和"归并",作为我国进行"结构性减税"的具体路径,在减税效果上大体呈递减的顺序。其中,"废除税种"因其导致在某个领域里不再征税,故减税效果最突出;"停征税种"的减税效果次之,它只是在一定时期停止征收,税种并未废除;而"归并税种"则由于在"废除"某个税种的同时,对相关主体又征收新的税种①,因而其减税效果要视新税种的课税要素而定,在税负总体下降的趋势下,纳税人的税负实质上往往也会减轻。

此外,在分析减税效果时,不仅要关注某个具体税种,还要看整体税负是否下降。例如,上述各种路径的减税,都有助于使我国"税制性重复征税"问题得到缓解。毕竟,在国家征收多种税的情况下,同一主体被重复征税的概率会大大增加,从而使整体税负在同等条件下也会相对加重。废除、归并相关税种,削减税种数量,有利于减少"税制性重复征税",从而会在整体上降低税负。由于重复征税是造成我国物价上涨、企业和居民负担加重的重要原因,因而缓解和解决重复征税问题,不仅具有减税效果,还有助于解决"滞胀"问题。

值得注意的是,上述"结构性减税"的路径不同,行使减税权的主体亦不尽相同,主要有三类重要主体,即全国人大及其常委会、国务院、国务院的相关部委及总局。其中,涉及"废除"税种的(包括为"归并"而进行的"废除"),主要由全国人大及其常委会、国务院来行使减税立法权;而涉及"停征"税种的,则主要由国务院或其职能部门来行使减税立法权。上述安排与对税法结构的影响程度有关。毕竟,"废除"或"归并"税种直接影响税法的体系和结构,对各个方面影响更大,也更重要,而

---

① 如对涉外企业废除了"外商投资企业和外国企业所得税",但要开征新的"企业所得税";对涉外企业废除了"城市房地产税",但要征收新的"房产税";对涉外企业废除了"车船使用牌照税",但要征收新的"车船税";等等。

"停征"是在税种保留前提下的"暂停",因而影响相对较小。[①]

在上述各类行权主体中,国务院行使减税权是否过多?国务院的部委能否行使减税立法权,其合法性如何?这些都是值得关注的重要现实问题,对此本节将在后面进一步讨论。

(二)从课税要素的调整看减税权

"结构性减税"的具体路径不仅体现为上述整体的税种调整,也体现为在某个具体税种制度中对税目、税率、税基以及税收优惠措施的调整。其中,通过调整税收优惠措施来进行减税,是市场主体普遍关注和较为熟悉的路径,而对于通过调整税目、税率、税基等课税要素来进行减税的路径,社会公众则普遍关注较少。为此,有必要分别略加讨论。

其实,通过调整税目来进行减税已有大量的制度实践。通常,税目调整往往体现为同一税种内某个税目的取消或变动。例如,在消费税领域,过去曾长期对"汽车轮胎"税目征税,而自2014年起则不再征税,以体现"结构性减税"的精神。此外,税目调整有时也体现为跨税种的变动。例如,自2012年1月1日起,我国开始在上海进行营业税改征增值税的"营改增"试点或称"扩围试点"[②],作为典型的"结构性减税"措施,其主要做法是将原来征收营业税的一些税目(如交通运输业和现代服务业)

---

① 某些税种或税目被"暂停",一定是这些税种或税目的征收与特定时期的经济政策、社会政策不符,因而其"暂停"征收的影响也相对较小。除了固定资产投资方向调节税以外,"利息税"的暂免征收也是一个很好的例证——依据《个人所得税法》的规定,国务院决定自2008年10月9日起,对储蓄存款利息所得(包括人民币、外币储蓄利息所得)暂免征收个人所得税。这一"决定"虽然对税收收入有少许影响,但却得到了社会各界的普遍认可。

② 2011年11月,经国务院同意,财政部和国家税务总局印发了《营业税改征增值税试点方案》,依据该方案,上海自2012年1月1日起开始试点,到2016年"营改增"试点工作在全国范围内全面推行,基于上述"营改增"的制度实践,我国于2024年12月25日由全国人大常委会通过了《增值税法》。

调整到增值税的征税范围内，以使相关行业不再承受原来相对较重的营业税税负，并进一步解决因营业税领域的重复征税而导致的税负加重问题，从而实现"实质减税"的目的。上述各类"结构性减税"路径对于推进经济结构的调整，完善税法的结构，确有其积极意义，但无论是税种内部的税目调整还是跨税种的税目调整，都要依托于减税权，而该减税权究竟应由哪个主体行使，却很值得研究，对此本节在后面还将专门探讨。

在上述两类"税目调整"中，同一税种内的税目调整，会影响征税的"广度"，当征税的广度受到限缩，或者原本征税的税目被取消或被税负更轻的税目替代时，就会具有减税效果；而跨税种的税目调整，则会在原税目征税广度不变的情况下，因受到另一税种的税率、税基等要素的影响而体现出减税效果。① 由此可见，在发生税目调整时，还须关注税率、税基等要素的变化，才能全面考察其"减税效应"。

通常，税率调整直接影响课税的"深度"，调低税率便可直接发生减税效果，因而降低税率往往是"结构性减税"的重要工具。例如，前面提及的我国自 2008 年开始实施的《企业所得税法》，就是将原来对内资、外资企业普遍适用的名义税率由原来的 33％调低为 25％，特殊企业的税率还更低②，不仅减税效果非常明显，而且与世界多数国家通过降低所得税税负来提升企业竞争力的趋势相一致。此外，我国的《个人所得税法》历经多次修改，已将工薪所得适用的最低税率由 5％调低为 3％，并大幅提高了所得税的扣除标准，扩大了扣除范围，从而使该税目的纳税主体数量骤减，其减税效应亦被普遍关注。上述在两大所得税领域实施的税率调整涉及直接税的征纳数量，减税效果更加直接，尤其有助于保障和改善

---

① 如原来征收营业税的交通运输业税目，在其征税范围不变的情况下，如果改征增值税（按新的 9％的税率计算），则相关纳税人的实际税负会下降。

② 如根据《企业所得税法》第 28 条规定，小型微利企业适用的税率为 20％，而国家重点扶持的高新技术企业适用的税率为 15％。

民生，促进"后危机时代"的经济复苏，提高企业的竞争力，实现公平竞争。其实，不仅在所得税领域，类似的税率调整措施在各个税种领域的运用都较为普遍、广泛。鉴于调整税率的减税权至为重要，因而必须确保其能够依法正当行使。

除上述税目和税率的调整外，税基的调整对于减税同样非常重要。例如，在间接税领域，为了应对金融危机，更好地体现增值税的"中性"特点，减少和防止重复征税，推动由"生产型增值税"向"消费型增值税"的制度转型，我国自 2009 年 1 月 1 日起在全国范围内扩大增值税的抵扣范围，降低增值税的税基，全面推进增值税领域的减税。又如，在直接税领域，我国完善个人所得税法的重要路径，就是不断提高工薪所得的扣除额标准，从而通过降低税基来实现减税的目标。但与上述税目、税率的调整一样，调整税基的减税权如何依法行使，也非常值得研究。

总之，无论是上述的整体税种调整，抑或某个税种的课税要素的局部变更，都是"结构性减税"的重要路径。而通过"废除""停征""归并"税种实现的整体税种调整，以及通过变更某个税种的税目、税率、税基等实现的课税要素调整，都与整体的税法结构及某个具体税法的内部结构有关。应该说，特定的税法结构直接影响着"结构性减税"，而推进"结构性减税"又会对税法结构产生直接影响①。

此外，在前面梳理"结构性减税"具体路径的过程中，不难发现，各种减税路径其实都与减税权有关。而对于减税权与"结构性减税"的关联，对于减税权的界定、权源、行使、限制，对于"结构性减税"的合法性等问题，学界的研究还相当不够，因而非常有必要进一步展开具体研讨。

---

① 参见张守文：《税制结构的优化及其价值引领》，载《北京大学学报》（哲学社会科学版），2021（5）。

三、作为"结构性减税"基础的减税权

（一）对减税权的多重界定

实施"结构性减税"，必须以法定的减税权为基础；如果没有减税权，则无论哪种类型的减税，都不具有合法性。依据税收法定原则以及《税收征收管理法》等相关法律的规定，任何主体都不得违法擅自作出减税的决定。^① 考虑到"结构性减税"的路径具有多样性，其权力依据应以"广义上的减税权"为宜。

所谓"广义上的减税权"，即税收减征权，包括减少税种和税目、降低税率和税基、停征税种和减征税额等旨在降低纳税人税收负担的权力。作为税权的重要组成部分，"广义上的减税权"是与"增税权"或"加税权"相对应的，它与"狭义上的减税权"的不同之处在于，后者是税收特别措施中的"减税措施"的基础。税收特别措施是与税目、税基等基本课税要素相并列的，其包含的"减税措施"只是减税的一种路径。本节着重探讨的"广义上的减税权"，则对应于减税的多种路径，它不仅可能涉及多个课税要素，甚至还可能超越课税要素，并与税种存废以及整体的税法结构变动发生关联。

基于上述对减税权的广义理解，本节探讨的减税权包括减税的立法权和执法权，因而也不能将其等同于征税机关在执法层面的"减税审批权"。依据税收法定原则，减税立法权是行使减税执法权以及更为具体的减税审批权的基础。在实施"结构性减税"的过程中，减税权的行使目标可能是

---

① 我国的《税收征收管理法》第3条第2款规定，任何机关、单位和个人不得违反法律、行政法规的规定，擅自作出税收开征、停征以及减税、免税、退税、补税和其他同税收法律、行政法规相抵触的决定。该规定已体现了广义上的减税权。

多重的，如公平分配、宏观调控、改善民生、保障稳定等。这些目标需要通过减税立法权的行使体现在相关的税法规范中，并通过减税的执法活动来加以落实。

从整体的税权理论看，国家的税权（或称征税权）既包括加税权，也包括减税权。① 但以往人们往往容易把征税权单一地理解为加税权，而忽视其中包含的减税权。事实上，无论加税还是减税，都是国家行使税权的常态。通过税负的调整来实现"积极的鼓励、促进"与"消极的限制、禁止"，正是税法功用的重要体现。

此外，从宪法的意义上说，上述的减税权实为国家的"减税决定权"，与此相关的还有国民的"减税请求权"。基于国民的减税请求权，国家应考虑是否决定实施减税。当然，一国国民减税请求权的行使，要通过人大或议会等机构的立法活动，与国家减税决定权发生关联。减税请求权与减税决定权虽然性质、层次不同，但在法治的框架下却密切相关，并同为影响法治系统的重要因素。

在宪法层面，基于国家与国民的"主体二元结构"，基于"一切权力属于人民"的理想和现实规定②，国民的减税请求权是更为基本的，国家必须充分考虑国民的诉求与经济社会发展的实际，关注政府征税的合法性。在这个意义上，国家行使减税决定权必须受到约束和限制。另外，如果认同国家与国民之间的"契约假设"，则国民的减税请求权还对应于国家的征税请求权，两类请求权的行使体现为公共物品定价上的博弈。无论

① 如前所述，税法学者主要将税权分为税收立法权、税收征管权与税收收益权三类，当然也有学者将税收征管权称为税收行政权，参见陈清秀：《税法总论》，108、109 页，台北，元照出版公司，2010。如果从增加或减少税收负担的角度看，税权还可以分为加税权与减税权，它们主要与上述的税收立法权相关，并会对税收征管权和税收收益权产生直接影响。

② 我国《宪法》第 2 条规定"一切权力属于人民"，许多国家的宪法也有类似的规定。基于此，国家的减税决定权应当主要由人大或议会行使。

认同上述的哪种理论，都应当关注国民的减税请求权，同时还应当对国家的减税权依法作出限定，即强调"减税权法定"。

（二）减税权法定及其问题

"结构性减税"的基础是法定的减税权。依据税收法定原则，涉及税收的一切权力和权利都必须法定，减税权也不例外。基于对国民财产权的保护，通常人们更强调"加税权的行使"必须遵循法定原则，但对于"减税权的行使"也要坚持法定原则却鲜有提及。事实上，无论是加税权还是减税权，其行使都会影响国家和国民的利益；对于影响各类主体合法权益的各类税权，都必须严格法定。其中，国家减税权的行使不仅关乎国家税收利益或财政利益的保护，还会直接影响相关国民的财产利益，并可能导致纳税人之间的税负不公。减税权的行使直接关涉相关税种、税目、税率、税基、税收优惠措施的调整，而税种的开征与停征、课税要素的变动，都要严格执行税收法定原则，因此，减税权的行使亦须严格遵循法定原则。

依据严格的税收法定原则，减税权的行使须严守宪法和法律，这样才能使各类主体的法益得到有效保障。我国《宪法》第 56 条专门规定"公民有依照法律纳税的义务"，据此，公民履行纳税义务的基础和依据只能是法律，减轻或免除纳税义务的依据也只能是法律。此外，法律是通过对税种和课税要素的规定，来直接影响纳税人的纳税义务的确定；与此相关联，要通过相关税种及课税要素的变动来行使减税权，以减免纳税人的纳税义务，也必须符合法律的规定。另外，征税机关能否减少纳税人的纳税义务，只能取决于法律的规定，这既是税收法定原则的要求和体现，也是对减税权行使的重要限定。

在我国，"减税权法定"的精神不仅体现在宪法层面，而且相关的税收法律对减税权还有更为明确的规定。① 例如，我国的《税收征收管理法》第3条第1款规定："税收的开征、停征以及减税、免税、退税、补税，依照法律的规定执行；法律授权国务院规定的，依照国务院制定的行政法规的规定执行"。上述规定所涉及的税收的停征、减税、免税、退税，都与"广义上的减税权"的行使直接相关；而要求其"依照法律的规定执行"，正是税收法定原则的体现；并且，该条规定强调的是严格的税收法定原则，因为它规定：只有"法律授权国务院规定的"，才"依照国务院制定的行政法规的规定执行"。

上述规定同时也是前述《宪法》第56条规定的具体落实和精神体现。依据《宪法》规定的精神②，税收法定原则必须严格执行，因而《税收征收管理法》第3条才将"广义上的减税权"只规定到法律层面，以及在法律授权情况下的行政法规层面。国务院涉税的职能部门（如财政部、国家税务总局、海关总署等）发布的部门规章以及地方性法规，在该条规定中都没有体现。因此，如果严格依据该条规定，部门规章和地方性法规都不能作为行使减税权的依据或法律渊源；相应地，国务院的部委等也不能担当减税立法权的主体。当然，现实情况与上述规定的要求还相距甚远。

此外，《税收征收管理法》以及配套的实施条例、《税收减免管理办法（试行）》、《海关进出口货物减免税管理办法》等法律、法规、

---

① 我国目前尚未制定《税法典》或《税法通则》，有关税权分配的税收体制法的基本规定以及对减税权的具体规定，主要在《税收征收管理法》中体现，这也印证了立法的缺失。

② 有的国家已经把税收法定原则规定在宪法之中，因而税收法定已不只是宪法精神的体现。例如，《委内瑞拉玻利瓦尔共和国宪法》（1999年12月30日生效）第317条就专门规定了税收法定原则，即"税收法定。没有法律依据，不得纳税，亦不得征收任何捐款。没有法律规定，不得免税、减税或使用其他税收优惠。"

规章①还对"减税申请权"作出了规定。与该申请权相对应，国家征税机关享有"减税审批权"。根据《税收减免管理办法（试行）》等规定，对于不同类型的减税，征税机关的减税审批权是不同的。上述有关减税申请权和减税审批权的规定主要是限于"执法"层面，无论是纳税人的减税申请还是征税机关的减税审批，都要基于税法的既有规定，不能对税法规定的课税要素作出改变。

事实上，不仅在上述减税申请或减税审批过程中不能改变课税要素，而且在"减税权法定"的要求之下，未经法定程序，也不能调整各类"减税要素"，这样才能确保减税的规范有序，保障整体上的分配秩序。

上述的"减税要素"是指与减税直接相关联的各类重要因素，如税种的停征、税目和税率的调整、税基确定方法的调整、税收减免范围的调整等，它们都可能带来减税的效果，既是影响税负的因素，也是减税的具体路径。上述"减税要素"的调整对于国家与国民的税权、税收行为和税收利益②，以及税收的公平、收益的分配均影响重大，因而必须特别慎重。

正由于上述"减税要素"特别重要，因而有的国家甚至在宪法上直接对某个税种的开征作出限制性规定。例如，美国宪法规定："未经国会同意，不得征收船舶吨税"③。船舶吨税是一个相对较小的税种，许多国民也许不知其存在，但它对于国际国内贸易或贸易自由却具有重要影响。我国船舶吨税的征收曾长期沿用 20 世纪 50 年代的规定，直到 2012 年才真

---

① 参见国家税务总局于 2005 年 10 月 1 日起施行的《税收减免管理办法（试行）》（国税发〔2005〕129 号）、海关总署于 2009 年 2 月 1 日起施行的《中华人民共和国海关进出口货物减免税管理办法》。

② 税权、税收行为和税收利益，是税法领域的三个基本范畴，体现了税法领域的核心问题。相关研讨可参见张守文：《税收行为范畴的提炼及其价值》，载《税务研究》，2003（7）。

③ 《美国宪法》第 1 条第 10 款规定："任何一州，未经国会同意，不得征收任何船舶吨税"。这对减轻企业负担，促进国内的自由贸易和公平竞争都是非常重要的。

正全面启用新规①，并于 2017 年 12 月由全国人大常委会通过《船舶吨税法》。

对于哪些税种可以开征或停征，我国尚无明确规定，因为至今合理的税收体系应包含哪些税种仍未明确，税收体系和税法体系都处于变化和发展之中。但随着社会主义市场经济的发展以及税法制度的日渐成熟，我国的税法体系亦应相对稳定，在税法体系中应包含的主要税种制度以及各税种制度的基本课税要素，都应合理明晰，这尤其有助于对各类"减税要素"的调整作出有效的法律限定。

强调减税权法定和"减税要素"的依法调整，不仅对税法理论乃至公法理论的发展有重要价值，对制度实践亦意义重大。透视减税的制度实践，有助于进一步揭示在减税权法定方面存在的问题，从而明确为什么减税权要依法正当行使。

四、减税权的依法正当行使

基于前面对"结构性减税"基本路径的梳理，基于对作为"结构性减税"基础的减税权的界定，以及"减税权法定"的重要性的认识，反观我国"结构性减税"的制度实践，不难发现在行使减税权的主体、范围、程序等方面存在的诸多法律问题。唯有在经济法治的框架下，确保减税权的依法行使和正当行使，才能更好地解决上述问题。

从立法的角度看，一国税法的结构会直接影响"结构性减税"。在税法体系中哪些税种应当废止，哪些税种可以停征，哪些税种需要归并，都

---

① 我国过去曾经长期适用 1952 年 9 月 16 日政务院财政经济委员会批准、1952 年 9 月 29 日海关总署发布的《中华人民共和国海关船舶吨税暂行办法》来征收船舶吨税，直到 2012 年 1 月 1 日开始实施新的《中华人民共和国船舶吨税暂行条例》，才明确废止上述的《暂行办法》。

不能率性而为，而须充分考虑各类因素，依法正当行使减税权。为此，尤其应特别注意行使减税权的主体、范围、程序和原则。

首先，在行权主体方面，必须依据宪法和相关法律的规定，明确减税权的来源及合法的行权主体。我国曾屡次强调税收立法权（其中包括减税立法权）要高度上收中央，地方仅在法律授权范围内方可行使减税权；同时，即使在中央层面亦须明晰各类主体的减税权，尤其应防止相关主体越权。基于我国《立法法》的规定[①]，对于涉及税收基本制度的税收立法必须贯彻"法律保留"原则，据此，全国人大及其常委会应成为行使减税立法权的主要主体，国务院不能超越职权行使减税立法权。明晰减税立法权的行权主体非常具有现实意义，例如，前述的《农业税条例》是由全国人大常委会通过的，其废止决定亦应由全国人大常委会作出，国务院不能超越职权先行废止；即使确需废止，亦须遵循立法程序，而不应在法律仍然有效的情况下，由各地政府自行停止其实施。应当说，明晰行权主体，对于防止减税立法权的越权行使，保障减税权的依法正当行使都至为重要。

纵观我国"结构性减税"的历程，可以发现一个重要特点：在多数情况下，税收立法权实际上主要由国务院来行使，相应地，国务院也是行使减税立法权的重要主体。这一特点的形成，与1984年和1985年由全国人大常委会、全国人大分别对国务院作出的授权立法决定直接相关。在1994年税法大变革之前，上述的授权立法对于中国税法基本框架的构建起到了积极作用，但在中国确立实行社会主义市场经济体制以后，在不断完善现代税法体系的进程中，继续沿用上述两个授权立法决定，确有相当大的问题。对此，全国人大常委会已有清晰认识，专门于2009年废止了

---

① 根据我国《立法法》第11条第（6）项的规定，涉及"税种的设立、税率的确定和税收征收管理等税收基本制度"的事项，只能制定法律。

1984 年的授权立法决定①，但 1985 年的授权立法决定却依然有效，其在期限和范围上近乎空白的授权带来了诸多问题，确需适时废止。② 由于减税关乎各类主体的基本财产权及其他相关权利，主要由全国人大及其常委会来行使减税权，既能体现税收法定原则的要求，也更合乎现行法律的规定，因此，应当将主要行使减税立法权的主体由国务院逐步变为全国人大及其常委会。

其次，在行权范围方面，与前述"结构性减税"的具体路径相对应，行使减税权的范围既涉及税种的存废、并转，也涉及各类重要"减税要素"的调整，特别是税目、税率、税基以及税收优惠措施的调整等。目前，在行权范围方面的第一要务，就是全面贯彻法定原则。为此，应更加重视通过法律上的授权来赋予相关主体以减税权，这有助于更好地解决法律依据不足的问题，从而有助于保障减税权的依法正当行使。例如，2007年我国专门修改了《个人所得税法》第 12 条，规定"对储蓄存款利息所得开征、减征、停征个人所得税及其具体办法，由国务院规定"。根据上述的法律授权，国务院行使储蓄存款利息所得的减税权便有了合法依据。

鉴于税法及其调整的社会关系甚为复杂，在减税权的行使范围上尤其应强调政策性与法定性的结合、稳定性与变易性的统一，以更好地体现"区别对待"的精神，实现税法的制度功能。通常，在涉及个体财产权保护的领域，人们对减税行为的合法性要求往往更高，对于减税权的行使或减税路径的变化，公众的关注也更多，因而更要强调减税权的依法正当行使。

再次，在行权程序方面，无论减税立法权抑或减税执法权的行使，都

---

① 该授权决定已于 2009 年 6 月 27 日被《全国人民代表大会常务委员会关于废止部分法律的决定》废止。

② 对于授权立法决定存在的相关问题的具体探讨，可参见张守文：《论税收法定主义》，载《法学研究》，1996 (6)，以及《关于房产税立法的三大基本问题》，载《税务研究》，2012 (11)。

要注意程序问题。但在"结构性减税"的实践中，有些程序仍然不够透明。例如，燃油税费改革涉及的消费税税目的调整、个人所得税的工薪所得扣除额的调整、证券交易印花税的税率调整过程中广受争议的"半夜鸡叫"事件①，等等，都不同程度地存在着程序不透明的问题。对于上述情况，尽管社会公众通常不会从越权或滥用权力的角度提出质疑，但至少会认为存在权力行使不当的问题。因此，应特别强调各类减税权必须严格按照法定程序行使，进一步加强税收程序法的制度建设，以更好地推进税收法治。

最后，在行权原则方面，行使减税权不仅要坚持前述的法定原则，还要贯彻公平原则和效率原则。其中，公平原则具体体现为适度原则或比例原则②，它要求行使减税权必须适度，减税的范围、力度等都要适当，同时要协调好政策性与法定性的关系，以更好地实现"结构性减税"的功能和目标。依据体现公平精神的适度原则，征税权的行使要体现出"谦抑性"或"收敛性"，并且减税权的行使尤其要体现征税权的"收敛性"，这样才能通过适度行使征税权，保障各类主体的合法权益，实现经济与社会的稳定发展和国家的长治久安。由于"结构性减税"会使特定领域的特定主体获得税收利益，如果减税的立法权或执法权行使不当，就会有悖于公平原则所蕴含的公平价值，因而"结构性减税"尤其应当重视实质公平；否则，仅从形式公平的角度，就很难解释为什么国家要实施或推进"结构性减税"。

除了要符合上述公平原则的要求，减税权的行使还要有利于经济发

---

①　2007年5月下旬，财政部官员对外称证券交易印花税税率不会上调，但在4个工作日后的5月30日凌晨，财政部却突然宣布税率上调，导致股市大跌。民众将财政部凌晨突然调整税率的做法称为"半夜鸡叫"，并普遍对税率的调整程序、财政部是否有权调整等提出了质疑。

②　比例原则有助于避免国家权力对国民法益造成过度侵害，在减税方面强调比例原则更为重要。如果相关的减税措施违反比例原则，则是违法的；如果整部法律违反比例原则，则是违宪的。参见［德］施利斯基：《经济公法》，喻文光译，103页，北京，法律出版社，2006。

展，真正减轻纳税人的负担，从而取得更好的征收效益，而这些方面正是效率原则的要求。例如，我国企业所得税制度的统一，实现了两个企业所得税的税种合并，在整体上降低了企业的负担，促进了公平竞争和经济增长，这样的"结构性减税"就是符合效率原则的；如果某个时期国家名义上仍在推进"结构性减税"，但却在废除一些税种的同时再新增一些税种，并由此加重了纳税人的整体负担，制约了经济的发展，这种做法当然不符合效率原则的要求。

落实税法的上述原则，需要重视征税权行使的"收敛性"。从"收敛性"的角度看，国家征税只是为了满足社会公众对公共物品的需求，因而不应由此带来苛政，恰恰应尽量减轻纳税人的负担，与民休息。[①] 强调征税权的"收敛性"，不仅有助于最大限度保护国民的利益，也有助于更好地促进市场经济的发展，提升资源配置的效率，并在整体上促进经济的运行，还有助于更好地保障国家的财政收入，实现国家财政与国民收益的"双赢"，从而构建国家与国民之间的良性"取予关系"。

在国家行使征税权的过程中，"扩张性"与"收敛性"往往并存。其中，征税权的"扩张性"对应于加税权，其"收敛性"则对应于减税权。加税权和减税权的行使都是国家行使征税权的常态，体现了税法乃至整体经济法的"规制性"，即把"积极的鼓励、促进"与"消极的限制、禁止"相结合的特性。只不过在征税权的行使过程中往往是"扩张性有余而收敛性不足"，因而才需要从法定原则、公平原则和效率原则的角度，对其"扩张性"加以限制。

近些年来，尽管我国一直在进行"结构性减税"或"减税降费"，但

---

① 通过减负，与民休息，有助于涵养税源，从而实现取之不尽，用之不竭。许多思想家都提出过减税思想，例如，司马光在其《论财利疏》中就强调要"养其本源而徐取之"。详见王军主编：《中国财政制度变迁与思想演进》，第一卷下，822~823 页，北京，中国财政经济出版社，2009。司马光的思想与供给学派代表人物拉弗（Laffer）提出的减税思想是内在一致的，只不过提出时间比后者要早得多。

市场主体的税负依然居高不下，这与减税权未能依法正当行使、税法原则贯彻不力等有关，同时也与我国对减税缺少系统思考和整体设计有关。严格说来，我国的"结构性减税"是在不断解决各税种领域诸多问题的过程中"不自觉"地展开的。为此，必须加强顶层设计，全面优化税法结构，构建科学合理的税法体系，为"结构性减税"奠定更坚实的制度基础，这样才不会像增值税制度改革那样，在不断的"试点"中持续暴露出减税权问题。

五、增值税制度改革中的减税权问题

在前面探讨"结构性减税"的路径等诸多问题的过程中，已多次提及增值税。事实上，我国的增值税制度一直处于改革或"试点"的过程中，并且其改进的重要方向是通过更好地体现增值税的原理来不断减轻纳税人税负，因而始终与"减税"密切相关。我国实施多年的"营改增"试点，更是被视为"结构性减税"的最重要举措。因此，很有必要结合以往的增值税制度改革，以及"营改增"实践所涉及的减税权问题，展开更为具体的专题性探讨。这不仅有助于使前面的探讨更为细化，也有助于进一步验证前面的相关结论。

从我国增值税制度改革的历程看，既有"增值税转型"带来的税种内部课税要素的调整，又有"营改增"带来的不同税种之间的整体调整，因此，前述"结构性减税"的两种路径在增值税领域都有体现，并且两种紧密关联的路径都涉及减税权问题，下面分别略作探讨。

（一）以往增值税制度改革中的减税权问题

增值税作为我国的第一大税种，不仅覆盖范围广，而且其收入曾占整体税收收入的一半左右，即使近些年通过税基和税率调整不断进行减税，增值税收入也一直占整体税收收入的 1/3 以上。但是，如此重要的税种，其制度改革却一直没有停歇，其中所涉及的减税权问题尤其具有典型性和普遍性。

如前所述，我国从 2004 年开始即已着手"结构性减税"，增值税制度改革恰是其中的重要一环。当时，在东北地区进行的旨在"扩大抵扣范围"的"增值税转型"试点①，既是 1994 年税制改革后重启税改的重要标志，也是"结构性减税"的重要步骤②，它不仅有利于推动东北地区的产业结构调整，对税法自身的结构优化亦有助益。尽管新制最初所涉减税行业和地域受限，但因其毕竟具有减税效应而在中部地区被推广③，并最终在 2009 年成为通行全国的重要制度。

"增值税转型"在全国推开的直接动因，是金融危机发生后产生的对"结构性减税"的迫切需要。由于制度转型使抵扣范围进一步扩大直接降低了增值税的税基；同时，对小规模纳税人征收率的调减，又进一步降低了增值税的整体税负，因而通过在增值税制度内部的课税要素调整，就能够产生明显的"减税效应"。

---

① 根据中共中央、国务院《关于实施东北地区等老工业基地振兴战略的若干意见》（中发〔2003〕11 号）的精神，经国务院批准，财政部、国家税务总局制定了《东北地区扩大增值税抵扣范围若干问题的规定》（财税〔2004〕156 号），这个《规定》就是在东北地区行使增值税领域的减税权的直接依据。

② 在东北地区开始的增值税转型试点，以及在黑、吉两省免征农业税的试点，都是"结构性减税"的重要举措，只是当时各界还没有从这个视角加以关注，尚未发现它们对于重启税制改革的重要地位和意义。

③ 根据《中共中央国务院关于促进中部地区崛起的若干意见》（中发〔2006〕10 号）在中部地区实行增值税转型的精神，以及《国务院办公厅关于中部六省比照实施振兴东北地区等老工业基地和西部大开发有关政策范围的通知》（国办函〔2007〕2 号）确定的范围，财政部、国家税务总局制定了《中部地区扩大增值税抵扣范围暂行办法》（财税〔2007〕75 号），这个《暂行办法》是当时在中部地区行使增值税领域的减税权的直接依据，它与东北地区行使减税权的依据不同，体现了减税权行使依据的不统一。

上述"增值税转型"属于前述"结构性减税"的第二种路径，对于其所涉减税权问题，学界在整体上并未充分重视。考察"增值税转型"从局部试点到推向全国的直接依据，不难发现它们大都是财政部和税务总局制定的有关扩大增值税抵扣范围的"规定"或"暂行办法"。尽管这些规范性文件体现了中央和国务院的精神，但其效力级次还是太低，毕竟无论是抵扣范围的扩大还是征收率的调整，都涉及对课税要素的实质规定，严格说来，这些内容都应规定于法律之中[1]，但"增值税转型"的直接依据显然不符合法定原则的要求。

此外，在"增值税转型"试点的推进过程中，有关扩大抵扣范围的规定虽有减税效应，但只是在某些行业或区域"试行"，并非畅行天下，这与增值税应在全国统一征收[2]，并保持其链条完整的内在要求相左，不仅有悖于税收原理和税法原理，未能全面体现法治的精神，亦未能贯彻税收法定、公平和效率原则。

可见，虽然"增值税转型"改革很重要，也能够产生"结构性减税"的效果，但其所涉减税权的行使依据和方式却存在突出问题。而这些问题不仅在以往的"增值税转型"改革中存在，在当前正在进行的"营改增"试点中同样存在，这就需要特别关注。

(二) 当前"营改增"实践中的减税权问题

"营改增"作为"结构性减税"最重要的步骤，作为国家完善整体税

---

① 对于减税权的行使应由法律规定，有的国家甚至在宪法上作出严格限定。例如，《海地共和国宪法》第219条规定："任何税收的免除、增加、减少或废除均须依法执行。"据此，减税权的行使必须实行严格的法律保留原则。

② 增值税是典型的中性税种，为了不扭曲商品在统一市场上的销售，它应当在全国统一适用。不仅如此，从保障商品自由流通和公平竞争的角度，包括增值税在内的各类间接税，也都应当在全国统一适用。因此，美国虽然没有联邦层面的增值税，但仍强调间接税的统一适用，甚至在宪法上亦对此作出规定。例如，《美国宪法》第1条第8款规定，国会有权力"规定和征收直接税、间接税、进口税与货物税，但所有间接税、进口税与货物税应全国统一"。

法体系的主攻方向，曾受到高度关注，因为它涉及中央与地方的关系和重大利益，关系到产业结构调整、纳税人权益保护，以及中国税法未来的走向。

如此重要的改制必须加强整体框架设计，必须有坚实的依据。从整体设计来看，由于增值税和营业税以商品税的二元客体（货物和劳务）为征税对象，因而"营改增"涉及的领域非常广阔；随着改革任务的完成，原来的"两税并收"变成了"一税覆盖"①。由于改征增值税，在抵扣链条完整的情况下，既能避免原来营业税领域存在的重复征税，又能使纳税人的实际税负下降，因而"结构性减税"的效果会非常突出，从而有助于原来征收营业税的许多行业的发展，也有利于国家调整经济结构目标的实现。

"营改增"是通过整体的税种调整来实现"结构性减税"的，属于前述"结构性减税"的第一种路径。由于开征历史悠久的营业税被增值税"吸收合并"，使增值税无论在征收范围，还是具体的税基、税率结构的确定等方面，都会发生制度巨变，并由此涉及众多纳税人实体权益的重大调整，直接影响市场主体的财产权、经营自由、职业选择等，因而必须考虑其合法性。

在"营改增"的既往实践中，行使减税权的直接依据，是财政部与税务总局印发的"已经国务院同意"或"经国务院批准"的《试点方案》《通知》等②，这些规范性文件与前述"增值税转型"方面的规范性文件

---

① 按照国家的《"十二五"规划纲要》以及具体的实施步骤，我国的"营改增"分三步走，最快在2015年完成。当然，在分步推进过程中，某些营业税税目（如金融业）能否完全并入增值税，从而实现"一税覆盖"，仍然存在一些难题。营改增改革全面完成时间为2017年。

② 参见财政部、国家税务总局印发的《营业税改征增值税试点方案》《关于在全国开展交通运输业和部分现代服务业营业税改征增值税试点税收政策的通知》《交通运输业和部分现代服务业营业税改征增值税试点实施办法》等。

在效力级次上是一样的，因而面临着同样的合法性问题。从增值税制度改革以及其他税法制度实践看，行使减税权的依据欠缺合法性，已成为我国长期以来未能根治的痼疾，是我国完善税收法治需要着力解决的突出问题。

尽管从实质上看，通过"营改增"来推进"结构性减税"，增强企业竞争力，进而促进结构调整和产业升级，都是由国务院来主导的，并且国务院行使减税权的依据似可推定为全国人大 1985 年的"授权立法决定"，但如前所述，该"决定"已受到广泛质疑①，它不仅违反税收法定原则，也与《立法法》和《税收征收管理法》等具体法律规定相冲突，因而其合法性存在明显缺陷，已经"不足为据"。

如果说前述的"增值税转型"还只涉及单一税种内部的调整，而"营改增"则涉及两个非常重要的税种的制度变易，对于纳税人的基本权利影响更大。由于"营改增"牵涉纳税主体、税目、税率、税基等方方面面的重大调整，因而会导致《增值税暂行条例》和《营业税暂行条例》的许多规定面目全非，甚至名存实亡。对于这些事关纳税人基本权利的涉税基本事项的调整，确应按《立法法》规定，严格贯彻"法律保留"原则，只有由全国人大进行相关立法，尽快完成增值税立法级次的提升，才能彻底解决增值税制度改革长期存在的合法性问题。

由于增值税制度改革所暴露出的法律依据不足问题日显，提升增值税立法级次的呼声亦随之渐涨。随着立法的条件的日益成熟，全国人大常委会制定统一的《增值税法》也水到渠成，于 2024 年 12 月 25 日完成立法。

总之，针对包括"营改增"在内的各类税制改革，必须关注其中涉及

---

① 不仅学界已有大量探讨，而且在 2013 年的全国人大会议上，《关于终止授权国务院制定税收暂行规定或条例的议案》获得了 32 名全国人大代表的联署。全国人大何时废止 1985 年的"授权决定"，已成为普遍关注的问题。

的减税权行使的法律依据问题，不应再以全国人大的"授权立法决定"为依据，无限制地推行各类"试点"①；不能仅考虑经济改革的经济增益，而不考虑改革的法律依据。许多国家的理论和实践表明，税法制度的变革历来与"经济宪法"密切相关。在我国，"加强经济立法，完善宏观调控"②，保持国家经济的稳定增长，既是宪法的基本要求，也是国家理性和国家职能的重要体现。因此，为了落实宪法的要求，必须加强税收领域的经济立法。这尤其有助于实现促进经济结构调整、保障经济稳定增长等目标，进一步落实税收的公平原则和效率原则，从而更好地保障国民的基本权利。

六、小结

"结构性减税"或"减税降费"，是我国正在进行的重要制度实践，对于经济、政治、法律、社会发展均有重要影响。"结构性减税"并非始于2008 年的金融危机，我国至少自 2004 年以来就存在对税法制度进行结构性调整的倾向，相应的"结构性减税"也体现为多种形式。由于"结构性减税"与广义上的减税几乎并无差异，因而本节亦从广义上讨论减税问题，而并非仅限于税收特别措施中与"免税"相关联的"减税"。

在广义上讨论"结构性减税"，有助于在更广阔的时空背景下，发现其中蕴藏的法律问题，特别是至为重要的减税权问题。在我国普遍把"结

---

① 对于增值税试点的相关法律问题的具体探讨，可参见张守文：《我国税收立法的"试点模式"——以增值税立法"试点"为例》，载《法学》，2013 (4)。

② "国家加强经济立法，完善宏观调控"是我国《宪法》第 15 条的明确规定，这一规定对于保障国家经济的稳定增长是非常重要的，而经济的稳定增长与总体经济平衡的目标直接相关。为此，德国《基本法》第 109 条规定了"总体经济平衡"，这被认为是一个国家的核心目标。参见［德］施托贝尔：《经济宪法与经济行政法》，谢立斌译，333 页，北京，商务印书馆，2008。

构性减税"作为一种与经济结构调整相关的"政策问题"或"经济问题"而不是"法律问题"的情况下[①]，减税权问题并未受到重视，"结构性减税"的合法性问题也往往被忽视，由此带来了经济法治方面的诸多问题。

有鉴于此，本节着重探讨了"结构性减税"中的减税权问题，分析了"结构性减税"的不同路径及其中蕴含的减税权问题，强调法定的减税权是"结构性减税"的基础，即没有减税权，"结构性减税"就不具有合法性；同时，无论是减税的立法权还是执法权，都必须法定，这对于各类"减税要素"的依法调整非常重要。此外，法定的减税权必须依法正当行使，在行权的主体、范围、程序、原则等各个方面，都要体现依法正当行使的要求，这样的"结构性减税"才能更好地体现法定原则、公平原则和效率原则等税法基本原则的要求，也才符合经济法治的要求。

此外，增值税制度改革一直是"结构性减税"的重中之重，且"增值税转型"和"营改增"恰好体现了"结构性减税"的两种主要路径。为此，本节专门分析了其中涉及的减税权问题，进一步揭示了长期以来存在的行使减税权的依据欠缺合法性的问题，并提出应严格遵循税收法定原则，真正贯彻法律保留原则，提升增值税的立法级次。上述问题及其解决对策对于增值税制度以外的税法制度的完善也同样适用。

透过上述研讨不难发现，"结构性减税"与税法结构的调整和完善直接相关，其基础是税法（直接基础是税法上的减税权）而不是"政策"，不能用政策来代替税法的规定，这是需要特别明确的重要问题。从法律的

[①]　我国在经济结构调整过程中涉及的许多问题都是法律问题，而不应仅视为政策问题，这在分析"结构性减税"问题方面亦非常重要。相关分析可参见张守文：《"双重调整"的经济法思考》，载《法学杂志》，2011（1）。

视角看，"结构性减税"始终与税法自身结构的调整直接相关，它本身就是一个"法律"问题，而不只是一个"政策"问题，更不只是一个"经济"问题，因此，应从经济法治的维度来思考其存在的问题。

"结构性减税"作为我国正在进行的重要制度实践，在未来还将长期持续。上述对减税权问题的探讨表明：必须正视和有效解决实践中可能存在的违法行使减税权的问题，强调对减税权的法定和限制，重申法律的不可替代性，这也是经济法治的重要要求。虽然本节着重探讨的是"结构性减税"中的减税权问题，但这些问题其实也是税法、经济法乃至整个公法领域都要特别关注的。只要在经济法治的框架下，真正有效界定和依法行使减税权，切实保障相关主体的权益，就一定会有助于推动税收法治的全面发展，促进整体的减税权理论、税权理论和税法理论的完善，而由此也会进一步促进经济法治理论的完善。

第四节　提升治国能力的经济法路径

一、背景与问题

随着改革的全面深化和依法治国的全面推进，如何实现国家治理体系和治理能力的现代化①，加强国家法治体系建设，已引起各界高度关注。而国家治理能力的提升，则有赖于国家治理体系特别是相关法治体系的有效构建，因而制度建设仍是国家治理的重中之重。②

在现代国家治理的制度体系中，经济法不可或缺。作为典型的"现代

---

① 对于国家治理能力的现代化，有学者是从国家能力的视角展开研究的。可参见张长东：《国家治理能力现代化研究——基于国家能力理论视角》，载《法学评论》，2014（3）。

② 从全面深化改革和整体治理体系的建设来看，国家的制度建设任务还非常繁重，因而不能简单地说法制建设的重心要从立法转向执法，法学研究的重心也并非完全要从立法论转向解释论。

法"，经济法关乎政府与市场关系、中央与地方关系、国家与国民关系这"三大关系"的调整①，对国家的经济治理乃至政治治理、社会治理都影响甚巨，因此，经济法同时也是典型的"治国之法"。有鉴于此，有必要从经济法的维度，探寻提升国家治理能力的具体路径，这对于国家经济法治水平的提升至为重要。

国家的治理体系是一个复杂系统，其结构直接影响系统功能，以及国家治理能力的提升。为此，应持续完善国家治理体系的结构，不断充实治理系统，从而改进整体治理功能，提升国家治理能力。② 而如何从经济法的维度完善国家治理体系，并通过经济法的路径提升国家治理能力，则是每个现代国家都要认真对待和不断解决的重要问题。

经济法作为"治国之法""促进发展之法"，现代各国莫不对其高度重视。要提升国家的经济治理能力，就应明确政府的经济职能，界定其经济职权，增加经济法的制度供给，从而更好地规范宏观调控、市场规制行为以及市场对策行为，实现国家治理的预期目标。

基于上述考虑，本节拟着重探讨"提升治国能力的经济法路径"问题。尽管提升国家治理能力的经济法路径是多方面的，但在治理体系方面完善立法，在改进体制方面合理分权，从而全面提升主体能力，进而提升国家治理能力，应当是既相互关联又必不可少的路径。因此，下面拟着重从"立法—分权—能力"的路径简要探讨。

---

① "三大关系"的动态调整是经济法要解决的核心问题，在经济法的各类具体制度中都会涉及。由此形成的与经济宪法的紧密关联，正是经济法不同于其他部门法的重要方面。

② 提升经济治理能力，对于促进经济发展有重要影响。相关分析可参见张弘、王有强：《政府治理能力与经济增长间关系的阶段性演变——基于不同收入阶段的跨国实证比较》，载《经济社会体制比较》，2013（3）。

二、立法路径：从经济法维度完善治理体系

国家治理能力或称治国能力，体现的是制度的执行能力，它要以相应的制度体系的存在为前提和基础。如果制度不成体系或缺少系统性，制度之间不协调、不匹配的问题突出，则制度的有效执行就无从谈起。因此，从系统的角度看，要提升国家治理能力，就必须完善国家治理体系。

国家治理体系由政治、经济、社会等各领域的制度构成。其中，国家的经济治理体系主要涉及经济领域的各类制度。基于现实的经济生活，对应于市场与政府两大配置系统①，经济治理体系需涵盖各类重要的经济制度，包括经济体制、机制，以及作为其法律化的各类法律、法规等。在各类经济制度中，经济法无疑非常重要，它与各类重要的经济体制、经济机制或经济政策的法律化直接相关。要提升国家的经济治理能力，就需要从经济法维度完善国家治理体系。

我国的国家立法机关虽于 2011 年即宣告"法律体系已经形成"，但从构建国家治理体系，特别是从法治体系的角度看，还存在很大的完善空间。目前，国家已经认识到，"良法是善治之前提"，因而必须加强立法，不断提高立法质量，增强立法的及时性、系统性、针对性、有效性。

在经济法领域，涉及宏观调控和市场规制的基本立法，须从经济治理的角度进一步推进。例如，依据凯恩斯理论，市场机制虽有助于促进"经济增长"，但不能保障"经济的稳定增长"，因而各国所强调的宏观经济四

---

① 在整体的资源配置系统中，市场和政府是两个最为重要的配置系统，它们分配提供私人物品和公共物品，其目标、方向、手段等各不相同，都需要法律的调整。参见张守文：《政府与市场关系的法律调整》，载《中国法学》，2014 (5)。

大目标，才集中于"稳定增长"方面。据此，制定《经济稳定增长促进法》，确立各类重要经济制度之间的有效协调，以防止经济剧烈波动，防范和化解经济危机，无疑非常重要。① 特别是财政制度与金融制度、产业制度、外贸制度、竞争制度之间的协调，从体制到机制，从实体到程序，都应当在法律的框架内进行，以体现对复杂问题的有规则的系统治理。如果上述方面的制度建设不足，则不仅国家的治理体系难以形成，国家的治理能力也无法实现全面提升。

在上述保障经济稳定增长的诸多制度中，财政制度非常重要，它与经济法的其他制度一样，都是弥补市场失灵、提供公共物品的重要手段，同时也是国家治理的基础和重要支柱，直接关乎国家能力或国家治理能力。② 但是，我国的财政制度虽经多年建设，却仍存在诸多缺失。尽管《预算法》颁布 20 年后才完成第一次大修，但仍未能解决各界普遍关注的财政分权等基本问题③，各类预算还难以完全适用一部统一的《预算法》；同时，税收法定原则仍需要全面落实，尚有几个税种领域仍无法律可为依凭，授权立法问题尚未解决，完整的现代税制尚待建立。④ 至于非税收入获取的非法治化，更是长期备受诟病。在财政的其他领域，各级政府于债务、政府采购和转移支付等领域存在的问题，仅靠现行法律仍难以系统解决。⑤

---

① 德国 1967 年的《经济稳定增长促进法》是这方面的杰出代表，该法直接将宏观经济的四大目标，即稳定物价、充分就业、经济增长、国际收支平衡体现于立法宗旨和具体制度之中。我国的国家发展改革委也曾力推该法的制定，但由于诸多体制原因，至今尚未将其列入全国人大的立法规划。

② 对于国家能力与国家治理能力是否一致，还存在不同的理解。有关国家能力的早期探讨，可参见王绍光、胡鞍钢：《中国国家能力报告》，6～13 页，沈阳，辽宁人民出版社，1993。其概括的国家能力，如宏观调控能力、强制执行的能力等，同时也是国家治理能力。

③ 2014 年修正的《预算法》，最主要的还是解决预算的完整性、规范性和公开性的问题，而对于各级政权之间的财政分权问题并未能有效解决。

④ 虽然我国提出要力建设现代财政制度，但这并不意味着我国已完全建立了现代税收制度。目前，有些重要的税收制度仍在巨变中，税收制度尚存在体系欠缺。

⑤ 尽管《预算法》修订后，在政府债务、转移支付等方面增加了若干规定，但仍然较为分散，难以系统解决目前存在的诸多问题。

面对上述问题，是继续仅仅完善各个领域的单行法律，还是在此基础上制定更高层次的《财政基本法》，以解决各单行法律的系统性、协调性不足的问题，无疑值得深思。这已是关乎整体治理体系的重大问题。

除了要制定以往缺少的法律以外，现有经济法制度的协调性和体系化也需关注，这对于构建现代法治体系非常重要，因为现代法治体系要求具有完备的法律规范体系。在协调性方面，经济法的各个领域都涉及体制问题，体制法在经济法中居于重要地位，如何实现各类体制之间的协调，是需要解决的基础性问题。例如，尽管金融领域的基本立法已相对完备，但从治理体系的角度看，如何在金融调控和监管方面加强"一行一局一会"之间的协调，就是一个重要的体制问题[①]；又如，以往在反垄断领域曾存在三大执法机构，如何加强其相互之间的配合[②]，以确保反垄断执法的质量和水平，则是直接影响保障公平竞争能力的重要问题。同样，在财政体制方面，中央与地方之间，或者各级政权之间，在财政收支方面如何分权，在事权与财权方面如何有效对应，则不仅关乎经济治理，也影响政治治理和社会治理。可见，经济法领域的各类体制问题都要有效解决，这既是经济体制改革或政治体制改革的需要，也是建设现代法治体系，构建现代治理体系和提升国家治理能力所必需的。

在立法方面，国家强调要"实现立法和改革决策相衔接，做到重大改革于法有据、立法主动适应改革和经济社会发展需要。实践证明行之有效的，要及时上升为法律。实践条件还不成熟、需要先行先试的，要按照法

---

① 以往也有学者提出相关设想，可参见曹凤岐：《改革和完善中国金融监管体系》，载《北京大学学报》（哲学社会科学版），2009（4）。

② 这方面的成果也比较多，近期的相关研究可参见王先林：《垄断行业监管与反垄断执法之协调》，载《法学》，2014（2）。随着国家市场监管总局特别是国家反垄断局的成立，上述问题已经得到解决。

定程序作出授权。对不适应改革要求的法律法规，要及时修改和废止"①。这对于经济法领域是非常重要的。经济法历来与改革联系非常紧密，当代中国的经济法就是在改革开放过程中产生和发展起来的，在很大程度上起到了推动改革开放的作用。但是也必须看到，在改革的过程中，有些领域的立法是相对滞后的，没有能够做到改革决策与立法的无缝衔接，使得一些重大改革缺少法律依据，影响了改革的合法性和相关制度的遵从度。这些问题在一些改革"试点"领域尤为突出。例如，我国在上海和重庆两地进行的房产税改革试点，就曾被认为存在法律依据不足的问题。因此，各类改革"试点"都必须体现法治精神，必须具有合法性；同时，能够进行制度的顶层设计的，就不必人为地形成制度差异，从而影响法律的适用。② 正是基于这些问题，国家特别强调要加强重点领域立法，加快完善体现权利公平、机会公平、规则公平的法律制度，保障公民人身权、财产权等各项权利不受侵犯。据此，对于经济法领域涉及权利公平、机会公平和规则公平的制度，以及涉及财产权保护的制度，都应当加强立法并严格有效地执行，这对于提升国家治理能力非常重要。

三、分权路径：厘清经济职能与经济职权

在上述构建经济治理体系的过程中，对政府经济职能或经济职权的界定是核心问题，直接影响到各类相关体制的完善。

从理论上说，我国 2013 年的"改革决定"已明确将政府的经济职能界定为宏观调控和市场规制，其中，宏观调控主要涉及保持宏观经济稳

---

① 参见《中共中央关于全面推进依法治国若干重大问题的决定》。
② 此类问题在我国的经济立法尤其是税收立法中普遍存在，已经形成了税收立法的"试点"模式，相关问题的分析可参见张守文：《我国税收立法的"试点模式"——以增值税的立法"试点"为例》，载《法学》，2013（4）。

定，市场规制主要涉及保障公平竞争，加强市场监管，维护市场秩序。①
而这两个方面，正是经济法的主要领域和核心问题。基于"改革决定"，
国家强调既要发挥市场在资源配置方面的决定性作用，又要更好地发挥政
府的作用，在经济领域，其实就是要更好地发挥政府在宏观调控和市场规
制方面的作用，这是现代国家最重要的经济职能。

与政府的宏观调控和市场规制这两大经济职能相对应，宏观调控权和
市场规制权（合称经济调制权）是政府的主要经济职权。对此，有的国家
是在宪法中加以规定的，并使其成为经济宪法的重要"构件"；有的国家
则通过具体的经济立法加以体现，并使其成为具体的经济体制法的核心内
容。但无论如何，对两类经济职能和经济职权应当正确理解，尤其不应将
宏观调控等同于行政干预。宏观调控对于市场运行非常必要，现实中要警
惕和纠正假宏观调控之名而行行政干预之实的做法。

目前，国家将宏观调控的主要任务界定为保持经济总量平衡，促进重
大经济结构协调，减缓经济周期波动影响，防范区域性、系统性风险，稳
定市场预期，实现经济持续健康发展。② 应当说，这样的界定更符合宏观
调控的原意，更能体现宏观调控的宏观性和间接性，从而有助于同直接的
行政干预相区别。

上述宏观调控的主要目标是经济的"健康发展"，亦即经济法理论上
的"经济的良性运行和协调发展"，这是经济法调整所要追求的高级目标，
因而经济法领域的重要法律大都在其立法宗旨中对此作出规定。例如，在

---

① 我国 2013 年"改革决定"中明确提出："政府的职责和作用主要是保持宏观经济稳定，加强
和优化公共服务，保障公平竞争，加强市场监管，维护市场秩序，推动可持续发展，促进共同富裕，
弥补市场失灵。"

② 对于宏观调控的目标和任务，2013 年"改革决定"有比以往更为明确的界定，同时，也更好
地体现了宏观调控的"宏观性"。相关分析可参见张守文：《"深改"背景下的经济法理论深化》，载
《经济法研究》第 15 卷，北京，北京大学出版社，2015。

宏观调控立法中，《预算法》的立法宗旨是"规范政府收支行为，强化预算约束，加强对预算的管理和监督，建立健全全面规范、公开透明的预算制度，保障经济社会的健康发展"。而在市场规制法的立法中，2022 年修改的《反垄断法》，规定其立法宗旨是"预防和制止垄断行为，保护市场公平竞争，鼓励创新，提高经济运行效率，维护消费者利益和社会公共利益，促进社会主义市场经济健康发展"；2017 年修订的《反不正当竞争法》的立法宗旨是"促进社会主义市场经济健康发展，鼓励和保护公平竞争，制止不正当竞争行为，保护经营者和消费者的合法权益"。其实，将经济的"健康发展"列入立法宗旨的重要经济立法还有很多，体现了包括宏观调控法在内的各类经济法的共同目标。

为了实现宏观调控的目标，促进经济的"健康发展"，国家强调在构建宏观调控体系方面，要以国家发展战略和规划为导向、以财政政策和货币政策为主要手段，强调财政政策、货币政策与产业、价格等政策手段协调配合。为此，应当加强经济法、金融法、产业法、价格法等方面的立法。而上述几个方面与经济法理论所强调的宏观调控法体系恰好对应，从而不仅体现了经济法理论的共识，也有助于化解以往对经济法理论的误解。①

此外，过多过滥的行政审批、无所不在的行政干预，不仅与宏观调控的内涵和目标相去甚远，还会对宏观调控产生负面影响，恰恰体现了行政法调整的不足或执行的不力。国家不断废止行政审批，并不意味着要削弱市场规制或市场监管。不能将行政审批等同于市场规制。从我国目前突出存在的问题看，减少行政审批，使政府正确地履行其行政职能，并在此基础上更好地履行其宏观调控和市场规制等经济职能，是提升国家经济治理

---

① 2013 年的"改革决定"在许多方面都体现了经济法学界的理论共识。相关分析可参见张守文：《"改革决定"与经济法共识》，载《法学评论》，2014（2）。

能力的重要路径。

与上述的经济职能相关联，国家的各类经济调制权作为重要的经济职权，应当明确和有效分配，这有助于更好地界定市场主体的经济自由权。事实上，除法律明确规定的宏观调控权和市场规制权外，政府应通过"简政放权"，使市场主体获得更多的经济自由。① 此外，由于宏观调控权和市场规制权的行使，会直接影响相关市场主体的权益，因而必须严格法定，并依法正当行使，这对于国家经济治理能力的提升非常重要。只有在国家经济职权的行使过程中不断加强法治，不断完善现代治理体系，才能不断提升经济治理能力。

另外，对于宏观调控权和市场规制权的主要行使主体，国家已作出进一步明确，即中央政府主要承担宏观调控职责，地方政府主要承担市场监管职责，这对于解决各级政府的"职责同构"问题亦有裨益。②

四、能力路径：提升经济法主体的能力

前述的立法路径和分权路径，都与国家治理体系的构建和国家治理能力的提升直接相关，同时与具体的经济法主体的能力也紧密相连。而各类经济法主体能力的提升，又有助于进一步提升国家整体的经济治理能力。

经济法主体的能力主要可分为两类：一类是国家的调制能力，一类是市场主体的博弈能力。其中，调制能力包括宏观调控能力和市场规制能力；而博弈能力则包括多种具体的能力，如竞争能力、参与能力、对抗能力等。

---

① 相关分析可参见张守文：《政府与市场关系的法律调整》，载《中国法学》，2014 (5)。
② 国家在"改革决定"中提出要加强中央政府宏观调控职责和能力，加强地方政府公共服务、市场监管、社会管理、环境保护等职责，这对于解决"职责同构"问题有积极意义。参见朱光磊、张志红：《"职责同构"批判》，载《北京大学学报》（哲学社会科学版），2005 (1)。

在政府与市场的二元配置系统中，政府的资源配置主要经由宏观调控和市场规制来实现。随着经济全球化的发展，宏观调控和市场规制都变得更为复杂，这对调制能力提出了更高的要求。为此，国家在《中共中央关于全面推进依法治国若干重大问题的决定》中强调要"依法加强和改善宏观调控、市场监管，反对垄断，促进合理竞争，维护公平竞争的市场秩序"。

调制主体的调制能力，取决于上述的经济职能和经济职权。调制主体基于其调制职能，依法享有相关的调制权力，进而才会形成其调制能力，这体现了"内能"与"外力"相结合的原理。调制职能不明，调制体制混乱，或者法律规定的调制权力缺位、错位，都会影响调制能力。此外，即使调制职能、调制权力规定明晰，但执行不力，也会削弱调制主体的调制能力。

因此，提升调制主体的调制能力的重要途径，就是依法明晰调制职能和调制权力，从而解决调制体制的问题；同时，调制主体必须严格执法，才能使调制能力得到应有的体现和提升。对此，国家已有清晰认识，并在《中共中央关于全面推进依法治国若干重大问题的决定》中强调要"加快建设职能科学、权责法定、执法严明、公开公正、廉洁高效、守法诚信的法治政府"，与此同时，还要"推进机构、职能、权限、程序、责任法定化"，"坚持法定职责必须为、法无授权不可为"。

另外，提高调制主体的认知能力，使其在上述调制权力范围内能够审时度势，依法调制，也是提升调制能力的重要途径。为此，应当为各类调制权力的行使，提供信息、技术等多方面的保障，并在法律上确定一系列的机制，如信息沟通机制、调制协调机制等，通过在法律上明确调制的体制和机制，来提升总体的调制能力，进而提升国家的经济治理能力。

除了上述的调制能力以外，市场主体的博弈能力也影响国家治理能力的提升。尤其是市场主体的竞争能力、参与能力等，与治理能力的关联更为密切。事实上，国家治理能力的提升，有助于促进企业更多地从事公平有效的竞争，并提升企业的竞争能力；而企业竞争能力的增强，又会提高企业的对抗能力和参与能力。一方面，对政府的不当干预，企业有能力更多地拒绝；另一方面，企业也可以更多地参与国家的经济治理，包括治理规则的制定，这对于有效的多元治理的形成亦有积极意义。① 正是基于对市场主体参与能力的重视，国家已将公众参与确定为重大行政决策法定程序，以确保决策制度科学、程序正当、过程公开、责任明确。②

总之，调制主体的调制能力、市场主体的博弈能力，都会从不同角度对国家治理产生重要影响。要提升国家的治理能力，就要增强调制能力，同时也要关注博弈能力。

五、小结

提升治国能力，离不开经济法领域的努力，在相关的经济法路径中，尤其要关注立法路径、分权路径和能力路径，这三种路径直接影响经济法治的整体水平。

国家治理能力的提升，需要以治理体系为基础，以立法为前提，因此，加强经济法的立法对于提升治理能力具有基础性意义。对于在治理体系中需要加强的一些重要立法，尤其是有助于增进立法的协调性和体系化的立法，必须特别关注和强调，这样才能提升治理的效率和效益，并在总体上提升治理能力。

---

① 对于治理、国家治理等，一直有不同的理解，有学者进行了具体的语词沿革的研究。可参见李龙、任颖：《"治理"一词的沿革考略——以语义分析与语用分析为方法》，载《法制与社会发展》，2014（4）。

② 依据《中共中央关于全面推进依法治国若干重大问题的决定》，要"把公众参与、专家论证、风险评估、合法性审查、集体讨论决定确定为重大行政决策法定程序"。由于公众参与有助于更好地体现民意，因而在重大决策的法定程序中具有基础性地位，这对于保障宏观调控和市场规制的制度遵从也非常重要。

国家治理能力，尤其是经济治理能力的提升，需要国家和国民各自有效行使其权力或权利，为此，需要厘清国家的经济职能和经济职权，有效界定宏观调控权和市场规制权，并通过简政放权，使市场主体真正享有更多的经济自由权或经济发展权①，同时，应通过经济法的有效调整来规范经济调制权的行使，并在此过程中不断推进经济法治。

国家治理能力的提升与相关主体的能力直接相关。因此，对政府的调控能力和规制能力，以及市场主体的各类博弈能力，特别是其竞争能力、参与能力等，应予以更多重视，这些能力都会从不同维度影响国家的治理能力。

上述三种不同路径相互关联，具有内在的一致性。例如，立法路径着重通过立法完善，增强立法的协调性和系统性；分权路径着重通过经济职能和经济职权的明晰界定和划分，来解决相关的体制问题。而在立法过程中涉及的经济职权分配问题，历来是非常重要的问题。因此，立法路径必然与分权路径存在内在关联。同样，上述两种路径也与能力路径直接相连，因为只有通过立法路径，有效界定政府的经济职能和经济职权，进一步使市场主体充分享有其经济自由权，才能提升国家的经济调制能力和市场主体的博弈能力，进而提升国家的治理能力。

研究治国能力问题，还可从系统或结构与功能的维度展开具体分析。例如，可从系统维度，分析资源配置系统与国家治理系统的关系，并从政府配置的维度揭示宏观调控和市场规制的必要性与重要性；可从结构维度，分析我国经济治理体系存在的结构问题，以及相关体制的结构问题；可从功能维度，分析经济治理体系存在的实现其功能的障碍。进行上述分析，有助于发现影响国家治理的相关问题，从而可以从经济法的维度，有针对性地提升国家的治理能力，推进经济法治的有效发展。

---

① 市场主体的经济发展权尤其值得关注，相关探讨可参见张守文：《经济发展权的经济法思考》，载《现代法学》，2012（2）。

第七章　自主知识体系的建构

前述各章的理论提炼，是建构经济法学自主知识体系的重要基础。事实上，前述各章提及的基本概念、基本命题和基本理论，是构成经济法学自主知识体系的三类基本要素，基于各类要素之间的逻辑关联，对其进行"三维整合"，是建构经济法学自主知识体系的基本路径。在我国经济法学自主知识体系的形成过程中，经济改革是非常重要的影响因素，它使我国的经济法学知识体系更具独特性。在几代研究者的共同努力下，我国经济法学的自主知识体系已初步形成，并在自主性、知识性、体系性等方面取得了重要成果。在未来推进自主知识体系构建方面，还应与国家的现代化紧密结合，这更有助于丰富和完善经济法学知识体系，全面深化经济法学研究，推进经济法治的现代化。

第一节　经济法学知识体系的建构路径

一、问题的提出

哲学社会科学的繁荣和发展，离不开各学科自主知识体系的建构。在现代法学各分支学科中，经济法学具有重要地位，因其知识体系涉及多学科交叉，且具有一定的国别差异，故而会呈现突出的独特性和复杂性。[①]明晰经济法学知识体系的建构逻辑，厘清其建构路径或方法，对于推进整体法学知识体系的建构亦有重要意义。

从全球范围看，系统的经济法学研究滥觞于 20 世纪 20 年代的德国。历经百年发展，各主要国家都不同程度地形成了自己的经济法学知识体系。在各国建构经济法学知识体系的过程中，如何依托本土知识，借鉴国外知识，如何将法学知识与经济学等相关学科知识有机融合，并在经济法学的个体知识之上形成公共知识，都是需要解决的重要问题。

经济法作为经济法学的研究对象，历来具有突出的国别性。各国都是依据其国情，结合不同时期的任务、目标，来确立经济法的一般制度和特殊制度。因此，尽管经济法的基本原理具有国际共通性，但在其具体制度的确立和实施方面，则因国而异，由此导致各国的经济法体系构成有所不同，并使各国经济法学知识体系各具特色。

经济法理论在 20 世纪 20 年代已被引入我国，[②] 但受诸多因素影响，经济法学研究未能全面展开。[③] 直至 20 世纪 80 年代初，基于改革开放的需要，我国陆续推出若干重要经济法制度，法学界也同步开启广泛的经济法学研究，渐次提出经济法学的基本概念、基本命题、基本理论，并在此基础上提炼经济法学的基本原理。经过几代人的共同努力，中国经济法学知识体系的框架已基本形成。由于该体系更关注中国的经济社会发展和相关经济法实践，因而更有其独特性。

---

① 参见李昌麒、黄茂钦：《论经济法的时空性》，载《现代法学》，2002（5）。

② 参见《外国法制新闻：新时代产物之"经济法"》，载《法律评论》，1923（26）。

③ 当时已有学者提出了对经济法重要性的认识，认为"经济法之观念，为今日多数学者所是认，且以之占全法律学之中枢领域矣"。参见黄右昌：《现代法律的分类之我见》，载《中华法学杂志》，1931（8）。

　　尽管中国经济法学知识体系的"框架"已基本形成，但仍需随经济社会和法治的发展，对该知识体系加以持续建构、丰富和完善。对于法学知识体系的建构路径，人们往往关注知识性、体系性、自主性等多个维度，它们与知识体系的独特性密切相关。从知识哲学或知识社会学的角度看，分散的个体知识对于经济法学知识体系的建构必不可少，但如果仅重视分散的个性化知识或个体知识，仅强调各类观点的"仁者见仁，智者见智"，就会形成"众说纷纭、莫衷一是"的局面，难以形成相对统一的共识性知识或公共知识，也就无法建构相应的知识体系。因此，面对纷繁复杂的经济法学的个体知识，还需要探寻基本共识，[①] 并对相关共识加以整合，这是经济法学知识体系建构的重要路径，也是经济法学科建设需要持续解决的突出问题。

　　知识体系的形成，既是一个历史的过程，又是一个体系化或系统化的过程。因此，对中国经济法学知识体系的建构，也应基于"历史—系统"的分析框架加以审视。考虑到基本概念、基本命题、基本理论是构成知识体系的基本要素，从"基本概念—基本命题—基本理论"三个维度加以解析，有助于发现建构知识体系需要解决的基本问题，因此，可通过揭示三类基本要素之间的逻辑关联，并对其加以系统化，来实现经济法学知识体系的建构。

　　本章试图说明，"逐步提炼基本要素并加以系统化"，是经济法学知识体系建构的基本路径。鉴于基本概念是建构知识体系的基石，基本命题会影响知识体系建构的方位，而基本理论则是建构知识体系的梁柱，它们对知识体系大厦的构建都发挥着重要作用，笔者下面拟着重从基本概念、基本命题和基本理论三个维度，分析在建构知识体系方面涉及的基本问

---

　　① 参见邱本：《论经济法的共识》，载《现代法学》，2013 (4)。

题，揭示各类要素之间的紧密逻辑联系，并在此基础上推动其系统整合，其中蕴含的认识论或方法论，同样有助于经济法学的学术体系、学科体系和话语体系的完善。

二、基本概念：建构经济法学知识体系的基石

基本概念作为建构知识体系的基石，[①] 是部门法理论展开的逻辑起点。在 20 世纪 80 年代初，中国经济法学研究刚刚起步，"经济法"一词作为基本概念最受重视。对于"什么是经济法"这一基本问题，有多个部门法学科的著名学者都参与了讨论。围绕"经济法"的内涵和外延，学界不仅着力界定经济法的调整对象，还讨论了经济法的特征、体系、地位等密切相关的问题。正是通过广泛的学术争鸣或"大讨论"，才逐渐形成了学界对经济法、民法、行政法等基本概念以及各相关部门法调整对象的认识，由此不仅促进了各相关部门法学科的最初发展，也为后来厘清经济法与商法、社会法的关系奠定了基础。

以经济法概念为中心的学术研究曾长达十余年，这是特定历史时期学界在研究方法上的"集体选择"。当时的研究者普遍认为，厘清经济法的概念，有助于提炼经济法的本体论，揭示经济法概念与相关理论之间的内在联系。因此，从 20 世纪 80 年代初到 90 年代初，有关经济法定义及相关基本概念的研究成果占相当大的比重。[②] 这说明在学科初创时期，学界更重视基本概念研究，并力图据此构建经济法学学科体系的基本框架，以明晰经济法学与相关学科的边界。正是围绕基本概念的讨论，才在当时形

---

① 概念、范畴是知识体系的元素，知识体系的存在形态是概念体系。参见张文显：《论建构中国自主法学知识体系》，载《法学家》，2023（2）。

② 参见肖江平：《经济法定义的中国学术史考察——侧重于经济法调整对象》，载《北京大学学报》（哲学社会科学版），2012（5）。

成了"旧经济法诸论"与"新经济法诸论",以及未被涵盖其中的多个重要理论流派。[1]

在研究经济法概念的过程中,为了明确经济法的调整对象或调整范围、调整手段等,学界逐渐聚焦于两个基本概念,即宏观调控和市场规制。由于宏观调控和市场规制直接影响经济法概念和体系的确立,与经济法领域诸多"二元结构"的形成密切相关,且对经济法学诸多命题和理论的形成至为重要,因此,需要对这两个基本概念作特别强调和专门讨论。

(一) 两个基本概念:宏观调控与市场规制

尽管宏观调控与市场规制对明确经济法概念的内涵和外延具有重要影响,但它们在 20 世纪 80 年代初期的"大讨论"中并未被提及。当时的研究者更关注经济法调整范围的"大与小",以及调整的社会关系的"纵与横"[2],这与中国经济体制改革和法治发展的阶段性、对计划经济与商品经济的理解、对国外法律与法学资源的借鉴等相关。直至 20 世纪 90 年代初期,因我国实行社会主义市场经济体制,需要加强宏观调控和市场规制,才使两个概念真正被引入经济法研究,逐渐成为经济法领域的基本概念或基本范畴,并对整体经济法学发展产生了深远影响。[3]

从经济与法律的关联看,宏观调控与市场规制作为现代国家的两大经济职能,需要直接或间接地体现于一国的宪法中,并成为经济宪法的重要

---

① 参见王艳林、赵雄:《中国经济法学:面向二十一世纪的回顾与展望》,载《法学评论》,1999 (1)。

② 当时主要涉及"大经济法"与"小经济法"、经济法是否同时调整纵向经济关系和横向经济关系等不同认识,这些争论都与经济法的调整对象或调整范围的理论观点相关。

③ 有多位经济法学家在经济法定义中使用了宏观调控和市场规制(或市场监管)的概念。参见杨紫烜:《国家协调论》,130~131 页,北京,北京大学出版社,2009;漆多俊:《经济法基础理论》,109 页,武汉,武汉大学出版社,2000。

内容。^①同时，对经济宪法的相关规定，应在经济法层面加以具体化，从而使宏观调控与市场规制成为经济法领域的两个基本概念，并相应形成宏观调控法和市场规制法两类重要制度，由此确立经济法体系的基本架构。

从词源的角度看，宏观调控通常被认为是一个很有中国特色的概念。"宏观调控"一词^②，从 1985 年"巴山轮会议"萌芽，到 1988 年被正式写入中央文件，再到 1993 年入宪，经历了从经济概念到政策概念，再到宪法概念、经济法概念的过程。依据《宪法》第 15 条规定的"宏观调控"条款，我国在 2018 年修改的《预算法》、2003 年修改的《中国人民银行法》，甚至在 2022 年修改的《反垄断法》等多部重要法律中，都使用了"宏观调控"一词^③，由此使宏观调控法研究受到广泛重视。

与宏观调控不同，"市场规制"一词与中外知识的互动传播密切相关。市场规制源于"规制"一词，如同社会科学领域的某些概念一样，也受到了日本学者的影响。从现有资料看，相比于经济学界 1992 年翻译的植草益的《微观规制经济学》，法学界至少于更早的 1985 年，即通过金泽良雄的译著《经济法概论》，知悉"规制"一词及其含义。因此，将植草益一书作为我国引入"规制"概念的早期源头显然不当。此外，根据相关学者

---

① 参见单飞跃、徐开元：《"社会主义市场经济"的宪法内涵与法秩序意义》，载《东南学术》，2020（2）；张守文：《论经济法与宪法的协调发展》，载《现代法学》，2013（4）。
② 1984 年《中共中央关于经济体制改革的决定》曾使用"经济调节"一词，1988 年党的十三届三中全会公报正式使用"宏观调控"的概念。
③ 例如，《预算法》第 32 条规定，"各级预算应当根据年度经济社会发展目标、国家宏观调控总体要求和跨年度预算平衡的需要"进行编制；《中国人民银行法》第 1 条规定，"建立和完善中央银行宏观调控体系，维护金融稳定"；《反垄断法》第 4 条规定，"完善宏观调控，健全统一、开放、竞争、有序的市场体系"。

考证，我国至少在唐朝即已使用"规制"一词。①

经济法领域的规制（regulation）一词，包括积极的鼓励、促进和消极的限制、禁止两个方面。宏观调控和市场规制，在广义上都属于规制。其中，市场规制是依法对市场主体的市场行为的"规范"和"制约"，更侧重于对微观市场行为的直接规制，而宏观调控更侧重于对宏观经济运行的间接"调节"和"控制"。因此，"市场规制"作为经济法领域的基本概念，有其特定的内涵，既不同于一般意义上的"规制"，也不同于在其他部门法领域被泛化使用的"规制"。此外，尽管我国的许多文件较多使用"市场监管"一词，但在学术意义和制度意义上，仍不能将其与市场规制完全等同。事实上，近年来在一些文件中已开始使用"规制"或"市场规制"的表述，但对其具体含义仍需进一步厘清。② 只有全面理解"规制""市场规制"等概念，才能明晰经济法的规制性特征、规制手段、规制功能等重要问题。

目前，"规制"一词在法学界已被广泛使用，从最初的经济法领域到行政法领域，再延伸至民法、刑法、社会法等诸多领域。但在某些领域"规制"一词已被泛化，其含义被大体上等同于"法律调整"，而不再具有前述特定的含义，这无疑会影响整体法学的理论共识形成。

无论对"规制"作上述广义上的理解，还是将其在狭义上等同于"管制""监管"等，都需要考虑具体语境。目前学界对"规制"一词的不同理解和泛化使用，更凸显了厘清基本概念的重要性。即使在经济法学界，

---

① 参见［日］金泽良雄：《经济法概论》，满达人译，45页，兰州，兰州人民出版社，1985；此外，《新唐书·韦述传》中有"规制遂定"的表述。参见满达人：《现代日本经济法律制度》，20页，兰州，兰州大学出版社，1998。

② 例如《"十四五"市场监管现代化规划》强调，"加强市场监管与经济调控的协同，促进市场健康发展。提高市场规制能力，有效维护市场秩序和消费安全"，这比较符合经济法学对市场规制的理解。

也因在"规制"一词前是否加修饰词（如经济规制、市场规制），以及加何种修饰词（如行业规制、信息规制），而对其存在不同认识。可见，在基本概念上达成基本共识，对于学科发展和法治建设，对于知识体系的建构都非常重要。[①]

（二）两个基本概念的衍生与扩展

宏观调控和市场规制两个基本概念，如果同经济法的主体、行为、职权与职责、权利与义务、责任等概念相结合，可以进一步衍生出多个重要概念；同时，对基本概念和衍生概念加以延伸，又会进一步形成多种相关的扩展概念，由此可以确立经济法的概念体系或范畴体系。此类概念体系作为经济法学独特的"话语体系"[②]，会直接影响经济法学的范畴论研究。

第一，从衍生角度看，宏观调控和市场规制两个基本概念可以"衍生"出多个重要概念。例如，在宏观调控法领域，宏观调控主体、宏观调控行为、宏观调控权、宏观调控责任等重要概念，都是从宏观调控概念中衍生出来的[③]；同样，在市场规制法领域，市场规制主体、市场规制行为、市场规制权、市场规制责任等重要概念，则是从市场规制概念中衍生出来的。类似的衍生概念还有很多，它们共同构成了经济法规范论中的概念体系。

上述各类衍生概念，还会影响经济法各部门法的概念提炼。例如，基于宏观调控权的概念，可以提炼财政法上的财政调控权、税法上的税收调

---

① 经济法学学科知识体系的凝练、升华与方法论的变革，需要提倡并迈向法理学的经济法研究。参见蒋悟真：《迈向法理学的中国经济法学》，载《法商研究》，2008（3）。

② 话语体系是主体通过系统的语言符号并按照一定的内在逻辑来表达和建构的结构完整、内容完备的言语体系。参见郭湛、桑明旭：《语体系的本质属性、发展趋势与内在张力——兼论哲学社会科学话语体系建设的立场和原则》，载《中国高校社会科学》，2016（3）。

③ 参见王全兴、管斌：《宏观调控法论纲》，载《首都师范大学学报》（社会科学版），2002（3）。

控权、金融法上的金融调控权、计划法上的计划调控权等概念。可见，通过基本概念及其多个层次的衍生概念，可以构建多个部门、领域的概念体系，从而有助于推进相关知识体系的建构和完善。

第二，从扩展角度看，基于上述两个基本概念及其衍生概念，还可以"扩展"出多个重要概念。例如，仅从市场规制的概念扩展看，在主体范畴方面，与市场规制主体相对应的是市场规制受体，具体包括经营者和消费者等，需要在法律上对经营者、消费者等概念作出清晰界定[①]；在行为范畴方面，对垄断行为、不正当竞争行为等概念不仅要有一般界定，还应明晰其具体类型或构成要件[②]；另外，在权利义务范畴方面，可提炼公平竞争权等概念[③]，并对消费者权利、经营者义务等概念加以界定[④]。可见，上述主体及其行为、权利、义务等概念，均与市场规制的概念密切相关，它们是市场规制法有效实施的重要基础，在理论和制度层面具有多重意义。[⑤]

上述基本概念的"衍生"和"扩展"，不仅对经济法学知识体系建构非常重要，还会影响经济法的法治建设。例如，在立法方面，近年来法典化受到高度关注[⑥]，但无论是哪个领域、哪种层次的法典化，都离不开相关基本概念和衍生概念、扩展概念等构成的概念体系的支撑。事实上，经济法的立法统合以及未来更高层次的法典化，都要梳理各类概念之间的逻

---

① 《反垄断法》《反不正当竞争法》对经营者的定义，以及《消费者权益保护法》对消费者的定义，在法律实践中会影响相关主体权利义务的认定，因而具有重要意义。

② 可参见《反垄断法》《反不正当竞争法》对垄断行为、不正当竞争行为的界定，以及侯利阳：《垄断行为类型化中的跨界行为——以联合抵制为视角》，载《中外法学》，2016（4）。

③ 参见李友根：《经营者公平竞争权初论——基于判例的整理与研究》，载《南京大学学报》（哲学·人文科学·社会科学版），2009（4）。

④ 可参见《消费者权益保护法》对消费者权利和经营者义务的界定。

⑤ 法律概念是法律规范的基础，也是进行法律思维和推理的根本环节。参见雷磊：《法律概念是重要的吗》，载《法学研究》，2017（4）。

⑥ 参见程信和、曾晓昀：《经济法典：经济法集成化之历史大势》，载《政法学刊》，2021（1）；刘凯：《法典化背景下的经济法统合性立法》，载《法学》，2020（7）。

辑关系，并以各类概念构成的概念体系为基础。如果没有较为完备的概念体系或范畴体系，没有相应的知识体系支撑，推进法典化将是难以完成的任务。① 同样，在经济法的执法、司法过程中，各类概念是否清晰，对于正确理解和适用相关法律规范更为重要。可见，包含概念体系或范畴体系的知识体系，直接关系到立法和法律的有效实施，只有加强知识体系建构，才能增进法治体系建设的科学性和合理性。

总之，在研究经济法概念的过程中，宏观调控和市场规制两个基本概念的基础性、重要性日益凸显，带动了经济法领域多种衍生概念和扩展概念的形成。同时，随着法治实践和理论的发展，宏观调控与市场规制、宏观调控法与市场规制法的联系更加紧密，对经济法学的基本命题、基本理论、基本原理的提炼，对经济法学知识体系的建构，均产生了重要影响。

三、基本命题：影响经济法学知识体系建构的方位

对上述基本概念的进一步深化和拓展，会形成经济法学的一系列重要命题。这些命题作为具有整体意义的重要判断，直接影响经济法学知识体系建构的方位（方向和定位）。其中，围绕经济法的性质、特征和功能，学界长期关注"经济法是什么样的法""经济法与传统法有什么不同"之类的基本问题，由此逐渐形成了一系列重要的基本命题，现择要分析如下：

（一）经济法是现代法

从法律发展史看，经济法与现代国家、现代市场经济、现代经济问题

---

① 实践经验缺乏、概念化不足、基本理论的欠缺等会影响经济法的法典化。参见薛克鹏：《法典化背景下的经济法体系构造——兼论经济法的法典化》，载《北方法学》，2016（5）。

密切相关，它是现代国家在现代市场经济条件下用以解决现代经济问题的法，由此形成了"经济法是现代法"的命题。基于该命题，应结合经济法的现代性特征，厘清经济法与传统法的区别，以明晰经济法的基本逻辑，弥补其他部门法调整的不足，从而通过加强各类部门法的分工与合作，形成整个法律体系协同调整的合力。

基于"经济法是现代法"的命题，还可衍生出其他相关命题。例如，经济法作为现代法，是经济政策的法律化，具有突出的政策性，因而"经济法是政策法"。据此，应研究有关宏观调控和市场规制的各类经济政策，并探讨其法律化问题，着力处理好经济政策与经济法的关系。针对此类命题的研讨，会形成有别于传统法学的研究路径。[①]

由于宏观调控与市场规制是现代国家的两大经济职能，因此，在经济法的概念中，会特别强调"现代国家"这一主体，它是经济法"现代性"的重要体现。现代国家着力实施宏观调控和市场规制，旨在解决传统法无力解决的市场失灵等现代经济问题，这是经济法得以产生的重要原因。正是基于现代国家、现代市场经济、现代经济问题，才会产生"经济法是现代法"的命题；正是基于现代国家的职能和任务，才可以把宏观调控与市场规制结合起来，形成更为完整的经济政策体系，并将其法律化为经济法。[②]

通常，宏观调控与市场规制领域的经济政策，既包括宏观经济政策，如财政政策、货币政策等，又包括微观经济政策，如竞争政策、消费者政策等。将上述各类经济政策予以法律化，是经济法制度形成的基本路径。

[①] 参见应飞虎：《问题及其主义——经济法学研究非传统性之探析》，载《法律科学》（西北政法学院学报），2007（2）。

[②] 参见张守文：《论经济法中的国家主体》，载《现代法学》，2024（1）。

因此，"经济法是经济政策的法律化"，或者"经济法是政策法"之类的命题①，同样离不开宏观调控与市场规制两个基本概念，其中蕴含着"基本概念与基本命题的关系"。

总之，"经济法是现代法"，它具有不同于传统法的重要功能，且与宏观调控、市场规制手段的运用直接相关，由此使经济法在解决现代市场经济条件下的分配问题、发展问题、风险问题、信息问题等诸多方面，能够发挥独特的重要作用，并形成经济法学的如下几个重要命题。

（二）经济法是分配法

"经济法是分配法"，作为一个提出较早的命题②，体现了经济法解决分配问题的特殊重要功能。分配差距过大、分配不公及其导致的整体上的分配结构失衡，是典型的分配问题，也是导致市场失灵的重要原因。自古及今，人们曾提出多种分配理论，但相关制度实践始终未能从根本上解决分配问题。

随着现代市场经济的发展，特别是科技进步、产业革命的推进，投入生产经营的不仅包括土地、劳动力、资本等传统要素，还包括技术（或知识、管理）、数据等新型要素。尽管各类要素的综合运用能够提高生产力水平，使社会财富总量大幅增加，但全球性的分配问题依然严峻。因此，面对初次分配带来的诸多问题，各国纷纷加强对二次分配和三次分配的调节，并着重运用财政法、税法等经济法制度解决公平分配的相关问题。

事实上，依据经济法实施的宏观调控和市场规制对分配均有重要影响。其中，宏观调控对分配影响更为直接，诸如财政调控（如财政转移支

---

① 经济法实际上是经济政策的法律化，两者既相互区别又相互联系。参见邓峰：《经济政策、经济制度和经济法的协同变迁与经济改革演进》，载《中国人民大学学报》，1998（2）。

② 例如，摩莱里就较早提出了"经济法是分配法"的命题。参见［法］摩莱里：《自然法典》，黄建华、姜亚洲译，107~110页，北京，商务印书馆，1996。

付)、税收调控(如所得税优惠)、金融调控(如低息贷款)等,都是促进公平分配的常用手段[①];同时,市场规制对分配的影响也日益突出,诸如反垄断、反不正当竞争等手段的运用,会直接影响市场主体的利益分配。[②]

基于经济法对再分配和三次分配的重要调节作用,应持续完善宏观调控和市场规制制度,并在整体上解决分配结构失衡问题。此外,按劳分配与按资本等其他要素分配,会直接影响初次分配的结果,为此,应考虑如何运用经济法优化各类要素在初次分配中的占比,促进经济社会发展,推动全民共同富裕。在此基础上,可进一步提炼经济法的"分配理论"[③],其中蕴含着"基本命题与基本理论"的紧密关联。

(三)经济法是发展促进法

基于经济法对经济社会发展的重要促进作用,形成了"经济法是发展促进法"的命题。该命题还可一分为二,即"经济法是发展法""经济法是促进法"。

从"经济法是发展法"的角度看,在宏观层面,应关注经济法对促进整体经济社会发展、实现国家现代化的重要作用;在中观层面和微观层面,应关注经济法对促进区域协调发展[④]、对促进市场主体(特别是中小微企业、弱势群体)发展的关键影响。[⑤] 为此,经济法总论和分论研究都

---

① 参见施正文:《分配正义与个人所得税法改革》,载《中国法学》,2011 (5);冯果、袁康:《从法律赋能到金融公平——收入分配调整与市场深化下金融法的新进路》,载《法学评论》,2012 (4)。

② 参见李剑:《论共同富裕与反垄断法的相互促进》,载《上海交通大学学报》(哲学社会科学版),2022 (6)。

③ 参见张守文:《分配结构的财税法调整》,载《中国法学》,2011 (5)。

④ 参见徐孟洲:《论区域经济法的理论基础与制度构建》,载《政治与法律》,2007 (4)。

⑤ 参见应飞虎:《论经济法视野中的弱势群体——以消费者等为对象的考察》,载《南京大学学报》(哲学·人文科学·社会科学版),2007 (3)。

应坚持"发展导向"，重视对经济法主体的经济发展权的保护，并提炼经济法的"发展理论"。与此同时，基于国家的区域协调发展战略以及经济法的重要功能，还应加强对"区域经济法学"的研究。

从"经济法是促进法"的角度看，尤其要关注经济法的"促进功能"。为此，学界基于经济法的鼓励、促进手段，以及经济法立法中大量存在的促进型规范，进一步提炼出"促进型经济法"或"促进法"的类型，并展开多个层面的具体研究。其中，如何对中小企业、重要产业、民营经济、数字经济的发展实施经济法促进，是相关"促进法"研究的重点。

上述经济法的发展促进功能，与"宏观调控—市场规制"的规范结构直接相关。传统法强调在局部个案上的定分止争，而经济法不仅关注个案纷争的解决，还关注整体经济社会的长远发展。通过宏观调控与市场规制的经济法制度运用，有助于构建良好的宏观发展环境和微观市场秩序，从而更好地保障和促进经济社会发展。

在上述各类命题的关联方面，经济法促进发展的功能，与"经济法是现代法"的命题是内在一致的。经济法能够成为发展促进法，与其现代法性质直接相关，同时，正因其能够有效促进发展，才会具有突出的现代性。此外，经济法作为发展促进法，能够通过持续促进各领域的有效发展，进一步解决上述的分配问题，因而与"经济法是分配法"的命题紧密相关。只有运用经济法有效促进发展，才能夯实共同富裕的物质基础，促进高水平的公平分配。

（四）经济法是风险防控法

基于经济法所具有的防控风险功能，形成了"经济法是风险防控法"的命题。鉴于依据经济法进行风险防控既有助于避免危机发生，又可通过有效应对危机以保障经济安全，因此，上述命题还可进一步延伸出两个命题，即"经济法是危机对策法""经济法是安全保障法"。

经济法的产生和发展与危机应对直接相关。无论是一战时期的"战时统制法"还是大萧条时期的"危机对策法"，都是将经济法作为应对危机的重要手段。① 正是基于历史经验的总结和教训的汲取，在经济法中会包含平时防控风险的制度，以及在特殊时期应对危机的制度，这两类制度的目标都是保障经济安全。因此，经济法是风险防控法、危机对策法与安全保障法的统一。

无论是风险防控还是危机应对，都需要运用宏观调控和市场规制的相关制度。例如，财税调控、金融调控对防范和化解财税、金融领域的风险具有特殊意义，而对金融行业的特别市场规制，则直接影响金融风险的防范与化解。此外，反垄断法、反不正当竞争法对于保障产业安全亦甚为重要。可见，在整体经济安全的框架下，运用经济法的相关制度，更有助于实现风险防控、危机应对、保障国家经济安全的目标。

另外，"经济法是风险防控法"的命题，与前述多个命题亦密切相关。② 例如，正因为"经济法是现代法"，才需要解决现代市场经济条件下的各类风险问题，特别是系统性风险问题；正因为"经济法是分配法"，才有助于防控分配风险，并有效应对分配危机；正因为"经济法是发展促进法"，才需要兼顾"安全与发展"，既应在防控风险中促进发展，又要通过推动发展来保障安全，因为"不发展就是最大的不安全"。只有有效解决上述各类问题，才可能全面实现经济法的调整目标。

---

① 相关讨论可参见袁达松、黎昭权：《经济法类型学与经济基本法的制定次序》，载《经济法研究》，2016（2）。

② 与这些命题相关，应将国民经济领域中的发展权、分配权、安全权合为一体，为经济法建立相互协调的权利体系。参见程信和：《经济法基本权利范畴论纲》，载《甘肃社会科学》，2006（1）。

（五）对四个基本命题的简要总结

上述四个基本命题，是有关经济法性质、功能等方面的重要判断，具有基础性和普适性，因而会贯穿经济法的各类理论和制度研究，并直接影响经济法学知识体系建构的方向和定位。此外，上述命题衍生的相关命题也都值得关注。例如，"经济法是经济政策的法律化"，就体现了"经济法与经济政策的关系"，其中蕴含着经济法的经济性和规制性两大基本特征。基于各类命题的内在关联，把握其构成的"命题体系"，对于建构经济法学知识体系尤为重要。

在基本概念与基本命题的关系方面，基本概念对于基本命题的提炼具有基础意义。例如，没有宏观调控和市场规制，就无法界定现代意义的经济法，也就无法说明为什么"经济法是现代法"，以及经济法为什么具有现代性；没有宏观调控和市场规制，就难以实现对财富创造和公平分配的促进，就无法解释为什么"经济法是分配法"；没有宏观调控和市场规制，就难以揭示经济法不同于传统法的发展促进功能，以及为什么"经济法是发展促进法"；没有宏观调控和市场规制，就难以阐释经济法在风险防控方面的特殊作用，以及为什么"经济法是风险防控法"；等等。[①] 可见，宏观调控与市场规制两个基本概念，涉及对现代国家的经济职能、经济法的调整手段、经济法的规范结构、经济法的规制功能等方面的理解，并由此影响上述重要命题的形成。

上述基本命题有助于说明经济法是什么、能做什么、有什么价值，其中蕴含的重要判断，对于明晰经济法学知识体系的方向与定位具有特殊意义。依据上述各类命题，应将经济法学知识体系定位为一种"现代法学知

---

① 有学者认为，"促进—发展"范式、"风险—规制"范式是经济法特定的认知范式。参见单飞跃：《中国经济法学40年：理论周期与认知范式》，载《现代法学》，2019（1）。

识体系",其建构方向应与国家治理现代化保持一致。为此,应在经济法治现代化的过程中不断生成新知识,以推进现代经济法学知识体系的完善。

四、基本理论:支撑经济法学知识体系大厦的梁柱

基于上述基本概念和相关命题,应结合经济社会发展及相关法治实践,推动法学与经济学等相关学科的知识融合,进一步提炼经济法学的基本理论。如果说基本概念是构建知识体系的基石,基本命题是影响知识体系建构方位的重要判断,则基本理论就是支撑知识体系大厦的梁柱。知识体系是否宏大、丰富,能否充分发挥对法治实践的指导作用,主要取决于基本理论的提炼和构建。[1]

(一)既有基本理论的总体架构

经过几代学人的共同努力,经济法学基本理论的研究日益深化[2],已形成本体论、发生论、价值论、规范论、运行论、范畴论等诸论。上述每类理论都包含若干种具体理论,每类理论既自成体系,又与其他各类理论密切相关。上述各类理论及其包含的具体理论之间紧密的逻辑关联,对于建构知识体系至为重要。

在经济法学知识体系的形成过程中,有多个领域的具体理论曾受到较多关注。例如,本体论方面的经济法调整对象理论、体系理论、特征理论

---

[1] 这得益于老一辈经济法学家的奠基性贡献,以及一大批中青年学者的持续探索和努力。参见李昌麒:《发展与创新:经济法的方法、路径与视域(上)——简评我国中青年学者对经济法理论的贡献》,载《山西大学学报》(哲学社会科学版),2003(3)。

[2] 杨紫烜教授曾总结提炼了中国经济法学的八种代表性理论。参见杨紫烜:《国家协调论》,71~80页,北京,北京大学出版社,2009。

与相邻关系理论等；发生论方面的经济法生成理论、制度变迁理论等；价值论方面的经济法价值理论、宗旨理论、基本原则理论等；规范论方面的经济法主体理论、行为理论、权义结构理论和责任理论等；运行论方面的经济法立法理论、司法理论、法治理论等。

基于上述各种具体理论，还可进一步衍生出多种相关理论。例如，与特征理论相关的"促进型经济法"理论，与体系理论相关的"特别市场规制"理论[1]，与规范论相关的"经济法分权理论"，与运行论相关的"可诉性理论"[2]、"公益诉讼"理论[3]，等等。这些理论在解释和指导某些具体领域的制度实践方面往往更具重要意义。

上述不同领域、不同层次的基本理论，是改革开放以来在中国经济法学研究中逐渐形成的，它们使经济法学知识体系日益完善。随着科技、经济、社会的发展，各类新问题、新挑战层出不穷，需要各类基本理论分别加以回应。

（二）基于基本命题的基本理论提炼

除上述各类理论外，在我国开启建设现代化国家的新时期，还应结合经济社会发展的重大现实问题，基于经济法学的基本命题，提炼和研究如下相关基本理论：

第一，基于"经济法是现代法"的命题，应研究经济法的"现代化理论"。为此，不仅要关注如何实现经济法自身的现代化[4]，还要关注经济

---

[1]　参见肖江平：《特别市场规制制度的理论体系及其定位》，载《甘肃政法学院学报》，2006（2）。

[2]　相关讨论如徐澜波：《宏观调控的可诉性之辨》，载《法学》，2012（5）；邢会强：《宏观调控行为的不可诉性再探》，载《法商研究》，2012（5）。

[3]　参见韩志红：《经济法应当有自己特殊的诉讼制度》，载《天津师范大学学报》（社会科学版），2001（1）；颜运秋：《经济法与公益诉讼的契合性分析》，载《北方法学》，2007（3）。

[4]　参见李昌麒、鲁篱：《中国经济法现代化的若干思考》，载《法学研究》，1999（3）。

法如何保障和促进国家的现代化①，探讨如何运用经济法解决国家现代化面临的诸多问题，特别是分配问题、发展问题、风险问题和信息问题，而这几类问题恰恰与后面的几个命题直接相关。

第二，基于"经济法是分配法"的命题，应研究经济法的"分配理论"。为此，应结合现实的分配差距过大、分配不公等分配问题，探讨如何完善分配体制、分配权义、分配责任等制度，如何运用经济法的各类相关制度，优化分配结构，在各个分配环节促进分配公平和分配正义，推进全体人民共同富裕等现代化目标的实现。②

第三，基于"经济法是发展促进法"的命题，应研究经济法学的"发展理论"。为此，需着力解决实现国家现代化进程中的相关发展问题。例如，结合区域发展问题，需加强"区域经济法学"的研究③；结合新发展理念和发展价值的落实，需强调经济法制度对发展的保障和促进，构建"发展导向型经济法"。近些年来，财税法领域有关发展导向型税收立法的研究，金融法领域对金融服务实体经济发展④，以及绿色金融、普惠金融等问题的探讨，都有助于进一步提炼发展理论。

第四，基于"经济法是风险防控法"的命题，应研究经济法学的"风险理论"。为此，需要探讨如何运用经济法降低交易成本，有效防控风险，从而尽量避免发生危机，保障经济安全。事实上，经济法的各类制度都不同程度地与风险防控存在关联，依法实施宏观调控和市场规制，本身就是在防控风险。因此，应进一步提炼经济法学的"风险理论"，以指导风险

---

① 参见陈乃新：《经济法是中国现代化的主要法律保障》，载《中外法学》，1998（3）。

② 参见张守文：《中国式现代化、共同富裕及其经济法理论解析》，载《当代法学》，2024（1）。

③ 参见董玉明：《区域经济法律调整的二元结构解析》，载《山西大学学报》（哲学社会科学版），2004（3）；陈婉玲：《中国区域经济法制发展的现状与未来》，载《北方法学》，2020（6）。

④ 参见吴志攀：《华尔街金融危机中的法律问题》，载《法学》，2008（12）。

防控的经济法制度实践。

风险与不确定性密切相关，而信息则有助于降低不确定性。为有效防控风险，国家在经济法立法中设置了大量信息制度，包括信息披露制度、信息报送制度等，以解决信息不对称导致的市场失灵问题，由此使信息制度与风险防控制度一样，贯穿经济法的各个部门法。基于信息制度的实践，可以提炼相应的"信息理论"。

经济法学的信息理论，可以分为"传统信息理论"和"新型信息理论"。其中，"传统信息理论"更关注前述各类信息制度；而"新型信息理论"则主要研究现代信息技术运用带来的新问题，特别是数字经济发展对经济法理论与制度变迁的影响，以及经济法对数字经济发展起到的重要促进作用。[①] 因此，近些年围绕信息化以及不断升级的网络化、数字化、智能化，已形成"数字经济法"研究的新态势，在财税法、金融法、竞争法、消费者保护法等各个部门法领域，分别展开了数字税、数字货币、数据垄断、网络不正当竞争、消费者个人信息保护等方面的大量研究。[②] 在此基础上，还可进一步从整体上提炼"新型信息理论"，其中也涉及风险防控的诸多问题。

总之，上述基于经济法学的重要命题提炼的现代化理论、分配理论、发展理论、风险理论、信息理论等，都有助于丰富经济法学知识体系。它们增进了知识体系的前沿性、先进性、有用性，体现了知识体系的时代性。因此，在建构经济法学知识体系的过程中，应特别加强上述各类理论的研究。

[①] 参见甘强：《数字社会中的经济法理论拓展——基于时空、行为和风险的分析视角》，载《政法论丛》，2024（6）。

[②] 如丁晓东：《论数据垄断：大数据视野下反垄断的法理思考》，载《东方法学》，2021（3）；孙晋：《数字平台的反垄断监管》，载《中国社会科学》，2021（5）。

（三）有效处理基本理论与基本原理的关系

基本理论中的"理"，主要源于基本原理。基本原理作为"具有本原性的道理"，它寓于基本理论之中，具有更为基础的地位。只有有效提炼具有共通性的基本原理，对各类基本理论"知其道"，"明其理"，才能使其更"有理"、更"合理"。因此，基本原理是基本理论乃至整体知识体系具有合理性、可靠性的重要保障。

经济法学基本原理的提炼，并非对法学和相关学科原理的简单迁移或综合，而是需要结合经济法的特殊性，形成经济法学的独特原理，从而揭示经济法产生、发展、变迁、调整的前提和基础，明晰经济法制度设计和理论展开的基本逻辑。

与民法学的无差异性假设不同，经济法学的基本假设是差异性假设①，由此形成了经济法学的"差异性原理"。依循该原理，基于现实中广泛存在的各类差异，以及相应形成的多种"二元结构"，需要运用经济法解决各类"不合理差异"，从而保障实质公平。为此，应运用宏观调控和市场规制两类"经济规制"手段来减少相关差异，从而持续降低交易成本，提高整体经济效益，实现整体经济运行"更经济"的经济性目标。可见，在解决差异性问题的过程中，还需要依循"经济性原理"和"规制性原理"。②

事实上，各类主体的经济地位、信息占有、利益追求等诸多方面的差异，会带来妨害竞争、信息偏在、公共物品、外部效应等问题，由此导致的市场失灵，会加剧个体营利性与社会公益性的矛盾，因而需要通过宏观

---

① 经济法学的差异性假设，具体体现为多种类型的二元结构假设。参见张守文：《经济法学的基本假设》，载《现代法学》，2001（6）。

② 参见邢会强：《经济法原理在金融法领域中的应用举隅》，载《经济法论丛》，2018（1）。

调控和市场规制等经济法手段加以解决。同时，城乡二元结构、内外二元结构、公私二元结构等各类二元结构，以及与此相关的分配失衡、发展失衡等诸多问题，也都需要加强宏观调控和市场规制。只有有效解决上述各类不合理差异，才能均衡保护各类主体的权益，形成动态均衡的发展格局，体现经济法学"均衡性原理"的基本要求。[①]

上述四类基本原理体现了经济法的底层逻辑，直接影响基本理论的合理性、可靠性。例如，经济法学基本理论的分析框架是：为了解决现实存在的"两个失灵"问题，需要"有形之手"与"无形之手"的"双手并用"，但由于运用双手的主体都是"利益主体"，在其从事"博弈行为"的过程中会产生大量"交易成本"，为此，需要在经济法上确立博弈规则，依法规范和促进"双手协调并用"，从而降低交易成本，使利益主体的利益能够得到均衡保障。上述基本理论的分析框架，蕴含着前述各类基本原理，贯穿着经济法的底层逻辑。

又如，在基本理论与基本原理的具体关系方面，前述与基本命题紧密相关的分配理论、发展理论，旨在解决分配失衡、发展失衡等问题，其理论提炼与前述基本原理密不可分。依据分配理论和发展理论，经济法作为分配法、发展促进法，要着重通过宏观调控和市场规制手段，解决相关不合理的差异，保障经济公平、分配公平、发展公平，体现分配正义、发展正义、数字正义[②]，从而实现更高层次的动态均衡，其中分别体现着经济性原理、规制性原理、差异性原理和均衡性原理的要求。

可见，在提炼基本理论时，应关注贯穿其中的基本原理并将其作为有力支撑。

---

① 在此过程中也需要国家的均衡干预。参见应飞虎：《论均衡干预》，载《政治与法律》，2001（3）。

② 例如，"数据化"会导致不平等、不公正等社会正义问题，需从多个维度推进"数字正义"的实现。参见［英］丹席克等：《数字正义》，向秦译，1～5页，上海，上海人民出版社，2023。

事实上，经济法学的基本原理，与前述的基本概念、基本命题、基本理论都密切相关。将基本原理与三类基本要素的提炼紧密结合，才能加强三类基本要素之间的联结，使经济法学知识体系的大厦更加坚实稳固。对于建构知识体系而言，这一点更为重要。

五、经济法学知识体系的"三维整合"

前面着重讨论了经济法学的基本概念、基本命题和基本理论，它们作为建构经济法学知识体系的三类基本要素，是紧密关联、层层递进的。在知识体系大厦的建构方面，有基本概念作为基石，有基本命题明确方位，有基本理论作为梁柱，即可对上述三个方面进行"三维整合"，从而推进经济法学知识体系的建构。

(一)"三维整合"的历史视角

知识积累是一个长期的过程，需要从经济法学产生和发展的历史视角，审视其学术思想变迁的脉络，揭示其知识体系的演进路径。在我国经济法学初创时期，学界主要是结合对基本概念的讨论，来推进基本理论研究，对基本命题的关注相对较少。尽管如此，早期研究已搭建多个具体领域的基本框架，为建构经济法学知识体系作出了不可磨灭的奠基性贡献。

正是基于上述基本框架，后来的接续研究才能在具体理论提炼方面持续深耕，不断为知识体系大厦的建设添砖加瓦。由于经济法的部门法较多，整体经济法学知识体系的建构涉及多学科的知识，需要多方面的深厚积累，这显然是个体研究者的个体知识难以支撑的，因此，经济法学知识体系的建构，更需要所有理论和实务研究者的共同努力。

从历史分期看，以 1993 年"市场经济入宪"为界，可将经济法学知识体系的建构分为前后两个阶段。[①] 在 1993 年以前，我国一直持续探索的经济体制改革，不仅影响了相关经济法制度的建设，也影响了经济法学基本概念的确定、基本命题的形成和基本理论的提炼。而在 1993 年以后，随着市场经济体制的确立，各类与市场经济相配套的经济法制度纷纷出台，形成了宏观调控法和市场规制法的基本框架，有关宏观调控和市场规制的概念、理论被不断引入经济法研究，使经济法理论的共识度大大提升，从而为经济法学的知识积累奠定了重要基础。[②]

尽管对经济法学发展的历史分期还可以选取其他时间节点，如 2001 年加入 WTO，以及 2013 年开启全面深化改革等，但 1993 年的时点对整个经济法学知识体系的建构更有决定意义。正是在 1993 年以后，有关经济法学基本概念、基本理论的共识不断增加，相关的基本命题也被陆续提出，从而为实现"三维整合"，建构更有共识度的经济法学知识体系提供了重要素材。

由于中国的市场经济体制改革、相关的经济法制度，以及相应的经济法学理论等都有其特殊之处，因此，长期以来，中国经济法学人更重视结合本土实际，进行相关理论提炼和理论创新，许多研究者都从不同角度作出了重要贡献，对此还应从学术思想史或学术发展史的视角进一步展开研究。

总之，从历史视角看，经济法学知识体系的建构，是从"个性化的个体知识"不断提炼"共识性的公共知识"的长期过程。只有不断加强对基本概念、基本命题和基本理论的"三维整合"，从而持续形成知识增量，

---

① 参见张守文：《回望 70 年：经济法制度的沉浮变迁》，载《现代法学》，2019（4）。

② 经济法以现代市场经济为基础，是市场经济的法，是"有形之手"与"无形之手"相结合的法。这些都是重要的理论共识。参见刘文华：《中国经济法的基本理论纲要》，载《江西财经大学学报》，2021（2）。

才能使经济法学知识体系日臻完善。

(二)"三维整合"的系统视角

知识体系作为一种"体系",尤其需要从"系统"视角加以审视。从基本概念到基本命题、基本理论的层层推进,本身就是体系化或系统化的过程。为此,应基于三类基本要素之间的内在逻辑联系,通过"三维整合",建构经济法学知识的"体系"。

基于国内外研究者的大量研究成果以及相关经济法制度实践,目前已形成有关经济法的大量知识,只有对大规模分散的个体知识进行整合提炼,才能持续推进经济法学知识体系的建构。尽管知识体系的建构是一个"从分到合"的过程,但经济法学的分散研究仍将长期持续存在,大量的个体知识仍会层出不穷,这是不断进行整合的重要基础。在"从分到合"的不断取舍过程中发现共识性知识,揭示规律性认识,持续积累共识,是建构经济法学知识体系的基本路径。①

如前所述,经济法学的基本概念、基本命题与基本理论均自成体系,同时,三类基本要素之间又存在紧密关联,为此,在"三维整合"的过程中,应当按照相关形式要求和实质要求,将上述各类体系协调整合,从而形成多层次的、内在和谐统一的知识体系。

在形式要求方面,通过"三维整合"的持续推进,应在各个维度、各个层次上可以实现互联互通、相互推演,即从任何一个维度,都可以层层关联到其他维度。例如,从基本概念到基本命题,再到基本理论和基本原理,如果都围绕宏观调控和市场规制两个基本概念展开,就可以形成三个维度之间的相互联通和紧密关联。

---

① "求同存异"和"理论聚合"直接关系到经济法学研究的方向、路径、方略。参见张守文:《经济法研究的"合"与"同"》,载《政法论坛》,2006(3)。

在实质要求方面，建立在基本概念之上的基本命题、基本理论，应当言之有据、言之有物、言之有理。只有做到有依据、有内容、有道理，才能易于被接受，才能体现一定的"真理性"，而由此形成的各类知识，才能通过学术积累转化为知识体系的重要内容，得到更为普遍的理解、认可和接受。因此，无论是学术研究还是知识积累，都应尽可能客观真实，有理有据，从而形成"可信"的理论和原理。只有反映客观实际的理论和原理，才会更有力量，才能对法治建设具有解释力、指导力。部门法理论研究尤其不能以势压人，而恰恰应以理服人，使人心悦诚服，这是建构经济法学知识体系需注意的重要问题。[①]

此外，在"三维整合"过程中，还需关注各类重要的"连接点"。例如，前述的宏观调控和市场规制，都与"现代国家"直接关联。没有现代国家，就不存在上述两类经济职能、两类调整手段，以及与之相对应的两类法律规范，也就不存在经济法。同时，现代国家对前述各个基本命题也有重要影响。例如，只有现代国家，才需要为解决现代经济问题而制定经济法；只有现代国家，才需要运用经济法等现代法来解决分配问题、发展问题、风险防控问题、信息规制问题，才会形成经济法学的相关基本命题和基本理论。因此，与宏观调控、市场规制一样，"现代国家"也是贯穿经济法诸多领域的重要概念或"连接点"，它体现着经济法主体的特殊性，以及经济法的时代性、体系性。[②]

总之，在"历史—系统"的分析框架下，对基本概念、基本命题、基本理论的"三维整合"非常重要，它是经济法学知识体系建构的基本路

---

① 与此相关联，应形成统一的价值立场，提炼标识性、融通性和基础性的概念和范畴。参见冯果：《关于构建经济法学话语体系的若干思考》，载《财经法学》，2017（6）。

② 应加强经济法基础理论研究，形成一整套独特的现代经济法学的概念和原理，它们涉及经济法的时代性、体系性、独特性。参见程信和：《论经济法在中国的创新》，载《中山大学学报》（社会科学版），2004（6）。

径。从历史分析视角看，经济法产生于人类社会发展的特定阶段，与现代市场经济、现代国家的经济职能等相关联；从系统分析视角看，基本概念、基本命题、基本理论和基本原理之间是紧密关联的，它们不仅要自成体系，在整体上也要成体系，这样以基本概念为核心，层层向外扩展，形成概念体系，进而形成相关的命题体系和理论体系，才能最终形成知识体系。上述各类体系均以相关实践为现实基础，是对实践的升华，因而更有生命力、指导力、解释力。揭示上述从概念到命题再到理论形成的层层递进的逻辑体系，对于深化法学乃至整体社会科学研究，亦具有认识论或方法论的意义。

六、小结

在推动哲学社会科学知识体系建构的过程中，经济法学知识体系的建构具有特殊的重要意义。鉴于基本概念、基本命题、基本理论是构成知识体系的基本要素，从"基本概念—基本命题—基本理论"三个维度加以解析，可以发现建构知识体系需要关注的基本问题，以及三类基本要素之间层层递进的逻辑关联；在此基础上，应基于各类基本要素各自的体系及其相互关联，进一步对其加以系统整合，从而推动经济法学知识体系的持续建构，由此可以确立经济法学知识体系建构的基本路径，即"提炼基本要素并加以系统化"。

在经济法学知识体系的建构过程中，上述三类基本要素不可或缺。其中，基本概念是建构知识体系的基石，基本命题会影响知识体系建构的方向和定位，而基本理论则是建构知识体系的梁柱。此外，相关的基本原理具有维系、加固三类基本要素紧密联系的重要作用，因而应特别重视基本原理的提炼。

由于经济法学知识体系的建构既是一个历史的过程，也是一个逐步系统化的过程，对其应在"历史—系统"的分析框架下加以审视，因此，一方面应梳理基本概念、基本命题、基本理论的历史演进，并阐释其中涉及的经济法学基本问题；另一方面，还应关注基本概念、基本命题和基本理论各自的体系化以及整体上的"三维整合"。这也体现了历史分析方法与系统分析方法的紧密关联和重要性。

经济法学知识体系各类要素之间紧密的逻辑联系非常重要。通过以"经济法"的概念为引导，析出宏观调控和市场规制两个基本概念，并将其贯穿各个部分的研讨，可以发现概念之间的逻辑关联及其形成的概念体系，以及概念与命题之间的关联；在此基础上，通过探讨各类基本命题构成的命题体系，以及各类基本理论形成的理论体系，可以进一步揭示上述不同层次的"体系"之间的相互关联，从而为各类基本要素的"系统化"奠定基础，并使前述经济法学知识体系的建构路径更具可行性。

知识体系的建构是对分散的个体知识加以系统整合的过程，只有进一步深化相关研究，使参与知识体系建构的个体知识具有更高的共识度，才能使经济法学知识体系得到更为广泛的认可。在中国的特定时空之下，充分展开经济法学的知识发现、知识生产和知识整合，更能体现知识体系的独特性，更有助于推动中国经济法学的学术体系、学科体系和话语体系的完善。

第二节　经济改革的重要影响

我国的改革开放，带动了经济法和经济法学的产生。[①] 随着经济改革

---

① 参见潘念之：《从经济体制改革谈经济法》，载《政治与法律》，1985（4）；王守瑜、王保树：《发展中的经济法学》，载《法律学习与研究》，1986（7）。

的持续深化，经济法治建设和经济法学研究亦不断发展，并使经济法学知识体系从无到有，日臻完善。相比于其他法学学科，经济改革对经济法学知识体系具有更为重要的影响，对其独特的"外部效应"，可从多个层面展开研讨。

由于经济改革直接影响经济法具体制度的生成或变易，因此，经济改革与经济法，历来是经济法学的重要研究对象；经济改革与经济法的关系，也是经济法研究中备受关注的基本关系。把握"经济改革—经济法—经济法学"的内在关联，有助于分析和理解经济法学知识体系的独特性、自主性、知识性和体系性。①

鉴于经济改革直接关乎经济法的制度建设和学术研究，下面结合不同时期的经济改革，分别简要探讨其对经济法学知识体系建构的重要影响。

一、经济改革的开启对经济法学知识体系的影响

在 20 世纪 70 年代末 80 年代初，我国先后展开农村改革和城市改革。依据 1984 年的重要"改革决定"②，我国开始实行"有计划的商品经济"。面对经济改革导致的计划因素与商品因素并存的情况，对应如何加强法制建设，厘清相关部门法的定位，在当时存在诸多不同认识，其中主要涉及对经济法与民法、行政法的基本框架的理解。对此，学界展开了影响深远的大讨论，涉及经济法的调整对象、基本概念、基本特征、基本体系、相邻关系等重要内容。

1986 年《民法通则》的颁布，对厘清经济法与民法的关系具有重要意义。在当时的国家立法机关看来，民法主要调整横向经济关系，而纵向

---

① 参见张守文：《经济法学自主知识体系的建构》，载《中国高校社会科学》，2023（4）。
② 即 1984 年 10 月 20 日通过的《中共中央关于经济体制改革的决定》。

经济关系则由经济法和行政法调整。① 上述判断直接影响了经济法学知识体系的最初建构。

在 1986 年至 1993 年，有关经济法理论的讨论仍在持续，且众说纷纭，莫衷一是。由于经济体制改革一直处于变化之中，相关经济法制度变动不居，导致经济法学的研究对象变化频仍，影响了学界对经济法的基本概念、基本命题和基本理论的提炼。可见，经济改革的不断深入，会使经济法制相应发生较大变化，从而影响有关经济改革与经济法制的知识积累，以及经济法学知识体系的建构。

在关注"经济改革—经济法制度变革—经济法学知识体系构建"的关联的同时，亦不应忽视国外经济法学理论的影响。② 事实上，在改革开放初期，学界较为重视国外经济法理论资源的引进，其中，苏联和日本的理论影响较大。例如，苏联是计划经济国家的典型代表，其经济法理论更易于被经历过计划经济体制的我国学者接受。与传播甚广的拉普捷夫的经济法理论类似③，我国也有学者提出了"纵横统一经济法论"。又如，日本是市场经济国家的重要代表，曾有多位日本学者的经济法论著被译介到我国，仅金泽良雄的著作就有两个中译本④，产生了较大影响。尽管这一时期也有其他国家的经济法论著被译为中文，但由于诸多原因，苏联和日本这两个近邻的经济法理论影响更大。其实，苏联的理论在改革开放前就对多个法学学科的知识体系产生过较大影响，以至于刑法学等部门法学科还

---

① 民法主要调整横向的财产、经济关系，纵向经济关系或者行政管理关系，主要由有关经济法、行政法调整。参见王汉斌：《关于〈中华人民共和国民法通则（草案）〉的说明》（1986 年 4 月 2 日）。

② 需要处理好中国自主法学知识体系与外来法学知识的关系。参见喻中：《论中国自主法学知识体系的建构》，载《现代法学》，2023（4）。

③ 拉普捷夫也非常关注改革与经济法的相关问题。参见［苏］拉普捷夫：《经济改革条件下的经济法》，陈汉章译，载《环球法律评论》，1989（4）。

④ 两个中译本分别是《经济法概论》，满达人译，甘肃，甘肃人民出版社，1985；《当代经济法》，刘瑞复译，辽宁，辽宁人民出版社，1988。

提出"去苏俄化"的问题。[①] 由于我国的经济法学产生于改革开放后，相对于上述法学学科，其知识体系的形成受传统苏联法学的影响并不大。事实上，经济改革涉及的大量问题都与经济法的调整直接相关，与此相应，中国经济法理论研究更关注经济改革和制度变迁，由此使经济法学知识体系的建构体现了更多的自主性。[②]

二、市场经济体制的确立对经济法学知识体系的影响

随着经济改革的深入，我国从有计划的商品经济体制转变为社会主义市场经济体制，这是深化经济改革的重要里程碑。1993年的《中华人民共和国宪法修正案》明确规定："国家实行社会主义市场经济"，据此，我国的经济管理体制、经济法制度等都发生了巨变，经济法研究也取得了长足进步，理论共识度大幅提升，这对于经济法学知识体系的建构尤为重要。可以说，没有社会主义市场经济体制的确立，就没有包含宏观调控制度和市场规制制度的现代经济法，也就没有今天的经济法学知识体系。

社会主义市场经济体制的确立以及相关经济立法的完善，为经济法研究提供了重要研究素材，也明确了经济法学研究的方向，使经济法学知识体系的建构有了质的飞跃。由于现代经济法建立在市场经济体制基础之上，因而各国的经济法学知识体系具有一定的共性；同时，我国经历了从计划经济向市场经济的转型，实行"社会主义市场经济"，由此使我国的经济法理论和制度亦有一定的特殊性，相应的经济法学知识体系亦有其独

---

① 我国的刑法学、刑事诉讼法学、民商法学，甚至法理学和宪法学等法学部门，在20世纪50年代也同样是在苏联法学的浸润下发展起来的。参见陈兴良：《刑法知识的去苏俄化》，载《政法论坛》，2006 (5)。

② 对自主性的理解涉及多个维度，可参见王锡锌：《构建自主法学知识体系需要内外兼修》，载《清华法学》，2023 (6)。

特性。

随着社会主义市场经济体制的确立，财政管理体制、税收管理体制、金融管理体制、计划管理体制等具体领域的改革都要相应推进，由此带来了宏观调控领域的制度变革。由于现代市场经济是有宏观调控的市场经济，有效实施宏观调控对于"发展中大国"更为重要，因此，宏观调控法在我国的经济法体系中占有重要地位，这与某些国家强调以竞争法为主干的经济法体系存在不同，由此也会影响经济法学知识体系的建构。

在市场经济体制下，需要着力解决好"政府与市场"的关系。事实上，持续推进的经济改革，都是在回应政府与市场的关系，并且，经济法需要解决的"两个失灵"问题，以及所运用的宏观调控与市场规制两大手段等，都与此直接相关，由此使经济法学知识体系不断丰富和发展。

社会主义市场经济体制的确立，不仅带来了上述经济管理体制、经济法制度的巨变，也极大促进了经济法理论的形成。正是在实行社会主义市场经济体制以后，经济法学界对经济法的基本概念、基本命题、基本理论等达成了大量基本共识。

例如，在基本概念方面，学界不仅对经济法的调整对象有相对明晰的界定，并由此提炼了经济法的基本定义[①]，还对相关的宏观调控和市场规制等基本概念作出进一步界定，并在此基础上，对宏观调控行为与市场规制行为、宏观调控权与市场规制权、经济法责任等重要概念，都进行了日益深入的探讨。

随着对上述基本概念认识的不断深入，经济法总论研究亦持续扩展和深化。在改革开放初期，相关研究主要集中于经济法的本体论，着重探讨

[①] 1992年以来，学界从主体、行为、特质和定义规则等视角展开的研究达成了较多的共识，成为中国经济法学走向成熟的重要标志。参见肖江平：《经济法定义的中国学术史考察——侧重于经济法调整对象》，载《北京大学学报》（哲学社会科学版），2012（5）。

经济法的概念与特征，经济法的体系与地位等问题，而在社会主义市场经济体制确立后，学界的研究进一步扩展到经济法的价值论、规范论、运行论、范畴论等诸多领域，从而形成了经济法理论的基本体系，使经济法学知识体系的基本架构得以确立。可见，实行社会主义市场经济体制，为我国经济法学的发展提供了重要机遇，极大推动了经济法学知识体系的建构，由此有助于进一步理解经济改革与经济法、经济法学知识体系的关系。

三、全面深化改革对经济法学知识体系的影响

自 2013 年起，我国开启了全面深化改革的阶段[①]，强调经济改革与其他领域的改革紧密结合，共同推进国家治理体系和治理能力的现代化。在政府与市场关系方面，"要使市场在资源配置中起决定性作用，更好发挥政府作用"，已成为全社会的基本共识。为了有效协调政府与市场的关系，应在经济法治框架下实施宏观调控和市场规制，发挥经济法的重要作用。与此相关的理论研究进一步推动了经济法学知识体系的建构。

首先，全面深化改革需要加强各个领域改革的系统协调。例如，我国近年来着力建设的现代化经济体系，包括现代市场体系、现代化产业体系、对外开放体系、公平分配体系、区域协调发展体系等多个子体系，应当通过经济法的促进和保障，推动上述体系的建设。与此相关的经济法制度建设和经济法学研究，会形成相应的概念、命题、理论和原理，它们都是经济法学知识体系的重要内容。

其次，全面深化改革需要综合解决各类复杂问题，不仅要加强经济法

---

① 参见 2013 年 11 月 12 日通过的《中共中央关于全面深化改革若干重大问题的决定》。

体系内部各部门法的协同，也要强化经济法与外部的宪法、行政法、民商法、社会法等相关部门法的协调，还应增进各类经济政策与经济法的一致性，从而综合解决分配问题、发展问题、风险问题和信息问题等各类复杂问题。针对上述各类问题，学界正着力构建经济法领域的分配理论、发展理论、风险理论和信息理论，相关理论共识也是经济法学知识体系的重要内容。

例如，实现中国式现代化的重要目标，是在我国超大规模人口的条件下解决全体人民的共同富裕问题，为此，需要在多个领域持续深化改革，并加强经济法调整，以有效解决分配问题和发展问题。鉴于"经济法是分配法""经济法是发展促进法"早已成为经济法学中的重要命题，[①] 且经济法对解决上述两类问题具有特殊的重要作用，应推进经济法学的分配理论和发展研究，由此形成的诸多理论共识，对于建构经济法学知识体系同样非常重要。

又如，全面深化改革意味着改革已进入深水区，需要防范和化解重大风险。因此，在地方债、房地产市场、资本市场等各个领域，需要加强对财政风险、金融风险、产业风险等各类风险的防控，加强经济法学的风险理论研究。经济法作为典型的"风险防控法""危机对策法"和"安全保障法"[②]，有助于解决安全与发展的相关问题，由此形成的理论共识，同样影响着经济法学知识体系的建构。

最后，全面深化改革需要推动多个领域的市场化和法治化。例如，在要素市场化改革方面，土地、劳动力、资本、技术、数据等要素的市场化，是经济改革需要解决的重点难题，应通过相关法律制度的立改废释，

---

① 参见漆多俊：《经济法再分配功能与我国收入分配制度改革》，载《中共中央党校学报》，2008（2）。

② 参见薛克鹏：《经济法视野中的风险理论》，载《经济法研究》，2019（1）。

加强相应的法治保障。其中，数据是数字经济时代的关键生产要素，需要构建相关基础制度，加强对数据行为的经济法规制。由于数字经济发展并未改变市场经济体制，因此，经济法学的本体论、价值论等，并不需要根本改变，但在规范论和运行论方面，需要结合数字经济的诸多特殊性作相应调整，由此形成的"数字经济法"的相关原理和理论，也有助于丰富和发展经济法学知识体系。[①]

总之，经济改革是国家实现现代化的重要路径，它与经济法存在紧密关联。经济改革不仅影响经济法的制度变迁和经济法学研究的持续深化，也影响经济法学知识体系的形成和发展，它为观察和研究经济法学知识体系提供了重要视角和线索。

以上基于整体经济改革的历史脉络，分析了不同时期经济改革对经济法学知识体系的影响。从总体上看，经济改革具有如下正向"外部效应"：经济改革的启动，使经济法学知识体系从无到有；市场经济体制的确立，使经济法学知识体系的基本框架得以形成；全面深化改革，使经济法学知识体系更加丰富和完善。整体的经济改革，带动了经济法学的基本概念、基本命题、基本理论和基本原理的研究，并由此推动了经济法学知识体系的建构。

四、具体领域的经济改革对经济法学知识体系的影响

上述不同时期的经济改革，涉及多个具体领域，它们对经济法各部门法的研究以及经济法学知识体系的建构同样具有直接影响。例如：在经济改革初期，我国在 1984 年开启了以国企为中心的城市改革，与此相关的"利改税""拨改贷"等财税、金融改革，带动了财税、金融领域的制度变

---

① 参见张守文：《数字经济发展的经济法理论因应》，载《政法论坛》，2023（2）。

迁，极大影响了财税法、金融法的研究；此后实施的价格改革，以及扩大企业自主权的承包制、租赁制改革等，为后来实行市场经济体制，以及现代企业制度、竞争法制度的确立奠定了重要基础。上述多个领域的具体改革，推动了经济法学知识体系的初步形成。

在实行市场经济体制后，我国于 1993 年年底，在财税体制、金融体制等领域实施了一系列重要改革①，其具体措施分别在 1994 年和 1995 年以财税立法、金融立法的形式呈现，从而形成了经济法的宏观调控法的基本框架，由此积累的宏观调控法方面的大量共识性知识，有力地促进了经济法学知识体系的建构。

不仅如此，我国在 1993 年还制定了《反不正当竞争法》《消费者权益保护法》《产品质量法》等市场规制法领域的重要立法，以回应市场经济改革初期存在的大量市场失序问题。这些立法与后来制定的《广告法》《价格法》等，构成了市场规制法的基本框架，由此形成的有关市场规制法的大量共识性知识，极大促进了经济法学知识体系的建构。

自全面深化改革以来，我国开启了新一轮财税体制改革，同时，在金融、市场监管等领域，也实施了一系列重要改革。为回应和解决复杂的分配问题、发展问题、风险问题和信息问题，需要经济法各个部门法加强协同，并增进经济法与其他部门法的系统调整。此外，数字经济发展也需要经济法理论和制度予以有效应对。上述各个方面都会形成大量新知识，进而丰富和完善经济法学的知识体系。

上述财税法、金融法、竞争法等领域的研究，与经济改革的阶段性密切相关。例如，在经济改革初期，有关竞争法的研究并不繁盛；但在实行市场经济体制，特别是反垄断法颁行以后，整体竞争法研究被提升到新的

---

① 参见 1993 年 12 月发布的《国务院关于实行分税制财政管理体制的决定》以及《国务院关于金融体制改革的决定》。

高度，这与市场经济的发展需要直接相关。因此，不同阶段的经济改革，会直接影响经济法学研究的侧重和经济法学知识体系的内容。

五、小结

任何知识体系的建构，都受多种因素影响。中国经济法学知识体系的形成和发展，深受经济改革的影响。从历史视角看，随着不同时期经济改革的深化和扩展，经济法的制度建设和理论研究不断发展，经济法学知识体系也从无到有，从小到大，日臻完善。

经济改革对经济法学知识体系持续更新的影响，是其重要的"外部效应"。把握此点有助于理解经济法学知识来源的多元性和特殊性、知识生产的自主性、各类知识的关联性和体系性，从而增进相关知识的共识性，提升建构知识体系的自觉性。

第三节　体系建构的努力与方向

能否有效建构法学的自主知识体系，会直接影响中国特色哲学社会科学体系的构建。在法学领域，产生较为晚近的经济法学，与传统法学学科有较大区别，也更具有中国特色。为此，下面简要回顾经济法学界既往在建构自主知识体系方面的努力，分析其中涉及的重点难点问题，探讨今后的推进方向。

一、既往建构经济法学自主知识体系的努力

经济法学是以经济法的产生和发展规律为研究对象的法学分支学科。

经济法学最早产生于德国，距今已有百年历史。我国的经济法学在 20 世纪 30 年代曾有少量研究成果，其真正的大发展是在改革开放以后。在 20 世纪 80 年代初期，经济法学还是我国法学体系中的"新学科"，学界对其基本问题尚缺少清晰的认识，因此，法理学、民法学、行政法学等非经济法领域的学者，也曾撰写过大量论著，共同探讨经济法的调整对象、基本特征、体系结构等基本问题。

经过几代人的努力，我国在经济法学领域已汇聚大量基本共识，经济法学自主知识体系的基本框架已经形成。由于自主知识体系需要具有自主性、知识性和体系性，同时，上述三个方面也是构建经济法学自主知识体系的重点和难点，为此，有必要分别从这三个维度，简要分析学界既往在建构经济法学自主知识体系方面的努力及成果。

（一）自主性的维度

经济法具有突出的国别性。虽然美国在 19 世纪末率先推出了经济法的早期立法，其后亦有多个国家相继跟进，但有关经济法学的研究则主要在德国等大陆法系国家展开，且各国并未形成统一的经济法理论体系。由于各国的国情不同，发展阶段有别，经济法所要解决的具体问题各异，因而经济法学的学科体系、学术体系和话语体系亦不尽相同。

自改革开放以来，中国法学界持续推进经济法的理论研究，许多学者注重将立足本土实际与借鉴国外理论相结合。尽管某些研究者曾参考借鉴过苏联、德国和日本等国家的经济法理论，但学界主要还是基于中国的改革开放实践以及经济法治建设实际，通过不断发现和解释经济领域的经济法问题，来持续构建和完善经济法的理论体系。可以说，自中国经济法学产生之初，整个学界就较为自觉地强调从中国改革实践出发，回应经济社会发展的现实需要，着力解决中国问题①。由于学界在整体上是自主地展开相关研究，因而许多知识的积累和理论的提炼也更具有中国特色和创新性。

（二）知识性的维度

经济法学属于交叉学科，其中主要涉及经济学和法学的相关知识，同时也涉及政治学、社会学、哲学、历史学等人文社会科学知识，某些经济法制度还与自然科学相关。因此，经济法学的知识获取不同于传统法学学科，它很难直接借鉴国外的传统法学理论或法学知识，而是必须结合中国不同时期的改革开放实践和相关法治建设需要，不断构建更为独特的知识体系，由此提炼的理论才能对中国的经济社会发展和经济法治建设更具有解释力和指导力。

经济法学的知识体系具有知识来源的多源性或多元性。例如，第一，从经济学的角度看，经济法基础理论研究涉及宏观经济学、福利经济学、法律经济学、制度经济学、发展经济学、产权经济学等学科的知识，经济法各具体部门法研究涉及财政学、税收学、金融学、产业组织理论、微观经济学等学科的知识。只有基于相关的经济知识，融合相关的法学原理，才能进一步提炼经济法原理。第二，从法学的角度看，经济法学知识体系的构建，既要从传统法学各分支学科的理论中汲取营养，又要超越传统法学，并结合经济法作为现代法的特点，经过融汇整合，提炼经济法原理、

---

① 必须以研究和解决中国问题、凸显中国特色为导向，更加注重立足国情和本土资源，对复杂现实进行深入分析，作出科学总结，提炼规律性认识。参见张文显：《论建构中国自主法学知识体系》，载《法学家》，2023（2）。

经济法理论，从而形成不同于传统法学的新型法学知识[①]。

（三）体系性的维度

由于经济法是我国法律体系中的重要部门法，经济法学是法学的重要分支学科，因此，需要研究经济法与法律体系中的其他部门法的关系，以及经济法学与法学体系中的相关分支学科的关系，并逐渐形成有关经济法学科、经济法理论的体系性认识。

经济法的学科体系是与经济法体系相对应的。经过学界多年的努力，目前对经济法体系已形成诸多基本共识。例如，学界大都认为，宏观调控法和市场规制法是经济法体系的两大重要组成部分，其中，宏观调控法主要包括财税法、金融法、计划法等，市场规制法主要包括反垄断法、反不正当竞争法和消费者权益保护法等。而基于上述经济法体系，就可以相应确立经济法学的学科体系。上述的经济法体系与国家的经济政策体系相对应，由此也有助于说明为什么"经济法是经济政策的法律化"。

经济法学的理论体系，是上述学科体系的重要理论支撑，主要包括经济法的本体论、发生论、价值论、规范论、运行论、范畴论等诸多理论。此外，结合近年来市场化、信息化、国际化和法治化的发展，以及与此相关的分配问题、发展问题、风险问题和信息问题，经济法学界正在构建新型的分配理论、发展理论、风险理论和信息理论[②]。上述各类理论构成了我国自主的经济法学理论体系的基本框架。

---

① 法学知识是不断演进与分化的，社科法学与法教义学之间并非对立的关系，只不过是法学知识的两个不同面向。参见陈兴良：《法学知识的演进与分化——以社科法学与法教义学为视角》，载《中国法律评论》，2021（4）。

② 参见张守文：《中国经济法理论的新发展》，载《政治与法律》，2016（12）。

上述的学科体系和理论体系（或学术体系），以及其中贯穿的话语体系①，主要是依据我国国情，特别是我国的经济社会发展和法治建设实际而构建起来的，因而更有助于回应、解释和解决中国问题，同时，也有助于为广大发展中国家构建相关体系提供借鉴。

二、未来建构经济法学自主知识体系的努力方向

在当前和今后一段时期，应当在既往研究的基础之上，切实围绕中国式现代化的发展目标，进一步推进中国经济法学自主知识体系的建构。对此，至少可以在以下几个方面进一步努力。

第一，坚持一个面向：面向中国式现代化。

改革开放是实现国家现代化的重要路径，而经济法就是在改革开放过程中产生和发展起来的。在新的历史时期，基于中国式现代化目标，应当面向国家现代化的发展要求，进行经济法学自主知识体系的建构。

为此，应当关注"国家现代化与经济法的关系"这一重大问题，从经济法的视角深入研究：在超大规模人口国家如何实现全体人民的共同富裕，经济法在解决分配问题、发展问题方面能够发挥哪些重要作用，等等。

第二，关注两大体系：现代化经济体系与国家治理体系。

一方面，国家现代化离不开强大的物质支撑，因而需要构建现代化经济体系。而现代化经济体系所包含的各个子体系，如现代市场体系、现代产业体系、对外开放体系、公平分配体系、区域协调发展体系等②，都需

---

① 参见胡玉鸿：《刍议新时代法学学科学术话语体系的建构路径》，载《上海交通大学学报》（哲学社会科学版），2021（4）。

② 参见刘志彪：《建设现代化经济体系：基本框架、关键问题与理论创新》，载《南京大学学报》（哲学·人文科学·社会科学版），2018（3）。

要经济法的支撑、促进和保障①。此外，构建现代化经济体系，还需要能够有效处理政府与市场关系的现代经济体制，这正是经济法要解决的重要问题。

另一方面，国家现代化不仅需要物质基础，还需要制度保障，因而要推进国家治理体系的现代化。加强经济法治建设，是国家治理体系中必不可少的重要一环。因此，应从推进国家治理体系现代化的视角，深入研究经济法领域的相关法治问题。②

上述的现代化经济体系与国家治理体系，分别对应于经济与制度，对应于经济法所关注的"经济与法"这两个核心问题，它们直接影响中国式现代化目标的实现，因而是建构经济法学自主知识体系必然要涉及的内容。

第三，有效处理三大基本关系。

建构经济法学的自主知识体系，还涉及多种重要关系，尤其要处理好三大基本关系，即改革与法治的关系、政府与市场的关系，以及中央与地方的关系。

改革与法治的关系，具体到经济法领域，主要体现为经济改革与经济法的关系。中国的经济改革与经济法一直存在紧密互动：没有经济改革，就没有经济法的产生和发展；同时，经济改革的深化，也需要经济法的有效促进和保障。因此，如何保障经济改革于法有据，如何运用经济法的良法来实现善治，从而有效保障和促进经济改革，是经济法领域始终需要关注的重要问题。要全面深化改革，就要持续有效处理经济改革与经济法的关系。为此，在经济法的各个部门法领域，需要分别处理好财政改革与财政法的关系，税制改革与税法的关系，金融改革与金融法的关系，等等。

---

① 参见张守文：《现代化经济体系建设的经济法补缺》，载《现代法学》，2018（6）。
② 参见张守文：《提升治国能力的经济法路径》，载《中国高校社会科学》，2015（1）。

政府与市场的关系，是影响经济、社会发展的基础关系。我国从计划经济体制转为市场经济体制，涉及多种制度的巨变。有效协调政府与市场的关系，是我国需要长期解决的重要问题。而充分发挥市场在资源配置方面的决定性作用，切实转变政府职能，更好地发挥政府作用，都需要加强经济法的各类制度的有效调整，这不仅直接影响现代化经济体系的形成，也影响国家治理体系的完善。

中央与地方的关系，是影响政治、经济发展的重要关系。我国是世界上最大的发展中国家，历史悠久，中央与地方的关系历来备受关注。在现代市场经济体制下，在经济全球化的背景下，要实现国家现代化的目标，尤其需要有效处理中央与地方的关系。既要保障中央有效实施宏观调控，又要更好地调动地方的积极性，从而在推进各类区域良性竞争、推动区域协调发展的过程中，促进全国的经济和社会发展，实现共同富裕的目标。因此，经济法学自主知识体系的建构，需要始终关注此类关系的有效处理。

第四，着力研究四类新型理论。

在建设现代化国家的新征程上，结合市场化、信息化、国际化带来的分配问题、发展问题、风险问题和信息问题，尤其需要研究分配理论、发展理论、风险理论和信息理论。

例如，实现全体人民的共同富裕，需要解决好分配差距过大、分配不公、分配失衡等分配问题。经济法是典型的"分配法"，运用经济法制度不仅有助于在再分配和三次分配环节促进分配公平，还有助于在初次分配环节缓解各类要素在分配中占比失衡的问题，进一步实现分配正义。因此，应在分配领域加强经济法的系统规制，提炼经济法的分配理论。[①]

---

① 参见张守文：《共同富裕：经济路径与法治保障》，载《法治研究》，2022（5）。

又如，我国社会主要矛盾已发生重大变化，对发展不平衡、不充分问题应高度关注，并在发展中解决发展问题。经济法作为重要的"发展促进法"，有助于切实保障各类主体的经济发展权，促进区域的协调发展和城乡的均衡发展，解决相关发展问题。为此，应提炼经济法的发展理论，构建"发展导向型"的经济法治，从而有效解决发展的不平衡、不平等问题，不断实现中国式现代化的发展目标。

另外，经济社会信息化的迅速发展，特别是网络化、数字化、智能化的突飞猛进，在提升效率、促进经济增长的同时，也带来了诸多问题。为此，既要在传统的财税、金融等领域有效防控和化解相关风险，又要结合数字经济发展引发的诸多问题，有效防控各类新型风险，因而需要加强风险理论研究。[①] 此外，在加强平台治理、数据治理、网络治理的过程中，既要保障信息安全、数据安全、网络安全，又要依法充分挖掘数据的价值，为此，需要加强信息规制[②]，兼顾安全与发展，推动信息理论研究。目前，全国人大常委会已将《个人信息保护法》《数据安全法》《网络安全法》等与信息、数据相关的法律归入经济法部门，因而更应当从经济法的视角提炼信息理论，为相关立法及其有效实施提供理论指导。

第五，全面落实五大发展理念。

经济法的理论研究和制度建设，都要切实认真贯彻落实创新、协调、绿色、开放和共享的发展理念。建构经济法学的自主知识体系，尤其需要坚持守正创新。只有落实创新发展理念，才能体现经济法学知识体系的特殊性、创新性和中国特色；只有加强各类相关知识的协调，才能系统构建知识体系；只有保持各类知识的开放获取，共享人类文明成果，才能使知

---

① 参见薛克鹏：《经济法视野中的风险理论》，载《经济法研究》，2019（1）。
② 参见应飞虎：《从信息视角看经济法基本功能》，载《现代法学》，2001（6）；李安安：《互联网金融平台的信息规制：工具、模式与法律变革》，载《社会科学》，2018（10）。

识体系更全面、更可持续。因此，五大发展理念的落实，会直接影响经济法学自主知识体系的整体建构。

三、小结

在继续研究传统经济法理论的基础上，还需要关注各类新型理论，这些理论构成了我国自主的经济法学理论体系的基本框架。此外，应结合上述五个方面，进一步推进经济法学自主知识体系的建构。尤其应当基于"三新一高"的发展命题，不断回应我国经济社会发展和法治建设的现实需要，由此才能从自主性、知识性和体系性的维度，全面建构经济法学的自主知识体系，并在有效解决中国问题的同时，为其他国家相关问题的解决提供一定的借鉴，这也是中国法学对世界法学的重要贡献。

第四节　面向现代化的体系建构

前面三节，分别涉及经济法学知识体系的构成要素、影响因素，以及既往构建知识体系的努力和未来的研究方向，并提出应面向国家现代化展开相关研究。为此，本节结合前面三节的探讨，着重从国家现代化的视角，探讨经济法学知识体系的建构问题。

从全球范围看，国家的现代化与经济法密切相关。正是为了实现国家治理的现代化，经济法才得以产生和发展；经济法的有效调整，也在不断推动经济社会发展，并由此进一步提升国家的现代化水平。因此，加强"经济法与国家现代化关系"的研究，是建构经济法学知识体系的重要路径。在实现"中国式现代化"的时代背景下，有必要结合与国家现代化相关的基本概念、基本命题和基本理论，进一步推动中国经济法学自主知识体系的建构。

一、从基本概念视角看经济法学知识体系建构

基本概念是影响经济法学知识体系建构的第一类要素。在经济法学研究中，经济法的概念是非常重要的基本概念。如果将经济法的调整对象界定为在现代国家进行宏观调控和市场规制过程中发生的社会关系，则经济法就是调整此类特殊社会关系的法律规范的总称。在上述经济法的定义中，特别强调现代国家及其宏观调控和市场规制两大经济职能，这与现代国家的根本任务直接相关。[①]依据我国宪法，国家的根本任务是建设社会主义现代化国家。为了实现这一根本任务，国家必须有效实施宏观调控和市场规制，而在此过程中形成的宏观调控关系和市场规制关系，即为经济法的调整对象。可见，经济法与现代国家、与国家的现代化存在内在关联，与此相关的知识也自然构成了经济法学知识体系的重要内容，并由此影响着经济法的相关基本概念、基本命题、基本理论和基本原理的提炼，进而影响经济法学自主知识体系的建构。

在上述经济法定义中，不仅涉及"现代国家"这一重要主体，还涉及宏观调控与市场规制两类行为，它们贯穿经济法的各类理论和制度，已成为经济法学的基本概念，是建构经济法学知识体系应关注的基本范畴。其中，宏观调控和市场规制，决定了经济法的调整对象、调整手段、调整范围，决定了经济法的体系、特征，以及与其他部门法的相邻关系，因而不仅事关整个经济法学本体论的构建，也影响经济法的价值论、规范论、运行论和范畴论的基本内容。可见，从经济法学的基本概念出发，可以推导

---

① 参见张守文：《论经济法中的国家主体》，载《现代法学》，2024（1）。

出经济法学知识体系的诸多重要内容，由此会影响经济法学的知识性、系统性，以及一国经济法学知识体系的独特性。[①]

从独特性的角度看，上述的宏观调控概念，先是从经济学概念转化为政策概念，再转化为宪法概念和经济法概念，具有鲜明的中国特色。由于宏观调控对于发展中大国实现国家现代化不可或缺，因而我国《宪法》第15条对其有专门规定，由此确立的经济宪法条款，为经济法的立法提供了重要的宪法基础。据此，经济法的多项重要立法，都体现了宏观调控的概念和基本原理。基于这一具有中国特色的基本概念和相关经济法制度而展开的研究，使中国经济法学知识体系更具有独特性。

此外，为了保障现代国家对宏观调控和市场规制的依法实施，需要将相关经济政策转化为重要的经济法制度，从而使经济法成为不同于传统法的现代法，使经济法学的知识体系有别于传统法学的知识体系。因此，理解经济法知识体系的独特性或自主性，既涉及与外国的经济法学知识体系的比较，也涉及与本国的传统法学知识体系的比较。

二、从基本命题视角看经济法学知识体系建构

基本命题是影响经济法学知识体系建构的第二类要素。经济法学有多个重要命题，例如，"经济法是现代法"，"经济法是分配法"，"经济法是发展促进法"，"经济法是风险防控法"，等等。其中，"经济法是发展促进法"作为一个重要命题，更强调经济法对经济社会发展的重要促进作用。事实上，实现中国式现代化是长期复杂的系统工程，经济法对于促进国家现代化的发展目标的实现，具有非常重要的作用。

---

① 应构建起内容完整、逻辑严谨、层次分明的具有开放性的法律概念体系。参见冯果：《论中国法学自主知识体系之概念体系的建构》，载《武汉大学学报（哲学社会科学版）》，2023（6）。

中国式现代化既具有世界各国现代化的共同特征，又具有其特殊性。因此，与此相关的经济法学知识体系建构，既要体现各国经济法学的共通性，又要结合中国实际，体现国别性或独特性。例如，中国式现代化是全体人民共同富裕的现代化，在 14 亿多人口的大国搞现代化建设，其难度可想而知。要完成这一极其艰巨复杂的系统工程，需要各类法律制度的支撑，其中经济法的促进和保障尤为重要。[①] 为此，应有效运用经济法的调整手段，来促进财富创造、财富积累和财富分配，实现做蛋糕、做大蛋糕和分好蛋糕三个方面的有机统一。结合"经济法是发展促进法"的命题，尤其应关注以下两个方面：

第一，经济法作为发展促进法，有助于更好地促进经济发展。我国要实现经济的高质量发展，就应依法实施有效的宏观调控，从而保障宏观经济的稳定运行；同时，还应依法实施有效的市场规制，维护市场经济秩序，保障市场公平竞争，并由此推动经济的良性运行和协调发展。在经济法中包含的大量"促进型规范"，是经济法实现其"发展促进法"功能的重要制度基础。因此，在经济法的各个部门法领域，都要依据"促进型规范"，有效运用相应的财政促进、税收促进、金融促进、计划促进、产业促进等多种促进手段。上述经济法的"促进型规范"和相应的促进手段的运用，有助于基于经济法的"发展促进法"功能，更好地发挥政府作用，保障市场机制的有效运行，提升市场主体的竞争力，推动经济增长和经济发展，这对于实现中国式现代化尤为重要。

第二，经济法作为发展促进法，有助于全面推进现代化经济体系的构建。实现中国式现代化，需要以现代化经济体系为依托，尤其需要建设现代市场经济体系和现代经济体制。其中，统一开放、竞争有序的现代市场

---

① 参见张守文：《中国式现代化、共同富裕及其经济法理论解析》，载《当代法学》，2024（1）。

体系，是构建现代化经济体系的基础；而能够有效处理政府与市场关系的现代经济体制，则是构建现代化经济体系的重要保障。只有夯实现代市场体系和现代经济体制的基础，才能持续推进现代化产业体系、对外开放体系、公平分配体系、区域协调发展体系的完善，并由此在整体上构建现代化经济体系。而上述各类体系的优化，都有赖于经济法各个部门法的促进。例如，构建现代市场体系，尤其需要加强竞争法的调整；构建现代化产业体系，尤其需要加强产业法的调整；构建公平分配体系，尤其需要加强财税法的调整；等等。而整体的现代化经济体系的构建，则需要加强经济法各个部门法的协同调整。在运用经济法促进现代化经济体系构建的过程中，会形成相应的经济法学知识，它们是建构经济法学知识体系的重要内容。①

上述的现代化经济体系与国家治理体系的现代化密切相关，它们都要服务于国家的整体现代化。因此，推进中国式现代化，需要将上述两类体系建设结合起来，并充分发挥经济法在其中的重要作用，由此形成的经济法与中国式现代化关系的研究成果，有助于共性知识或公共知识的积累，推动中国经济法学知识体系的建构。

三、从基本理论视角看经济法学知识体系建构

基本理论是影响经济法学知识体系建构的第三类要素。建构中国经济法学自主知识体系，需要结合经济法学的本体论、发生论、价值论、规范论、运行论、范畴论等基本理论展开研讨。例如，在经济法学的本体论层面，一般认为，经济法是以现代市场经济为基础，用以解决市场失灵和政

---

① 参见张守文：《现代化经济体系建设的经济法补缺》，载《现代法学》，2018（6）。

府失灵的现代法。经济法产生于工业经济时代，其基本理论在数字经济时代是否仍然具有解释力，如何对其基本理论进行相应拓展，是在经济法学知识体系建构过程中需要考虑的新的重要问题。

事实上，在数字经济时代，由于各国仍在实行现代市场经济体制，因此，经济法赖以产生的经济体制基础并未发生改变，经济法的基本理论框架也不需要作出根本性调整；同时，只有在现代市场经济体制下，通过依法实施宏观调控和市场规制，才能更好地推动数字经济发展，因此，经济法学的本体论、价值论等相关基本理论，在数字经济时代仍然是有解释力的。

尽管如此，数字经济发展毕竟带来了诸多问题和挑战，因此，在经济法的规范论和运行论等基本理论研究中，还应结合数字技术、数字经济发展所导致的新问题，对具体理论进行相应调整，从而有针对性地指导相关经济法治建设，这更有助于推进信息化建设，在更高层次上提升网络化、数字化和智能化水平，实现中国式现代化的目标。[①]

例如，在规范论层面，应结合数字经济发展带来的问题，在主体理论中探讨如何理解和确立平台、人工智能的主体地位，在行为理论中思考如何对数据行为进行经济法规制，在权义结构理论中分析如何保护各类主体的新型权利（包括消费者的个人信息权，以及平台的权利与义务），在责任理论中研究如何依法追究相关平台责任、数据主体责任、人工智能责任等，这尤其有助于丰富经济法学的主体理论、行为理论、权义结构理论和责任理论，推进经济法规范论的完善。

此外，在运行论层面，应结合数字经济的发展需要展开相关理论研究。例如，在立法理论中应研究新型的信息立法、数据立法、人工智能立

① 参见张守文：《数字经济发展的经济法理论因应》，载《政法论坛》，2023（2）。

法的理论问题；在监管理论中应研究如何加强数字经济领域的反垄断、反不正当竞争监管，切实保障消费者权益；在司法理论中应研究如何运用经济法解决数字经济领域的新型纠纷；等等。这些研究有助于丰富和完善经济法学的法治理论，构建更能回应现实需要的经济法运行论。

在上述理论研究的基础上，可以在整体上提炼"数字经济法"理论，这是对经济法学基本理论的重要拓展。由于没有数字化就没有现代化，只有有效运用经济法，有效推动数字化转型，才能实现高质量发展，并由此推动国家的全面现代化。因此，应将数字化、法治化、现代化相结合，进一步推进经济法学基本理论的完善，由此形成的新型知识增量，更有助于推动中国经济法学自主知识体系的建构。

四、小结

如前所述，基本概念、基本命题和基本理论，都是构成经济法学知识体系的要素。从上述三个要素的视角，可以发现中国式现代化与经济法之间的紧密关联。研究两者的关系及其蕴含的法治问题，有助于提炼共性知识，丰富经济法学知识体系的内容，并使经济法学知识体系的建构更多体现知识性、体系性和独特性，提升经济法学知识体系研究的自主性，从而有助于面向中国式现代化的目标，全面建构经济法学乃至整体法学的知识体系，推动中国经济法学乃至整体法学的发展。

第八章 结 论

前面各章分别着重讨论了经济法学的体制理论、发展理论、分配理论、风险理论、法治理论。这些理论的提炼有助于扩展经济法理论的新视域，也为经济法学知识体系的建构提供了重要理论支撑。

一、经济法理论提炼与视域拓展

基于经济社会发展和法治的完善，不断提炼相关经济法理论，是经济法学研究的重要任务。前面各章讨论的各类理论都各成体系，同时，其相互之间也都存在紧密关联，由此形成的内在逻辑联系，对于构建经济法的整体理论尤为重要。

（一）体制理论与"三大关系"

中国经济、社会、法律等领域的发展不平衡、不协调，形成了多个领域需要关注的差异问题，这与经济体制存在的问题密切相关。为了解决相关的差异问题，必须不断改革，完善相关经济体制，并构建相应的体制法，其中涉及政府与市场、改革与经济法以及宪法与经济法"三大关系"，需要在法治框架下全面加以协调。这是提炼体制理论的重要基础。

首先，我国从计划经济体制转变为市场经济体制，是经济体制改革的重大成就。在此过程中，尤其需要协调好"政府与市场"的关系。一方面，要完善各领域的经济管理体制，切实减少政府的不当干预，从而使市场机制在资源配置方面能够发挥决定性作用；另一方面，还要更好发挥政府作用，即政府要有效提供公共物品，切实为市场主体营造市场化、法治化、国际化的营商环境，从而形成有利于各类经济发展的制度环境。①

其次，要实现上述政府与市场关系的协调，就必须进一步全面深化改革，在财政、税收、金融、发展规划、市场竞争等各个领域，全面推进经济体制改革，并将改革成果及时上升为法律，使相关行之有效的政策及时转化为经济法的重要组成部分，为此，需协调好"改革与经济法"的关系。我国历次重要的"改革决定"与经济法的制度形成具有内在一致性，由此使经济法能够在保障经济体制改革方面发挥重要作用。

最后，从法治的维度看，改革要于法有据，尤其要注意改革的合宪性，在法治发展的新阶段，仍需解决好改革的"良性违宪"问题②；同时，在法治体系内部，必须确保经济法也要合乎宪法的要求。基于宪法与经济法在"经济性"方面的内在一致性，应处理好"宪法与经济法"的关系，从而在宪法的统领下，保障改革与经济法的方向，并据此有效处理政府与市场的关系。

可见，提炼经济法的体制理论，与上述"三大关系"的协调密切相

---

① 具体分析可参见张守文：《现代经济体制的构建及其法治保障》，载《政法论丛》，2019（1）。
② 相关讨论参见郝铁川：《论良性违宪》，载《法学研究》，1996（4），以及童之伟：《"良性违宪"不宜肯定——对郝铁川同志有关主张的不同看法》，载《法学研究》，1996（6）。

关。关于经济法的体制理论，既往已有许多分散的研究，尤其是经济法的子部门法领域对此已有大量探讨，但整体的体制理论提炼还不够。为此，需要结合体制改革和体制法的最新发展，进一步丰富和完善体制理论。

（二）发展理论与"多方协调"

不断解决上述体制问题，推进体制法的制度建设，都是为了有效促进发展。而针对发展方面存在的不协调和不充分等问题，则需充分落实相关发展理念，加强多个方面的协调，既要将协调思想融入经济法制度建设，加强宪法与经济法的协调，也要注重经济政策与经济法的协调，完善政策与法律的"双重调整"。

"经济法是发展促进法"，基于这一重要命题和基本共识，需在经济法治建设方面全面落实新发展理念。其中，协调发展理念对于经济法的理论研究和制度建设尤为重要。事实上，经济法领域早已形成重要的协调思想，多种重要的经济法理论都与协调思想密切相关。因此，在经济法学发展理论的提炼方面，应重视协调思想、协调理念，从而增进经济法理论和制度的合理性。

提炼经济法学的发展理论，需要关注具体的"多方协调"。例如，在制度层面，需要重视经济法与其他部门法的协调，既包括经济法与民商法、刑法、行政法等传统法的协调，也包括经济法与社会法等现代法的协调，尤其应加强经济法与宪法的协调。只有加强各类制度的协调，才能保持各类制度取向的一致性，形成法律制度有效调整的整体合力，这在当前各部门法分别快速发展的背景下尤为重要。此外，上述的制度协调，还要考虑经济与社会的协调、经济结构中的各类结构的协调、经济调节手段的协调，以及经济法与经济政策的协调，等等。只有加强上述的"多方协调"，才能从协调思想、协调理念、协调方法的层面，有效提炼经济法学的发展理论。①

上述的协调理念、协调思想，应在经济法的理论研究和制度建设方面发挥重要的引领作用。鉴于我国在经济治理方面主要运用经济政策与经济法两类手段，需要在经济法治框架下加强两类手段的协调，从而促进经济与社会的协调发展，并推进经济法治自身的发展和经济法理论的发展。

（三）分配理论与"结构优化"

在诸多发展问题中，分配问题至为重要，因而需要专门围绕分配问题的解决，探讨分配主线、分配压力与分配结构的优化问题。事实上，我国自改革开放以来，解决分配问题一直是一条主线，缓解两类分配压力也是重要着力点。而解决上述分配问题，缓解相关分配压力，都需要优化分配结构。在"结构优化"的基础上，才能构建良好的分配制度，并提炼相应的分配理论。②

"经济法是分配法"，基于这一重要命题和基本共识，需要关注现实存在的分配差距过大、分配不公、分配结构失衡等分配问题，并运用经济法在再分配、三次分配等各个分配环节调整分配权的配置，以加强对分配行为的经济法规制，这是提炼分配理论的制度基础。

我国的经济法与改革开放相伴生，在制度设计上始终贯穿着解决分配问题的主线，着力缓解现实存在的国计与民生的"双重压力"。鉴于经济法的各个部门法都会影响分配，关乎分配公平和分配正义，需要在经济法制度层面不断优化分配结构，以持续解决差异性分配带来的分配失衡问题。

---

① 具体分析可参见张守文：《发展法学：经济法维度的解析》，321～324 页，北京，中国人民大学出版社，2021。

② 参见张东：《分配正义与收益公正分配》，载《法学论坛》，2012 (1)。

分配问题是全球各国都需要解决的历久弥新的重要问题。基于中国现实的经济和社会发展，分析国家与国民、政府与市场主体存在的"分配压力"，有助于揭示我国历次改革的重要动因、未来体制改革的重要方向，以及经济法理论研究的重点；而提炼差异性分配的概念和分配理论，则有助于进一步理解经济法学的差异性原理，思考分配与发展、经济与社会、经济法与社会法的紧密关联，推进以分配为主线的经济法治的发展。①

（四）风险理论与"转危为安"

上述的分配问题、发展问题，都需要有效解决，否则就会带来大量风险，并可能在风险积聚的基础上形成危机。如何在平时加强风险防控，在特殊时期做好危机应对，从而保障经济社会的安全，是经济法治建设的重要任务，也是经济法研究始终需要关注的重要问题。因此，提炼经济法学的风险理论，需要关注风险防控和危机应对，既要注意居安思危，又要有能力"转危为安"，从而保障经济与社会的良性运行和协调发展。

现代社会是风险社会，同样，现代经济也是风险经济。经济法的产生和发展，始终与风险防控相关。经济法的各类制度都贯穿着风险防控的主线，大量制度的实施都围绕风险防控和危机应对展开。据此，"经济法是风险防控法"，"经济法是危机对策法"，已成为经济法学的重要命题和基本共识。近年来，如何防范和化解各类重大风险，特别是系统性风险，如何有效应对相关领域的危机，实现"转危为安"的目标，已受到高度关注，为此，需要进一步提炼经济法学的风险理论，以及相关的危机理论和具体的危机应对理论。

同时，战争、传染性疾病等因素导致的全球不确定性的增加，进一步

---

① 具体分析可参见张守文：《中国式现代化、共同富裕及其经济法理论解析》，载《当代法学》，2024（1）。

加剧了相关领域的风险积聚，一些国家已在经济危机之中。针对现实的风险和危机，如何完善经济法制度，提炼相关风险理论和危机应对理论，也是各国需要关注的重要问题。事实上，许多国家尚未从2008年的全球性金融危机的负面影响中走出，又遇到了全球性公共卫生危机所引发的全球经济衰退，使其财政风险、金融风险、产业风险、竞争风险等各类风险不断增加，这些都需要经济法诸多制度的及时回应。因此，有效提炼经济法领域的风险理论，并完善相关的危机应对理论，尤其具有理论价值和现实意义。

与上述风险理论、危机应对理论密切相关，学界也需要关注国家竞争理论、公共经济危机理论、情势变更理论的拓展研究。在新的历史时期，面对百年未有之大变局，国家间的竞争日益激烈，公共经济存在诸多风险甚至可能面临危机，这些都会影响整体经济和社会发展。如何理解和拓展情势变更理论，如何在法治框架下有效应对各类危机，并推动经济法自身的发展，已经成为不容回避的重大现实问题，相应地，经济法的风险理论以及相关的危机应对理论也会具有诸多特殊性。

（五）法治理论与"依法治国"

市场经济是"法治经济"，需要经济法治的有力保障。只有全面实施依法治国，才能逐步解决前述的体制问题、发展问题、分配问题以及风险问题。为此，应加强经济立法，尤其要推动经济法的立法统合，着力解决立法的"试点模式"等问题，对影响市场主体基本权利的重要权力（如减税权）要依法加以约束，并在此基础上推进良法善治，相应提炼经济法学的法治理论。

经济法学的法治理论，包括立法理论、执法理论、司法理论等多种具体理论。其中，经济法学的立法理论已受到较多关注，这与经济法的立法任务较重，需要制定和修改大量法律有关；但经济法的执法理论和司法理论尚未得到足够关注。同时，尽管对经济法的立法问题、实施问题关注较多，但学界还缺少对整体经济法治理论以及对经济法治现代化问题的系统研究。

总结改革开放以来我国经济法治建设的经验和存在的问题，有助于在未来更好地推进经济法治现代化。在研究经济法的法治理论的过程中，一方面，从构建良法的角度，可以提炼"立法理论"以及更为具体的"法律优化理论"；另一方面，从实现善治的角度，可以提炼"法律遵从理论"和"法律秩序理论"。这些理论都有助于丰富和完善经济法的法治理论。[①]

总之，上述各章所涉及的各类理论都自成体系，同时，其相互之间亦存在紧密关联。鉴于我国的宏观调控和市场规制，需要在一定的经济体制框架下，不断回应各类发展问题，尤其要着重处理好分配问题，才能防控和化解相关风险，并有效应对可能发生的危机，所以，必须重视经济法治建设，在法治框架下解决上述各类问题，也由此使经济法学的体制理论、发展理论、分配理论、风险理论与法治理论形成了内在的紧密关联，并共同成为经济法理论体系的重要组成部分。

二、经济法学自主知识体系的建构

上述相互关联的各类理论，作为建构经济法学知识体系的重要"构件"或要素，具有其特殊的重要功用。只有结合中国国情提炼上述各类理论，才能体现中国经济法学知识体系的独特性以及体系建构的自主性。

前述各章的讨论，分别涉及一系列基本概念、基本命题和基本理论，

---

① 具体分析可参见张守文：《经济法的法治理论构建：维度与类型》，载《当代法学》，2020（3）。

它们是构成经济法学自主知识体系的三类基本要素。由于这些要素体现了相关的经济原理和法律原理，贯穿着经济法逻辑，因此，可基于其内在的逻辑关联，对其进行系统整合，这是建构经济法学自主知识体系的基本路径。

回顾我国经济法学自主知识体系的形成历程，不难发现，立足中国国情实施的经济改革，直接影响了我国经济法学基本概念、基本命题和基本理论的形成，它使我国的经济法学知识体系更具独特性。经过几代经济法学人的共同努力，我国经济法学的自主知识体系已初步形成，该知识体系的自主性、知识性、体系性更为突出。由于经济法对于进一步全面深化改革，推进中国式现代化至为重要，未来还应将前述各类理论与国家现代化紧密结合，着力推进经济法治的现代化，加强经济法学自主知识体系的建构。

第一，从体制理论看，实现国家的现代化，不仅需要从计划经济体制转型为市场经济体制，还需要进一步健全市场经济体制，协调好政府与市场、中央与地方等重要关系，处理好改革与法治、法治与发展等关系，其中涉及的许多具体内容与其他国家存在诸多不同，相应地，经济体制改革和体制法建设以及体制理论提炼也具有特殊性，这会影响经济法学自主知识体系的建构。

第二，从发展理论、分配理论、风险理论看，在我国这样的超大人口规模的发展中国家，要实现国家现代化，促进全体人民的共同富裕，必须有效解决区域协调发展问题、各类主体的公平分配问题，还要有效防控在发展过程中存在的各类风险，解决分配失衡、发展失衡等问题，从而实现分配正义和发展正义。由于中国式现代化既具有世界各国现代化的共性，又具有自己的特殊性，在上述发展理论、分配理论、风险理论的提炼方面必须结合本国的特殊国情，在此基础上建构的经济法学知识体系自然会具有其独特性，并体现出自主性。

第三，从法治理论和现代化理论看，实现国家现代化，离不开制度现代化；而没有法治现代化，就不可能有制度现代化或国家治理现代化。在具体的法治道路选择方面，各国的法治则既有共通性，又有其特殊性。同样，我国在解决上述体制问题、发展问题、分配问题、风险问题方面形成的经济法治，也会与其他国家存在一定的差异，结合中国的经济法治问题形成的法治理论同样具有其特殊性，由此使经济法学知识体系亦会体现出独特性。

基于经济法学的差异性原理，国内外的经济体制，以及市场主体的地位、能力等都存在诸多差异。由此形成的体制差异、分配差距以及发展失衡，会形成多种风险，需要经济法治予以回应和解决。差异性原理不仅可以用来解释经济法产生、发展的必要性、制度实施的可行性等问题，还可以用来解释经济法学知识体系的独特性及其建构方面的自主性等。因此，经济法学知识体系的建构，应充分体现共性和个性，从而使其更加符合客观实际。

三、持续拓展经济法理论的新视域

中国经济法理论的形成和发展，与经济社会发展和法治建设的推进紧密相关。在 1993 年我国宪法确立实行社会主义市场经济体制以后，大概每经过十年左右，经济法学界都会在整体上推进经济法理论的发展，由此使经济法理论不断拓展，形成各个时期的经济法理论的新视域，从而推动经济法学研究的持续深化。其中，以下几个时期或发展阶段尤其值得关注：

第一，在 1993 年宪法修改后，我国相继实施了财政、金融等领域的改革，相关市场规制立法、宏观调控立法被大量推出，在这一时期各类新经济法理论被陆续提出，形成了经济法学界的"新经济法诸论"，从而在实行市场经济初期拓展了经济法理论的新视域。

第二，在我国加入世贸组织后，随着市场经济的发展以及融入经济全球化，相关经济法制度有较多调整，学界对经济法的认识进一步深化，对市场经济实行之初的经济法理论加以完善，相关经济法理论得到更大拓展，由此进入"经济法理论重构"时期，从而形成了本世纪初期经济法理论的新视域。

第三，在2013年以后，随着我国对全面深化改革的推进，政府与市场的关系如何协调备受瞩目，同时经济法制度又相应发生了较大变革，针对体制问题、分配问题、发展问题、风险问题、法治问题的关注不断增加，需要经济法理论作出回应，由此形成了经济法学的分配理论、发展理论等一系列理论，拓展了全面深化改革时期的经济法理论新视域。

第四，在开启全面建设社会主义现代化国家的新征程以后，在进一步全面深化改革过程中，需要在财政、税收、金融、发展规划、市场监管等各个领域，实施多方面的经济体制改革。相关改革成果的法律化，带动了经济法领域的大量法律制定和修改，这既有助于进一步解决前述的体制问题、发展问题、分配问题和风险问题，也有助于回应数字经济发展带来的信息问题，并在总体上推进经济法治的现代化。[①] 在此过程中深化各领域的经济法理论研究，有助于在新时期拓展经济法理论的新视域。

上述不同时期对经济法理论新视域的持续拓展，是不断增进经济法理论共识，建构经济法学自主知识体系的过程。因此，探讨和提炼经济法学的各类新型理论，与建构经济法学自主知识体系是内在一致的，由此有助

---

① 具体分析可参见张守文：《论经济法治现代化》，载《中国法学》，2025（1）。

于增进经济法理论研究的自觉。

总之，在我国建设社会主义现代化国家的时代背景下，市场化、信息化、法治化和国际化的交织并行，推动了经济和社会的发展以及法治的不断完善，学界需要及时提炼相关经济法理论，特别是体制理论、发展理论、分配理论、信息理论、风险理论和法治理论，并基于上述理论与既有理论，进一步建构经济法学自主知识体系。随着我国改革开放的持续推进，国家需要不断完善相应的经济法治。与之相应，学界需要持续提炼相关经济法理论，拓展经济法理论的新视域，这有助于进一步有效解释、指导和推进中国现实问题的解决，并为整体法学的发展作出重要贡献。

参考书目

［美］奥茨：《财政联邦主义》，陆符嘉译，译林出版社 2012 年版。

［英］奥格斯：《规制：法律形式与经济学理论》，骆梅英译，中国人民大学出版社 2008 年版。

［美］奥尔森：《集体行动的逻辑》，陈郁等译，上海三联书店、上海人民出版社 1995 年版。

［美］奥尔森：《国家兴衰探源：经济增长、滞胀与社会僵化》，吕应中等译，商务印书馆 1999 年版。

［美］昂格尔：《现代社会中的法律》，吴玉章等译，译林出版社 2001 年版。

［澳］布伦南、［美］布坎南：《宪政经济学》，冯克利等译，中国社会科学出版社 2004 年版。

［美］布坎南、马斯格雷夫：《公共财政与公共选择：两种截然不同的国家观》，类承曜译，中国财政经济出版社 2000 年版。

［美］布坎南、塔洛克：《同意的计算——立宪民主的逻辑基础》，陈光金译，中国社会科学出版社 2000 年版。

［英］波兰尼：《大转型：我们时代的政治与经济起源》，冯钢、刘阳译，浙江人民出

版社 2007 年版。

　　［美］波特：《国家竞争优势》，李明轩、邱如美译，华夏出版社 2002 年版。

　　［德］贝克：《风险社会》，何博闻译，译林出版社 2004 年版。

　　［美］比尔德：《美国宪法的经济观》，何希齐译，商务印书馆 2010 年版。

　　［美］彼得斯：《税收政治学：一种比较的视角》，郭为桂、黄宁莺译，江苏人民出版社 2008 年版。

　　［美］布朗芬布伦纳：《收入分配理论》，方敏等译，华夏出版社 2009 年版。

　　陈清秀：《税法总论》，元照出版公司 2010 年版。

　　［日］丹宗昭信、伊从宽：《经济法总论》，吉田庆子译，中国法制出版社 2010 年版。

　　［英］丹席克等：《数字正义》，向秦译，上海人民出版社 2023 年版。

　　［法］德萨米：《公有法典》，黄建华等译，商务印书馆 2009 年版。

　　［英］多德等主编：《金融与货币经济学前沿问题》，陈雨露等译，中国税务出版社 2000 年版。

　　［法］杜尔哥：《关于财富的形成和分配的考察》，唐日松译，华夏出版社 2007 年版。

　　［德］费肯杰：《经济法》，张世明等译，中国民主法制出版社 2010 年版。

　　［美］弗里德曼：《法律制度：从社会科学角度观察》，李琼英等译，中国政法大学出版社 1994 年版。

　　［德］格林：《现代宪法的诞生、运作和前景》，刘刚译，法律出版社 2010 年版。

　　葛克昌：《税法基本问题——财政宪法篇》，元照出版公司 2005 年版。

　　［日］金泽良雄：《经济法概论》，满达人译，兰州人民出版社 1985 年版。

　　［德］柯武刚、史漫飞：《制度经济学：社会秩序与公共政策》，韩朝华译，商务印书馆 2000 年版。

　　［英］哈耶克：《法律、立法与自由》，邓正来等译，中国大百科全书出版社 2000 年版。

　　［美］惠廷顿：《宪法解释：文本含义，原初意图与司法审查》，杜强强等译，中国人民大学出版社 2006 年版。

　　何帆：《为市场经济立宪——当代中国的财政问题》，今日中国出版社 1998 年版。

　　［德］何梦笔：《德国秩序政策理论与实践文集》，庞健等译，上海人民出版社 2000

年版。

黄仁宇:《中国大历史》,三联书店 1997 年版。

[德] 加比希等:《经济周期理论:方法和概念通论》,薛玉炜等译,上海三联书店 1993 年版。

[匈] 科尔内:《短缺经济学》,张晓光、李振宁、黄卫平译,经济科学出版社 1986 年版。

[美] 科斯、阿尔钦、诺斯等:《财产权利与制度变迁:产权学派与新制度学派译文集》,刘守英等译,上海三联书店、上海人民出版社 1994 年版。

[美] 科斯等:《财产权利与制度变迁》,上海三联书店、上海人民出版社 1994 年版。

[美] 库恩:《科学革命的结构》,金吾伦等译,北京大学出版社 2003 年版。

[德] 拉德布鲁赫:《法学导论》,米健等译,中国大百科全书出版社 1997 年版。

李昌麒:《经济法——国家干预解决的基本法律形式》,四川人民出版社 1995 年版。

[德] 卢曼:《社会的法律》,郑伊倩译,人民出版社 2009 年版。

[美] 罗尔斯:《作为公平的正义——正义新论》,上海三联书店 2002 年版。

[法] 摩莱里:《自然法典》,黄建华、姜亚洲译,商务印书馆 1996 年版。

[美] 奈特:《风险、不确定性与利润》,安佳译,商务印书馆 2010 年版。

[美] 诺斯:《经济史中的结构与变迁》,上海三联书店、上海人民出版社 1994 年版。

[美] 诺斯等:《西方世界的兴起》,厉以平等译,华夏出版社 2017 年版。

[法] 皮凯蒂:《21 世纪资本论》,巴曙松等译,中信出版社 2014 年版。

漆多俊:《经济法基础理论》,武汉大学出版社 2000 年版。

[德] 萨维尼:《论立法与法学的当代使命》,中国法制出版社 2001 年版。

[德] 施托贝尔:《经济宪法与经济行政法》,谢立斌译,商务印书馆 2008 年版。

史际春、邓峰:《经济法总论》,法律出版社 1998 年版。

[美] 斯蒂格利茨:《政府为什么干预经济——政府在市场经济中的角色》,郑秉文译,中国物资出版社 1998 年版。

[英] 斯密:《国民财富的性质和原因的研究》,郭大力、王亚南译,商务印书馆 2003 年版。

[英] 斯密:《道德情操论》,蒋自强等译,商务印书馆 2003 年版。

〔美〕斯密德：《财产、权力和公共选择——对法和经济学的进一步思考》，黄祖辉等译，上海三联书店、上海人民出版社1999年版。

〔法〕涂尔干：《社会分工论》，渠东译，三联书店2000年版。

〔德〕施特尔特：《21世纪债务论》，胡琨译，北京时代华文书局2015年版。

王保树：《经济法原理》，社会科学文献出版社1999年版。

王绍光、胡鞍钢：《中国国家能力报告》，辽宁人民出版社1993年版。

王全兴：《经济法基础理论专题研究》，中国检察出版社2002年版。

〔德〕韦伯：《论经济与社会中的法律》，张乃根译，中国大百科全书出版社1998年版。

〔德〕韦伯：《社会科学方法论》，韩水法等译，中央编译出版社1999年版。

〔美〕希克：《联邦预算：政治、政策、过程》（第3版），苟燕楠译，中国财政经济出版社2011年版。

肖江平：《中国经济法学史研究》人民法院出版社2002年版。

〔古希腊〕亚里士多德：《尼各马可伦理学》，廖申白译注，商务印书馆2003年版。

杨紫烜：《国际经济法新论——国际协调论》，北京大学出版社2000年版。

杨紫烜：《国家协调论》，北京大学出版社2009年版。

张守文：《发展法学：经济法维度的解析》，中国人民大学出版社2021年版。

张守文：《财税法疏议》（第二版），北京大学出版社2016年版。

张守文：《经济法理论的重构》，人民出版社2004年版。

张文显：《法哲学范畴研究》（修订版），中国政法大学2001年版。

〔日〕植草益：《微观规制经济学》，朱绍文等译，中国发展出版社1992年版。

卓泽渊：《法的价值论》，法律出版社2006年版。

后　记

　　北上的高铁正在一路疾驰。看着刚校对完的书稿，想着是否要写一个后记。忽忆起本书的大纲也是在南下的高铁上敲定的，这种巧合大概算是一种前后呼应吧。窗外苍翠的大地、即将成熟的庄稼，还有密集的高楼、电网——古老的与现代的，在眼前不断交织，重叠显现。

　　这些持续变幻的景象，正是中国改革和发展成果的呈示和浓缩。其实，中国的经济和社会发展，就如同这奔驰的列车——从绿皮车到高铁，从"东风"到"复兴号"。而各类列车无论车速快慢，以及支撑其运行的路网疏密，都必须依其轨道而行；同样，经济和社会的发展亦不能脱离法治的轨道，其中，经济法治尤为重要，而相关的理论则需要深挖广掘。

　　坐在奔驰的高铁上，人们的视域会不断延展。同样，在国家大力推进改革、法治、发展的今天，新问题、新理念层出不穷，有关经济法理论的新观点、新理论也不断涌现，由此便形成了中国经济法理论的新视域。尽管在哲学的意义上，每个观察者的视域会不同，但提出人们需要或应当关注的重要问题，无疑非常重要。

为此，本书提出了在新的历史时期，在经济法理论方面应当关注的一些重要问题，其中蕴含着需要拓展和深掘的重要理论，包括"三大关系"与体制理论、协调思想与发展理论、分配主线与分配理论、危机应对与风险理论、经济立法与法治理论，等等。尽管人们对其认识可能不同，"看到的理论"亦会各异其趣，但这些问题和理论毕竟构成了中国经济法理论的新视域，它们是未来经济法理论研究和制度建设的重要基础。

本书关注的主要是 2008 年全球性金融危机发生至今，特别是中国全面推进改革、法治与发展以来的理论和实践的发展。其间诸多问题的研究，不仅对经济法的理论和制度完善意义重大，对于经济法治乃至整体法治，亦有重要价值。学界如能深入研讨基于中国本土生成的这些重要问题，并切实提炼相关理论，有效建构经济法学的知识体系，必将对世界法学的发展作出重要贡献。

本书的许多内容都曾以论文形式发表过。这些论文是基于同一个大主题而展开写作的，因而它们相互之间存在着紧密关联，从而形成了各类理论之间的呼应。例如，在分配理论中会涉及发展理论的问题，在危机理论或法治理论中，也会涉及发展理论的问题，等等。这样有助于各个部分互通互证，从而增进全书的逻辑性和系统性。

在此特别感谢中国人民大学出版社的编辑老师所做的大量深入细致的工作。对于本书可能存在的各类问题，诚望读者方家不吝指正。

张守文

2024 年 8 月 28 日于京沪高铁列车上

图书在版编目（CIP）数据

经济法理论的新视域 / 张守文著. -- 北京：中国
人民大学出版社，2025.4. --（中国自主知识体系研究
文库）. -- ISBN 978-7-300-33824-8

Ⅰ. D922.290.1

中国国家版本馆 CIP 数据核字第 2025M7X477 号

中国自主知识体系研究文库

经济法理论的新视域

张守文　著

Jingjifa Lilun de Xinshiyu

出版发行	中国人民大学出版社			
社　　址	北京中关村大街 31 号		**邮政编码**	100080
电　　话	010 - 62511242（总编室）		010 - 62511770（质管部）	
	010 - 82501766（邮购部）		010 - 62514148（门市部）	
	010 - 62511173（发行公司）		010 - 62515275（盗版举报）	
网　　址	http://www.crup.com.cn			
经　　销	新华书店			
印　　刷	涿州市星河印刷有限公司			
开　　本	720 mm×1000 mm　1/16		**版　　次**	2025 年 4 月第 1 版
印　　张	26.5 插页 3		**印　　次**	2025 年 7 月第 2 次印刷
字　　数	337 000		**定　　价**	168.00 元